Thomas d'Aquin: sa vision de théologie et de l'Eglise

r.p. Yves Congar O.P.

Yves Congar

Thomas d'Aquin: sa vision de théologie et de l'Eglise

VARIORUM REPRINTS
London 1984

British Library CIP data   Congar, Yves
                                Thomas d'Aquin. – (Collected studies series; CS190
                                1. Thomas, *Aquinas, Saint*   2. Theology
                                I. Title
                                230'.2   BX1749.T5

                                ISBN 0-86078-138-0

Copyright © 1983 by   Variorum Reprints

$\cup\,\checkmark$

Published in Great Britain by   Variorum Reprints
                                  20 Pembridge Mews London W11 3EQ

Printed in Great Britain by   Galliard (Printers) Ltd
                                  Great Yarmouth Norfolk

                                  VARIORUM REPRINT CS190

TABLE DES MATIÈRES

Ce volume est composé de 334 pages.

INTRODUCTION

Une fois de plus, Variorum Reprints nous fait l'honneur de réunir des articles dispersés en divers recueils. Nous lui en exprimons notre gratitude, ainsi qu'aux éditeurs qui ont autorisé la reproduction. Ces articles portent sur Thomas d'Aquin considéré historiquement surtout sous deux aspects: son ecclésiologie, sa conception de la théologie. Ce sont deux sujets qui nous tiennent personnellement à coeur. Nous les avons souvent traités.

Thomas d'Aquin n'a plus aujourd'hui, dans l'intelligentia et dans l'enseignement catholiques, la place qu'il a tenue entre 1878 (encyclique *Aeterni Patris* de Léon XIII) et 1962, concile Vatican II. Le concile n'a recommandé S. Thomas que de façon assez lâche, et seulement comme un modèle ou un guide (décrets *Optatam totius* n° 16 § 3; *Gravissimum educationis* n° 10 § 1). Mais, à vrai dire, les manuels du début du siècle se référaient moins aux grandes perceptions de S. Thomas qu'à son autorité matériellement prise. On s'oriente aujourd'hui vers une théologie moins dépendante de catégories philosophiques, mais davantage de la Bible, plus ouverte à l'histoire, aux critiques de la modernité. Rares, aujourd'hui, sont ceux qui envisageraient de traiter la totalité du mystère surnaturel ou de l'existence chrétienne. Notre époque de culture éclatée et de spécialisation n'a guère l'ambition d'une sagesse.

Bien des considérations mises en oeuvre par S. Thomas sont périmées, en particulier celles qu'il tire de la physique d'Aristote. On comprend que beaucoup soient allergiques à tant de pseudo-précisions sur le *quid* des choses. Mais S. Thomas apporte tellement autre chose! Personnellement, nous nous rendons compte de ses limites et des limites que notre fidélité à son école a imposées à notre travail. Mais nous voulons dire ici ce que nous lui devons. Il nous a appris la rigueur, le parler formel, l'ordre dans l'esprit, l'ouverture à toute vérité. On l'imagine à tout perdu dans ses abstractions: il a passé toute sa brève existence – il est mort

dans sa cinquantième année! – à chercher de nouveaux textes, à
se faire faire de nouvelles traductions, à dialoguer ou discuter avec
tout ce que son temps comptait d'intellectuels d'autres obédiences.
Nous avons cru pouvoir lui attribuer des dispositions
"oecuméniques". Et pourtant, quelle rigueur! On chercherait en
vain une faille de raisonnement. Son commentateur Cajetan a pu
dire "formalissime semper loquitur": une qualité qui manque
souvent aux auteurs modernes, qui emploient volontiers des
formules suggestives, imagées, mais peu précises et peu formelles.
Parler formellement, au sens de la Scolastique et de Cajetan, c'est
parler d'une réalité complexe sous un angle défini et selon une
formalité précise: par exemple parler de Winston Churchill *quā*
Lord de l'Amirauté, ou en parler *quā* artiste et peintre. C'est parce
que S. Thomas a parlé ainsi formellement que ses textes restent
valables alors que la langue et les conditions historico-culturelles
ont changé, car ils atteignent des aspects essentiels. Quant à
l'ordre, qui s'est fait une fois un plan de la *Somme* à partir des
indications données au début des parties, des traités et de leurs
articulations, a aussi pris une inoubliable leçon sur la façon
d'organiser un exposé intellectuel.

En toute hypothèse, Thomas d'Aquin reste un des plus grands
maîtres de la pensée chrétienne, un moment exceptionnel dans la
chaîne de la Tradition. L'étudier historiquement, loin de le
diminuer, le fait estimer plus grand. Nous serions heureux si le
présent recueil en convainquait quelques lecteurs.

YVES CONGAR

Paris,
Pentecôte 1983

I

«IN DULCEDINE SOCIETATIS QUAERERE VERITATEM»

Notes sur le travail en équipe chez S. Albert et chez les Prêcheurs au XIIIᵉ siècle

Au fr. M.-D. Chenu, qui a pratiqué et nous a enseigné cela: pour ses 85 ans.

I. Albert et ses ‹socii›

Albert parle souvent de ses ‹socii› ou de ses frères. Les uns et les autres – ce sont probablement les mêmes – ont joué un rôle dans la composition de ses ouvrages, surtout des écrits ‹in scientia naturali›. Il est extrêmement difficile de dater les livres d'Albert avec précision et certitude. Dans le *De mineralibus*, qui doit dater de l'enseignement à Cologne, Albert cite un fait que lui a rapporté un de ses ‹socii›, qualifié de ‹curiosus experimentator›: ce frère avait vu, aux mains de l'empereur Fréderic II, un aimant qui n'attirait pas le fer, mais c'était le fer qui attirait une pierre … Un peu plus loin, dans le même traité, Albert rappelle un souvenir de son activité parisienne (1240–1248): mettre une pierre de topaze dans une eau en ébullition la faisait cesser de bouillir: «et hoc fecit Parisiis unus de sociis nostris»[1]. Albert devait être alors bachelier, car il dit, dans la suite du même traité: «post hoc autem longo tempore cum essem Parisiis de numero doctorum et grege»[2]. Il existait donc une communauté de recherche à Saint-Jacques, entre compagnons d'étude. Commençant à commenter les *Physiques*, à Cologne, Albert dit qu'il entreprend ce travail sur la demande que ses frères lui adressent depuis déjà plusieurs années:

«Intentio nostra in scientia naturali est satisfacere pro nostra possibilitate Fratribus Ordinis nostri rogantibus ex pluribus jam praecedentibus annis ut talem librum de Physicis eis componemus, in quo et scientiam naturalem perfectam haberent, et ex quo libros Aristotelis competenter intelligere possent. Ad quod opus licet non sufficientes nos reputemus, tamen precibus Fratrum deesse non valentes, opus quod multoties abnuimus, tandem annuimus, et suscepimus devicti precibus aliquorum, ad laudem primo Dei omnipotentis, qui fons est sa-

---

[1] *De mineralibus*, lib. II, tr. 2, c. 11, et lib. II, tr. 2, c. 18, (Ed. Par. V, 40 et 46).
[2] Ibid. tr. 3, c. 1 (Ed. Par. V, 49).

pientiae et naturae sator et institutor et rector, et ad utilitatem Fratrum, et per consequens omnium in eo legentium et desiderantium adipisci scientiam naturalem[3].»

Il semble qu'Albert ait été perpétuellement pressé par les demandes instantes de ceux qu'il appelle ses frères ou ses ‹socii›. A la fin du *De causis et processu universitatis*, où il avait trouvé, pensait-il, de l'Aristote, mais aussi de l'Avicenne, de l'Algazel et de l'Alfarabi, Albert, soucieux de sa propre orthodoxie, écrivait: «Eligat ergo unusquisque quod sibi placuerit; ea enim quae dicta sunt secundum Peripateticorum rationes determinata sunt, et non assertionibus nostris inducta, sed assiduis postulationibus sociorum ut Aristotelem explanemus, potius extorta quam impetrata[4].»

Le moyen âge a fait un succès à un résumé de l'œuvre d'Albert en science naturelle: il a donné le titre de *Philosophia Pauperum* au *Compendium de negotio naturali*. La compilation est faite, «commune bonum intuens», pour l'utilité des étudiants modestes. Mais est-elle d'Albert lui-même? Elle peut être à la fois de lui et de ses compagnons. Et, quel que soit le rédacteur de la compilation, les deux ajouts qui se trouvent avant sa dernière page sont-ils d'Albert? Nous lisons, dans le premier, dont nous devons la connaissance au Prof. B. Geyer, cette déclaration contre les «ponentes gradus in formis»: «Quod autem fidem christianam destruunt sic ponentes saepe ostendimus. Quod si haesitent, petant rationes quas edidimus de hoc a sociis aut a nobis, et dissolvant.» Est-ce Albert qui a écrit cela? Il ne parle pas des ‹gradus formarum› et n'a jamais écrit que leur affirmation contredirait la foi chrétienne ...[5]. Le second ajout raconte qu'au moment où l'auteur pensait mettre un terme à son compendium, «ecce quidam sociorum meorum predilectus affuit aspectisque titulis negocii in processum» et n'a pas permis que l'auteur achève avant d'avoir répondu à ses questions[6]. Que ces passages soient ou ne soient pas d'Albert, ils nous font entrevoir une connivence et une familiarité entre un maître et ses ‹socii›.

---

[3] *Phys.*, lib. I, tr. 1, c. 1 (Ed. Par. III, 1).

[4] *De causis et processu universitatis*, lib. II, tr. 5, c. 24 (Ed. Par. X, 619). Date: Albert ne connaît encore que XI livres des *Métaphysiques* (cf. 613 et 619); mais de quand datent la traduction des livres XII–XIII et la connaissance qu'Albert en a eue? D'après R. KAISER, *Versuch einer Datierung der Schrift Albert d. Gr. «De causis et processu univ.»*, Archiv f. Gesch. d. Philos. 45 (1963) 125–136, cet écrit serait postérieur à 1265. La *Summa theologiae*, dont la pleine authenticité albertinienne est discutée, commence en énonçant l'idée de texte indiscrètement demandé: Iª pars, tr. 1, prol. (Ed. Par. XXX, 7; cf. aussi XXXIII, 402: «pro fratribus legentibus et disputantibus qui non semper habent copiam originalium»).

[5] Il a même admis, en même temps que l'unicité de l'âme, une certaine pluralité des formes: R. ZAVALLONI, *Richard de Mediavilla et la controverse sur la pluralité des formes*. Louvain 1951, 409–411.

[6] Publié par F. PELSTER, *Das Compendium de negotio naturali (Summa naturalium), ein echtes Werk Alberts des Grossen*. Philos. Jahrb. 45 (1932) 316–324.

I

C'est quand Albert était Provincial de Saxe, entre 1254 et 1257, qu'il a rédigé son *De anima*. Il y traite de l'âme des végétaux et des animaux et rapporte l'opinion de certains de ses ‹socii› selon lesquels cette âme serait produite par transmission: quelque chose de l'âme du générateur passant avec sa semence[7]. Dans le livre III du même traité, il critique les fausses idées sur l'union de l'âme et du corps, rencontrées chez les Grecs, les Arabes, certains Latins, et il interpelle solennellement ses ‹socii› pour qu'ils prennent cette question très au sérieux:

> «Rogo autem et repetens iterum iterumque rogo socios nostros ut du-
> bitationes quae hic inducuntur diligenter animadvertant: et si invene-
> rint earum solutionem perfectam Deo immortali gratias agant immor-
> tales. Si autem minus invenerint, hoc ad minus lucri reportabunt quod
> scient dubitare de rebus mirabilibus et altis et anotatione dignissimis ad
> scientiam divinam multum proficientibus[8].»

Plus loin, parlant de l'individuation de l'âme, il résume la position d'Avicen-ne: l'âme aurait son principe individuant propre; comme un tel principe ne peut être que matière, ce principe serait dans l'âme une matière incorporelle, «et hoc concedunt plerique inter nostros socios. Sed nos eis in nullo contradi-cere volentes, probabile reputamus quod nos superius diximus[9].»

Les premiers livres du *De animalibus* sont de 1258. Albert y rapporte un fait curieux qui s'est passé à Cologne «in nostra praesentia coram multis de nostris sociis»: une petite fille qui pouvait avoir trois ans, dès que sa mère la laissait faire, courait dans les coins du local, cherchait des araignées sur les murs et les mangeait, petites ou grosses: cette nourriture, dont elle se délectait, lui était profitable...[10]. Albert aimait recueillir des faits de toutes sortes, avec ses ‹so-cii›: des confrères participant à sa recherche et à son incroyable curiosité... Les *Physicorum libri VIII* ont été rédigés probablement après 1260. A qui Al-bert fait-il allusion quand il écrit: «Quidam vero modernorum ex sociis no-stris etiam negant casum et fortunam[11]»? Chaque chose a sa cause régulière. Cela, Albert ne le nie pas: «Et quod objiciunt nostri socii, quod nihil est cuius ortum legitima causa non praecedat, verum est[12].» Peu après, Albert a entre-pris le commentaire de ce qu'il connaissait de la Métaphysique. Il y renvoie à l'

---

[7] «Tertia vero opinio est quorumdam nostrorum sociorum dicentium animas vegetabi-lium et brutorum animalium esse ex traductione. Dicunt enim illi, quod quando semen deciditur a corpore aut parte corporis, deciditur etiam pars animae ab anima, et ex illo quod ab anima deciditur, fit et generatur anima generati» (lib. III, tr. 2, c. 1; Ed. Par. V, 329).
[8] Lib. III, tr. 2, c. 1, ibid.
[9] Lib. III, tr. 3, c. 14, 393.
[10] *De animalibus*, lib. VII, tr. 2, c. 5, n° 135; éd. H. Stadler (Beitr. z. Gesch. d. Phil. des MA, 15, Münster 1916, 554).
[11] *Phys.*, lib. II, tr. 2, c. 10 (Ed. Par. III, 138).
[12] Ibid. c. 10, 138.

49

I

«epistola quam sociis nostris edidimus de natura animae et contemplatione ipsius»[13], un traité qui se situe entre 1256 et 1262. Le commentaire littéral de la *Politique* d'Aristote doit se situer vers 1265. Albert le conclut en disant: «Ecce hunc librum cum aliis physicis et moralibus exposui ad utilitatem studentium[14].»

Il est notable, et le fait est curieux, que ces mentions de ses ‹socii› se trouvent dans les écrits d'Albert sur Aristote et la ‹scientia naturalis›. On peut l'expliquer peut-être par les raisons suivantes: cette étude avait été programmée à l'intérieur de l'Ordre des Prêcheurs, à usage rigoureusement interne. C'est donc à son sujet que des frères pouvaient surtout travailler ensemble, échanger. On est aussi frappé par l'insistance avec laquelle Albert se défend d'exprimer sa propre pensée, ses positions personnelles[15]. Il y a, c'est vrai, des exceptions. Il aime affirmer et justifier son orthodoxie. L'indication qu'on l'a prié longtemps, avec insistance, pouvait aussi contribuer à sa justification d'avoir entrepris une œuvre si profane et de la poursuivre.

Le P. Mandonnet a proposé naguère une interprétation de ces mentions de ses ‹socii› par Albert[16]. Il part de l'idée, qui est pour lui une évidence, que cette qualification suppose une égalité. Dès lors il ne peut s'agir que d'étudiants dominicains compagnons d'Albert bachelier. Un étudiant n'est pas l'égal d'un docteur. Il s'ensuit que tous les traités où Albert parle de ses ‹socii› sont de sa période parisienne et antérieurs à sa maîtrise en théologie: ils ont été composés pendant les années 1240–1244. Ce que Roger Bacon dit d'Albert corrobore cette conclusion.

Mais cette construction ne tient pas, pour ces deux raisons entre autres: 1°) Les œuvres en question doivent être datées d'après l'an 1248, date où Albert a quitté Paris pour Cologne. Toutes les études touchant la chronologie des écrits d'Albert sont formelles à ce sujet. 2°) Le terme ‹socius› n'a pas le sens rigoureux que Le P. Mandonnet lui attribuait. C'est ce que nous allons voir.

II. ‹SOCIUS› DANS LE MONDE SCOLAIRE DU MOYEN AGE

‹Socius› signifie ‹compagnon›, toute personne avec laquelle on est lié ou l'on fait ‹société›, à quelque titre que ce soit. Ce peut être simplement un compagnon de route[17]. Avec la mise en place des écoles urbaines, le mot a pris un sens

---

[13] *Metaph.*, lib. I, tr. 1, c. 5 (Ed. Par. VI, 10). Plus loin (tr. 5, c. 15, 113), Albert renvoie au même traité en l'intitulant «De natura intellectualis animae et contemplatione»!
[14] *Physica*, lib. VIII, concl. (Ed. Par. III, 803).
[15] F. VAN STEENBERGHEN, *La Philosophie au XIIIe siècle*. Louvain-Paris 1966, 193, cite en ce sens la finale de *Metaph.* (Ed. Par. VI, 751–752) et de *Polit.* (Ed. Par. VIII, 803).
[16] P. MANDONNET, *Albert le Grand et la «Philosophia pauperum»*. Rev. Néoscolast. de Philos. 36 (1934) 230–262. Nous devons à ces pages une grande partie de nos témoignages.
[17] Ainsi Huguccio de Pise, vers 1189: «Socios etiam vocat itineris vel cuiuscumque of-

50

plus spécifique: il désigne ceux avec lesquels on étudie: des compagnons de formation, mais aussi des étudiants qui sollicitent leur maître. Abélard, vers 1120, écrit un de ses ouvrages de logique «nostrorum petitioni sociorum satisfacientes, scribendae logicae laborem suscepimus»[18]. Enoncé analogue, dix ans plus tard, chez le Chartain Guillaume de Conches[19]. Il existait vraiment des milieux d'étude dans lesquels on travaillait ensemble, on cherchait, on discutait. Raoul de Floy (Flaviacensis), qui apparaît vers 1157, nous dit: «Cum inter socios aliquando sermo de Judeorum contentionibus haberetur ...[20]»

Jean de Salisbury († 1180) nous raconte ses études à Paris, dans les années 1135 et suivantes, sous Abélard, Robert de Melun, puis à Chartres avec Guillaume de Conches, Richard, de nouveau à Paris avec Adam du Petit Pont. C'est là et alors que Jean fut amené à prendre un enseignement mû par «rei familiaris angustia, sociorum petitio, et consilium amicorum»[21]. Jean de Salisbury dit ailleurs, et répète deux fois, qu' «est pravus socius qui impedit commune opus», ou celui qui, par son bavardage et ses réponses alambiquées, empêche un collègue de s'expliquer[22]. La qualité de socius, dans le monde scolaire, est liée à une idée de travail ensemble et de collaboration. On est frappé aussi de la fréquence avec laquelle le thème de ‹petitio›, demande instante, est lié avec les ‹socii›. Pierre le Mangeur, vers 1173, introduisant son *Historia scolastica*, écrit: «Causa suscepti laboris fuit instans petitio sociorum[23].» Les étudiants, ceux avec lesquels on faisait œuvre d'enseignement, poussaient à produire des instruments de connaissance. Le maître se sentait une certaine obligation de répondre à la demande. Sicard de Crémone rédige

---

ficii sive vinculo alicuius societatis sive amore coniunctos et generaliter iure humano societatis colligatos»: *Summa*, ad c. 7 D. I, cité par S. Mochi Onory, *Fonti canonistiche dell'idea moderna dello Stato*. Milano 1951, 170 n. Et cf. P. Michaud-Quantin, *Universitas. Expressions du mouvement communautaire dans le moyen âge latin*. Paris 1970, 64 sv («societas»); sur le sens scolaire, 66 n. 45.

[18] Edition B. Geyer, *Peter Abaelards Philosophische Schriften*. II: *Die Logica «Nostrorum petitioni sociorum»* (Beitr. z. Gesch. d. Phil. d. MA, XXI. Münster 1919, 505). En note 1 Geyer rapproche Abélard, Theologia, prol.: «scholarium nostrorum petitioni, prout possumus, satisfacientes» (PL 178, 979 A). ‹Scholaris› désigne un débutant; ‹socius› un étudiant plus avancé.

[19] Prologue du second livre de sa *Philosophia*: «Quamvis docendi studiis impeditus aut disputandi vix habeam aliquid otii, et id tantillum libentius cogitando vel animum recreant consumere consueverim, vestre tamen petitioni satisfaciens, socii, ad diligentiam perscribendi summam philosophie breviter animum appuli»: C. Ottaviano, *Un brano inedito della «Philosophia» de Guglielmo di Conches*. Napoli 1935, 36.

[20] *Expositio super Leviticum*: Ms Toulouse, Bibl. Munic. 32, Histoire littéraire de la France, XII, 480–484.

[21] *Metalogicon* II, 10, éd. C. C. I. Webb. Oxford 1929, 82 (PL 199, 868 D).

[22] Lib. III., c. 10, Webb. 155 et 158 (PL 911 A et 912 CD).

[23] *Prologus epistolarius*, PL 198, 1053.

sa *Summa* vers 1180, «licet scientia tenues, sociorum tamen utilitatem fer-venti animo cupientes»[24]. On voit bien aussi que les «socii» sont des étu-diants. Ils peuvent être des compagnons d'étude, on peut leur écrire comme à d'anciens camarades de Faculté[25]; ils peuvent être des disciples et ils peuvent être des maîtres. Au début du XIIIe siècle, ‹socius› est un terme classique de la vie scolaire et universitaire[26]. Les statuts donnés en 1274 par Robert de Sor-bon à la maison qui devait rendre son nom célèbre réglementent assez étroi-tement la convivence des ‹socii› et leurs possibilités de manger ensemble dans les chambres[27]. Ce sont des étudiants qui habitent ensemble.

Nous arrivons au temps d'Albert, de Thomas et de Bonaventure. Celui-ci dit qu'il a rédigé son *Breviloquium*, en 1256, «rogatus a sociis»[28]: toujours la ré-ponse à leur demande! Nous voyons aussi, par ce qui nous est dit de la rédac-tion et de l'édition de ses fameuses *Collationes in Hexamaeron* (1273) com-ment un maître comme lui avait des ‹socii› qui faisaient un travail de secrétai-res[29]. Le fait nous est encore mieux attesté pour Thomas d'Aquin. Ayant tout juste sa ‹licentia docendi› (1256), ou peut-être même avant, étant bachelier sententiaire, Thomas dédiait son *De ente et essentia* «ad fratres socios» (Cata-logue dit officiel de ses écrits). Après sa mort, celui qui avait eté son «socius» n° 1, Raynald de Piperno, disait qu'il avait colligé, comme une ‹reportatio›, le si beau commentaire de Thomas sur saint Jean «ad preces quorumdam socio-

---

[24] Cité d'après Schulte par S. Mochi Onory, op. cit. (n. 17), 105 n.
[25] C'est ainsi que Pierre de Blois écrit, vers 1160, «karissimo socio suo» (Epist. 26, PL 207, 91; Denifle, *Chartularium Univ. Paris*. t. I. Paris 1889, 32); vers 1175 «karissimo socio et amico magistro Ernaldo» (Ep. 71, col. 219; Denifle, 33); «dilecto socio et amico R.» (Ep. 19, col. 69; Denifle, 35). Geoffroi de Vinsauf, vers 1210, se plaint d'un certain Robert, ancien camarade d'étude devenu son concurrent et adversaire, «Parisius socium, se ibi se praebuit hostem» (E. Faral, *Les arts poétiques det du XIIIe siècle...*, Paris 1923, 17).
[26] Pour Bologne, cf. H. Denifle, *Die Entstehung der Universitäten des Mittelalters bis 1400*, t. I. Berlin 1885, 152 n. 372, où D. dit que cela pouvait s'appliquer aux ‹docto-res›. H. Rashdall donne de nombreux exemples: *The Universities of Europe in the Middle Ages*. A new Edition by F. M. Powicke and A. M. Emden. Oxford 1936, vol. I, 193, 227, 500, 509; vol. III, 208 note 2 (équivalence avec ‹fellow› et sens de ‹scholaris›), 405 (le ‹socius› d'étudiants nobles ou riches, un peu serviteur).
[27] Dans H. Denifle et E. Chatelain, *Chartularium Univ. Paris*. t. I. Paris 1889, n° 448, 505 sv. Déjà Robert de Courson, dans les statuts donnés à l'Université en août 1215, réglait étroitement les ‹convivia›; «possunt tamen vocare aliquos familiares vel socios, sed paucos» (ibid., 79).
[28] Prologus, § 6: Opera, éd. Quaracchi, V, 208 b.
[29] Les *Collationes in Hexaemeron* sont une ‹reportatio›, comme le commentaire de S. Thomas sur S. Jean (cf. n. suiv.). Le ‹reportator› s'excuse ainsi de livrer un texte incom-plet: «Haec autem, quae de quatuor visionibus notavi, talia sunt qualia de ore loquentis rapere potui in quaternum. Alii quidem duo socii mecum notabant, sed eorum notulae prae nimia confusione et illegibilitate nulli fuerunt utiles nisi forte sibi...» (éd. F. De-lorme, Quaracchi 1934, 275). Bonaventure avait donc trois ‹socii› secrétaires, qui ‹sté-nographiaient› son discours.

rum ...»[30]. Toujours la demande! Mais, de son vivant et pour la rédaction de ses ouvrages, Thomas d'Aquin a eu des ‹socii›-secrétaires: jusqu'à cinq en même temps, comme l'a montré le P. Antoine Dondaine[31]. Nous pourrions poursuivre cette petite enquête. Cela dépasserait le but que nous poursuivons ici. Aussi apporterons-nous juste quelques fiches en note[32]. Notre résultat est clair: il existe une acception universitaire ou scolaire des termes ‹socius›, ‹socii›. Ce sont les étudiants librement groupés qui vivent dans le même collège, ou qui suivent les cours d'un même maître, ou tout simplement lui sont attachés et, souvent, demandent avec instance qu'il rédige pour eux un traité. Ils travaillent ensemble. Cela nous amène à rassembler et proposer quelques exemples de cette collaboration qui nous a valu plusieurs grandes oeuvres du XIIIe siècle.

III. Travail en ‹équipe› au XIIIe siècle

‹Equipe›: le mot vient de esquif, un bateau (cf. l'allemand ‹Schiff›, l'anglais ‹ship›, l'espagnol ‹esquife›). Une équipe assure solidairement l'exercice d'une œuvre commune. Au XIIIe siècle on a beaucoup travaillé en équipe, en particulier dans les deux grands Ordres mendiants qui ont illustré ce siècle par les plus grands noms et les plus grandes œuvres. N'est-ce pas normal? Entré dans la première phase de la querelle entre Séculiers et Mendiants avec son *Contra impugnantes* (1257), S. Thomas y définit et y justifie le statut d'une ‹societas› de religieux vouée à la recherche, l'enseignement et la défense de la doctrine: «praecipue in acquisitione scientiae plerumque societas multorum studen-

---

[30] Cf. P. Mandonnet, *Des Ecrits authentiques de S. Thomas d'Aquin.* 2de éd. Fribourg, 1910, 39n. 1. On a depuis lors signalé la présence de cette note de Raynald dans des manuscrits d'Oxford ou du Vatican.

[31] A. Dondaine, *Secrétaires de S. Thomas.* Rome, 2 vol., 1956 (le second vol. = 40 planches). Et cf. H. D. Saffrey, *S. Thomas et ses secrétaires.* A propos du livre du R. P. A. Dondaine: Rev. des Sciences phil. théol. 41 (1957) 49–74. Le P. Saffrey apporte d'intéressantes précisions sur l'officialisation, le statut et le travail des ‹socii› donnés, chez les Prêcheurs, comme aides ou secrétaires à des maîtres comme Thomas.

[32] Bartholomée de Pise († vers 1347) a composé un *De dictionibus proferendis* au sujet duquel il dit: «De proferendis in prosa dictionibus sociorum instructioni volens intendere, brevem studebo compilare tractatum» (Archivum Latinitatis Medii Aevi 12 [1937] 10). – Thomas de Strasbourg, Erm. S. Aug., nous a laissé un écho détaillé des quatre ‹principia› qui ont été soutenus à Paris en 1345. Il y discute avec Pierre de Croso qu'il appelle «socius et collega» mais aussi «socius et magister»: car, s'ils ont été sententiaires ensemble, Pierre de Croso avait été auparavant sont maître ès arts: textes dans J. Kürzinger, *Alphonsus Vargas Toletanus u. seine theologische Einleitungslehre. Ein Beitrag zur Gesch. d. Scholastik im 14. Jahrh.*, Beitr. z. Gesch. d. Ph. u. Th. d. MA XXII/5–6. Münster 1930, 92 sv. – Gabriel Biel, *Collectarium*, Prologus: «neque tamen in hoc scolastico exercitio me tanquam magistrum praefero, sed doctrinalis socius itineris aliis currentibus simul et ipse curro».

tium prodest, quia interdum alter ignorat quod alius invenit, aut quod ei revelatur». Après avoir cité le texte de S. Isidore reproduit par Gratien sur le fait
que l'impossibilité, pour les évêques, de se réunir en concile avant Nicée avait
permis la diffusion des hérésies, Thomas ajoutait: «Patet ergo quod in periculum fidei divisionem inducit, qui doctores fidei in unam societatem congre-
gari non permittit.» On peut voir là une expression de la conscience qu'a-
vaient les Prêcheurs du service qu'ils assuraient dans l'Eglise en se constituant en
‹societas› d'étude et d'enseignement. Une ‹societas› (des ‹socii›!) n'est rien
d'autre «quam adunatio hominum ad unum aliquid communiter agendum
(...) sed societas studii est ordinata ad actum docendi et discendi»[33]. Sans
idéaliser indûment la réalité, les Studia generalia des Prêcheurs, les grands
couvents des Mineurs ont été cela. Evoquons seulement quelques faits.

Cela a été, chez les Franciscains, de 1240 à 1256, la compilation de la Summa
fratris Alexandri, fruit du travail d'Alexandre lui-même († août 1245), de Jean
de La Rochelle et d'un ou plusieurs anonyme(s).

La confection de la Concordance de la Bible a été réalisée de 1230 à 1235 à
Saint-Jacques de Paris, sous la direction de Hugues de Saint-Cher, par une
équipe de frères[34]. Le premier qui l'attribue au futur cardinal, Tholémée (Barthélémy) de Lucques, dit: «primas concordantias super bibliam cum suis fratribus adinvenit»[35]. Deux autres concordances ont été faites à Saint-Jacques
au XIIIe siècle, une vers 1252, par un groupe de frères anglais, l'autre dans les
années 80. Quant au Correctoire du texte de la Vulgate, Hugues l'a réalisé un
peu plus tard (1244–1263), sans aucun doute avec le concours de frères. Albert le Grand a utilisé ces travaux de Hugues, ainsi que ses Postillae[36].

Un autre exemple de travail d'équipe nous est donné par l'œuvre de Vincent
de Beauvais. Cela se passe encore à Saint-Jacques. Le roi Louis IX et la reine
ont demandé à Vincent de leur fournir un «opus quoddam universale de statu
principis ac totius regalis curie sive familie necnon et de rei publice admini-
stratione ac totius regni gubernatione» sur la base, non seulement des Ecritures mais des docteurs catholiques, des philosophes et des poètes ... Le souverain a fait appuyer sa demande par le Maître général Humbert (1254–1263).
C'était un énorme travail. Vincent y attela un groupe de frères: «ego et fratres
ceteri», dit-il dans le Prologue du De morali principis institutione

---

[33] Contra impugnantes, c. 3 (Ed. Leon., XLI. Rome 1970).
[34] L'article d'E. Mangenot, Dict. Théol. Cath., VII, 1922, col. 227–239 contient beaucoup de détails sur l'œvre exégétique de Hugues. Sur la (les) Concordance(s) cf. R.
H. Rouse & M. A. Rouse, The Verbal concordance to the scriptures. Archivum Fratr.
Praedic. 44 (1974) 5–30. Nous lui empruntons les deux références de la note suivante.
[35] Historia eccles. nova, lib. XXII, c. 2. – Le ms de Troyes, Bibl. munic., dit: «In-
cipiunt capitula ... concordentiarum veteris ac novi testamenti quas ad utilitatem multorum fratres predicatores compilaverunt.»
[36] Cf. I. M. Vosté, S. Albertus Magnus. I. In Novum Testamentum. Rome 1932,
18–19 et 22; II. In Vetus Testamentum. Rome 1932–1933, 11–13.

I

(1260–1263)[37]. Ailleurs, il proclame les limites de son information personnelle et l'apport que lui ont fait ses frères: «Ego autem in hoc opere vereor quorumdam legentium animos refragari quod non nullos Aristotelis flosculos, praecipue ex libris eiusdem physicis et metaphysicis, quos nequaquam ego ipse excerpseram, sed a quibusdam fratribus excerpta susceperam ... per diversa capitula inserui[38].»

Le matériel rassemblé pour un ouvrage servait éventuellement à d'autres. Vers 1265 Guillaume Peyraut utilisait pour son *De eruditione principum* le matériel colligé pour Vincent[39]. Et un peu plus tard, l'auteur inconnu d'un *Liber de informatione principum* faisait de même[40].

Nous avons peut-être un autre exemple d'usage pluriel ou répété d'un dossier préparé par des frères. Nous savons que, dès 1236, une étude de l'arabe et de l'hébreu avait été instaurée à Saint-Jacques. L. Robles a proposé l'idée qu'une documentation portant sur les écrits musulmans et juifs avait pu servir tant à Thomas d'Aquin pour le *Contra Gentiles* qu'à Raymond Martin pour son *Pugio fidei*[41]. A Saint-Jacques on copiait, on mettait des notes au clair «ad utilitatem fratrum Ordinis nostri», dit le frère Jacobin d'Asti, un des secrétaires de S. Thomas[42]. Thomas lui-même s'est constitué une documentation. Les deux épîtres dédicatoires de sa *Catena aurea* le font entendre. Mais, d'une part, Thomas lui-même s'est, par la suite, beaucoup servi de cette documentation: l'identification de ses citations le prouve. D'autre part, comme il le dit dans sa dédicace au cardinal Hannibald, pour composer sa *Catena* il s'était fait traduire des textes des Pères grecs. On sait combien Thomas a, toute sa vie, cherché de nouveaux textes, de nouvelles traductions, et talonné ses confrères pour obtenir ces traductions. Mais nous avons deux exemples d'un travail de documentation fait sous la direction et à l'usage de Thomas par un ou plusieurs des ‹socii› qui étaient ses secrétaires. Dans les deux cas, nous touchons aussi le lien de dépendance librement critique que Thomas a gardé avec l'œuvre de son maître Albert. Le premier cas est celui du manuscrit Vat. lat. 718: le P. A. Dondaine a montré qu'il est pour l'essentiel un corpus des *Parva*

---

[37] C'est le livre I du projet global. Vincent avait réalisé en 1250–1252 le livre IV, *De eruditione filiorum regalium*. Sur l'ensemble, cf. W.Berges, *Die Fürstenspiegel des hohen und späten Mittelalters*. (Schriften d. MGH, 2. Stuttgart 1935, repr. 1952, 303–313).
[38] *Speculum naturale*, Prol. c. 10.
[39] Cf. W. Berges, op. cit., 311. L'attribution à G. P. a été confirmée par de nouveaux arguments par A. Dondaine, *Guillaume Peyraut. Vie et Œuvres*. Arch. Fratr. Praedic. 18 (1948) 161–236 (220–232).
[40] Cf. W. Berges, op. cit., 357.
[41] L. Robles, *Entorno a una vieja polemica: el «Pugio fidei» y Tomás de Aquino*. Rev. Española de Teol. 34 (1974) 321–350.
[42] Cf. A. Dondaine, op. cit. (n. 31), 201–202; P.-M. Gils, *Les Collationes marginales dans l'autographe du commentaire de S. Thomas sur Isaïe*. Rev. Sciences phil. théol. 42 (1958) 254–264.

naturalia d'Albert, copié à Saint-Jacques avant l'été 1259 par plusieurs ‹socii›-secrétaires de S. Thomas[43]. Le second cas est la mise sur fiches, de manière à former une table alphabétique, du texte de *l'Ethique à Nicomaque*, avec recours à la *Lectura Alberti in Ethica*, que Thomas se fit composer à Saint-Jacques, en 1269–1270, au moment où lui-même commençait la rédaction de la II[a] pars de la *Somme*. Ce document a été révélé et édité par le P. René Antoine Gauthier, avec une précision d'analyse d'une exceptionnelle qualité[44]. Le P. Gauthier a bien montré aussi ce que Thomas doit à l'enseignement et aux écrits d'Albert[45].

Revenons à saint Albert. Quelle que soit la date des textes que nous avons cités, nous l'avons vu en relation constante avec ceux qu'il appelle ses ‹socii›. Ce sont les frères avec lesquels il faisait ‹societas›, c'est-à-dire, comme Thomas l'explique dans le *contra impugnantes*, une communauté religieuse d'étude et d'enseignement[46]. Communauté religieuse, vouée à la louange de Dieu par la célébration chorale de l'Office: Albert pratiquait cela et il en parle bien[47]. Communauté studieuse de recherche. Il existait dans l'Ordre des nostalgiques du passé, qui critiquaient les nouvelles recherches liées à l'étude d'Aristote. Il y en avait au studium de Cologne, à l'époque où Thomas était le disciple d'Albert[48]. Ils semblent avoir ennuyé Albert dans la suite encore, et cela nous a valu la protestation véhémente qui termine le commentaire de la *Politique*. Albert se justifie d'abord, car il y avait des choses peu édifiantes dans le texte d'Aristote: «Nec ego dixi aliquid in isto libro, nisi exponendo quae dicta sunt, et rationes et causas adhibendo. Sicut enim in omnibus libris physicis, nonquam de meo dixi aliquid, sed opiniones Peripateticorum quanto fidelius potui exposui.» Albert doit se défendre parce qu'il existe des paresseux ennemis de la recherche qui, dans les communautés, empoisonnent l'atmosphère: ils sont comme le fiel dans l'organisme, et ils empêchent les autres de chercher la vérité dans la paisible douceur de la convivence fraternelle des ‹socii› (societas):

---

[43] A. DONDAINE, op. cit. (n. 31), 28–40, 185–198.
[44] Sancti Thomae de Aquino Opera omnia, XLVIII. *Sentencia Libri Politicorum. Tabula libri Ethicorum*. Appendix: *Saint Thomas et l'Ethique à Nicomaque*. Rome 1971.
[45] Dans la Préface latine de son édition de la *Sentencia libri Ethicorum* de S. Thomas (Opera, XLVII. Rome 1969), le P. Gauthier dit qu'il a compté 350 passages où l'influence d'Albert est évidente (op. cit., p. 235*).
[46] Loc. cit. supra (n. 33). Vers la fin de ce chapitre Thomas écrit: «cum collegium studii generalis sit aliqua societas ...»
[47] Sur la prière publique et chorale, Albert écrit: «Hoc esse officium communitatis et totius corporis Ecclesiae in devotione Deo servientis, et non officium ministrorum ut ministri sunt, ac subinde totum conventum fidelium posse esse chorum et respondere precinentibus in laudem Dei», *IV Sent*. d. 24, a. 20 (Ed. Par., XXX, 56–57).
[48] D'où la protestation de celui-ci dans son *In epistolas B. Dionysii Areopagitae*: «Quamvis quidam qui nesciunt, omnibus modis volunt impugnare usum philosophiae, et maxime in Praedicatoribus, ubi nullus eis resistit, tamquam bruta animalia blasphemantes in iis quae ignorant.» (Ed. Par., XIV, 910.)

I

«Et hoc dico propter quosdam inertes, qui solatium suae inertiae quae-
rentes, nihil quaerunt in scriptis, nisi quod reprehendant; et cum tales
sint torpentes in inertia, ne soli torpentes videantur, quaerunt ponere
maculam in electis. Tales Socratem occiderunt, Platonem de Athenis
in Academiam fugaverunt, in Aristotelem machinantes etiam eum
exire compulerunt, sicut ipse dixit (...) Sed hoc tantum pro talibus.
Qui in communicatione studii sunt quod hepar in corpore: in omni
autem corpore humor fellis est, qui evaporando totum amaricat corpus, ita in studio semper sunt quidam amarissimi et fellei viri, qui omnes alios convertunt in amaritudinem, nec sinunt eos in dulcedine societatis quaerere veritatem[49].»
Au-delà de la magnifique véhémence de la protestation, quelques mots sont
pour nous pleins de sens dans cette tirade où Albert livre son âme: «communicatio studii», «in studio«, «dulcedo societatis», «quaerere veritatem».
‹Communicatio› est du vocabulaire de la *Politique*. C'est la vie commune, ce
sont les échanges, la coopération par lesquels, dans une société donnée, on
cherche et on procure ensemble ce pour quoi on s'est assemblé: ici, la vérité,
qui n'est pas toute donnée, mais doit être cherchée. Les paresseux ne le font
pas et, pour justifier leur inertie, ils accusent ceux qui cherchent. Les ‹socii›
d'Albert sont de ceux-ci. Que ce soit à Paris, à Cologne, ailleurs, ils ont eu
avec lui la ‹communicatio studii›. Et cela a été la joie, la douceur d'une vie de
labeur. Albert ne reculait pas devant le travail, mais il aimait goûter la douceur
d'une intimité aimée. De cette disposition de son âme il nous a livré quelques
témoignages à propos de l'Eucharistie[50]. Cette douceur de la ‹societas›, d'une
coopération dans l'intense recherche de la vérité, faisait partie de son humanisme chrétien et de sa conception de la mission propre de son Ordre.

---

[49] Ed. Par., VIII, 803–804.
[50] Dans son *De Eucharistia,* après avoir discuté techniquement certaines opinions
théologiques, il écrit: «His itaque ad determinationem veritatis expeditis, ludendo in
hac veritate dicimus quod Christus in sacramentalibus formis continetur ... ut in aula
dulcissimae refectionis ...» (dist. III, tr. 3, c. 2; Ed. Par., XXXVIII, 316). Un peu
plus loin, il parle de «Sancti Spiritus consolationem et dulcedinem gustus divinorum» (dist. 4, c. 1, p. 332). Voici encore une fiche pour cette dulcedo: le disciple d'Albert, Thomas d'Aquin, écrit qu'il ne faut pas charger les novices d'observances, «non
oportet quod jejunent, sed magis in quadam dulcedine vivere, et amore» *(In Matthae-
um,* c. 9, n° 3).

II

TRADITION ET « SACRA DOCTRINA »
CHEZ SAINT THOMAS D'AQUIN

O^N a pu noter que la notion de tradition orale est presque absente de l'œuvre de saint Thomas d'Aquin [1]. Elle ne vient pas à la pensée lorsqu'il rencontre et commente certains textes qui en sont, pour nous une expression [2]; elle ne figure pas dans l'esquisse de critériologie théologique de la *Somme*, I^a, q.1, a.8, ad 2um. De cette absence, le P. G. Geenen a proposé une explication ingénieuse, que les textes ne démentent pas mais qui, tout de même, paraît un peu courte à l'égard du problème pris dans son ensemble : il s'agit, à cet endroit, de l'argumentation « ab auctoritate ». Or une *auctoritas*, dans la technique théologique en usage à cette époque, était essentiellement un *dictum*, un *texte*. Mais, par définition, une tradition orale n'est pas écrite... [3]

Il serait, au demeurant, erroné de dire que saint Thomas ignore l'idée de tradition orale. Laissons de côté les textes où les mots *tradere*, *traditio*, n'ont que le sens général de transmettre, communiquer, livrer, donner, et donc, s'il s'agit d'une doctrine, affirmer, enseigner (affirmation, enseignement) [4]. Bornons-nous à ce qui concerne proprement la tradition orale. Nous trouvons que :

---

[1] H. D. SIMONIN, *La théologie thomiste de la foi et le développement du dogme : Revue thomiste*, 1935, p. 537 - 556 : p. 540 s. Le mot Tradition ne figure pas dans Th. PÈGUES, *Dictionnaire de la Somme théol. de saint Thomas d'A.*, t. II, Toulouse - Paris, 1935.

[2] Voir par exemple, *Com. in I Tm.*, c. 6, lect. 4 fin et *II Tm.*, c. 1, lect. 4, où saint Thomas entend le *depositum* de la responsabilité apostolique.

[3] G. GEENEN, *The place of Tradition in the Theology of St. Thomas : The Thomist*, 15 (1952), p. 110 - 135. C'est un fait que, dans les textes où saint Thomas invoque une tradition apostolique orale (cf. *infra*), il ne laisse pas de citer quelque *texte* en rapport avec cette tradition. Nous avons également ment tiré parti de P. E. PERSSON, *Sacra Doctrina. En Studie till förhallandet mellam ratio och revelatio i Thomas'av Aquino teologi*, Lund, 1957, p. 46 s.

[4] Voir R. J. DEFFERARI et alii. *A Lexicon of St. Thomas Aquinas*, Washington, 1948, p. 1109, s. v. *Traditio, Trado*. Quelques références données là ne sont pas ad rem; nous donnons les résultats de nos propres investigations : Sens large de transmettre, remettre : par exemple, les insignes d'une dignité (assez rare) : *IV Sent.*, d. 6, q. 2, a. 1, sol. 3; III^a, 62, 1, sol. —

1º - Saint Thomas sait évidemment – comment pourrait-il ne pas le savoir ? – que les Apôtres ont transmis à l'Eglise certaines dispositions qui ne sont pas formulées dans leurs écrits [5]. De fait, ces dispositions apparaissent comme concernant la forme ou le rite des sacrements, ou encore certains points de culte.

2º - Saint Thomas fait formellement appel à des traditions apostoliques orales. Voici, dans leur ordre chronologique, les principaux textes :

1) Multa Apostoli tradiderunt quae scripta non sunt in canone, inter quae unum est de usu imaginum. Unde et Damascenus dicit (lib. IV, c. 16 : *P.G.*, 91, 1174) quod Lucas depinxit imaginem Christi et B. Virginis, et Christus suam imaginem Abagaro Regi direxit, ut dicitur in Ecclesiastica Historia (*III Sent.*, d. 9, q. 1, a. 2, qª 2, ad 3 : v. 1255).

2) Multa Dominus fecit et dixit quae in Evangeliis non continentur. Illa enim praecipue curaverunt Evangelistae tradere quae ad salutis necessitatem et ad ordinem ecclesiasticae dispositionis pertinent; et ideo potius institutionem baptismi et poenitentiae et eucharistiae et ordinis a Christo factam narraverunt, quam extremae unctionis vel confirmationis... (*IV Sent.*, d. 23, q. 1, a. 1, qª 3, ad 1).

3) Sacra Scriptura omnibus communiter proponitur; et ideo forma baptismi, quia ab omnibus dari potest, debet in Sacra Scriptura exprimi (et aussi celle de l'eucharistie)..., sed formae aliorum sacramentorum non inveniuntur in Scriptura traditae : sed Ecclesia ex traditione Apostolorum

---

D'où : livrer, trahir (IIIª, 47 prol. et 3, obj. 3); usage fréquent de « tradere sacramenta » (IIIª, 63, art. 2, 3 et 4; 65, 3, ad 2), « divina populo tradere » (IIIª, 22, 1). S'agissant d'une doctrine : sens général de remettre, transmettre : la Loi (Iª - IIªᵉ, 94, 5, ad 2), la foi (IIIª, 64, 2, ad 3), les Ecritures (in *Hebr.*, c. 8, lect. 2 fin; *De Pot.*, 4, 1, « a Spiritu Sancto traditae »), un enseignement : « quaedam vero doctrina tradita est a Deo immediate, sicut doctrina Evangelii » (in *Gal.*, c. 1, lect. 2). Il est, en effet, deux manières d'entrer en possession d'une vérité, d'un enseignement : trouver soi-même ou recevoir d'un autre (cf. *infra*; comp. IIª - IIªᵉ, 1, 7, obj. 2). L'acte par lequel un enseignement ou une vérité est communiqué à un autre s'appelle *tradere, traditio*. Textes innombrables; par ex. C. *Gent*, IV, 34 (« secundum traditiones Scripturae »); 50 fin; 54, Adhuc ex traditione Ecclesiae docemur; In *Boet. de Trin.*, q. 2, a. 2 « scientia quam philosophi tradiderunt »; *De Div. Nom.*, prol. et c. 1, lect. 1; In *Joan.*, c. 1, lect. 11, n. 3; Iª, prol. et q. 1, surtout a. 9; IIª - IIªᵉ, 1, 7, prol., ad 2 et 3; 140, 1 et 2, sed c. « contrarium apparet ex traditione Sacrae Scripturae »; etc.

Dans quelques cas, il est difficile de déterminer s'il s'agit de ce sens général (communiquer) ou du sens plus précis, qui nous retient ici, de tradition orale : ainsi IIIª, 68, 8, ad 3, « suscipere baptismum sicut Christus instituit et sicut Ecclesia tradit »; *Suppl.*, 29, 7, obj. 1, « forma hujus sacramenti non invenitur tradita neque a Christo, neque ab Apostolis », mais la réponse oriente vers l'idée de tradition orale.

[5] Outre les textes 1 - 4, 6, 8, 9 cités *infra*, cf. in 1 *Cor.*, c. 11, lect. 7, « Ex quo patet quod Ecclesia multa habet ex dispositione Apostolorum, quae in Sacra Scriptura non continentur »; in 2 *Thess.*, c. 2, lect. 3. — Saint Thomas cite en ce sens *I Co.*, 11, 23, et 34 : ainsi *IV Sent.*, d. 23, q. 1, a. 4, qª 1, ad 1; IIIª, 25, 3, ad 4; 64, 2, ad 1; 72, 4, ad 1; 78, 3, ad 9; (*Suppl.*, 29, 7, ad 1).

habet, qui a Domino acceperunt, ut dicit Apostolus (*I Co.*, 11, 23) : *Ego accepi a Domino...* (*IV Sent.*, d. 23 ,q. 1, a. 4, q^a 1, ad 1).

4) ...in expositione divinorum nominum de Deo *nos sumus edocti nunc,* id est in prasenti vita, *juxta proportionem nostram per sancta velamina eloquiorum,* id est Sacrae Scripturae, *et hierarchicorum traditionum,* id est aliorum dogmatum quae Apostoli et eorum discipuli, tradiderunt, quae non continentur in Sacra Scriptura, ut puta quae pertinent, ad ritus sacrorum mysteriorum (*De div. nomin.*, c. 1, lect. 2 : 1261. Pour saint Thomas, Denys est le disciple de saint Paul).

5) Venit ad nos traditio talis... hoc tamen quia de Scripturis non habet auctoritatem, eadem facilitate contemnitur qua probatur (*Catena aurea in Mat.*, c. 23, n. 11 : avant 1264. Il s'agit d'une explication de « Zacharie, mort entre le temple et l'autel »).

6) Apostoli familiari instinctu Spiritus Sancti quaedam Ecclesiis tradiderunt servanda, quae non reliquerunt in scriptis, sed in observatione Ecclesiae per successionem fidelium; unde ipse Apostolus dicit (*II Th.*, 2, 14)...; et inter hujusmodi traditiones est imagum Christi adoratio. Unde et B. Lucas dicitur depinxisse Christi imaginem quae Romae habetur (III^a, 25, 3, ad 4 : v. 1275 - 76).

7) On peut croire raisonnablement que la Vierge Marie a été sanctifiée dès le sein de sa mère, bien que l'Ecriture ne dise rien à ce sujet (« nihil tradit »). Saint Thomas ne dit pas qu'il y ait là tradition apostolique orale : III^a, 27, 1.

8) Ea vero quae sunt de necessitate sacramenti, sunt ab ipso Christo instituta, qui est Deus et homo. Et licet non omnia sint tradita in Scripturis, habet tamen ea Ecclesia e familiari Apostolorum traditione (III^a, 64, 2, ad 1; 1276).

9) Sicut dicitur *Joan.* Ult., multa sunt a Domino facta vel dicta, quae Evangelistae non scripserunt; inter quae fuit hoc quod Dominus in Coena oculos levavit in caelum : quod tamen Ecclesia ex traditione Apostolorum habuit... (III^a, 83, 4, ad 2). Il est notable, mais un peu étonnant, que saint Thomas ne cite pas ici la décrétale d'Innocent III *Cum Marthae,* qui traite expressément les points touchés dans l'objection : insérée dans les Décrétales (III, 41, 6 : Friedberg, II, 637 s.; cf. extraits dans Denzinger, n. 414 - 15), elle devint, au début du XIVe s., le locus classicus pour l'idée de traditions orales (cf. P. De Vooght, *La Décrétale* Cum Marthae *et son interprétation par les théologiens du XIVe siècle : Rech. Sc. relig.,* 42 (1954), p. 540 - 48); la question des traditions orales était alors devenue une question critique en théologie, elle ne l'était pas encore au temps de saint Thomas qui, au surplus, ne semble avoir eu, de la décrétale *Cum Marthae,* qu'une connaissance partielle et indirecte : cf. III^a, 74, 8, « sicut Innocentius III dicit in quadam Decretali »...

Quand saint Thomas invoque une tradition orale comme source de la théologie au delà de l'Ecriture, il s'agit toujours d'une tradition *apostolique.* Son époque admettait bien d'autres traditions, plus ou moins légendaires. Saint Thomas en cite l'une ou l'autre, sous le bénéfice d'un « dicitur », « ut refertur », mais il se montre très réticent, et se garde de fonder, si peu que ce soit, la théologie, science de la foi, sur quelque tradition toute humaine [6]. Ainsi, à l'égard de notre problème moderne de la Tradition, saint Thomas se situe, comme le fera encore le Concile de Trente, sur le terrain relativement étroit des traditions *apostoliques* non écrites. Pour saint Thomas, comme pour le Concile de Trente, - 1) l'héritage total des Apôtres comporte les Saintes Ecritures, dont nous verrons quelle place il leur donne, et des dispositions non conservées dans ces Ecritures [7]; - 2) si l'on pose la question de savoir *sur quoi* portent ces traditions il s'agit toujours, concrètement, de dispositions cultuelles. Mais on sait que le Concile de Trente s'est volontairement abstenu de dresser une liste des traditions apostoliques non-écrites.

Deux des textes que nous avons cités (6 et 8) nous suggèrent une question qui ne manquerait pas d'intérêt, mais à laquelle l'exiguïté de la documentation rend une réponse incertaine. Ces traditions apostoliques ont-elles, aux yeux de saint Thomas, la même valeur de révélation que les Ecritures du Nouveau Testament ? Saint Thomas voit la Révélation comme la manifestation de la Vérité Première, non en elle-même, ouvertement, mais dans des signes dont elle prend, par l'inspiration, l'initiative et la responsabilité. Il y faut, d'un côté, la publicité du témoignage, de l'autre, une certaine consistance ou stabilité matérielle du signe (qualités que possède l'écrit: cf. *infra*, nn. 53, 57, 58). On peut se demander si, en parlant de « familiaris instinctus », « familiaris traditio », saint Thomas ne situe pas ces coutumes rituelles dans un ordre analogue à celui de l'éducation familiale en tant que celle-ci se distingue d'un enseignement public (cf. *infra*, n. 95). Ces deux traits qui caractérisent les traditions apostoliques non écrites – de *fait*, elles concernent des coutumes rituelles; *par nature*, elles n'ont pas la publicité et la fermeté de la parole écrite – devraient, croyons-nous, être pris en considération, dans le cadre de la théologie thomiste de la Révélation, et pourraient avoir quelque portée pour enlever à la question des traditions non-écrites ce qu'il peut y avoir d'indû et de fictif dans l'importance *polémique* qu'elle a prise au XVIe siècle.

Là où il parle expressément de traditions, saint Thomas ne touche pas les problèmes qui sont devenus plus particulièrement les nôtres, qu'on pourrait désigner comme ceux de *la* Tradition, et qui se résument dans ces deux questions : 1) La tradition entendue, comme transmission du dépôt de la foi à travers la durée de l'Eglise, par certains instruments vivants (Pères, Magistère) et en certains monuments : transmission telle qu'elle est développement en même

---

[6] Voir supra, textes 5 et 6; comp. *Resp. ad Lectorem Bisuntinum* (« nullius auctoritatis robore fulcitur »); IIIa, 64, 7, « sicut templa dicuntur angelico ministerio consecrata ».

[7] « Has traditiones dupliciter ediderunt (Apostoli), quasdam verbis, unde dicit *per sermonem*, quasdam in scripturis... » *Com. in 2 Thess.*, c. 2, lect. 3.

temps que transfert ou simple communication. Saint Thomas ne met
pas *cela* sous le mot de « Tradition »; il ne connaît point, pas même
lorsqu'il argumente en citant des textes patristiques, notre moderne
« argument de Tradition » [8]. La valeur de l'*auctoritas* est alors verticale, tenant à ce qu'elle incorpore d'acte de Dieu éclairant l'Eglise,
non horizontale, du type d'une continuité historique ou humaine. –
2) La Tradition entendue comme règle de foi : non pas au sens
objectif, à savoir comme contenu de doctrine véhiculé et établi par
la Tradition entendue au sens précédent, mais comme Magistère :
magistère des témoins de cette Tradition (Pères, conciles, etc.), et
surtout magistère hiérarchique actuel, ou « magistère vivant », engageant une notion de « Tradition vivante », dont le Prof. J. R. Geiselmann a si méticuleusement et si fructueusement étudié les origines et le développement, quant à l'Ecole de Tübingen.

Dans le cadre de ces deux questions, le problème de la Tradition
tend, à l'époque moderne, à s'identifier avec celui de l'Eglise, de
sa continuité, de son indéfectibilité dans les affirmations de sa foi
qu'elle pose à travers le temps; il tend même à s'identifier avec le
problème de l'infaillibilité du magistère vivant, lui-même pratiquement réduit au magistère papal. Ces problèmes-là, saint Thomas ne les
a pas abordés sous le nom de Tradition. Mais nous voudrions montrer qu'il en a remarquablement connu et honoré la réalité, en con-
cevant, comme il l'a fait, l'économie de la Parole salutaire. Nous
tâcherons de retracer les grandes lignes de cette conception grandiose, à partir de la notion de *Sacra Doctrina*, sous le signe de
laquelle il a voulu mettre la magnanime entreprise de la *Somme
théologique*.

DOCTRINA CHEZ SAINT THOMAS

Saint Thomas, comme tous les grands esprits, s'est appliqué à pré-
ciser le sens des mots et à leur donner une compréhension définie.
Doctrina a, chez lui, un sens plus précis que dans la langue des
Pères [9]. On peut, dit saint Thomas, acquérir une connaissance, soit

[8] Remarque faite, par exemple, par G. GEENEN, *L'usage des « auctoritates » dans la doctrine du baptême chez saint Thomas d'A.* : Ephem. Theol.
Lovan., 15 (1938), p. 279 - 329 (p. 299); par M. D. CHENU, *Introd. à l'étude
saint Thomas d'A.*, Paris, Montréal, 1950, p. 112 s.; *La Théologie au Douzième siècle*, Paris, 1957, p. 357, et J. DE GHELLINCK, *Patristique et argument
de tradition au bas moyen âge*, dans *Aus der Geisteswelt des Mittelalters*
(Beitr. z. Gesch. d. Phil. u. Theol. des MA.), Suppl. bd III), Munster, 1935,
pp. 403 - 426.
[9] Sur quoi cf. H. I. MARROU, « *Doctrina* » et « *Disciplina* » *dans la langue
des Pères de l'Eglise* : Bull. Du Cange, 9 (1934), p. 5 - 25. Il ne semble pas
que le *De doctrina christ.* de saint Augustin, où, du reste, le mot *doctrina*
intervient très peu, ait joué un grand rôle dans les emplois médiévaux du
mot « doctrina ».

par une recherche personnelle, soit en la recevant d'un autre; la *doctrina* ou *doctio* est l'acte de celui qui communique ainsi ce qu'il sait, c'est une espèce de transfusion de connaissance; la *disciplina* elle, est le processus, ou le procédé, par lequel celui qui ne savait pas, reçoit ce savoir *(discit)*[10]. Ainsi la *doctrina* relève d'une économie de savoir, *scientia*, où un esprit dépend d'un autre esprit pour actualiser en lui la connaissance[11]. Au sens actif, elle est l acte par lequel un esprit (pur ou lié à un corps) agit sur un autre esprit pour l'amener à savoir. Ainsi le premier sens de *doctrina* est-il le sens actif : acte d'enseignement[12]. Ce sens est extrêmement fréquent chez saint Thomas, avec ou sans l'application à la « *Sacra doctrina* »[13]. On trouve aussi fréquemment le sens passif : *doctrina* = une doctrine[14]. Les mots français « enseignement » ou « instruction » se prêtent aussi à avoir les deux sens, celui d'acte et celui de contenu. On trouve enfin fréquemment, chez St Thomas, un sens total ou cumulatif et indistinct, englobant ces deux sens, avec, cela va de soi, une priorité logique donnée au sens actif[15].

Les théologiens médiévaux, saint Thomas en particulier, aiment situer les réalités humaines à l'intérieur d'un ordre général qui révèle partout des structures analogues. Cela tient, chez eux, à leur profonde conviction que Dieu a tout fait en nombre, poids, mesure

[10] « Doctrina est actio ejus qui aliquid cognoscere facit » (*I Analyt.*, 1; comp. *Eth.*, 1, lect. 1); « scientia acquiritur dupliciter : et sine doctrina, per inventionem, et per doctrinam » (*C. Gent.*, II, 75, Sciendum tamen; comp. *in 1 Cor.*, c. 14, lect. 2); « acceptio scientiae vel intellectus fit per doctrinam et disciplinam » (II^a - II^{ae}, 16, 2; comp. 2, 3). Cf. l'exposé de G. F. VAN ACKEREN, *Sacra Doctrina. The Subject of the First Question of the Summa theol. of St. Thomas Aq.*, Rome, 1952, p. 53 - 77.
Le doctor est celui qui exerce la *doctrina*, le *docere* ou, comme saint Thomas dit parfois, la *doctio*; s'il est source ou origine d'enseignement, il mérite le nom de *magister* (*in Mat.*, c. 23, n. 1).
Équivalents de *docere*, *doctrina* : *instruere, erudire, eruditio* : I^a, prol.; *in Tit.*, c. 2, lect. 1; *in 1 Tim.*, c. 5, lect. 3; *in 2 Tim.*, c. 4, lect. 1. La *doctrina*, « transfusio scientiae » : *De Ver.*, 11, 4, ad 3 (et cf. 1, ad 6).
[11] On ne s'enseigne pas soi-même, au moins au sens précis du mot : *De Ver.*, 11, 2.
[12] Comme le reconnaissent DEFFERARI et alii, *op. cit.*, p. 337.
[13] Saint Thomas distingue la *doctr.-actus docendi* et son sens passif : II^a - II^{ae}, 43, 7, ad 2. — Voir, au sens actif : *De Ver.*, 11, 1, obj. et resp. 3, 6, 11, 12; 4, ad 3; *Phys.*, III, c. 3, lect. 5 (c'est là que se trouve le mot *doctio*); II^a - II^{ae}, 5, 3; 40, 4 c.; 32, 2; III^a, 7, 7; 12, 3 c. et ad 2; 35, 5 c.; 42 (*De doctrina Christi*); *III Sent.*, d. 25, q. 2, a. 1, q^a 4, ad 1; *In Mat.*, c. 4, n. 3; *in Rom.*, c. 1, lect. 5; *in 1 Cor.*, c. 3, lect. 2; c. 12, lect. 3 fin; *in 2 Tim.*, c. 4, lect. 1; *C. Impugn.*, c. 2; *De carit.*, a. 13, ad 6. On rencontre « praedicatio vel doctrina » : *in 2 Cor.*, c. 11, lect. 2; rapprochées II^a - II^{ae}, 187, 1; 188, 6; *in Mat.*, c. 4, n. 3; *III Sent.*, d. 25, q. 2 ad 3; d. 35, q. 1, a. 1, ad 5; *IV Sent.*, d. 49, q. 5, a. 5, q^a 1 (= Suppl., 96, 7); *Quodl.* III, 9 obj. 1; etc.
[14] *I Sent.*, prol., q. 1, a. 3, sol. 1; *In Epist. Pauli*, prol.; *in 2 Tim.*, c. 4, lect. 1; II^a - II^{ae}, 174, 6, ad 3 (« doctrina fidei »); 178, 2, ad 3; etc.
[15] *C. Gent.*, II, 4; *in Epist. Pauli*, prol.; *in 1 Cor.*, c. 3, lect. 2; *in Gal.*, c. 1, lect. 2; *in Tit.*, c. 1, lect. 3; II^a - II^{ae}, 5, 3, ad 2; 43, 7 c.; III^a, 35, 5; etc.

et sagesse; ou encore à leur idée, héritée de l'Antiquité, que l'harmonie et la consonance sont des marques de vérité; ou enfin à leur idée que le Monde, œuvre du Verbe-Sagesse de Dieu, est d'un bout à l'autre, bien qu'inégalement et de façon hiérarchisée, pénétré des reflets de la Sagesse divine (l'homme microcosme) [16]. Saint Thomas s'est souvent appliqué à manifester les harmoniques universelle des structures de l'ordre moral lui-même [17]. Dans de grandes vues de ce genre, il n'a fait qu'apporter plus de rigueur et une philosophie plus précise que les autres. Nous allons nous en rendre compte pour ce qui est de la *doctrina*.

La philosophie que saint Thomas mettait en œuvre était, non certes sans des retouches importantes, celle d'Aristote. Or cette philosophie était née d'une réflexion sur le fait du mouvement pris dans son acception la plus large. C'est dans le cadre de cette philosophie que saint Thomas situe le fait de l'enseignement, *doctrina*. Il y voit un cas particulier de ce que les hommes font les uns pour les autres, en coopération avec le gouvernement par lequel le Créateur *meut* le Monde vers le terme qu'il lui a destiné. Aussi bien est-ce dans le traité du Gouvernement divin que, dans la *Somme*, saint Thomas parle de l'enseignement, de façon formelle et générale. Après avoir étudié l'action directe de Dieu (I^a, q. 105), saint Thomas montre comment il fait agir les créatures les unes sur les autres. L'action étant consécutive et proportionnée à l'être, il est juste de distribuer les interdépendances des créatures dans les grandes catégories ontologiques selon lesquelles on les a distinguées [18] : créatures purement spirituelles, purement corporelles, composées de corps et d'esprit : l'homme. Commençant à traiter de ces interactions créées dans le cadre du Gouvernement divin, saint Thomas reprend cette « consideratio tripartita » (q. 106, prol.). Il en divise même chaque membre en trois, selon que l'ange, le corps et l'homme peuvent agir chacun sur les autres : anges, corps et hommes.

S'il s'agit de l'action de l'homme sur l'homme, sa constitution dualiste impose une double considération : car il peut agir, soit par son âme (q. 117), soit par son corps (qq. 118-119). La façon princi-

---

[16] L. MANZ, *Der Ordo-Gedanke. Ein Beitrag zur Frage des mittelalterl. Ständegedankens*, Stuttgart, 1937 (bien fragmentaire et insuffisant !); G. P. CONGER, *Theories of Macrocosmus and Microcosmus in the Hist. of Philos.*, New York, 1922; R. ALLERS, *Microcosmus from Anaximander to Paracelsus : Traditio*, 2 (1944), p. 319 - 407; L. SPITZER, *Classical and Christian Ideas of World Harmony. Prolegomena to an interpretation of the word « Stimmung »* : *ibid.*, p. 450 - 464; 3 (1945), p. 307 - 364; M. D. CHENU, *Saint Thomas d'Aquin et la Théologie*, Paris, 1959, p. 75 (très significative reprod.).

[17] Pour saint Thomas, voir par ex. I^a - II^{ae}, 87, 1; II^a - II^{ae}, 2, 3; 51, 4; 85, 1; 104, a. 1, 4 et 5; 130, 1; III^a, 7, 9; et aussi des principes comme « Ars imitat naturam », etc.

[18] I^a qq. 50 à 102; comp. le IVe concile de Latran, c. *Firmiter* (que saint Thomas a commenté) : DENZINGER, 428.

164

pale dont il agit sur d'autres hommes par son corps consiste dans la propagation de l'espèce par le mouvement de la génération (idée qui se retrouve dans la question du péché originel : I^a - II^{ae}, q. 81); la façon dont un homme agit sur un autre homme (principalement) par son âme est l'enseignement, le *docere*, la *doctrina* au sens actif que nous avons vu être le premier sens du mot chez saint Thomas (I^a, q. 117) : « docens *movet* intellectum addiscentis » [19].

Monde et Eglise

Le *Processus a Deo* est double : selon les dons de nature et selon les dons gratuits de grâce et de salut. Dans les deux cas, l'action créatrice de Dieu se continue dans son gouvernement. Le premier *Processus creaturarum a Deo*, avec le gouvernement qui lui correspond, aboutit à un Monde : un Monde des esprits et des corps, des vertus et de la culture (II^a pars; les habitus), un Monde qu'aime et étudie l'humanisme de saint Thomas. Nous y avons situé l'activité de *doctrina*. Le second *Processus a Deo*, principe d'un définitif *reditus* – dont on s'étonne que saint Thomas n'ait pas annoncé les éléments dans son étude de l'*exitus* – avec le gouvernement qui lui correspond, et qui est celui d'une Providence qui élit et prédestine gratuitement, aboutit à une Eglise, qu'aime et contemple l'évangélisme de saint Thomas. Cet ordre-là a son principe dans une révélation ou manifestation gratuite de la Vérité Première (*I Sent.*, prol., q. 1, a.1; *I^a*, 1, 1; *II^a-II^{ae}*, 2, 3). D'un ordre de réalités à l'autre, il existe des analogies de structure.

Et d'abord, l'un et l'autre ont leur chef, leur initiateur. Saint Thomas développe moins que ne l'avait fait Augustin le thème des deux Adam, il le connaît cependant [20]. S'agit-il du premier Adam, saint Thomas le voit comme le moteur premier de tous les autres hommes, à la fois « per generationem corporalem » et « per instructionem et gubernationem » [21]. Toute l'œuvre terrestre prend de lui son départ, à la fois comme propagation et multiplication des hommes (génération) et comme œuvre de culture. L'humanité toute entière est comme une seule personne, dont Adam est la tête. De même le Christ, second Adam, doit être le principe d'une nouvelle humanité qui sera, elle aussi, comme une seule personne spirituelle, et qui s'appelle l'Eglise. Il est « plein de grâce et de vérité » : fait dont

---

[19] I^a, 105, 3, sed c.

[20] Voir III^a, 19, 4 ad 1 et 3; 68, 9; comp. I - II, q. 5, a. 7, ad 2; M. GRAB-MANN, *Die Lehre des hl. Thomas v. A. von der Kirche als Gotteswerk...* Regensburg, 1903, p. 225 s. Sur le parallèle entre les deux applications du thème « (quasi) una persona », cf. Ad. HOFMANN, « *Christus et Ecclesia est una persona mystica* » : *Angelicum*, 19 (1942), p. 213 - 219.

[21] I^a, 94, 3 et parall. Nous savons que *instructio = doctrina* (*supra*, n. 10). Adam était « pater et instructor totius humani generis » (I^a, 101, 1, ad 1).

saint Thomas rend compte dans les questions bien connues sur la plénitude et la valeur capitale de la grâce du Christ, et qu'il exprime volontiers par le mot *redundare*. Or, dit-il, « redundat gratia dupliciter, scilicet par instructionem et per operationem... Uterque autem modus redundantiae fuit in Christo »[22].

Cette fois, ce n'est pas l'humanité terrestre qui provient de cette double action, c'est l'Eglise, qui se forme de la foi et des sacrements, en particulier du baptême[23]. De la foi d'abord et fondamentalement · car si, chez les hommes, une connaissance, une conscience commune est à l'origine du premier fait d'association, la société spirituelle qu'est l'Eglise se forme d'abord et fondamentalement par l'unité de la foi[24]. On soupçonne quel sera, dans ces conditions, le rôle d'un enseignement surnaturel, celui dont nous allons voir que S. Thomas l'appelle *Sacra doctrina*. Notons, avant d'y venir, qu'en-

---

[22] *I Sent.*, d. 16, qª 3, sol.; comp. Iª, 43, 7. Saint Thomas fait correspondre à ces deux lignes d'action, au niveau des théophanies, d'une part, celle du baptême au Jourdain, d'autre part, celle du Thabor (les théophanies ont pour rôle propre, selon saint Thomas, de manifester la *redundantia*) : *I Sent.*, d. 16, q. 1, sol. 2 et 3; Iª, 43, 7, ad 6; IIIª, 39, 6, ad 1; 72, 2 ad 1. Cette dualité d'action, qui est une grande catégorie de saint Thomas, se retrouve ensuite, par exemple, quand il s'agit de savoir comment un homme peut être cause de péché pour un autre homme (« exterius suggerendo..., per generationem »); dans l'économie chrétienne de régénération, chez le Christ, les Apôtres, dans l'Eglise, le double acte du ministère : la *doctrina* et l'*administratio sacramentorum;* dans la double forme d'incorporation au Christ : « mentaliter, per fidem; corporaliter, per sacramenta » (IIIª, 69, 5, ad 1); etc.

[23] *Comp. Theol.*, I, 147, toute l'Eglise est présentée comme le résultat de la *motio* ou *gubernatio Dei* appropriée au Saint-Esprit; notons cette formule : « Gubernatio rerum, et specialiter creaturarum rationabilium... quantum ad effectum supernaturalis cognitionis, quam per fidem in hominibus Deus facit, dicitur sanctam Ecclesiam catholicam, nam Ecclesia congregatio fidelium est.» — « Ecclesia constituitur, fabricatur (*IV Sent.*, d. 18, q. 1, a. 1, sol. 1; IIIª, 64, 2, ad 3), fundatur (*IV Sent.*, d. 17, q. 3, a. 1, sol. 5), instituitur (Iª, 92, 3), consecratur (*in Joan.*, c. 19, lect. 5, n. 4) per fidem et fidei sacramenta.» Le baptême construit l'unité ecclésiale (IIIª, 39, 6, ad 4). On sait aussi que saint Thomas aime montrer les mérites de la Passion du Christ appliqués aux hommes par la foi et les sacrements de la foi : *De Ver.*, 27, 4; 29, 7, ad 8; ad 11; IIIª, 49, 3, ad 1; 5, sol.; 62, 5, ad 2; 6; 79, 7, ad 2); *Hebr.*, c. 3, lect. 3; *Expos. in Symb.*, a. 10; etc.

[24] « Prima congregatio quae est in hominibus est per viam cognitionis, quia ex hac omnes aliae oriuntur... Quia congregatio Corporis mystici per unitatem verae fidei primo constituitur... » (*IV Sent.*, d. 13, q. 2, a. 1, sol.). La foi est le fondement de l'Eglise (*Quodl. XII*, 16, ad 1), dont l'unité est faite par la foi (*III Sent.*, d. 13, q. 2, a. 2, qª 2, sol et ad 1; *IV Sent.*, d. 27, q. 3, a. 1, qª 3 sol; *C. impugn.*, c. 3; *In Iᵃᵐ Decret.*, c. 3; IIª - IIªᵉ, 4, 6; *C. Gent.*, IV, 76; *In Symbol.*, a. 9; *in Joan.*, c. 17, lect. 5; *in Ephes.*, c. 4, lect 2; *in Col.*, c. 1, lect. 5 (la loi = « fundamentum cujus firmitate tota firmatur Ecclesiae structura »); *in 1 Tim.*, c. 6, lect. 4 fin; etc. On lira surtout ici A. DARQUENNES. *La définition de l'Eglise d'après saint Thomas d'A.*, dans *L'Organisation corporative du Moyen Age à la fin de l'Ancien Régime (Et. Présentées à la Comm. intern. pour l'Histoire des Assemblées d'Etats, VII)*, Louvain, 1943, p. 3 - 53.

166

tre la première action de l'homme sur l'homme, par le « semen generationis », et la seconde, par le « semen quod est Verbum Dei » [25], il existe un lien, celui du mariage, seule institution naturelle qui soit, comme telle, sacramentalisée « en vue du Christ et de l'Eglise » : il est, dit saint Thomas, ordonné « ad perpetuitatem Ecclesiae, quae in fidelium collectione consistit » [26].

Ainsi saint Thomas voit l'histoire terrestre remplie par le développement, côte à côte, de deux processus : le premier, de multiplication des hommes par la génération charnelle, qui représente une part eminente du « Processus creaturarum a Deo », l'autre de constitution de la *Collectio fidelium* qu'est l'Eglise, à partir de la *doctrina fidei*, qui est aussi bien la *Sacra doctrina*, ainsi que nous allons le voir.

LA SACRA DOCTRINA DE S. THOMAS

Le P. J. de Ghellinck a montré comment l'expression « Sacra Pagina », ou celle de « Sacra Scriptura », que Raban Maur et S. Anselme semblent lui avoir préférée, est passée d'une désignation de l'Ecriture sainte à celle d'Ecriture englobant l'enseignement théologique, qui se développa d'abord par mode de questions nées de l'explication du texte sacré [27]. Sacra Pagina (Scriptura) devint ainsi le nom technique et officiel de la discipline théologique, et il le demeura même quand les questions, au lieu de naître de l'explication même du texte, se développèrent pour elles-mêmes et portèrent sur des points de systématisation théologique de type, déjà, scolastique. De fait, chez les prédécesseurs ou même les contemporains de saint Thomas, on rencontre sans cesse, sous le vocable de *Sacra Scriptura*, un blocage entre Ecriture proprement dite, Pères, canons des conciles ou décrétales des papes, enfin théologie proprement dite, même sous les formes les plus élaborées de l'argumentation et de la systématisation [28].

---

[25] Cf. *Lc*, 8, 11; *I Co.*, 4, 15; *I P.*, 1, 23. Saint Thomas, in ep. ad Tit., prol.; IIIᵃ, 19, 4, ad 1 et 3.

[26] *C. Gent.*, IV, 78. Par le sacrement de l'ordre, « Ecclesia gubernatur et multiplicatur spiritualiter », par celui du mariage, « multiplicatur corporaliter » (*De art. fidei et Eccl. sacr.*). Ainsi le mariage réalise la « successio fidelium » dont parle IIIᵃ, q. 25, a. 3, ad 4 (*supra*, texte 6).

[27] « *Pagina* » et « *Sacra Pagina* ». Histoire d'un mot et transformation de l'objet primitivement désigné, dans *Mélanges Auguste Pelzer*, Louvain, 1947, p. 23 - 59.

[28] a) Blocage de la théologie dans la *S. Scriptura* : Pierre le Chantre, « In tribus consistit exercitium S. Scripturae; circa lectionem, disputationem et praedicationem » (*Verbum abbreviatum*, c. 1 : P.L., 205, 25); nombreux exemples dans M. D. Chenu, *La Théologie comme science au XIIIᵉ siècle*, 2ᵈᵉ éd., Paris, 1943, p. 48 (Fishacre), 43, n. 4 (Albert le Grand), 51 et

Abélard avait bien tenté de dénoncer ce blocage, en distinguant entre *Sacra Pagina* et *Theologia*, mot qu'il introduisait ainsi, avec le sens technique que nous lui connaissons, dans le catalogue des disciplines universitaires[29]. De fait, le mot *theologia* se trouve fréquemment dans les chapitres de méthodologie qui, chez les prédécesseurs ou les contemporains de saint Thomas, correspondent à ce qui est, chez celui-ci, la 1re question de la *Somme*. Tel est le cas, par exemple, chez Gilbert de la Porrée, Etienne de Tournai, chez les premiers Dominicains Jean de Saint-Gilles et Roland de Crémone, mais surtout chez les Franciscains Eudes Rigaud, saint Bonaventure, Roger Bacon, Guillaume de Méliton, Jean Peckham[30]. Ce n'est pas qu'on ne trouve chez eux l'expression *Sacra doctrina*, tout comme on trouve *theologia* chez saint Thomas; mais ces auteurs ont le plus souvent *theologia*, tandis que saint Thomas préfère manifestement *Sacra doctrina*, et ceci dès le Prologue des *Sentences*, puis, de façon tout à fait remarquable, dans la première question de la *Somme*[31]. De même, il arrive à saint Thomas de faire équivaloir « Sacra Scriptu-

---

52 (Kilwardby), 60, n. 1 (S. Bonaventure), 63 (Roland de Crémone). On pourrait multiplier indéfiniment les exemples.

b) Les Pères, les conciles et les décrétales englobés dans la *S. Scriptura* : LANFRANC, *Liber de corp. et sang. Domini,* c. 17 (*P.L.,* 150, 429 A); ANSELME DE LAON (*Sententiae,* éd. G. Lefevre, Evreux, 1895, p. 29 : Augustin cité comme *Scriptura*); HUGUES DE ST-VICTOR, *Didascalion,* IV, 1, *P.L.,* 176, 778; *De Script. et scriptor. sacris,* 6; *De sacram.,* I, 6; GRATIEN (D. XIX, c. 6 : FRIEDBERG, I, 61 - 62) transposait aux *Decretales epistolae* un texte de saint Augustin parlant des Ecritures canoniques... Pour JEAN DU MONT S.-ELOI, v. 1312, la *S. Script.* comprend la Bible, les *glossae sanctorum,* les *Decreta* et *Decretales :* dans J. LECLERCQ, *L'idéal du théologien au moyen âge : Rev. des Sc. relig.,* 1947, p. 121 - 148 (p. 125). On trouvera encore l'expression *Sacra Pagina (Scriptura)* appliquée aux décrets des papes, en plein XVIIe s. (Jean Testefort, en 1626 : cf. A. G. MARTIMORT, *Le Gallicanisme de Bossuet,* Paris, 1953, p. 29). — Saint THOMAS, *I Sent.,* d. 33, q. 1 a 5, obj. 3; *II Sent.,* d. 24, Expos. textus.

[29] Cf. J. RIVIÈRE, *Theologia : Rev. des Sc. relig.,* 16 (1936), p. 47 - 57; J. COTTIAUX, *La conception de la théologie chez Abélard : Rev. Hist. ecclés.,* 28 (1932), p. 247 - 295, 533 - 551, 788 - 828.

[30] Voir BASILIUS DE BERGAMO, *De questionibus ineditis Fr. Odoni Rigaldi, Fr. Guglielmi de Melitona, et codicis Vat. lat. 782 circa theologiae naturam deque ejus relatione ad Summam Theol. Fr. Alexandri Halensis,* dans *Archiv. Francisc. Hist.,* 29 (1936), p. 3 - 54, 308 - 364. Le seul exemple d'emploi de *S. Doctrina* dans les nombreux textes inédits publiés par I. LECLERCQ, *art. cité* n. 28, est de Guillaume Pierre Fulegar, v. 1280 (p. 122). Comp. *infra,* n. 33.

[31] Pour saint Thomas, *theologia* ne signifie, de soi, que *sermo Dei, sermo de Deo* (I^a, 1, 1, ad 2; 1, 7; *Metaph.,* VI, lect. 1; in *Boet. de Trin.,* q. 5, a. 4). Il y a la « theol. quam philosophi consequuntur » et cette « quae in S. Scriptura traditur » (*Boet. Trin.* q. 5, a. 4). Pour cette dernière, saint Thomas aime préciser : « theol. quae ad sacram doctrinam pertinet » (I^a, 1, 1, ad 2). Il connaît cependant le sens universitaire et moderne de *theol. :* par exemple *Resp. de XLII Artic.,* concl. Comp. M. D. CHENU, *La théol. comme science,* p. 85.

II

168

ıa» et «Sacra Doctrina»[32]. S'agit-il d'un lapsus, ou d'un recul de
l'«esprit», c'est-à-dire de la pensée personnelle, devant la «mentalité» et les habitudes? Nous pensons que le fait se justifie bien
plutôt par les rapports très étroits existant entre les deux choses :
elles ont la même origine, c'est pourquoi saint Thomas peut écrire :
«Scriptura seu Sacra doctrina fundatur super revelationem divinam» (I^a, 1, 2, ad 3). Mais qui dit rapports et source commune ne
dit pas identité. La lecture attentive de saint Thomas, d'un côté, la
comparaison de ses énoncés avec les textes parallèles d'autres théologiens[33], de l'autre, tout montre à l'évidence que saint Thomas a *intentionnellement choisi l'expression* «Sacra doctrina» et qu'il lui a
donné un sens précis. Lequel?

Les interprétations divergent[34]. Evitant d'entrer ici dans leur discussion détaillée, nous chercherons seulement à noter les équivalences ou les indications que saint Thomas donne sur le contenu de la
«S. doctrina» entendue en son sens le plus compréhensif, et à nous
faire ainsi une idée de *la réalité* que saint Thomas mettait sous l'expression qu'il affectionnait.

Notre conviction est que, dans la première question de la *Somme*, saint Thomas prend «Sacra doctrina», 1) dans un sens qui peut
s'appliquer à l'enseignement chrétien (éventuellement, au niveau
de la science théologique), soit au sens objectif du mot, un corps
de doctrines, soit au sens actif, l'action de communiquer ces vérités; 2) selon une large extension qui englobe tous les niveaux et

---

[32] Dans son *Principium* biblique, 1252 (*Opuscula*, éd. Lethielleux, t. IV,
1927, p. 482), saint Thomas prend *S. Script.* et *S. Doctr.* l'une pour l'autre,
ou dit : « Veritas Scripturae hujus doctrinae »; comp. I^a, 1, 2, ad 2; 3; 7,
obj. 2 et ad 2.

[33] Un fait particulier, mais significatif : l'auteur de la question *De theologia* du ms de Todi 39, qui est de l'école bonaventurienne et écrit entre
1270 et 1280, a recopié saint Thomas, I^a, 1, 2, mais, peut-être par simple habitu-
de et d'instinct, il a changé *S. Doctr.* en *S. Script.*: cf. H. F. Dondaine,
*L'auteur de la Question De theologia du ms Todi 39 : Rech. Théol. anc. et
méd.*, 19 (1952), p. 244 - 270 (p. 254).

[34] On les trouvera recensés dans Van Ackeren, cité *supra*, n. 10. Le P.
R. Gagnebet publiait au même moment son *De Natura Theologiae ejusque
methodo secundum S. Thomam*, Rome, 1952, où il reprend, en somme, la
position de Cajétan : « Sacra doctrina sumitur in sensu objectivo, prout
abstrahit a ratione crediti vel sciti » (t. II, p. 42). Le P. Van Ackeren tient
que, dans toute la q. 1, article après article, saint Thomas prend *S.
Doctr.* au sens actif, où *doctrina* est l'action par laquelle un *doctor* produit
en son disciple l'habitus de la connaissance (chrétienne et théologique).
Cela nous paraît : 1º trop lire I^a, 1 sous le signe de la théorie générale de
l'enseignement, *doctrina*, comme action d'enseigner; 2º trop systématiser
un vocabulaire qui demeure plus souple; 3º trop distinguer *S. Doctr.* et *S.
Scriptura*, cette dernière étant alors base de départ plutôt que l'une des
formes ou des parties de la *S. Doctr.*; 4º ne pas assez tenir compte du fait
que saint Thomas n'a pas enseigné la *Somme*, mais l'a rédigée comme un
livre : il a été ainsi un de ces « scribentes sacram doctrinam » auxquels
est promise une auréole (cf. n. suiv.).

toutes les formes de cet enseignement chrétien, encore que tel article s'applique seulement à l'une de ses formes, par exemple l'art. 2, et que saint Thomas lui-même n'ait réalisé, dans sa *Somme,* que la forme scientifique de l'enseignement chrétien. Cette interprétation est, croyons-nous, la seule qui prenne le texte du Maître tel qu'il est et qui, au surplus, rejoint un grand nombre de thèmes et de textes dispersés dans toute son œuvre, et dont nous citerons certains ici.

Voici quel contenu saint Thomas lui attribue, quels équivalents il en donne, quels traits il lui reconnaît :

La *S. doctrina* concerne « ea quae supra rationem sunt » (a. 1; comp. IIª-IIªe, 2, 3, où Dieu apparaît comme *doctor* et *magister*); c'est une « doctrina spiritualis » (*In Joan.,* c. 4, lect. 3, n. 4; IIª-IIªe, 43, 7, obj. 2; comp. 188, 5, ad 3). C'est « quaedam impressio divinae scientiae » (Iª, 1, 3, ad 2), la « scientia sanctorum » (3, sed c.). Elle provient de la révélation divine : Iª, 1, 1; 2, ad 2; 3, sol. et ad 2; 5, ad 2; 6, sol. et ad 2; 8, ad 2. C'est la « doctrina fidei » (*C. Gent.* II, 2 et 4; IV, 52 Sed tamen, si quis; *De div. nomin.,* c. 1, lect. 1; IIª-IIªe, 1, 7; 2, 5, sol fi; in *Hebr.,* c. 5, lect. 2, etc.); même sous forme scientifique « procedit ex articulis fidei » (Iª, art. 2, 7 et 8). Son objet ou son contenu est « catholica veritas », « ea quae ad christianam religionem pertinent » (Iª, prol.; comp. saint Augustin : « doctrina sacra, id est christiana » *De doctr. christ.,* IV, 31, 64 : P. L., 34, 122). Saint Thomas dirait encore « doctr. secundum pietatem » (IIª-IIªe, 188, 5, ad 3).

Cette *doctrina,* et la *scienta* qui lui correspond, est à la fois spéculative et pratique : Iª, 1, 4; in *Hebr.,* c. 5, lect. 2 circa fi (« Sacra Scripturae doctrina... » « Sacra ergo doctrina est cibus et potus, quia animam potat et satiat. Aliae enim scientiae tantum illuminant intellectum, haec autem illuminat... et etiam nutrit et roborat animam »); comp. in *Ps.* XXII : « Est aqua sapientiae sacrae doctrinae, quae quidem est et cibus, quia confortat, et aqua, quia refrigerat... Est autem duplex effectus spiritualis doctrinae. Primus est interior in conversione animae ad Deum, quando totaliter a rebus mundi trahit... Alius effectus est exterior, ut opera exteriora exequatur... » Ainsi la *S. doctr.* est un principe de vie chrétienne. Saint Thomas aime souligner son rapport au salut : « necessarium fuit ad salutem... » (Iª, 1, 1,); « doctrina quae est de pertinentibus ad salutem », elle est « Heilslehre » (*IV Sent.,* d. 49, q. 5, a. 5, qª 1; comp. d. 23, q. 1, a. 1, qª 3, ad 1; *Quodl. VII,* 14; Iª-IIªe, 106, 4, ad 2; in 2 *Tim.,* c. 3, lect. 3 (« doctrina salutaris »); *Quodl.* I, 14 : *S. doctr.* = « docere qualiter salutem animarum procurare »; etc., et saint Augustin : « doctrinae salutaris cathedra » : *Epist.* 105, 5, 16, P. L., 33, 403 D). Ce n'est d'ailleurs pas seulement par son objet que la *Sacra doctrina* a rapport au salut : comme acte ou activité, elle l'opère; elle rentre dans le plan de salut de Dieu, qui comporte l'établissement de son règne, et donc la lutte contre l'Adversaire, Satan [35]. C'est vraiment un mystère du salut que célèbre l'acte de *Sacra doctrina* [36].

Il est clair que, prise selon cette extension, la *Sacra doctrina*, enseignement ou communication du salut, englobe plus d'une forme Des textes classiques énuméraient ses différents actes : ainsi II *Tm.*, 3, 16 et *Tt.*, 1, 9, auxquels pouvait se rattacher l'énoncé de Pierre le Chantre (*supra*, n. 28) et auxquels saint Thomas se référait aussi [37]. Nous retiendrons surtout une double distinction : 1) celle entre *doctrina* proprement dite et *praedicatio*, est banale. Saint Thomas la fait, en semblant réserver à la *praedicatio* l'exhortation aux bonnes mœurs [38]; souvent aussi, il accole les deux mots en les joignant par un *et* ou un *vel* dont on ne peut pas toujours dire s'il est conjonctif ou disjonctif [39]. 2) Celle entre une *doctrina* proprement pastorale, relevant de la *cura animarum*, et d'une *doctrina* de type universitaire ou savant. La distinction pouvait n'être pas faite à l'époque où il n'existait guère de culture théologique scolaire qui fût poursuivie sans autre fin que le savoir lui-même. On sait comment, d'abord dans des cadres monastiques, comme celui du Bec, puis cathédraux, comme à Laon, ensuite purement scolaires, avec Abélard, enfin proprement universitaires, il se constitua de plus en plus largement un type de *doctrina* nouveau, non plus « apostolique », mais « scolastique », pour reprendre les termes expressifs d'Inno-

---

[35] Cf. *IV Sent.*, d. 49, q. 5, a. 5, q^a 1, repris et résumé *Suppl.*, 96, 7; *in Mat.*, c. 4, n. 3. Il y aurait lieu d'étudier cet aspect, en même temps que la valeur eschatologique de la mission ou du ministère apostolique de la Parole, d'après saint Thomas (I^a - II^{ae}, 106, 4, ad 4).

[36] Ici interviendrait la considération de l'acte de *doctrina*, ou de *praedicatio*, comme acte essentiellement religieux, spirituel. Indications intéressantes dans J. LECLERCQ, *art. cités* n. 38 et dans Z. ALSZEGHY, *Die Theologie des Wortes Gottes bei den mittelalterl. Theologen : Gregorianum*, 39 (1958), p. 685 - 705).

[37] Cf. son *Principium* de Maître, 1256 (*Opuscula*, éd. Lethielleux, t. IV, 1927, p. 494); *in 2 Cor.*, c. 2, lect. 3.

[38] *In 2 Tim.*, c. 1, lect. 4, « praedicatorem ad excitandum ad bonos mores ». On avait, au XIIIe s., conscience du fait que la prédication et l'enseignement de la théologie sont deux fonctions différentes : cela ressort des articles de J. LECLERCQ, *Le magistère du prédicateur au XIIIe siècle : Arch. Hist. doctr. et littér. du moyen âge*, 15 (1946), p. 105 - 147 : *L'idéal du théologien au moyen âge. Textes inédits : Rev. Sciences relig.*, 1947, p. 121 - 148. Cependant les deux activités n'étaient pas opposées et une assez grande fluidité demeurait dans les distinctions qu'on faisait.

[39] Cf. *supra*, n. 13. La valeur conjonctive nous paraît souvent dominante : dans le cas du Christ, la *doctrina* n'est pas autre chose que la *praedicatio* et, dans son comm. sur saint Matthieu, saint Thomas passe sans cesse de l'une à l'autre (comp. III^a, 42); comp. « illuminare verbo doctrinae. Tria autem notentur quae debet habere praedicator verbi divini » (*in Mat.*, c. 5). Même en parlant de la prédication des laïcs, Hugues de St-Cher ne fait pas de distinction entre *praedicare* et *docere* : cf. la Disp. édité par STEGMÜLLER, dans *Histor. Jahrbuch*, 72 (1953), p. 185 - 187.

cent III[40]. Saint Thomas pouvait d'autant moins ignorer la distinction que les Mendiants devaient, tout en relayant un clergé insuffisant dans l'office de la prédication proprement dite, intensifier le développement d'un enseignement de type scolastique et magistral.

Il est cependant remarquable qu'en distinguant ces activités, saint Thomas se garde de les opposer, voire même de les séparer. Elles étaient d'ailleurs foncièrement rapprochées, et même unies, d'un côté dans leur source et leur règle communes, la sainte Ecriture, de l'autre dans la référence au salut qui caractérisait leur contenu, à l'une et à l'autre. Les deux relevaient d'une unique *Sacra doctrina*, pour laquelle on peut parler de caractère et de valeur vraiment kérygmatique[41].

L'ÉCONOMIE DE LA SACRA DOCTRINA

Si saint Thomas voyait l'action d'enseigner dans le cadre grandiose du Gouvernement divin, comme la façon principale dont un homme agit sur un autre homme par son âme, on peut légitimement supposer que la communication de la *Sacra doctrina*, c'est-à-dire de l'enseignement salutaire dérivant de la Révélation divine, occupera une place similaire dans l'ordre du salut : « In manifestatione fidei, Deus est sicut agens, qui habet perfectam scientiam ab aeterno; homo autem est sicut materia recipiens influxum Dei agentis » (IIª-IIªᵉ, 1, 7, ad 3). Il s'agit, nous le savons, d'une certaine communication de la science même de Dieu, « quaedam impressio divinae scientiae », à laquelle répond en nous, d'abord la foi, puis, éventuellement, si nous y ajoutons un *studium*[42], l'habitus de théologie.

Saint Thomas voit cette communication s'opérer de deux façons accordées et qui concourent au même et unique résultat : au-dedans,

---

[40] INNOCENT III, Première collection de ses Décrétales, à l'archev. Pierre de Compostelle : « Haec ergo tibi scholastico more respondemus. Sed si oportet nos more apostolico respondere, simplicius quidem, sed cautius, respondemus... » (*P. L.*, 216, 1178). Saint THOMAS, *IV Sent.*, d. 6, q. 2, a. 2, sol. 2, « triplex est instructio fidei. Una admonitoria qua quis ad fidem convertitur, et haec est proprie sacerdotum, quorum est praedicare et docere... Alia est instructio disciplinalis... Tertia, quae sequitur baptismum... »; d. 19, q. 2, a. 2, qª 2, ad 4, « docere sacram doctrinam dupliciter contingit. Ex officio praelationis, sicut qui praedicat, docet... Alio modo ex officio magisterii, sicut magistri theologiae docent »; *C. Impugn.*, c. 2, « doctrina praedicationis, quae ad praelatos pertinet..., doctrina scholastica, cui praelati non multum intendunt ». Comp. *in 2 Tim.*, c. 1, lect. 4; IIIª, 71, 4, ad 3. *Quodl.* III, 9, et *infra*, n. 104.

[41] Comp. V. WHITE, *Holy Teaching. The Idea of Theology according to S. Thomas Aquinas*. London. Blackfriars Public., 1958. Combien le plan de la Somme est foncièrement kérygmatique ! Selon un tout autre mode d'exposition, avec des ressources intellectuelles différentes, on pourrait le comparer à celui, par exemple, de saint Irénée, dans son *Epideixis*.

[42] Cf. Iª, 1, 6, ad 3.

par l'action de Dieu, au dehors par la parole (ou l'écriture) des hommes [43]. Dans les deux cas, toute la valeur et la solidité viennent de Dieu. Il est la source absolue, la « Veritas Prima », comme aime à dire saint Thomas, qui met dans cette expression, tout à la fois, les affirmations du plein monothéisme biblique et la force du principe métaphysique selon lequel le Premier dans un ordre donné, est cause et mesure de tout le reste. Il est intéressant de noter comment, dès qu'il eût reçu la charge d'un enseignement magistral de la *Sacra doctrina* (printemps 1256), saint Thomas consacra un effort extrêmement intense à préciser les structures de la connaissance, aux différents niveaux et selon les différentes modalités où il allait les rencontrer : il tint et dicta, entre 1256 et 1259, une série de 253 disputes, groupées en 29 chapitres, dont les vingt premiers concernant ces objets et dont le tout premier est consacré à la vérité, *De Veritate;* il commenta parallèlement le *De Trinitate* de Boèce en 1257-58. Ainsi, cette « Vérité Première », à laquelle seule il rattache la foi, comme à son motif ou à sa cause [44], c'est celle qu'il a contemplée dès le début, et définie par *l'identité,* en Dieu, de son intelligence et de son être, c'est-à-dire de son existence absolue et de toute son activité. Vraiment, ce à quoi peuvent se rattacher suprêmement, ce en quoi peuvent trouver un appui absolu, tout ce qui existe, tout ce qui est vrai, toute parole et tout savoir, c'est cet Absolu par soi d'existence et de vérité. C'est l'intensité avec laquelle saint Thomas a perçu la vérité de cette affirmation monothéiste qui lui a imposé le statut de sa « *théo-logie* » : statut qui se traduit, d'un côté, dans la thèse de I^a, 1, 7, Dieu est *le sujet* de toute la *Sacra doctrina;* d'un autre côté, dans le plan même de la *Somme.*

Ainsi, toute l'initiative et l'efficacité de ce grand mouvement de lumière qu'est la *Sacra doctrina,* viennent de Dieu, *Veritas Prima.* Avec l'ensemble de ses contemporains, saint Thomas appelle *auctoritas* la valeur qui s'attache à un énoncé en raison de la source *(auctor)*

---

[43] Cf. *III Sent.,* d. 13, q. 2, sol 1; *De Ver.,* 9, 1; 11, 1, ad 9 et 14; 18, 3; 29, 4; *in Boet. de Trin.,* q. 3, a. 1, ad 4; *C. Gent.,* III, 154; II^a - II^{ae}, 6, 1 sol. et ad 1 (qui répond à I^a, 1, 2, sed c.); III^a, 8, 6, c. et ad 2; *in Mat.,* c. 4, n. 2 (« frustra laborat praedicatio exterius nisi adsit interius gratia Redemptoris »): c. 23, n. 1. On pourrait aussi, bien que le mot *doctrina* n'y figure pas (mais il y a *documenta fidei,* qui a presque le même sens : 106, 2, sol. et ad 1), invoquer ici I^a - II^{ae}, 106, 1, sol. et ad 1; 107, 1 ad 3, textes décisifs, où saint Thomas nous donne ce qui eût été sans doute un principe de sa partition d'un traité *De Ecclesia,* s'il en avait écrit un. Comp., pour les sacrements, III^a, 66, 2, etc.
L'idée est traditionnelle : S. Augustin, *De bono viduitatis,* c. 18, n. 22 (*P. L.,* 40, 445), « Frustra operarius omnia moliretur extrinsecus, nisi Creator intrinsecus latenter operaretur »; pour le moyen âge, cf. Alszeghy, *art. cité* (n. 36), p. 694 - 696 et 699 - 702.

[44] *De Ver.,* 14, 3, ad 6; 14, 8 tout entier. Pour saint Thomas, le Christ est « auctor fidei nostrae » en tant que Dieu, parce que la foi « innititur Primae Veritati » (*III^a*, 11, 6, ad 2).

d'où il procède : avant de désigner le texte lui-même, en sa maté-
rialité de texte (cf. *supra*, n. 3), le mot *auctoritas* signifie la qualité
de source de celui de qui émane cet énoncé, et la valeur attachée
à sa position dans la série hiérarchisée des sources [45]. Il est clair
que Dieu seul est *auctor* de façon absolue, dans l'ordre de la vérité
comme dans les autres : tout ce qui est créature ne peut avoir
qu'une vertu seconde, reçue de Dieu, ministérielle.

Or si la foi n'a d'autre motif formel que la *Veritas Prima*, ni
d'autre principe d'efficience adéquat que la grâce de Dieu (II[a]-II[ae],
1, 1), elle doit recevoir la détermination de son objet, soit par une
révélation immédiate de Dieu, soit par un enseignement extérieur :
« per praedicationem, per doctrinam » [46]. Telle est notre condition.
En sorte que notre foi a pour objet, précisément, « Veritas Prima
secundum quod manifestatur in Scripturis sacris et in doctrina Ecclesiae, quae procedit a Veritate Prima » [47]. Il se fait ainsi comme
une communication de l'*auctoritas* de la Vérité Première à ce qui lui
sert de moyen pour se manifester aux hommes [48].

Le Christ est évidemment le bénéficiaire souverain de cette communication de l'*auctoritas* de Dieu, ayant été constitué chef de tous
les hommes pour que tous reçoivent de lui, non seulement la grâce,
mais la *doctrina veritatis* [49]. Il est « auctor doctrinae » [49b], « spiritualis

---

[45] Ce sens, et la distinction entre *auctor* (= *per virtutem propriam*) et
ministerium, est net dans les textes suivants : Disc. de Maîtrise, 1256
(*Opuscula*, IV, 495); I[a], 45, 5; II[a]-II[ae], 88, 7, ad 1; III[a], 8, 1, ad 1; 8, 6, c.;
63, 3, ad 2; 64, prol.; *C. Gent.*, IV, 74; *De Ver.*, 27, 3, ad 17; *Declar. XXXVI
Quest. ad Lect. Rom.*, q. 18; *in Mat.*, c. 23, n. 1; *in 2 Cor.*, c. 2, lect. 2; *in
Ephes.*, c. 2, lect. 6; *in Joan.*, c. 1, lect. 10. La distinction était classique :
pour saint Augustin, cf. *Epist.* 105, c. 3, n. 12 (*P.L.*, 33, 401); *in Ev. Joan.*
tr. V, c. 1, n. 7 (35, 1417) et D. ZÄHRINGER, *Das kirchliche Priestertum nach
dem hl. Augustinus*, Paderborn, 1932, p. 115 s.; pour la première scolastique, cf. A. LANDGRAF, *Der frühscholastische Streit um die potestas quam
Christus potuit dare servis et non dedit : Gregor.*, 15 (1934), p. 521 - 572. —
Sur la notion d'auctoritas, cf. M. D. CHENU, *op. cit.*, p. 109 s., et *La Théol.
au XIIe s.*, p. 353 s.
[46] Cf. *I Sent.*, prol., q. 1, a. 5 (« ex doctrina praedicantis »); *III Sent.*, d.
25, q. 1, a. 1, q[a] 4, ad 1 (à la différence des premiers principes, dont la
détermination est *a sensu*, dans la foi, « tota determinatio est in nobis per
doctrinam »); *IV Sent.*, d. 4, q. 2, a. 2, q[a] 3, ad 1; *C. Gent.*, III, 154; *in Boet.
de Trin.*, q. 3, a. 1, ad 4. Comp. *infra* n. 94.
[47] II[a]-II[ae], 5, 3; comp. 6, 1; *Q. disp. de caritate*, 13, ad 6 : « Formalis
ratio objecti in fide est Veritas prima per doctrinam Ecclesiae manifestata »; *infra*, n. 61.
[48] I[a], 1, 8, ad 2.
[49] « In quolibet genere, id quod est primum movens non movetur secundum illam speciem motus, sicut primum alterans non alteratur. Christus
autem constitutus est a Deo caput Ecclesiae, quinimo omnium hominum,
ut non solum omnes per ipsum gratiam acciperent, sed etiam ut omnes ab
eo doctrinam veritatis reciperent. Unde ipse dicit : *In hoc natus sum et
ad hoc veni in mundum, ut testimonium perhibeam veritati* » (*Jo.*, 18, 37).
(*III[a]*, 12, 3, c.); la nature humaine du Christ était « qua mediante totum
genus humanum ad perfectum erat reducendum » (9, 1, c.); cf. aussi 13, 2 c.

174

doctrinae et fidei primus et principalis doctor »[50]. Il n'a lui-même rien écrit : son enseignement est trop éminent pour s'identifier adéquatement à un texte[51]. Cet enseignement nous est accessible par ses Apôtres, « bajuli doctrinae Christi »[52]; ils sont, de même que les « prophètes », bénéficiaires d'une révélation directe de Dieu. Mais comme eux-mêmes devaient disparaître, tandis que l'Eglise fondée par le Christ et par eux devait avoir un avenir, il était convenable, nécessaire même, dit saint Thomas, que leurs révélations fussent écrites, « ad instructionem futurorum »[53].

L'inspiration est une motion, attribuée au Saint-Esprit, par laquelle Dieu illumine l'intelligence des prophètes ou des Apôtres, puis, éventuellement, pousse leur volonté à écrire et soutient leur travail humain, de telle manière que ces hommes deviennent les « instruments » de la Vérité Première, au moins au sens large du mot « instrument », pour manifester celle-ci[54]. Ainsi l'Ecriture, résultat de cette inspiration, a véritablement Dieu pour « auctor principalis »[55]. L'infaillibilité absolue de la Vérité Première se communique,

---

[49b] *In 1 Cor.*, c. 11, lect. 5 : commentaire du « ego accepi a Domino », ἀπὸ τοῦ κυρίου, dont cela rend parfaitement l'idée. Comp. Iª - IIªe, 107, 1, ad 3, « auctor Novi Testamenti ».

[50] IIIª, 7, 7, texte d'autant plus important qu'il représente, chez saint Thomas, l'aboutissement d'une réflexion progressive et d'une évolution de pensée; comp. 9, 4, ad 1, « cum ipse daretur a Deo omnibus in doctorem »; *in Hebr.*, c. 2, lect. 1. — Le magistère du Christ s'exerce même sur les anges : « anima Christi etiam ipsos supremos spiritus movet, illuminando eos » (cf. IIIª, 13, 2; 30, 2; 60, 6; etc.).

[51] IIIª, 42, 4.

[52] IIIª, 27, 5, ad 3. Comp. *in 1 Cor.*, c. 12, lect. 3, circa fi : « Majores ministri in Ecclesia sunt apostoli, ad quorum officium tria pertinent, quorum primum est auctoritas gubernandi fidelem populum..., secundo facultas docendi, tertio potestas miracula faciendi (...) Quamvis ad apostolos praecipue pertineat doctrinae officium, quibus dictum est : *Euntes docete omnes gentes;* tamen alii in communione hujus officii assumuntur, quorum quidam per seipsos revelationes accipiunt, qui dicuntur prophetae, quidam vero de his quae sunt aliis revelata populum instruunt. » Comp. *in Rom.*, c. 8, lect. 3; *in 1 Cor.*, c. 3, lect. 2. — Sur les Apôtres dans la synthèse théologique de saint Thomas, cf. A. LEMONNYER, *Les Apôtres comme Docteurs de la foi,* dans *Mélanges thomistes (Bibl. thom.,* 3); Le Saulchoir, 1923, p. 153 - 173. Comp. Nic. HALLIGAN, *The Teaching of St. Thomas Aquinas in regard to the Apostles,* dans *The American Eccles. Rev.,* 144 (1961), p. 32 - 47.

[53] *C. Gent.,* III, 154, Post gradum. Comp. IIIª, 42, 4, obj. 1.

[54] « Inspiratio significat quamdam motionem ab exteriori » (Iª - IIªe, 68, 1); sur l'inspiration prophétique comme *motion,* cf. IIª - IIªe, 171, 1; 173, 4, 174, 3 et 4. Remarquable élaboration de la notion thomiste d'inspiration scripturaire, dans P. BENOIT, *La Prophétie (Somme théol.,* 2ª - 2ªe, qq. 171 - 178); Paris, 1947, p. 277 - 353; *L'inspiration* dans *Initiation biblique,* 2e éd., Paris, 1954, p. 6 - 45.

[55] Cf. Iª, 1, 10, sol.; Iª - IIªe, 68. 1; *De Pot.,* 4, 1; *Quodl. VII,* 14, ad 5; *in Ps.* 44 (éd. Parme, *Opera,* XIV, 319); *in 1 Cor.,* c. 11, lect. 5 (« primo commendat auctoritatem doctrinae ex parte auctoris, qui est Christus »); *De*

de cette façon, à l'Ecriture. Aussi, répétant sans se lasser un mot qui exprime remarquablement l'idée biblique de la foi (verbe *'aman*), saint Thomas ne cesse de dire que la foi s'appuie ou se fonde *(innititur)* sur l'autorité divine des saintes Ecritures [56]. Nous ne nous étonnerons donc pas d'entendre saint Thomas faire, des écrits des prophètes et des Apôtres, le critère de l'authenticité, c'est-à-dire, aussi bien, de l'autorité, de toute la prédication ecclésiastique [57]. Elle est la règle de la foi, à laquelle, s'agissant du mystère de Dieu, on ne peut rien ajouter ni retrancher [58]. Ce qui, évidemment, n'exclut pas un apport éventuel de la tradition *apostolique* orale, comme nous l'avons vu plus haut.

L'Ecriture doit être transmise et interprétée. C'était là une conviction de toujours, dans l'Eglise catholique, mais que de récentes expériences, faites avec les mouvements religieux populaires dont le XIIe siècle et le XIIIe en son début, avaient été remplis, venaient de rendre, une fois de plus, et de façon urgente, évidente pour tous les esprits catholiques [59]. Mais, si l'Ecriture doit être interprétée, ce ne peut être que sous la motion d'une grâce homogène à celle de l'inspiration, bien qu'il ne s'agisse plus de révélation propre-

---

div. nomin., c. 1, lect. 1 : « Innititur Dionysius in sua doctrina auctoritati sacrae Scripturae, quae robur habet et virtutem secundum quod apostoli et prophetae moti sunt ad loquendum a Spiritu Sancto eis revelante et in eis loquente ». La tradition catholique est riche en énoncés similaires (cf. A. Bea, *Deus auctor Sacrae Scripturae. Herkunft und Bedeutung der Formel* : *Angelicum*, 20 (1943), p. 16 - 31) : voir, par exemple, le si remarquable Prologue de Robert de Melun, dans son commentaire des Sentences : dans M. Grabmann, *Gesch. d. Scholast. Methode*, t. II, Freiburg, 1911, p. 346 s.

[56] « Auctoritas divina, cui fides innititur » *(III Sent.*, d. 24, a. 2, q[a] 2, ad 3); « fides innititur Veritati prmae » (24, q. 1, a. 1; q[a] 3; d. 23, q. 2, a. 4, sol 2); « Fides infallibili veritati *innititur* » (I[a], 1, 8, sol.), « *innititur* fides nostra revelationi apostolis et prophetis factae, qui canonicos libros scripserunt » (id., ad 2); « Ipsi veritati divinae *innititur tanquam medio* » *(II[a] - II[ae]*, 1, 1); « Verbo Dei, cui *innititur fides* » (4, 8, ad 3), « fidei certitudo, quae auctoritati sacrae Scripturae innititur » (110, 3, ad 1), « fides *innititur* Primae Veritati » (III[a], 11, 6, ad 2), « per auctoritatem sacrae Scripturae, quae est fidei fundamentum » (III[a], 55, 5), « Fides nostra... quae sacris Scripturis *innititur* » *(C. Gent.*, IV, 29); et comp. *De div. nom.*, c. 1, lect. 1, cité n. précéd.

[57] Cf. I[a], 1, 8, ad 2; comp. *De Ver.*, 14, 10, ad 11 : « Successoribus eorum non credimus, nisi in quantum nobis annuntiant ea quae illi in scriptis reliquerunt.» Saint Thomas, qui parle peu de l'apostolicité de ministère, insiste sur l'apostolicité de doctrine, l'apostolicité de la foi.

[58] Cf. *III Sent.*, d. 25, q. 1, q[a] 3, ad 2, 3 et 4; *De Ver.*, 14, 10; *De Pot.*, 9, 9, ad 7; I[a], 36, 2, ad 1; II[a] - II[ae], 1, 9, obj. 1 et ad 1; 4, 1; III[a], 60, 8, ad 1; *in Joan.*, c. 21, lect. 6, n. 2; *Cont. err. Graec.*, c. 1; Dédicace de la *Catena aurea in Mat.* — Saint Thomas reprend aussi très souvent l'affirmation de Denys (*De div. nom.*, c. 1, § 1 : *P.G.*, 3, 587), selon laquelle on ne doit, *in divinis*, rien dire « quod in sacra Scriptura non invenitur, vel per verba, vel per sensum »; le même principe se trouve déjà chez saint Augustin, et toute la tradition catholique ancienne s'y réfère abondamment.

[59] Voir Note additionnelle A, en fin de cette étude.

176

ment dite [60]. Ainsi la fidélité avec laquelle nous adhérons à la Vérité Première telle qu'elle s'est manifestée dans les saintes Ecritures, s'étend jusqu'à l'organisme de grâce animé par Dieu pour nous transmettre, nous proposer et nous expliquer l'Ecriture. Cet organisme est l'Eglise : c'est elle qui a l'intelligence authentique du sens des Ecritures [61]. Saint Thomas l'envisage comme une unité et dans son unité, comme *Adunatio (Societas, Collectio, Cœtus) fidelium* : c'est elle, c'est cette unité, qui est « la colonne et l'appui de la vérité » (I *Tm.*, 3, 15) [62], c'est pour elle, personnifiée en l'Apôtre Pierre, que le Seigneur a prié, afin que sa foi ne défaille pas [63].

Mais cette Eglise est elle-même ordonnée. Elle est comme un corps organique. Ses membres s'édifient mutuellement dans un échange de services coextensif à toute la vie chrétienne, mais où chacun est engagé selon son « état » et son « office », c'est-à-dire selon sa place dans l'organisme ecclésial [64]. Il nous faut un effort, personnalistes, égalitaristes, et même individualistes que nous som-

---

[60] « Sacra Scriptura eodem Spiritu interpretatur, quo est condita » (*Com. in Rom.*, c. 12, lect. 2; *Quodl. XII,* 26; IIa - IIae, 173, 2, sol.; 176, 2, ad 4); « Unde et oportuit aliquos esse qui hujusmodi scripta interpretarentur. Quod divina gratia esse oportet, sicut et ipsa revelatio per gratiam Dei fuit » (*C. Gent.,* III, 154, § Post gradum). Les interprétations des « Expositores sacrae Scripturae » pourraient être, même différentes, si homogènes à l'Ecriture elle-même, qu'on pourrait les attribuer au Saint-Esprit, auteur principal de l'Ecriture : *De Pot.,* 4, 1, sol. Comp. *infra* n. 77 et 117.

[61] « Omnibus articulis fidei inhaeret fides propter unum medium, scilicet Veritatem Primam propositam nobis in Scripturis secundum doctrinam Ecclesiae intelligentis sane » : IIa - IIae, 5, 3, ad 1. Et cf. *supra,* n. 47. Comp. *III Sent.,* d. 23, q. 3, a. 3, sol. 1; d. 25, q. 2, a. 1, sol. 4.

[62] Saint Thomas interprète ainsi, *in 1 Tim.*, c. 3, lect. 3.

[63] Cf. IIa - IIae, 2, 6, ad 3, « ...universalis Ecclesiae fidem, quae non potest errare, Domino dicente : Ego rogavi... » Sur l'indéfectibilité de l'*universalis Eccl.,* cf. aussi *Quodl. IX,* 16, sed c. 1 et sol., et *infra* n. 87; Saint Thomas parle aussi de la « communis christianorum cognitio, quae catholica fides nominatur » (*De div. nom.,* c. 7, lect. 5). L'idée de l'*universalis Ecclesia fidelium* était courante au XIIIe s. : cf. concile de Latran de 1215, c. 1 (DENZINGER, 430), de même que la définition de l'Eglise comme « Societas (Collectio, Universitas, Coetus) fidelium ».

[64] Cf. IIa - IIae, 183, 2, ad 1 et ad 3; comp. *C. Impugn.,* c. 8, « Ecclesiasticae unitati derogat quicumque impedit quod unusquisque alterius membrum sit, ei serviendo secundum officium sibi competens »; *I Co.,* c. 12, lect. 1 et 3; Ia - IIae, 112, 4, sol.; *IV Sent.,* d. 19, q. 2, sol. 1; *De Ver.,* 29, 4, « secundum quod membra Ecclesiae sibi invicem deserviunt »; *in Symb.,* a. 9; *in Rom.,* c. 12, lect. 2; *in Ephes.,* c. 4, lect. 5; *in Coloss.,* c. 2, lect. 4. Comp. les nn. 65, 108 et 114.
Pour le cadre général des idées, outre les études citées supra, n. 16, cf. W. SCHWER, *Stand und Ständeordnung im Weltbild des Mittelalters...* Paderborn, 1934; W. DYCKMANN, *Der mittelalterliche Gemeinschaftsgedanken unter dem Gesichtspunkt der Totalität,* Paderborn, 1937; E. LEWIS, *Organic Tendencies in Medieval Political Thought : American Political Science Rew.,* 32 (1938), p. 849 - 876 (bonne mise au point des idées un peu simplistes et romantiques de Gierke); A. H. CROUST, *The Corporate Idea and the Body Politic in the Middle Ages : Rev. of Politics,* 9 (1947), p. 423 - 452.

mes devenus, pour retrouver les conceptions d'unité et de hiérarchie dont vivait le Moyen Age et dans lesquelles s'inscrit, aussi bien, la pensée rigoureuse de saint Thomas. L'unité de l'Eglise dans la foi était celle d'esprits vivant du *même objet*, du *même et unique* mouvement de communication de la Vérité Première[65]. Mais ce mouvement suivait un ordre qui était, tout à la fois et par la même logique, un ordre de dignité et un ordre de service. Le jour de sa maîtrise en théologie (mars-avril 1256), saint Thomas prenait cette idée comme thème de la *Commendatio Sacrae Scripturae* qu'il devait prononcer :

> Rex caelorum et Dominus hanc legem ab aeterno instituit, ut Providentiae suae dona ad infima per media pervenirent. Unde Dionysius, quinto capitulo *Ecclesiasticae Hierarchiae*, dicit : « Lex Divinitatis sacratissima est, ut per prima media adducantur ad sui divinissimam lucem.» (...) Et ideo Psalmo (103, 13) praedictam legem in communicatione spiritualis sapientiae observatam sub metaphora corporalium rerum proposuit Dominus : *Rigans montes de superioribus suis; de fructu operum tuorum satiabitur terra.* Videmus autem ad sensum, a superioribus nubium imbres effluere, quibus montes rigati flumina de se emittunt, quibus terra satiata fecundatur. Similiter, de supernis divinae Sapientiae rigantur mentes doctorum, qui per montes significantur, quorum ministerio lumen divinae Sapientiae usque ad mentes audientium derivatur.[66]

---

[65] Union *in uno credito : III Sent.*, d. 13, q. 2, a. 2, sol. 2; d. 23, q. 2, a. 4, sol. 2; *in Symb.*, a. 9; comp. IIa - IIae, 4, 6; *in Eph.*, c. 4, lect. 2; *in Joan.*, c. 17, lect. 5. — Sur le caractère communautaire de la foi, cf. DE GHELLINCK, cité *supra*, n. 8; R. AUBERT, *Le caractère raisonnable de l'acte de foi d'après les théologiens du XIII*e siècle : *Rev. Hist. ecclés.*, 39 (1943), p. 22 - 99 (p. 54 - 61). L'art témoigne, lui aussi, du fait qu'on ne considérait guère les individus, leur apport personnel, mais la continuation de l'œuvre unique, la chaîne de la Tradition, qui se poursuit à travers les générations : cf. Fr. QUIÉVREUX, *Evangile et Tradition. Les Paraboles*, Paris, 1946, p. 58. Comp. les nn. 64, 108 et 114.

[66] *Opuscula*, éd. Lethielleux, t. IV, Paris, 1927, p. 491. On comparera le texte de Richard de St-Victor et les autres textes cités *infra*, n. 72. Comp. IIa - IIae, 2, 6 : « Revelatio autem divina ordine quodam ad inferiores pervenit per superiores, sicut ad homines per angelos et ad inferiores angelos per superiores, ut patet per Dionysium. Et ideo pari ratione explicatio fidei oportet quod perveniat ad inferiores homines per majores »; art. 7 : « Tenentur aliqui magis vel minus explicite credere secundum quod convenit statui et officio uniuscujusque »; IIIa, 42, 4 : le Christ n'a rien écrit « ...tertio ut ordine quodam ab ipso doctrina ad omnes perveniret, dum ipse scilicet discipulos suos immediate docuit, qui postmodum alios verbo et scripto docuerunt. Si autem ipsemet scripsisset, ejus doctrina immediate ad omnes pervenisset. Unde et de Sapientia Dei dicitur (*Prov.*, 9, 3) quod *misit ancillas suas vocare ad arcem* ».
Sur cette loi générale du sage gouvernement de Dieu par des intermédiaires auxquels il donne ainsi la dignité d'être cause, cf. *III Sent.*, d. 13, q. 2, a. 2, qa 3, ad 1; *IV Sent.*, d. 4, q. 1, a. 1; *De Verit.*, 5, 8; 9, 1; 14, 11; *Quodl. VI*, 19; *C. Gent.*, III, 154 pr.; Ia, 103, 6; 112, 2, sol.; IIa - IIae, 2, 6; IIIa, q. 59, a. 6, ad 3; *Comp. Theol.*, I, cc. 124 - 126, 130.
Voici les références aux textes de Denys : *Hier. coel.*, c. 4, § 3 (P. G., 3, 181), « Inferiores reducuntur ad Deum a superioribus », formule composite.

178

Cet organisme de prédication ou d'enseignement dérivant de la mission des Apôtres et remplissant le temps de l'Eglise était appelé traditionnellement, surtout depuis saint Grégoire le Grand *Ordo Praedicatorum* ou *Ordo Doctorum*, avec une équivalence pratique entre *praedicatores* et *doctores*, et de constants passages de l'un à l'autre terme [67]. Un auteur anonyme du XIIIe s. le définissait ainsi : « Ordo praedicatorum intelligendus est qui a Domino missus est in mundum cum ait discipulis : *Euntes in mundum...* » [68].

Il était traditionnel, surtout depuis Grégoire le Grand, de voir l'histoire de l'Eglise ponctuée par l'activité de la Mission ou de la Prédication [69]. La plupart des commentaires de l'Apocalypse qui avaient été rédigés au XIIe s. ou au début du XIIIe, mettaient sept formes de l'*Ordo Praedicatorum*, ou sept *Ordines Praedicatorum* en rapport, soit avec les sept anges, soit avec les sept trompettes, soit avec les sept sceaux de l'Apocalypse : ainsi font, entre autres, Bruno de Segni [70], Rupert de Deutz [71], Richard de St-Victor [72], Martin

---

mêlée à c. 7, § 2 et c. 8, § 2, que saint Thomas cite : *I Sent.*, d. 16, q. 1, a. 4; *II Sent.*, d. 3, q. 1, a. 3; d. 10, q. 1, a. 2; *III Sent.*, d. 14, q. 1, a. 3; *IV Sent.*, d. 24, q. 1, a. 1; *De Ver.*, 9, 2; 27, 3; *De Pot.*, 3, 4; *De Malo*, 16, 9; *De an.*, 20; Ia - IIae, 110, 3; IIa - IIae, 172, 2; IIIa, 55, 1 et 2. — *Hier. eccl.*, c. 5, § 4 (*P.G.*, 3, 503), « Lex divinitatis est ultima per media adducere » : Ia, 90, 3; 106, 3; Ia - IIae, 63, 3; IIIa, 6, 1 (d'après J. DURANTEL, *S. Thomas et le Ps-Denis*, Paris, 1919, p. 85, 95, 100 et 121).

[67] Sur le thème de l'*Ordo Praedicatorum* = Ordo Doctorum (=rectores, praelati, c'est-à-dire les évêques et ceux à qui ils communiquent une part de leur mission de prêcher l'Evangile), cf. P. MANDONNET, M. H. VICAIRE, R. LADNER : *Saint Dominique. L'idée, l'homme et l'œuvre*, Paris, 1937, t. II, p. 49 - 68. On pourrait élargir presque indéfiniment la documentation du thème.

[68] Paris, B.N. lat., 3829, fol. 106v, cité par J. LECLERCQ, *Le magist. du prédicat.*, p. 135, n. 3.

[69] Voir le commentaire de *Mat.*, 20, « ite et vos in vinaem meam » par saint GRÉGOIRE : *Hom. XIX in Evang.*, n. 1 (*P.L.*, 76, 1154). Cet aspect de la pensée de Grégoire mériterait une étude.

[70] BRUNO DE SEGNI († 1123). *Expos. in Apoc.*, lib. IV : *P.L.*, 165, 646 C, 647 A, etc. (sept anges et sept trompettes); lib. V, col. 690 C (les sept coupes). On trouve chez Bruno (lib. IV, c. 12, col. 669 BC) l'interprétation remarquable, qui sera reprise par l'anonyme du XIIIe s. (*infra*, n. 74), entendant les 1260 jours de la prédication des deux témoins (11, 3) en rapport avec la durée de la prédication du Christ : « ...tot enim diebus praedicavit Christus. Et quia praedicatio non mutatur, quamvis sint dies multo plures... » Cette idée de l'identité de la prédication ecclésiale et de celle du Christ se trouve aussi chez S. BERNARD, commentant *Ps.* 61, 12, « Semel locutus est Semel utique, quia semper » (*De diversis sermo* 5, 1 : *P.L.*, 183, 554).

[71] RUPERT DE DEUTZ († 1135), *In Apoc.* : *P.L.*, 169, 1106 D (les sept anges).

[72] *In Apoc.*, passim (*P.L.*, 196) : cf. MANDONNET-LADNER, *op. cit.*, p. 59 - 60; W. KAMLAH, *Apokalypse und Geschichtstheologie. Die mittelalterliche Auslegung der Apokal. vor Joachim von Fiore* (*Hist. Studien*, H. 285), Berlin, 1935, p. 63. Il faut citer ici le remarquable texte : « Sub eorumdem apertione sigillorum ea quae in sacra Scriptura figuris velantur occulta, sanctis doctoribus revelari declaret. Sanctis enim doctoribus le quae in sacra

de Léon [73], un anonyme du XIIIᵉ s. dont on a publié le texte sous le nom d'Anselme de Laon [74], à sa manière enfin, Albert le Grand lui-même [75]. Est-ce parce qu'il a peu pensé historiquement, parce qu'il s'est méfié de correspondances plus ou moins ingénieuses, mais aussi arbitraires et peu fondées, entre les événements de l'Histoire et le texte sacré ? Saint Thomas est resté étranger à ce courant, et nous n'avons pas rencontré, chez lui, le terme d'« Ordo Doctorum » [75b]. Peut-être aussi, toujours soucieux de la propriété des termes, saint Thomas a-t-il trouvé le mot d'*ordo* trop vague en ce sens, tandis que, d'autre part, *Ordo Praedicatorum* avait dès lors reçu le sens nouveau d'Ordre des Frères Prêcheurs. La prédication ou l'enseignement était, pour saint Thomas, plutôt un *officium*, éventuellement distribué sur plusieurs *gradus ou ordines...* Quoi qu'il en soit, saint Thomas voit les *doctores* former, dans l'Eglise, un ensemble d'hommes, à la fois juridico-hiérarchique et charismatique, au service de l'explication de l'Ecriture : voir *supra*, nn. 57, 60, 66. Leur rôle consiste en cela, et c'est par rapport à l'*auctoritas* souveraine et fondamentale de l'Ecriture, qui est celle même de Dieu, qu'ils prennent eux-mêmes valeur d'*auctoritas*. Après l'avoir noté à l'éloge et au bénéfice de Denys, qu'il prenait cependant pour un disciple immédiat de saint Paul (cf. *supra*, n. 55), saint Thomas formule cette très belle justification générale du respect catholique des Pères ·

Ea quae in Sacra Scriptura sunt posita oportet nos custodire, sicut quandam optimam regulam veritatis, ita quod neque multiplicemus addentes, neque minoremus subtrahentes, neque pervertamus male exponentes, quia dum nos custodimus sancta, ab ipsis custodimur, et ab ipsis confirmamur ad custodiendum eos qui custodiunt sancta. Oportet enim non solum conservare ea quae in sanctis Scripturis sunt tradita, sed et ea quae dicta sunt a sacris doctoribus, qui Sacram Scripturam illibatam conservaverunt. [76]

Pagina continentur occulta, primum per divinam gratiam operiuntur, quae postmodum sive per ipsos, sive per alios populis manifeste praedicant (...) Omne nimirum datum optimum et omne donum perfectum, quod a Patre luminum descendit, primum paucis, videlicet majoribus, id est praelatis et doctoribus revelatur, quia ab ipsis deinde mults, cunctis scilicet Ecclesiae fidelibus, communiter praedicatur » (*P.L.*, 196, 886 BC).

[73] MARTIN DE LÉON († 1203). *In Apoc.*: *P.L.*, 209, 346 D, 349 B, 353 A (Cf. MANDONNET-LADNER, p. 60, n. 237).

[74] *Ennarr. in Apoc.*: *P.L.*, 162, 1529 s.; même rapprochement que chez Bruno de Segni entre les 1260 jours de la prédication du Christ et le temps de celle dont « pascitur Ecclesia » (col. 1544 B). — Pour la question d'auteur, cf. A. LANDGRAF, dans *Collectanea Franciscana*, 1938, p. 540.

[75] *In Apoc.*, VIII, 7 - 10 (BORGNET, XVIII, 604 - 608) : les anges de l'Apoc. sont des symboles des différents *ordines* : le troisième est l'*Ordo praedicatorum*.

[75b] Elle eût pu venir, par exemple, *in 1 Cor.*, c. 12, lect. 3, où affleure le thème, cher au XIIᵉ s., de l'Eglise faite d'*ordines* (le mot y est).

[76] *De div. nomin.*, c. 2, lect. 1. Comp., sur les *Sancti* comme *Expositores Scripturae* : *II Sent.*, d. 12, q. 1, a. 2, sol.; *De Pot.*, 4, 1 (*supra*, n. 60). Comp. *infra*, note additive, n. 7.

Si notre respect même pour l'Ecriture *fonde* notre respect pour
ceux qui, en l'exposant, en ont gardé fidèlement le sens, c'est qu'ils
ont écrit sous la motion du même Esprit dont, déjà, l'action souveraine avait fait, de la sainte Ecriture, une parfaite manifestation
de la Vérité Première [77]. On sait comment l'autorité que nous attri-
buons aux Pères était, au Moyen Age, attribuée aux *Sancti*. Le mot
était devenu une expression technique, reçue, et sans doute l'em-
ployait-on parfois sans y prêter une particulière attention. Mais certains emplois du mot, ou encore la catégorie *Sancti* prise dans sa
généralité, impliquent l'idée que l'Eglise vit et que, plus spécialement, la foi se conserve, se formule et s'explique en elle, par des
hommes qui méritent le nom de *sancti,* parce que le Saint-Esprit,
qui seul est saint, s'est servi d'eux pour cela [78].

Durant tout le Moyen Age, et encore à l'époque de saint Thomas,
cette « inspiration » des Pères était prise au pied de la lettre, sans
distinction nette d'avec l'inspiration proprement dite de l'Ecriture [79].
Mais autant St Thomas vénère immensément les Pères et leurs
auctoritates (ou dicta) – on l'a montré de façon détaillée [80] –, autant
il s'applique à distinguer leur autorité de celle de l'Ecriture, à la

[77] Outre les textes cités nn. 60 et 76, voir l'idéal des *sacri doctores, doctores sacrae Scripturae,* du discours de maîtrise en théologie de Thomas
d'Aquin (*Opusc.,* t. IV, p. 493); « in doctoribus requiritur dignitas... Omnes
igitur doctores Sacrae Scripturae debent esse alti per vitae eminentiam...
Debent esse illuminati, ut idonee doceant legendo : *Ephes.,* 3, 8 - 9 : *Mihi
omnium sanctorum data est gratia haec, in gentibus evangelizare...*»; *IV
Sent.,* d. 19, q. 2, a. 2, q^a 2, ad 4 : « quia eorum qui docent sacram Scripturam est idem finis et eorum qui ipsam Scripturam ediderunt. Unde cum ad
hoc ordinetur Scripturae editio ut ad vitam aeternam homo parveniat, ut
patet *Joan.* 20, quicumque impedit finem doctrinae docendo, peccat... »
ETIENNE DE TOURNAI, écrivant au pape peu avant 1200, dit : « ...opuscula
patrum quos eodem spiritu Sacram Scripturam legimus exposuisse, quo
eam composuisse credimus apostolos et prophetas » (*Epist.* 251 : *P.L.,* 211,
517).
[78] Nous pensons à des textes comme ceux-ci, dont on pourrait aisément
allonger la liste : « quantum ad hoc quotidie potest fides explicari, et per
studium *sanctorum* magis explicata fuit » (*III Sent.,* d. 25, q. 2, a. 2, q^a 1,
ad 5; comp. *C. err. Graec.,* proem. (éd. Parme, XV, 239). Sans cesse, saint
Thomas se réfère aux « sanctorum usus », « dicta sanctorum »; les *sancti*
sont « testes fidei » (*in Joan.,* c. 6, lect. 3, n. 7). Il dit aussi *sancti doctores*
(Ia, 39, 5, ad 1), *Doctores Ecclesiae, doctores* tout court (Ia, 33, 1). *Sancti
Patres* semble désigner plutôt les Pères des conciles : *De Pot.,* 9, 4, et parall., « sancti Patres divinitus inspirati »; *in 1 Tim.,* c. 6, lect. 4 fi; IIa - IIae,
q. 1, a. 9, ad 4 et 6.
[79] Voir J. DE GHELLINCK, *Le mouvement théolog. du XIIe siècle,* 2e éd.,
Bruxelles - Paris, 1948, p. 474 s.; *Pour une histoire du mot « revelare » :
Rech. de Sc. relig.,* 6 (1916), p. 149 - 157 (toute intelligence spirituelle
attribuée à une *revelatio*); G. BARDY, *L'inspiration des Pères de l'Eglise :
Rech. de Sc. relig.,* 40 (1952), p. 7 - 26.
[80] Cf. M. RIQUET, *S. Thomas et les « auctoritates » en philosophie (Arch.
de Philos.,* 3 (1926), p. 117 - 155); G. GEENEN, *L'usage des « auctoritates »
dans la doctrine du baptême chez S. Thomas d'A. : Ephem. theol. Lovan.,*
15 (1938), p. 279 - 329.

lui soumettre et à la faire mesurer par elle. Il reproche à un libellus que le pape lui a demandé d'examiner, d'avoir parlé de « Patres fidei », ce qui dépasse ce qu'on peut attribuer à un pur homme, et ne convient qu'au Christ [81]; il distingue, dans l'*inspiratio,* ce qui vient de Dieu directement et lui est attribuable, et ce qui vient de Dieu « mediantibus causis inferioribus », bref, la sainte Ecriture, d'un côté, les énoncés des *Expositores,* de l'autre : ceux-ci ne sont pas infaillibles ! [82] Dans ces conditions, on s'explique que saint Thomas ait tenu à bien distinguer ce que nous appelons LA Révélation et ce qui est simple lumière intérieure, grâce d'intelligence et d'explication : il a fortement contribué à claréfier les notions et à préciser le vocabulaire en ce sens [83].

Sur un autre point encore, et de grande conséquence, saint Thomas a orienté l'évolution des idées dans le sens qui devait être celui de l'avenir. Durant tout le Haut Moyen Age, l'autorité des Pères, tout comme celle des canons et des traditions, s'était imposée en elle-même, sans qu'on éprouvât le besoin d'en déterminer les conditions juridiques [83b]. Ce besoin s'affirma, par contre, comme une conséquence de la réforme grégorienne et de son activité canonique. On sait quelle prépondérance les canonistes grégoriens donnèrent à l'autorité papale. Cependant, lorsqu'à la fin de son traité des sources du droit, Gratien avait posé la question de la valeur qu'on doit attribuer aux « Expositores Sacrae Scripturae » par comparaison avec celle qui revient aux pontifes romains, il avait conclu : « Divinarum Scripturarum tractatores, et si scientia Pontificabus premineant, tamen quia dignitatis apicem non sunt adepti, in Sacrarum Scripturarum expositionibus eis preponuntur, in causis vero diffiniendis secundum post eos locum merentur » [84].

Au temps même de Gratien, un homme d'Eglise et apologiste comme Hugues de Rouen (ou d'Amiens, ou de Reading) affirmait déjà que c'est l'*Ecclesia* et le pape qui confèrent leur autorité aux Pères [85]. C'est dans ce sens-là que, de façon de plus en plus nette,

---

[81] *Contra err. Graec.,* fin (Parme, XV, 258).

[82] Cf. *in 2 Tim.,* c. 3, lect. 3; *Quodl. XII,* 26, ad 1. La grâce donnée aux Pères est homogène à celle qui a été donnée aux Apôtres et aux prophètes, mais se situe à un autre plan, dégradé. C'est pourquoi leur auctoritas est, pour la *Sacra doctrina,* à la fois *propria* et (seulement) *probabilis :* Iª, 1, 8, ad 2.

[83] Voir J. DE GUIBERT, *Pour une étude méthodique des « loca parallela »* de *S. Thomas : Bull. de Littér. ecclés.,* 1914, p. 472 s. (reproduit dans *Les doublets de S. Thomas,* Paris, 1926, p. 55 s.).

[83b] Cf. Ch. MUNIER, *Les sources patristiques du Droit de l'Eglise du VIIIe au XIIIe siècle.* Mulhouse, 1957, p. 95. Pour ce qui suit, cf. *id. op.,* p. 183 - 204.

[84] *Dictum ante* c. 1, D. XX (FRIEDBERG, I, 65).

[85] *Dialogorum libri VII,* lib. I, interr. v. et lib. V, interr. XII (*P.L.,* 192, 1145 B et 1206 B).

les décrétistes commentèrent Gratien, en établissant progressive-
ment la prééminence du pape : *Summa Parisiensis* (vers 1160-70),
Etienne de Tournai, *Apparatus in Ius naturale* (v. 1215). Au fond,
nous rencontrons ici un simple cas particulier du mouvement général qui, à la suite du travail canonique suscité par la réforme grégorienne, porte les esprits à passer de la considération ancienne de
l'action immédiate *de Dieu (du Saint-Esprit)*, à la considération de
la compétence donnée à une instance hiérarchique et juridique de
l'Eglise, instituée par le Christ. Nous avons déjà signalé plusieurs
fois un autre exemple, fort important, de ce passage, dans le sens
donné à l'expression « vicarius Christi (Dei) ».

Saint Thomas subordonne délibérément l'autorité des Pères à celle
de l'*Ecclesia,* et la conditionne par l'approbation reçue de celle-ci,
ou la conformité à son enseignement : « Ipsa doctrina catholicorum
doctorum ab Ecclesia auctoritatem habet. Unde magis est standum
consuetudini Ecclesiae quam vel auctoritati Augustini vel Hiero-
nymi, vel cujuscumque doctoris » [86].

Il s'agit d'abord de l'*Ecclesia,* et même de l'*Ecclesia universalis.*
C'est elle qui est indéfectible ou infaillible [87]. Mais elle est représentée – au sens médiéval de ce mot, c'est-à-dire résumée ou per-
sonnalisée – de deux façons ou en deux instances : dans le concile
général et dans le pape, « qui toti Ecclesiae praeest » [88] et en qui
réside, de façon principale, l'autorité de l'Eglise universelle [99]. Ces
deux instances ne sont pas juxtaposées, mais subordonnées, car
c'est par l'autorité du pape que s'assemblent les conciles généraux [90].
On comprend dès lors que saint Thomas passe, d'un seul mouvement,
de l'autorité de l'Ecriture à celle de l'Eglise et à celle des conciles
qui définissent le sens de sa foi [91]. Ce sont comme deux règles, une
première, celle de la Révélation, de la parole ou des écrits apostoliques, une seconde, celle de la hiérarchie ecclésiale, mais qui n'en
font qu'une, au fond, car la seconde n'est règle que par conformité
à la première [92], en sorte qu'en suivant des hommes, c'est à Dieu

---

[86] *Quodl. II,* 7, reproduit dans II[a] - II[ae], 10, 12 (qui serait une ajoute ou
une interpolation, d'après les éditeurs du *C. Gent.,* Rome, 1918, p. XXIII);
Quodl. IX, 16; II[a] - II[ae], 11, 2, ad 3; comp. I[a], 1, 8, ad 2; *in 1 Tim.,* c. 4,
lect. 3, « recedens a doctrina qua Ecclesia suos parvulos instruit, non est
bonus minister Christi ».

[87] Outre *supra,* n. 63, cf. *Quodl. IX,* 16 « certum est quod judicium Ecclesiae universalis errare in his quae ad fidem pertinent, impossibile est »,
comp. sed c. 1; II[a] - II[ae], 2, 6, ad 3, « contra universalis Ecclesiae fidem,
quae non potest deficere »; 11, 2, ad 3 : « auctoritate Ecclesiae universalis
determinata ». Comp. *Quodl. III,* 10; II[a] - II[ae], q. 1, a. 9, sed c.; *Suppl.,* q. 25,
a. 1, sed c. 2.

[88] II[a] - II[ae], 1, 10; *C. Gent.,* IV, 76. Comp. *Quodl. II,* 16.

[89] II[a] - II[ae], 11, 2, ad 3.

[90] Cf. *De Pot.,* 10, 4, ad 13; II[a] - II[ac], 1, 10; 11, 2, ad 3; *Quodl. IX,* 16.

[91] *Quodl. IX,* 16, sed c. 2; et cf. *supra,* nn. 47 et 61.

[92] Cf. *III Sent.,* d. 25, q. 2, a. 1, q[a] 4, ad 3; *De Ver.,* 14, 10, ad 11.

qu'on se soumet[93]. Telle est la dignité des médiations choisies et instituées par Dieu.

C'est pourquoi la vie de l'Eglise dans l'unité de la connaissance surnaturelle et salutaire de la foi, es liée à la mission hiérarchique, qui prolonge celle reçue du Seigneur par les Apôtres. Car il n'y a que deux possibilités pour avoir cette science du salut : la recevoir immédiatement de Dieu, par révélation, ou la tenir des prédicateurs hiérarchiquement mandatés[94]. Il peut bien y avoir, dans l'Eglise, des grâces personnelles de connaissance, qu'on pourra communiquer « sua sponte » et privément[95]. S'il s'agit de l'enseignement public déterminant la foi de l'Eglise elle-même, il est soumis à la règle de la mission hiérarchique, selon la grande loi formulée par saint Paul, *Rm.*, 10, 14-15 : « Praedicatio autem, et exhortatio, et doctrina, si sit publica, respiciens totam Ecclesiam et cura publica Ecclesiae, commissa est praelatis; et ideo nullus debet aliquid exercere quod requirat auctoritatem publicam, nisi praelati »[96]. Sans aucun doute saint Thomas, qui n'a d'ailleurs ici aucune originalité[97], marque ainsi ses distances par rapport aux mouvements religieux laïc et aux hérésies populaires qui ont jalonné tout le XIIᵉ siècle et auxquels son œuvre comporte plus d'une allusion; ou encore par rapport aux imagina-

---

[93] Cf. *III Sent.*, d. 23, q. 2, a. 2, qᵃ 2, ad 3. Les médiateurs hiérarchiques sont des hommes par rapport à Dieu, et des dieux (cf. *Jean*, 10, 35) par rapport aux hommes : *III Sent.*, d. 25 ,q. 2, a. 1, sol. 4.

[94] *III Sent.*, d. 25, q. 2, a. 1, qᵃ 1, ad 1; *De Ver.*, 10, 3; IIᵃ - IIᵃᵉ, 5, 3; 6, 1. Ajouter les textes parlant du salut des non-évangélisés et de la *determinatio credendorum*, à l'occasion de laquelle saint Thomas cite le texte de *Rm.*, 10 (par ex. *In Boet. de Trin.*, q. 3, a. 1, ad 4 : « eorum quae exterius proponuntur, quae ex divina revelatione initium sumpserunt »); comp. *supra* n. 46.

[95] *Quodl. XII*, 28, sol.; comp. *in Rom.*, c. 10, lect. 2. Saint Thomas distingue souvent entre enseignement public et enseignement privé : par exemple IIᵃ - IIᵃᵉ, 177, 2, ad 3; IIIᵃ, 55, 1, ad 3; 67, 4, ad 1; *Com. in 1 Cor.*, c. 11, lect. 2; c. 14, lect. 7; *1 Tim.*, c. 2, lect. 3; *Tit.*, c. 2, lect. 1; *Quodl. XII*, 27, ad 2.

[96] *Quodl. XII*, 27. Voir *IV Sent.*, d. 19, q. 2, a. 2, qᵃ 2, ad 4; *Quodl. XII*, 28; *in Rom.*, c. 10, lect. 2. On étudierait utilement ici les notions de *praelatus* et de *cura animarum* chez saint Thomas. Le *doctor* était, depuis Alexandre III, celui qui a reçu la *licentia docendi* : cf. G. Post, *Alexandre III the licentia docendi and the rise of the Universities*, dans *Anniversary Essays in Medieval History by Students of Ch. H. Haskins*, Boston, 1929, p. 255 - 278 (intéressant aussi pour la notion religieuse de l'acte d'enseigner, pour lequel demander une rétribution eût été péché de simonie); Ph. Delhaye, *L'organisation scolaire au XIIᵉ siècle : Traditio*, 5 (1947), p. 211 - 268 (cf. p. 253 - 568). Saint Thomas, *Quodl. III*, 9 : la *licentia* donne (non la science, mais) « auctoritatem docendi ». Il est réservé au pape de « ordinare de studio » (*C. impugn.*, c. 4).

[97] Voir J. Leclercq, *Le magist. du prédic.* (cité n. 38), p. 120 (Eustache d'Arras), 131 s. (Jean de Pouilly), 134 s. Cf. la *Glossa ordinaria* de Bernard de Parme (v. 1240), *in Decretales* III, 35, 5, s. v. *privilegiatum :* « nemo debet praedicare nisi sit ei commissum, vel ab episcopo loci, vel ab apostolica Sede ».

II

184

tions de Joachim de Flore annonçant un règne de l'Esprit au delà
du régime des clercs et des prélats. On se tromperait cependant
lourdement si l'on trouvait préconisé, chez saint Thomas, quelque ordre tout extérieur d'orthodoxie juridique. Les Apôtres sont, pour
lui, des personnalités saintes et charismatiques autant que des autorités, et les prélats sont tenus à la perfection de la charité, aux
très hautes exigences contemplatives de l'apostolat évangélique.
Le Moyen Age, d'ailleurs, ne sépare point, sans pour cela les confondre, réalité juridico-sociale et acte d'un homme vivant, moralement qualifié. La prédication ou l'enseignement sont, pour lui, des
actes essentiellement spirituels ou religieux; l'affirmation de la
nécessité de la mission est, pour saint Thomas, celle de la condition
nécessaire pour insérer cette activité dans l'organisme ecclésial de
grâce, et lui assurer ainsi la valeur que réclame sa nature [98].

Si saint Thomas marquait un changement de plan entre l'Ecriture et
les Pères, il en marque évidemment un nouveau entre ceux-ci et
les Maîtres. Les uns et les autres ont leur place dans le grand mouvement, dont Dieu est l'auteur, par lequel la Vérité Première se
manifeste dans l'enseignement salutaire, qui nourrit la foi. Au moment de prendre officiellement rang parmi ceux qui s'appliquent à
commenter la sainte Ecriture, Thomas d'Aquin montre l'esprit des
docteurs comme envahi par la Sagesse de Dieu s'écoulant des saintes Ecritures, puis, devenus ainsi eux-mêmes des ruisseaux féconds,
irrigant à leur tour le monde des eaux de cette sagesse [99]. Comme
les Docteurs de l'Eglise ou les Pères, les Maîtres font, de l'explication de la sainte Ecriture, leur travail essentiel [100]. Mais, pour cette

---

[98] Voir les art. de J. Leclercq, Z. Alszeghy et G. Post, cités respectivement nn. 38, 36 et 96. Et comp., supra, les nn. 60, 66, 77.

[99] Cf. son Principium de Maître (supra, n. 66). On comparera ce beau
texte de Barthélémy de Bologne, qui a connu saint Thomas à Paris, † 1295 :
« Constat quod ordini motorum respondet ex aequali ordo finium per aliquid intermedium utrique extremorum proportionatum. Verbi gratia : grammaticus est inter doctores liberales infimus doctor sive motor intellectus,
et sic movet ipsum intellectum ad quendam finem infimum in genere
finium doctrinalium, scilicet ad notitiam grammaticalium; et hoc facit per
quoddam intermedium praedicto motori et fini proportionatum; et hoc est
lumen grammaticalium documentorum et regularum. Logicus vero, qui est
superior doctor et motor intellectus, etiam movet ad finem altiorem, scilicet... Idem intelligendum est per simile de medico naturali, mathematico
et theologo, omnium doctorum supremo tam trivialium quam quadrivialium. Sicut ergo theologus est doctor altissimus, ita etiam habitus scientiae ad quam movet intellectum... » (Quaest. de fide, 4 : cf. M. Mückshoff,
Die Quaestion. disp. de fide des Bartholomäus von Bologna, O.F.M. (Beitr.
z. Gesch. d. Phil. u. d. Theol. d. MA., XXIV/4), Münster, 1940, p. 73).

[100] Saint Thomas dit « cathedra magistralis ad docendum in Sacra Scriptura » (Quodl. III, 9, obj. 1), « doctores Sacrae Scripturae » (a. 10), « eis
competit docere qui notitiam habent Scripturarum » (C. impugn., c. 2). La
Doctrina Christiana de saint Augustin est essentiellement une exposition
des Ecritures.

expositio, les *Doctores* ou les *Sancti* font autorité, car l'Eglise s'est reconnue en eux, tandis que les Maîtres ou théologiens ne font que proposer leur interprétation, leur opinion; leur autorité n'a de poids que le poids de leurs raisons [101].

Comment, et en vertu de quel critère, saint Thomas distribuerait-il un âge des *Sancti* ou des Pères, et un âge des *Magistri* ou *Doctores* au sens des docteurs scolastiques ? Nous rencontrons ici une sorte de double affirmation, un peu antinomique, qui se retrouve également, chez saint Thomas et les médiévaux, au sujet de ce que nous appelons le développement du dogme. Cette double affirmation traduit le sentiment, tout à la fois, de n'avoir plus de puissance créatrice ou de ne rien vouloir ajouter de nouveau, et d'ajouter cependant à ce qu'ont dit les Anciens ou de voir plus distinctement qu'eux [102]. Quant au critère au nom duquel se ferait le clivage entre les *Sancti* « authentiques », et les *Magistri*, il semble, encore que ce ne soit, à notre connaissance, exprimé clairement nulle part, qu'il se prendrait du genre même du travail accompli dans le service de la *Doctrina sacra*. Ce qui frappe saint Thomas, chez les Pères, c'est leur modestie devant le mystère de Dieu manifesté dans les saintes Ecritures, leur volonté d'en demeurer les commentateurs, leur scrupule de ne rien dire au delà du Texte divin, sinon ce qui est strictement nécessaire pour en garder la plénitude et l'authenticité de sens [103]. L'apport humain est, chez eux, comme réduit au minimum : il se limite presque à la nécessité de défendre la vérité chrétienne contre ses négateurs ou ses corrupteurs. On change de plan ou de niveau quand on développe pour elle-même une recherche de l'intelligibilité humaine du Révélé, par la technique de la *quaestio*, de la dispute scolaire ou universitaire [104]. Le point de clivage serait donc dans le fait scolaire, les activités qu'il implique, le peuple, enfin, qui lui correspond, celui des *scholares*, des *scolastici*. Le passage

---

[101] Voir M. D. Chenu, *Authentica et Magistralia. Deux lieux théologiques aux XIIe - XIIIe siècles : Divus Thomas* (Piac.), 28 (1925), p. 257 - 285. Les « Magistri Sacrae Scr. » peuvent se tromper : *Quodl. III*, 10.
[102] La documentation serait infinie. Voir J. Spörl, *Das Alte und das Neue im MA. Studien z. Problem des mittelaltl. Forschrittbewusstseins : Hist. Jahrb.*, 50 (1930), p. 297 - 341, 498 - 524; M. D. Chenu, *La Théol. au XIIe siècle*, Paris, 1957, p. 386 s. — Analogie de la question du « développement du dogme » : d'un côté, la foi était plus riche à la source du Christ : IIa - IIae, 1, 7, ad 4; d'un autre côté, il y a eu, avec le temps, et en grande partie grâce aux hérésies, un progrès dans l'explication et l'explicitation de son contenu : *III Sent.*, d. 25, q. 1, a. 1, sol. 3; *C. errores Graec.*, proem., etc.
[103] Outre *De div. nom.* cité *supra*, n. 76, cf. *De Pot.*, 9, 5, sol.
[104] Outre *supra*, n. 40, cf. *Quodl. IV*, 18 : « Quaedam est disputatio magistralis in scholis, non ad removendum errorem, sed ad instruendum auditores ut inducantur ad intellectum veritatis quam intendit; et tunc oportet rationibus inniti investigantibus veritatis radicem, et facientibus scire quomodo sit verum quod dicitur... » Cf. G. Paré, A. Brunet, P. Tremblay, *La renaissance du XIIe siècle*, Paris - Ottawa, 1933, p. 50 - 70, sur *scolaris*,

serait celui du *Magister in Sacra Pagina* au *Magister in theologia*, même si ce passage s'est fait dans le cadre, maintenu, de l'ancien vocabulaire [105]; il serait celui de la constitution de la *Sacra doctrina* en science humaine du Révélé. Car la *Sacra doctrina*, c'est-à-dire l'enseignement de la foi salutaire, prend différentes formes, parmi lesquelles la forme d'un savoir de type humain ou d'une science : I[a], 1, 2.

Il va sans dire que, tout comme les *Sancti (doctores)*, les *Magistri* sont rigoureusement soumis à la règle de la sainte Ecriture et de la « doctrina publica Ecclesiae » [106].

A l'intérieur de ce grand organisme de transmission, d'explication et de défense de la *Doctrina fidei*, les fidèles peuvent vivre dans la sécurité. Leur vie de foi, par laquelle s'édifie l'Eglise, *Societas fidelium*, et dans laquelle ils sont insérés par le baptême [107]. Ils n'y sont d'ailleurs pas seulement passifs. Ils gardent l'enseignement de la foi et les traditions (cf. *supra*, p. ??, texte 6); ils entrent dans le grand mouvement d'échange et de service, où chacun, nous le savons, apporte à tous selon son état et ses moyens [108]. Il y a la responsabilité du parrain de baptême [109], et il y a l'instruction familière de la foi dans la famille [110]. Il y a, pour tout confirmé, le devoir, et presque la fonction, de la profession publique de la foi [111], et, pour tous, s'ils en sont requis, la *confessio fidei*, acte extérieur de la foi, où saint Thomas voit une manière d'instruction, c'est-à-dire d'enseignement [112].

---

scholasticus; M. D. Chenu, *La théol. au XIIe s.*, p. 323 s., Les *Magistri*, la Science théologique. La fameuse lettre de Grégoire IX, *Ab Aegyptiis*, de 1228, dénonçant les inquiétantes déviations de la nouvelle théologie, était adressée « Magistris in theologia Parisius regentibus ».

[105] Cf. J. de Ghellinck, cité *supra*, n. 27; comp. P. Mandonnet, *Chronologie des Ecrits scripturaires de S. Thomas d'A.* : *Rev. thomiste*, 34 (1929), p. 500 s. (tiré à p., p. 134 s.), (legere Bibliam : theologice).

[106] *Quodl. III*, 10; I[a], 1, 8, ad 2.

[107] Sur cet aspect du baptême comme *Sacramentum fidei* chez saint Thomas, cf. C. Geenen, *Fidei sacramentum. Zin, waarde, bronnenstudie van den uitleg eener patristische doopschbenaming bij S. Thomas van Aquin* : *Bijdragen*, 9 (1948), p. 245 - 270.

[108] Cf. par ex. *III Sent.*, d. 25, q. 2, a. 1, sol. 3; I[a], 108, 2; comp. *supra*, nn. 64 et 66. Sur *majores* et *minores*, cf. R. M. Schultes, *Fides implicita. Gesch. d. Lehre von der fides implicita u. explicita in d. kathol. Theol.* I, Rom - Regensburg, 1920. Sur le sens organique et hiérarchisé de la société croyante médiévale, cf. R. Guelluy, *La place des théologiens dans l'Eglise et la société médiévale*, dans *Miscell. histor. A. De Meyer*, t. I, Louvain, 1946, p. 571 - 589. Comp. les nn. 64, 65 et 114.

[109] *IV Sent.*, d. 6, q. 2, a. 2, sol. 3.

[110] Cf. *supra*, n. 95. Saint Thomas voit l'*instructio* comme relevant surtout des prêtres : cf. n. 109 et *II[a] - II[ae]*, 3, 2, ad 2.

[111] Cf. *IV Sent.*, d. 25, q. 1, a. 1, sol. et ad 4; *III[a]*, 72, art. 2, 4, 5 et 9.

[112] Voir *II[a] - II[ae]*, 3; 177, 1; *III[a]*, 72, 5 (surtout ad 2) et 9; *IV Sent.*, d. 49, q. 5, a. 3, q[a] 2; *Quodl. IX*, 14; *in Rom.*, c. 10, lect. 2.

En conclusion de notre recherche, nous pouvons dire :

1) Saint Thomas parle de traditions apostoliques orales, comme tout le monde en parle à son époque : beaucoup de choses, « multa », ont été transmises par les Apôtres sans êtres couchées par écrit. Quand on cherche à savoir de quoi il s'agit, on s'aperçoit que, chez saint Thomas comme chez la plupart des auteurs catholiques jusqu'à l'époque dite post-tridentine, il s'agit de coutumes, surtout cultuelles' ou de pratiques liturgiques [113].

2) Nous connaissons aujourd'hui un problème de LA Tradition, qui recouvre deux grandes questions : a) un enchaînement de témoignages justifiant l'homogénéité des développements doctrinaux à travers le temps; b) la légitimité de l'enseignement actuel de l au torité qui est, aujourd'hui, l'héritière de la fonction pastorale des Apôtres. Ces deux questions tendent à s'unir en s'identifiant à celle de l'Eglise considérée dans l'infaillibilité de sa foi à travers la durée. *Notre problème de la Tradition*, c'est celui de l'identité de l'Eglise actuelle avec l'enseignement reçu des Apôtres et transmis à travers le temps, où il s'est, d'une certaine façon, accru : de telle sorte, cependant, que, comme disait saint Thomas (cf. *supra*, n. 76), « neque multiplicemus addentes, neque minoremus subtrahentes, neque pervertamus male exponentes ».

Ce problème, saint Thomas le connaît et le traite, mais comme on pouvait le connaître et le traiter *avant* que n'aient été posées, dans toute leur acuité, les questions *critiques, a)* de « preuve par la Tradition » (cf. *supra*, n. 8); *b)* du « plus » que représentent les affirmations d'aujourd'hui par rapport aux sources apostoliques normatives *controlables*, et donc principalement par rapport à l'Ecriture. – Et pourtant, disons-nous, saint Thomas connaît le problème. Quelle vision en a-t-il eu ?

1 - Celle d'un grand mouvement par lequel un esprit ou des esprits en informent d'autres, en matière de vérité surnaturelle et salutaire : « Heilslehre », « Heilige Überlieferung ». Ce mouvement part de Dieu, qui en est, et peut seul en être, le principe. Si on le considère de haut en bas, c'est une série de communications. Le mot qui exprime le mieux, ici, la pensée de saint Thomas, nous semble être

[113] Autant que nous avons pu voir, on obtiendrait exactement les mêmes résultats par une enquête chez Alexandre, Bonaventure, Albert... Comp. R. WEHRLÉ, *La coutume dans le Droit canonique...* Paris, 1928, p. 34 s.; chez PRÉVOSTIN, par exemple, *traditiones = institutiones ecclesiasticae : The Summa contra Haereticos ascribed to Praepositinus of Cremona (Publ. in Med. Studies, 15).* Notre-Dame, 1958, c. XI, p. 161 s; quand, au chapitre XII, il envisage certaines de ces institutions *in speciali*, il s'agit du baptême, et surtout du baptême des enfants. — Pour la période suivant saint Thomas, cf. P. DE VOOGHT, *Les sources de la Doctrine chrétienne d'après les théol. du XIVe s. et du début du XVe...* Paris, 1954; pour l'ensemble, J. BEUMER, *Das katholische Schriftprinzip in der theolog. Literatur der Scholastik bis zur Reformation : Scholastik,* 16 (1941), p. 24 - 52.

celui d'*auctoritas*, avec la propagation qui s'en fait, depuis le Père, au Fils, aux prophètes et Apôtres, à l'Ecriture, à l'Eglise et, en elle, au pape, aux conciles, aux évêques; aux *Sancti Doctores* et, de quelque manière, aux Maîtres qui enseignent la *Sacra Doctrina* [114]. Si on considère le même mouvement de bas en haut, on y voit une série d'appuis pris, de proche en proche, jusqu'à l'appui final et souverain pris sur la *Veritas Prima*. Saint Thomas affectionne alors le mot *inniti*: toute la *Sacra Doctrina*, prise comme science théologique, s'appuie (*innititur*) sur la foi [115]; la foi, elle, a son appui immédiatement en Dieu, Vérité subsistante (cf. *supra*, n. 56); plus exactement, s'agissant de *notre* foi, à nous qui vivons en société et dans l'Histoire, sur la « Vérité Première manifestée dans l'enseignement de l'Eglise » (cf. *supra*, n. 47 et n. 61). Un mot caractérise la foi, à cet égard, c'est celui de *firma*, *firmitas*, que saint Thomas et, en général, le Moyen Age, lui accolent très souvent, et dont ils font un véritable équivalent de la qualité d'apostolicité [116]. Nous avons déjà souligné le caractère très biblique de cette façon de voir les choses.

2 - Cette grande vue est aussi, chez saint Thomas, celle d'un déploiement de la Vérité divine connue par révélation, dans l'esprit de l'humanité croyante. Cette humanité, il la considère comme un tout, une solidarité, et même comme un seul homme, « qui apprend continuellement » : tout solidaire, chacun y a sa place, son *officium*, sa responsabilité, correspondant à ses moyens (cf. n. 108). Toute l'œuvre de culture que cette humanité édifie, est assumée, en même temps qu'éprouvée et jugée, par la foi, laquelle envahit l'esprit, non pas seulement comme puissance personnelle d'adhésion et de simple perception, mais comme activité raisonnante : en lui, la *Sacra Doctrina* prend forme de science de type rationnel, se membrant de raisons et se construisant en enchaînements logiques et cohérents.

Ainsi le déploiement que connaît la Vérité révélée suit une précision croissante, au cours de laquelle il y a, tout à la fois, continuité et dénivellement. Les étapes en sont : *Veritas Prima, Revelatio prophetis et Apostolis facta, Sacra Scriptura,* définition et formulation

---

[114] Voir le commentaire de saint Thomas sur *I Co.*, c. 3, 10 - 17 (lect. 3). On comparera HONORIUS AGUSTODUNENSIS. *Elucidarium*, prol. : « Fundamentum igitur opusculi supra petram, idest Christum, jaciatur, et tota machina quatuor firmis columnis fulciatur. Primam columnam erigat prophetica auctoritas, secundam stabiliat apostolica diqnitas, tertiam roboret expositorum sagacitas, quartam figat magistrorum solers sublimitas » (*P.L.*, 172, 1110); comp. ALBERT LE GRAND, *In Mat.*, c. V (éd. Borgnet, XX, 168 - 169) voyant, dans les Apôtres, la source lumineuse *(lux)*, dont le rayonnement ou la réfraction, *lumen*, éclaire la Cité. L'œuvre des temps ultérieurs consiste à assurer la sécurité de cette cité, par les tours, qui sont les *auctoritastes* et les murs, qui sont les raisons des docteurs. Résultat : sécurité pour les *simplices*.

[115] *I Sent.*, prol., a. 3, qª 2, obj. 3 et qª 3, obj.

[116] Cf. notre Note : *L'Apostolicité de l'Eglise selon S. Thomas d'Aquin*, dans *Rev. Sc. phil. théol.*, 44 (1960), p. 209 - 224.

de la foi par les conciles, contre les hérésies; explication de la sainte
Ecriture, défense et illustration des vérités de la foi par les saints
Pères, puis par les Maîtres... Ces deux dernières étapes comportent
évidemment un changement de niveau. Pourtant, saint Thomas en justifie et en affirme aussi bien la continuité avec les précédentes : car
la raison, si elle est loyale à la Parole de Dieu et à la lumière que
Dieu a mise en elle, atteint à des nécessités, dans ses développements logiques à l'intérieur ou à partir de la foi [117]. C'est ainsi que la
transmission de l'enseignement salutaire est, à certains égards, progrès, ex-plication. Ce qui achève de manifester la correspondance de
la *Sacra Doctrina* de saint Thomas avec ce que nous entendons aujourd'hui par Tradition.

---

[117] Cf. à propos des « notions divines », *I*a, 32, 4; comp. *supra,* n. 60 et
I Co., c. 12, lect. 3, où toute la fonction de la *doctrina* est vue « in communionem hujus officii (scil. Apostolorum) ». Cf. aussi A. LANG, *Die Glie-
derung u. die Reichweite des Glaubens nach Thomas v. A. und den
Thomisten :* Div. Thomas (Fr.), 20 (1942), p. 207 - 236, 335 - 346; 21 (1943),
p. 79 - 97.

NOTE ADDITIONNELLE

Le Prof. J. R. GEISELMANN a apporté une intéressante documentation iconologique pour illustrer l'idée que l'Antiquité chrétienne et
le moyen-âge se faisaient du rôle de (ce que nous appelons) la Tradition par rapport à l'Ecriture Sainte [1]. A vrai dire, ces exemples sont
un peu tardifs. On pourrait, s'agissant du bas moyen-âge ou même
de l'époque baroque, multiplier ces indications [2]. Le thème des Pères
de l'Eglise, souvent limités aux Pères latins jusqu'à l'époque de S.
Pie V [3], a été largement répandu, à la suite de la bulle de Boniface
VIII, *Gloriosus Deus*, du 20 septembre 1298 [4]. Il ne s'agissait d'ailleurs pas à proprement parler, dans cette bulle, du rôle des Docteurs

---

[1] Dans H. BACHT, H. FRIES, J. R. GEISELMANN, *Die mündliche Überlieferung.
Beiträge zum Begriff der Tradition*, hrsg. v. M. Schmaus, München, 1957,
p. 127 s.
[2] On en trouvera un certain nombre dans X. BARBIER DE MONTAULT. *Le
culte des Docteurs de l'Eglise, à Rome : Rev. de l'Art chrétien*, 4e sér., II
(1891), p. 275 - 290, 498 - 505, etc. (seul le premier article intéresse notre
sujet). Noter, en particulier, consécutivement à la bulle de Boniface VIII,
en 1299, à la conque absidale de St-Clément, à Rome, représentation des
quatre docteurs assis sur les branches de la vigne qui part du Christ en
croix; au XIVe s., à St-Jean de Ravenne, Giotto met les quatre docteurs
latins en parallèle avec les quatre évangélistes; à la chapelle de Nicolas V,
au Vatican, Fra Angelico représente, sur la voûte, les quatre évangélistes
et, sur les arcs-doubleaux, huit docteurs (Thomas d'Aquin et Ambroise;
Bonaventure et Augustin; Jean Chrysostome et Grégoire; Athanase et
Léon); même groupe à Notre-Dame d'Avioth, au même moment; à St-Jean
de Tivoli, en 1509, on peint, sur la voûte, le Christ assis entre les quatre
évangélistes et les quatre docteurs latins, « il enseigne et fait passer au
monde sa doctrine par ce double canal » (p. 279); etc. On pourrait ajouter
d'autres indications à celles de Barbier de Montault : par ex. le jubé de
Clamecy (1525) représentait la passion et, sur les quatre piliers, les quatre
docteurs; estampe, vers 1440, dans *Catal. de l'Expos. du Moyen Age. Bibl.
Nat.*, Paris, 1926, p. 112.
[3] Voir, sur l'introduction des Docteurs grecs sous l'influence de Pie V,
lui-même suivant le Bréviaire dominicain, C. A. KNELLER. *Zum Verzeichnis
der Kirchenlehrer : Zeitsch. f. kathol. Theol.*, 40 (1916), p. 1 - 47.
[4] Texte reproduit dans le Sexte, lib. III, tit. 22, c. unic. : FRIEDBERG, II,
1059 - 1060 : « Alma mater Ecclesia... egregios quoque ipsius Doctores Ecclesiae, beatos Gregorium, qui meritis inclytus Sedis Apostolicae curam
gessit, Augustinum et Ambrosium, venerandos antistites, ac Hieronymum
sacerdotii praeditum titulo, eximios confessores, summis attollere vocibus,
laudibus personare praecipuis, et specialibus disposuit honoribus venera-
ri... » Le climat et le ton de ce document, où les Pères sont rangés selon
leur rang dans la hiérarchie, est bien différent de ceux des textes plus
anciens !

comme témoins ou porteurs de la Tradition dans l'interprétation des Ecritures, mais des honneurs à leur rendre, après ceux qui sont dûs aux douze Apôtres et aux quatre évangélistes et de la célébration liturgique de leur fête.

Cette énumération des quatre docteurs latins (Ambroise, Jérôme, Augustin, Grégoire le Grand) se trouve assez souvent avant Boniface VIII, mais les énumérations, qui ne cherchent pas à être exhaustives, omettent parfois l'un ou l'autre nom, ou bien en ajoutent d'autres [5].

Auteur :	Hilaire	Ambroise	Jérôme	Augustin	Grégoire	Isidore	Bède	Autres
Cassiodore (*Inst.*, I, 17-21)	+	+	+	+				
Bède († 735), *P.L.*, 92, 304 A . . .		+	+	+	+			
Jean, moine (VIIIe-IXe s.), *Lib. de miraculis*, éd. Hoferer, p. 47 . . .		+	+	+	+			
Léon IV (†855) : Jaffé 2599			+	+		+		ceteri
L'emp. Lothaire à Raban, v. 850 . .		+	+	+	+			
Concile de Valence, 855	+	+	+	+				
— Savonnières, 859 . . .	+	+	+	+				
Lanfranc (*De corp. et sang.*, 1) . . .			+	+	+			
Sigebert de Gembloux, v. 1074 (*Libelli de Lite*, II, 441)		+	+	+	+			
Aimeric d'Angoulème, 1086 (de Ghellinck, p. 515)	+	+	+		+			Cyprien
Reine Mathilde († 1118), ibid. . . .			+	+	+			
Yves de Chartres, *Pancrisis*		+	+	+	+	+	+	et moderni magistr.
Anselme de Havelberg. *Dial.* II (*P.L.*, 188, 1202 s.)	+	+	+	+				
Fons Philosophiae, str. 171, éd. Charue. Caen, 1888, p. 70			+	+	+	+		
Etienne de Tournai (éd. Schulte, p. 3)		+	+	+				et alii
Summa Coloniensis		+	+	+				et alii
Dante (*Epist.* XI, 16)		+		+	+			

[5] Voir C. WEYMANN. *Die vier grossen Kirchenlehrer : Hist. Jahrb.*, 15 (1894), p. 96-97; *Rev. Hist. et Littér. relig.*, 3 (1898), p. 562-563; J. DE GHELLINCK. *Les premières listes des « Docteurs de l'Eglise » en Occident : Bull. d'Anc. Littér et d'Archéol. chrét.*, 3 (1912), p. 132-134 (repris dans *Le Mouvement théolog. du XIIe siècle.* Bruxelles-Paris, 2e éd., 1948, p. 514-517; H. LECLERCQ, art. *Docteurs : Dict. Archéol. chrét. et Lit.*, IV/1 (1921), col. 1260-1261. En ajoutant quelques fiches nouvelles, nous résumerons cette documentation en un tableau :

L'Ecriture était lue à l'école des *tractatores* ou *expositores* qu'avaient été ces Docteurs inspirés [6]. Le fait était si normal qu'on n'éprouvait pas le besoin de rendre la chose obligatoire, ni d'en faire la théorie : sauf, rapidement, mais de façon parfois remarquable, dans les Prologues des commentaires des Sentences, quand la scolastique naissante se mit à réfléchir sur ses propres démarches [7].

Nous voudrions souligner ici le rôle que joua, dans le développement d'une conscience réflexe des démarches catholiques et des règles d'orthodoxie que doit respecter la théologie, le fait des mouvements religieux laïcs, plus ou moins gravement anti-ecclésiastiques, du XIIe siècle, et singulièrement celui des disciples de Valdès. L'Anonyme de Laon, excellente source pour notre connaissance des débuts du Valdéisme, rapporte que, venu au concile de Latran de 1179 pour soumettre à l'approbation du pape ses traductions scripturaires, sa doctrine et son genre de vie, Valdès fut bien accueilli par Alexandre III, qui, l'ayant embrassé, approuva son propos de pauvreté, mais lui imposa de ne prêcher que s'il était sollicité et autorisé par les évêques ou les prêtres [8]. Dès ce moment la question de mission canonique représentait le point névralgique des rapports de Valdès avec l'Eglise. Nous avons vu quelle importance lui donnait saint Thomas.

Moneta de Crémone n'est plus un témoin contemporain : il rédige en 1244. On ne voit pourtant pas de motif de rejeter l'information qu'il ajoute à celle du chroniqueur anonyme : selon lui, le pape au-

---

[6] Les Pères sont essentiellement des *tractatores, expositores* de la sainte Ecriture : cf. les conciles de Valence et de Savonnières (Mansi, XV, 3 et 537 s.) cités n. précéd.; Gratien, cité *supra*, n. 84; Saint Thomas, *supra*, nn. 82 et 101; etc. Les ouvrages classiques de C. Spicq et B. Smalley sur l'exégèse médiévale fourniraient des références en abondance. L'*expositor* va plus loin que l'*interpres*, il pénètre plus avant dans le mystère du Texte. Le *tractator* commente la sainte Ecriture avec une autorité personnelle · à l'époque patristique, c'est l'évêque dans sa prédication à la fois scripturaire et doctrinale (G. Bardy, *Tractare, Tractatus : Rech. Sc. relig.*, 33 (1946), p. 211 - 235).

[7] Exemples : Robert de Melun (cf. *supra*, n. 55), Pierre le Mangeur : cf. R. Martin. *Notes sur l'œuvre littéraire de Pierre le Mangeur : Rech. Théol. anc. et méd.*, 3 (1931), p. 54 - 66, et A. Landgraf, *Les écrits de P. le M., ibid.*, p. 353 : Pierre le M. reprend la comparaison classique du Mont Sinaï, autour duquel, tandis qu'il y donnait sa Loi, Dieu a tracé des limites qu'il est interdit d'enfreindre. Le *mons*, c'est la sainte Ecriture canonique (*Sacra Scriptura, Sacrae Scripturae virtus, divina Pagina*); puis, « termini circa montem positi sunt agiographici, id est sanctorum Patrum scripta, utriusque testamenti intellectum nobis aperientia » : on ne doit pas transgresser ces limites. Comp., pour saint Thomas, *supra*, n. 76.

[8] Anonyme de Laon : *Historiens des Gaules et de la France*, t. XIII, Paris, 1786, p. 680 s.; MGH, SS, t. XXVI, 1882, p. 447 s.; éd. A. Cartellieri, 1909, p. 20. On voit, non seulement par le déroulement des faits, mais par les traités des apologistes catholiques, combien la question de *mission* était, au début, la question névralgique : cf. Moneta de Crémone, cité *infra*, n. 9, et G. Gonnet, *Waldensia : Rev. Hist. et Philos. relig.*, 33 (1933), p. 202 - 254 (p. 220).

rait permis à Valdès de prêcher, à condition de suivre l'enseignement des quatre docteurs de l'Eglise : entendons Ambroise, Jérôme,
Augustin et Grégoire [9].

Il est possible que les Vaudois aient, au moins de ce côté-ci des
Alpes, essayé de satisfaire à cette requête. C'est ce que porteraient
à penser, d'une part, les références patristiques qu'on trouve chez
eux, d'autre part, les Actes de l'Inquisition de Carcassonne au XIIIe
siècle [10]. Pourtant, nous apprenons par un sermon de Philippe le
Chancelier (✝ 1236) prononcé au cours d'un concile réuni à Laon et
dont la date ne nous est pas indiquée (1233 ?), qu'on accusait les
Pauvres de Lyon, héritiers de Valdès, de suivre une lecture purement littérale et fondamentaliste de l'Ecriture, comme les Juifs et les
hérétiques [11]. Ils en tiraient des conclusions non-catholiques concernant, par exemple, l'interdiction de prêter serment (*Mt.*, 5, 34) ou de

---

[9] « Ad quid ergo venit (Waldesius) ad papam et promisit servare quatuor doctores, scilicet Ambrosium, Augustinum, Gregorium et Hieronymum, et sic accepit a papa praedicationis officium, cujus rei testimonium
facile potest inveniri » *Summa adversus Catharos et Valdenses*, lib. V, c. 1.
Ed. Ricchini, Rome, 1743, p. 402.

[10] On trouve évidemment d'abondants témoignages dans le sens d'un
Scriptura sola: déjà Alain de Lille, « Neminem debere obedire alicui
homini sed soli Deo », avec invocation d'*Ac.*, 4, 19 et 5, 29 (*De fide cath.
contra Haeret.*, II, 2 : *P.L.*, 210, 380); W. Preger, *Über das Verhältnis der
Taboriten zu den Waldesiern des 14. Jahrh. : Abhandlg. d. Hist. Classe d.
königl. Bayer. Ak d. Wiss.*, 18 (1889), p. 1 - 111 (cf. p. 49, témoignages de
l'Anonyme de Passau et des inquisiteurs de 1391 et 1398, celui-ci, qui
copie le précédent en amplifiant un peu, énumérant les quatre docteurs
latins). Mais Preger (p. 49 - 50) et H. Haupt (*Die Deutsche Bibelübersetzung
d. mittelalterl. Waldenser in dem Codex Teplensis u. d. ersten gedruck-
ten deutschen Bibel nachgewiesen*. Würzburg, 1895), font la distinction
entre Vaudois français et Vaudois piémontais ou allemands. Dans le Codex
Teplensis lui-même, on trouve des extraits de saint Jean Chrysostome et de
saint Augustin (Haupt, p. 15). Mais surtout il y a le témoignage des Actes
de l'Inquisition de Carcassonne, XIIIe s., où W. Preger voit une des
sources de David d'Augsbourg et même d'Etienne de Bourbon : *Über die
Verfassung d. französischen Waldesier in der älteren Zeit* (*Abhandlg...*, 19
(1889), p. 639 - 711, cf. p. 653, où Preger met en synopse les Actes de
Carcassonne et Etienne de B. :

Carcassonne	*Etienne de B.*
Et cum fecisset conscribi sibi ev angelia et aliquos alios libros de biblia in vulgari gallico, et etiam aliquas authoritates S. Augustini, Hieronymi, Ambrosii, Gregorii ordinatas per titulos, quas ipse et sequaces sui sententias appelarunt.	audiens evangelia, fecit pactum cum dictis sacerdotibus, alteri ut transferret ei in vulgari, alteri ut scriberet; similiter multos libros Biblie et auctoritates sanctorum multas per titulos congregatas, quas sententias appellabant.

[11] On stigmatisait, en effet, une exégèse étroitement littérale comme
juive, judaïque : cf. C. Spicq, *Pourquoi le moyen âge n'a-t-il pas davantage
pratiqué l'exégèse littérale?* (*Rev.*) *Sciences phil. et théol.*, 1941 - 1942,
p. 169 - 179. Ajouter aux témoignages cités là celui d'Alain de Lille. *Liber
in distinctionibus theologic.*, prologus alter (*P. L.*, 210, 687).

194

tuer (*Mt.*, 13) [12]. Philippe le Chancellier leur opposait la conduite des pasteurs catholiques : « Pastores autem boni catholici non dant ad esum arborum cortices, sed medullas et fructus dulces, id est sensus spiritualis, ut Augustinus, Ambrosius, Gregorius, Ieronimus et alii, et hoc est oves ducere ad interiora deserti » [13].

---

[12] Pour ces deux points. voir R. MANSELLI, *Studi sulle eresie del secolo XII* (*Ist. Storico Ital. per il Medio Evo. Studi Storici, 5*). Rome, 1953, p. 75 - 82.

[13] Cité par Ch. H. HASKINS, *Studies in Mediaeval Culture.* Oxford, 1929, p. 250.

III

LE SENS DE L'«ÉCONOMIE» SALUTAIRE DANS LA «THÉOLOGIE» DE S. THOMAS D'AQUIN *(SOMME THÉOLOGIQUE)*[1]

Le XIIe siècle ressemble à cet âge où le garçon manifeste l'éveil impétueux de la raison, par un besoin de collectionner, de classer, de ranger. Il est, par excellence, l'époque où la pensée chrétienne s'applique à embrasser *l'universalité* de ses données, à les harmoniser et à les ordonner selon un ordre ou une suite satisfaisants. Un ordre ou une suite, disons-nous. Deux possibilités s'offrent, en effet, et donc une option préliminaire d'une importance décisive : ordonnera-t-on les éléments du monde et les réalités religieuses selon la suite historique de leur production ou du dévoilement que Dieu en a fait dans la Révélation judéo-chrétienne, ou bien selon un ordre logique reconstitué par l'esprit?

Suivait-on le déroulement du Dessein de Dieu ou de l'Economie salutaire? On se trouvait en présence d'une suite de «mystères», au sens où ce mot avait anciennement, pour adjectif correspondant, «mystique», et où il signifiait : moment de la réalisation du plan salutaire de Dieu, annonçant et préparant sa réalisation plénière[2]. Il y avait une première série de «mystères», ceux de l'ancienne Disposition, annonciateurs et préparateurs du Christ; il y en avait une seconde, au sein de l'Eglise présente, annonçant et préparant la consommation eschatologique. Dans cette perspective, les éléments du monde et les réalités

---

1. Les citations sans nom d'auteur sont aux œuvres de S. Thomas. Les références à la *Summa theologica* (ST) indiquent la partie en chiffres romains (I; I—II; II—II; III), puis la question, l'article et ensuite, soit les objections (obj.), soit le *sed contra* (sed c.), soit la solution (sol.), soit les réponses aux arguments in oppositum (ad 1, 2, etc....).

2. Voir L. Bouyer. «Mystique». Essai sur l'histoire d'un mot, dans Vie spirituelle, Suppl., mai 1949, pp. 3—23.

de la religion judéo-chrétienne étaient considérés comme *finalisés*; on s'intéressait à eux, précisément, sous l'aspect de leur relation à la réalité véritable en vue de laquelle ils étaient annonce, signe, préparation, sacrement. Le savoir chrétien se jouait volontiers dans un domaine de symboles, si aptes à nourrir une fervente méditation religieuse, elle-même apparentée à la liturgie et à la poésie. Evoquons seulement les œuvres de Rupert de Deutz[3], Honorius Augustodunensis[4], l'*Hortus Deliciarum* d'Herrade de Landsberg, abondamment nourri des deux auteurs précédents[5].

Mais le courant dialectique, qui allait se développant depuis le dernier tiers du XIe siècle, portait les esprits à tenter d'organiser les mystères chrétiens et les réalités mêmes de l'Economie salutaire selon un tout autre type: logique et systématique. Les réalités chrétiennes étaient alors considérées comme les éléments d'une *œuvre* de la Sagesse divine, plutôt que d'un *dessein* en cours de réalisation; l'esprit cherchait à définir leur *nature*, pas seulement leur rapport à la fin. La tentative d'Abélard reste caractéristique de cette ambition nouvelle qui anime la Scolastique, la Première (Frühscholastik) comme la seconde (Hochscholastik)[6]. Dans le célèbre plan systématique d'Abélard — *fides, caritas, sacramenta* — il n'y pas d'eschatologie: l'espérance est comprise dans la foi. Et le programme comporte bien de s'appliquer à la théologie avec les ressources d'un esprit philosophique[7]. Cette catégorisation particulière est propre à l'école abélardienne, considérable d'ailleurs, mais l'option méthodologique est celle de la Scolastique, de ses Sentences et de ses Sommes.

En ce premier stade, à vrai dire, la Scolastique cherche à unir les deux lignes d'élaboration. Tel est, on le sait, l'intention de Hugues de Saint-Victor avec son programme d'articuler un développement de l'*allegoria* à un exposé de

3. Son *De Trinitate* suit l'ordre: de la création à la chute (œuvre du Père), de la chute à l'Incarnation (œuvre du Fils), de l'Incarnation à la fin (œuvre du Saint-Esprit): cf la dédicace, P. L., 167, 196 s. — La division, à visée trinitaire, *creatio-redemptio-renovatio* se trouve, au XIIe s., par exemple, chez S. Bernard (*In Cant.* S. 23, 4: P. L., 183, 886) De gratia et lib. arb., c. 14, n. 49 (182, 1028); Adam Scot (*Sermones* 26; 28: P. L., 198 245 s.), et encore au XIIIe s., vers 1232, dans l'abrégé des Sent. *Filia Magistri*.

4. Elucidarium: P. L., 172, 1109 s.

5. Des années 1175 et suiv. Voir le *Recueil de cinquante planches... avec texte d'Introduction...*, par J. WALTER. Strasbourg, 1952.

6. S. Anselme passe pour être le père de la «Scolastique», mais il n'a pas tenté une synthèse d'ensemble. Sa méditation, acte de la raison croyante à l'intérieur de la foi, ne s'est appliquée qu'à élucider des mystères particuliers.

7. Espérance comprise dans la foi: *Intr. ad theol.*, I, 1 (P. L., 178, 981). Programme *ibid.*, Prol., col. 979 s.

l'*historia*: celle-ci suivant l' «ordo temporis», celle-là plutôt l' «ordo cognitionis»[8].

Chez Hugues, d'ailleurs, la théologie systématique restait très expressément et intentionnèllement «chrétienne», christocentrée, trouvant une intelligence supérieure à celle de toute «mundana theologia» dans les «opera restaurationis secundum humanitatem Iesu et sacramenta eius quae ab initio sunt.»[9]. Telle était encore l'intention des auteurs de *Sentences* et des premières *Sommes*: Pierre Lombard[10], Pierre de Poitiers — avec, déjà, un accroc considérable au point de vue christologique[11] —, Prévostin de Crémone[12]. Cependant, comme il était difficile, peut-être impossible, de suivre, dans la même œuvre, un ordre «économique» et un ordre «théologique», Pierre le Mangeur, dans son *Historia scholastica*, laissant à de plus habiles le «pelagus mysteriorum», s'attachait à suivre le «rivulus historicus» depuis la cosmographie de Moïse jusqu'à l'Ascension du Sauveur[13]. Ainsi pouvait-on compléter la théologie des *Sentences* par l'économie de l'*Historia scholastica*; deux traités-frères que, au XIIIᵉ siècle, tout étudiant dominicain devait amener avec lui aux Etudes[14].

8. Programme de Hugues: De sacram., lib. I, prol., c. 2 (P. L., 176, 183 s.); Didascalion, VI, c. 4 (176, 803); Hugues remarque lui-même, au c. 6 (col. 805 C): «Non idem ordo librorum in historia et allegorica lectione servandus est. Historia ordinem temporis sequitur; ad allegoriam magis pertinet ordo cognitionis.»

9. Com. in Hier. cœl., lib. I, c. 1 (P. L., 175, 926 D — 927 A); De sacr., loc. cit. Cf W. A. SCHNEIDER. Geschichte u. Geschichtsphilosophie bei Hugo v. St-Viktor. Münster i. W., 1933, p. 43.

10. Son plan est donné Sent., lib. III, prol. (éd. Quaracchi, p. 550): livre I: la Trinité; II: condition de l'homme tombé; III et IV: réparation par la grâce du Christ.

11. Plan donné Sent., prol. (P. L., 211, 789—790). Voici le texte (amélioré d'après les mss. par le P. S. ALSZEGHY, Gregorianum, 1946, p. 58): «Ordinem quoque quinque partitionum distinximus. In prima agendum de fide Trinitatis. In secunda de casu rationalis creaturae. In tertia de reparatione quae facta est per virtutum reparationem. In quarta de ea quae facta est semel per Incarnationem. In quinta de ea quae quotidie fit per sacramentorum participationem.» On notera comment il s'intercale, entre la chute et la Rédemption, un embryon de morale (comp. la IIa pars de S. Thomas...).

12. Voir le plan de sa Somme dans G. LACOMBE. La vie et les œuvres de Prévostin. Le Saulchoir, 1927, pp. 168—178.

13. Hist. Scholast., épître dédicatoire: P. L., 198, 1053—1054.

14. Constitutions anciennes, dans DENIFLE, Archiv f. Lit. u. Kirchengesch. des MA, t. I, p. 223; Chapitre général de 1265: Acta Cap. Gen., éd. REICHERT, t. I, p. 129. — On sait que le moyen âge, qui aimait concrétiser ses idées dans des récits de visions ou dans des légendes, avait inventé celle d'une fraternité de sang entre Pierre Lombard et Pierre le Mangeur: cf J. DE GHELLINCK. Le Mouvement théol. du XIIᵉ siècle. 2ᵈᵉ éd. Bruxelles-Paris, 1948, p. 285.

III

76

La tendance s'affirmait cependant, de plus en plus incoercible, à partir du dernier tiers du XIIᵉ siècle, de faire prédominer l'élaboration systématique et sapientielle de l'œuvre de Dieu sur l'explication historique de son Dessein. Les gloses prenaient le pas sur les *auctoritates*: Robert de Melun s'en plaint déjà[15]. Une structure philosophique de l'exposé, une terminologie également philosophique, remplacent les modes traditionnels d'aborder et d'exprimer les mystères: les plus hauts esprits s'en inquiètent[16]. De plus en plus, les divisions idéologico-analytiques l'emportent sur une distribution historique[17]. Un temps viendra où l'Ecriture sera moins le mémorial sacré de l'Histoire sainte qu'un arsenal de textes classés selon des catégories purement idéologiques[18]. A ce moment, la cause du Texte sera relevée par les Humanistes, mais dans une attitude d'esprit antiscolastique, et celle de l'Histoire par les historiens, tandis que les théologiens demeureront enfermés dans les élaborations et les controverses d'école.

On sait comment Thomas d'Aquin commenta d'abord les *Sentences*, conformément aux réglements scolaires. Ainsi sa première élaboration systématique suit-elle le plan, à quelque degré historique, des *Sentences* elles-mêmes. Dès lors, S. Thomas n'est enclin à accentuer, ni l'aspect historique, ni l'aspect christologique, de la Révélation[19]. Très tôt, cependant, dès 1265—67, il conçut le projet de rédiger une *Somme* originale. Le plan qui s'imposa à son esprit[20] est délibérément *théologique*, non *économique*. Mais «théo-logique» au sens le plus fort et le plus formel du mot. Il s'agit d'autre chose, pour S. Thomas, que d'une systématisation rationnelle, comme chez Abélard. Il s'agit, autant que cela est

15. Prologue de ses *Sentences*, dans M. GRABMANN. *Gesch. d. scholast. Methode,* t. 2, 1911, p. 345, 349.

16. S. BERNARD en face d'Abélard (Ep. 192 et 193: P. L., 182, 358 s.), ETIENNE DE TOURNAI (Inter Opera Innocentii III, Ep. 251: P. L., 211, 517), GRÉGOIRE IX, lettre *Ab Aegyptiis* aux théologiens parisiens, 7 juillet 1228 (dans DENZINGER-BANNWART n. 442).

17. Cf S. ALSZEGHY. Einteilung des Textes in mittelalterlichen Summen, dans Gregorianum, 27 (1956), pp. 25—62: p. 51 s.

18. Citons ici, à titre d'exemple, l'Oeconomia methodica Concordantiarum S. Scripturae, authore G. BULLACO. Anvers, 1572, en raison de l'inversion de sens subi par le mot d'«économie»: c'est une «concordance» purement idéologique, où les textes scripturaires sont mis sous les rubriques des notions de «cause», «effet», etc....

19. In Sent., lib. I, prol., il entend «Christum Dei sapientiam de 1 Cor., 1, 24, du Christ *comme Verbe*.

20. Les lettres de dédicace de sa *Catena aurea* sur Mat. et sur Marc, qui sont de la même époque, montrent que son esprit était alors plein de la grande conception qui inspire le plan de la *Somme*.

possible, de s'élever jusqu'à voir les choses comme Dieu lui-même les voit :
c'est-à-dire toutes relatives à Son mystère nécessaire, celui qu'il est lui-même
en Son unité et Sa Trinité. Qu'on parle de l'Incarnation et de la Rédemption,
de la création, des anges, de l'homme, des sacrements, Dieu lui-même est le
véritable «sujet» de tout ce qu'on expose[21], on s'efforcera de pénétrer et de
construire ces mystères à partir de Dieu et vers Lui, tout comme il les a conçus
et posés à partir de Soi et vers Soi. «C'est un plan où la science de Dieu est
formellement et spirituellement le principe du savoir humain, le fournissant
à la fois d'objet, de lumière et de nécessité ... L'intelligibilité, comme l'ordre
du savoir, suit la science divine et dérive d'elle»[22]. Sur la base, bien sûr, de la
Révélation que Dieu nous a faite par l'Ecriture expliquée dans la Tradition de
l'Eglise, mais non sans user des certitudes de la raison, cette autre fille du
même Dieu.

Si tel est, cependant, le parti de S. Thomas, il faut reconnaître, et nous
voudrions montrer, 1. qu'à ses yeux, l'économie du salut contenait des éléments
intéressant le contenu et l'intelligibilité de la Révélation, et que la Somme s'est
efforcée de leur faire place ; 2. que S. Thomas a eu un sens aigu de la situation
de l'Eglise dans l'Economie, de la référence eschatologique du christianisme et
de l'originalité de la Nouvelle Disposition par rapport à l'Ancienne ; 3. que,
tout en s'en tenant à des points de vue formels, il a intégré à sa «théologie»
quelques vues sur la vie historique de l'Eglise.

*1. Thomas d'Aquin a reconnu que l'Economie historique du salut contient,
comme telle, des éléments intéressant le contenu et l'intelligibilité de la Révélation,
et il a essayé de leur faire place.*

Le XIIe siècle semble avoir affectionné l'idée d'une création naturelle bonne,
mais gâchée et dégradée par le péché, et qui réclamait une restauration.
L'homme lui-même s'y était efforcé : on aimait voir, dans les recherches et les
réussites partielles de la sagesse humaine, un moment de cet effort[23]. Mais la
véritable *restauratio* ou *reformatio* ne venait que de Dieu, qui avait commencé

---

21. ST, I, 1, 7.

22. M.-D. CHENU. Le plan de la Somme théologique de S. Thomas, dans Rev. thomiste, 1939, pp. 93—107 (cf p. 100), et Introduction à l'étude de S. Thomas d'Aquin.
Montréal et Paris, 1950, p. 258 s. Voir notre article *Théologie*, dans *Dict. Théol. cath.*, t. 15.

23. Tel est en particulier le point de vue de l'*Hortus deliciarum* d'HERRADE DE
LANDSBERG : il montre après la dispersion de Babel, un essai de «generis humani reparatio
doctrinalis» par les sciences et les arts. Echec de la sagesse humaine. Cf. WALTER, *op. cit.*,
p. 68 s.

III

de la donner avant Moïse déjà, puis par les institutions mosaïques, de façon vraiment positive, bien que dans une mesure encore partielle[24]. En Jésus-Christ seul, par Jésus-Christ seul, l'humanité est définitivement restaurée: telle est la conviction dont les théologiens du XIIᵉ siècle font le centre de leur théologie et qui domine le plan de leurs synthèses[25], contribuant à lui conserver un certain caractère économique ou historique. S. Thomas sententiaire n'avait qu'à suivre les distinctions et les chapitres du Maître. Il est plus intéressant pour nous de chercher quelle place il a su garder à cette histoire du salut dans le plan, tout théologique, de la *Somme*. Notons déjà que la succession d'un traité de la création et de l'homme (I a pars), puis du traité de la loi, puis du traité de la grâce (I—II), enfin du traité du Christ et de celui des sacrements (III), lesquels confèrent vraiment la grâce, reprend et traduit à sa manière la vue des théologiens du XIIᵉ siècle concernant l'œuvre de restauration de la nature, d'abord par la loi, puis par la grâce du Christ.

L'épître aux Hébreux est bâtie sur l'idée d'une solidarité entre Alliance, Loi et Sacerdoce (culte, sacrifice, accès à Dieu): ce sont les éléments caractéristiques d'un régime religieux; ils changent ensemble quand il y a passage de la Disposition ancienne à la Disposition nouvelle: comp. Hébr., 7, 12. S. Thomas s'applique, en conséquence, à étudier et caractériser leurs étapes, en y joignant celles du progrès de la Révélation ou de la connaissance de Dieu. C'est par ces trois éléments — loi, culte (sacrements), Révélation (connaissance) — que s'opère la restauration ou la *reformatio* de l'humanité dégradée. Les fonctions de roi, prêtre et prophète qui leur correspondent aboutissent à Jésus-Christ, qui les incorpore souverainement, lui dont l'Incarnation est «reformativa totius naturae»[26]. Mais S. Thomas ne se contente pas de considérer le mystère de

24. Voir, à ce sujet, la belle page de Maître RUFIN, *Summa Decretorum*, D. I (éd. H. SINGER, Paderborn, 1902, p. 6). Déjà Abélard voyait, dans l'Evangile, la *reformatio* de la loi naturelle.

25. Voir HUGUES DE SAINT-VICTOR. *Com. in Cœl. Hier.*, lib. I, c. I (P. L., 175, 923s.); De sacram., I, 8, 3 (P. L., 176, 307) et H. WEISWEILER, Wirksamkeit d. Sakr. nach H. v. St-V., 1932, p. 24; RUFIN, *Summa*, loc. cit., et *De bono pacis*, I, cc. 4 et 5 (P. L., 150, 1597—1600) et II, c. 8 (1615s.): sur la question d'auteur, cf Maître Rufin et son «De bono pacis», dans Rev. Sc. ph. th., 41 (1957), pp. 428-444.

26. ST, III, 2, 11, sol.; comp. 22, 1, ad 3. S. Thomas expose les motifs ou convenances de l'incarnation du point de vue de la réparation de la nature humaine, dans De rationibus fidei, c. 5; ST, III, 1, 2 et parall.

Sur le Christ roi-prêtre-prophète selon S. Thomas, cf Comm. in Mat., c. I, n. 1 et c. 16, n. 2 (Mandonnet: 1257—1259; Pelster: après 1264): «Ab officio autem describit

cette Incarnation «réformative» d'une façon intemporelle, comme si l'histoire du Christ, la vie du «Christ historique», n'étaient qu'un prélude terrestre extérieur au don, tout céleste, d'un salut qu'elles n'intéresseraient pas. Le traité «de Christo Redemptore» est, chez lui, une méditation théologique sur la vie du Christ. Non seulement l'humanité du Christ, substantiellement jointe à sa divinité, opère notre salut, mais elle ne l'opère pas seulement depuis le ciel où elle règne, glorieuse, dans l'éternité: elle l'opère depuis sa vie historique, dont les différents «mystères», les «acta et passa Christi in carne», singulièrement la Passion (ST, III, 62, 5), subsistent «virtute» à jamais.

Reprenons rapidement ces différents points.

a) Les étapes de la Révélation. S. Thomas situe le don de la *Doctrina* salutaire — la Révélation faite aux prophètes, puis en Jésus-Christ et par les apôtres, et qui est proposée dans l'enseignement de l'Eglise — dans une grande vue véritablement cosmique. Il voit l'histoire terrestre comme remplie par le développement, côte à côte, de deux grands processus: le premier, de multiplication des hommes par la génération charnelle, l'autre, de constitution de la *societas fidelium*, qui ne sera parfaite qu'en devenant la «collectio sanctorum in gloria Patris». L'œuvre de la Révélation et de l'enseignement salutaire (*Sacra doctrina*) est coextensive à l'histoire humaine[27]. Laissons de côté ici la question du progrès ou de l'explicitation de la connaissance dogmatique au sein de l'Eglise: elle requerrait un développement particulier[28]. Elle est précédée

---

eum, cum dicit *Christi*, id est uncti. Nota autem tres unctiones in veteri lege. Unctus enim est Aaron in sacerdotem, Lev., 8. Unctus est Saul a Samuele in regem (1 Sam., 10), et David (1 Sam., 16). Unctus est et Eliseus in prophetam, 1 Reg., 19. Quia ergo Christus fuit verus sacerdos, Ps. 109, 4, *Tu es sac...*, etc., et rex, et propheta, ideo dicitur recte Christus, propter tria officia quae ipse exercuit.»; ST, III, 31, 2, sol. (il s'agit de savoir si, et pourquoi, la chair du Christ vient de David): «Secunda ratio est, quod Christus futurus erat rex, propheta et sacerdos...»; in Ps. 44, 8; in Rom., c. 1, lect. 1: «Christus interpretatur unctus, secundum illud Psalmi 44, *Unxit te Deus, Deus tuus...* Per quod designatur dignitas Christi: et quantum ad sanctitatem, quia sacerdotes ungebantur, ut patet Exod., 28; et quantum ad potestatem, quia etiam reges ungebantur, ut patet de David et de Salomone; et quantum ad cognitionem, quia etiam prophetae ungebantur, ut patet de Eliseo.» Cf encore in Mat., c. 28; in I^am Decretalem expos., c. 1 (éd Vivès, t. 27, p. 424). On citerait aisément des textes analogues de S. Bonaventure ou de S. Albert.

27. Voir notre Préface à G. F. VAN ACKEREN. Sacra Doctrina. The Subject of the First Question of the Summa theologica of St Thomas Aquinas. Rome, 1952, pp. 13—18.

28. Voir les ouvrages de R. SCHULTES (Introd. in Hist. dogmatum. Paris, 1922), MARIN-SOLA; J. BEUMER. Der theoretische Beitrag der Frühscholastik zu dem Problem des Dogmenfortschrittes, dans Zeitsch. f. kath. Theol., 74 (1952), pp. 205—226; M.-D.

par un progrès de la Révélation proprement dite, auquel S. Thomas a donné une attention particulière: aux articles synthétiques qu'il lui a consacrés, ST, II—II, 1, 7 et 174, 6, il faudrait joindre une vue exprimée en passant, ST, III, 61, 3, ad 2, qu'on aimerait rapprocher de celle par laquelle NEWMAN, avec beaucoup de profondeur, expliquait l'accroissement extraordinaire de l'exercice du magistère pontifical à l'époque moderne, qui est aussi celle du rationalisme: à mesure que l'humanité avançait, dit S. Thomas, le péché se multipliait, et la raison de l'homme s'enténébrait. C'est pour porter remède à cette situation que Dieu donna une Loi écrite, multipliant les précisions concernant l'instruction et le culte du peuple qu'il s'était mis à part. Nous retrouverons une vue analogue plus loin (voir après la n. 46). S. Thomas a également analysé le statut et les modalités de la connaissance prophétique avec une précision dont les spécialistes de l'Ecriture et de l'Inspiration font encore leur profit[29].

En ST, II—II, 1, 7 et 174, 6, S. Thomas distribue la croissance de la manifestation et de la connaissance de Dieu selon la division classique des trois états: «ante legem, sub lege, sub gratia». Dans les deux endroits également, il souligne, en se référant à S. Grégoire[30], que la Révélation et la grâce sont données avec une plus grande plénitude lorsqu'on se trouve plus près du Christ: car le temps de l'Incarnation est celui de la plénitude. C'est là une idée chère à S. Thomas, qui en a tiré sa doctrine de la perfection supérieure des apôtres en grâce et en connaissance[31]. Pour S. Thomas, d'ailleurs, les commencements sont porteurs

CHENU. La raison psychologique du développement du dogme d'après S. Thomas, dans Rev. Sc. ph. th., 13 (1924), pp. 44—51; H.-D. SIMONIN. La théologie thomiste de la foi et le développement du dogme, dans Rev. thomiste, 1935, pp. 537—556; «Implicite» et «Explicite» dans le développement du dogme, dans Angelicum, 1937, pp. 126—145.

29. De veritate, q. 12; ST, II—II, 171—175. Voir B. DECKER. Die Analyse des Offenbarungsvorganges beim hl. Thomas im Licht vorthomistischer Prophetietraktate. Ein historischer Kommentar zu Sum. Theol. II—II, q. 173, a. 2 (De ver., q. 12, a. 7), dans Angelicum, 16 (1939), pp. 195—244; Die Entwicklung der Lehre von d. prophetischen Offenbarung von Wilhelm v. Auxerre bis Thomas v. Aquin. Breslau, 1940; S. Thomas d'A. Somme théologique. La Prophétie. Tr. fr. par. P. SYNAVE et P. BENOIT. Paris, 1947 (bibliogr.).

30. Hom. 16 in Ezech., c. 12 (ou lib. II hom. 4, n. 12): P. L., 76, 980 s. Les textes bibliques que cite S. Thomas ST, II—II, 1, 7, sol. fin, sont ceux-là mêmes que cite et commente S. Grégoire. Le texte de celui-ci est *la* référence de S. Thomas pour cette question. Il le cite: III Sent., d. 25, q. 2, a. 2, sol. 1; IV Sent., d. 1, q. 1, a. 1, q^a 1, sec c.; ST, II—II, 1, 7; 174, 6, obj. 1; III, 61, 3, ad 2.

31. Cf A. LEMONNYER. Les Apôtres comme docteurs de la foi d'après S. Thomas, dans Mélanges thomistes (Bibl. thom., 3). Le Saulchoir, 1923, pp. 153—173. On pourrait encore ajouter d'autres textes à ceux que cite le P. LEMONNYER.

d'une plus grande richesse: une idée que retrouvera Péguy, mais en lui donnant des connotations bergsonniennes. Aussi chaque étape décisive de l'Economie commence par une révélation excellente, donnée à un initiateur dont toute la suite dépend[32].

Le plan de S. Thomas, qui s'attache à l'«ordo doctrinae», n'est pas historique; il n'est pas davantage christologique. Mais Thomas sait que le Christ est au centre de toute l'histoire du salut: ce qui l'a précédé montait vers lui comme vers sa fin, ce qui le suit procède de lui comme de sa source: «Christus est fons totius sacerdotii. Nam sacerdos legalis erat figura ipsius; sacerdos autem novae legis in persona ipsius operatur.»[33] Rien, dans l'Economie salutaire, n'a de valeur que par référence au Christ: la Loi ancienne est de Dieu parce qu'elle menait à lui[34]; elle a été donnée au peuple juif, et pas aux autres, parce qu'il était élu, *le Christ devant naître de lui*[35]; les sacrements mosaïques, nous le verrons, se justifiaient que dans la mesure où ils étaient l'expression, la *protestatio*, de la foi au Christ à venir.

b) Culte et sacrements. S. Thomas s'est attaché à préciser le statut sacramentel de l'humanité avant le péché, avant la Loi, sous la Loi, après la venue du Fils de Dieu: ST, III, 61. S'il n'a pas lui-même formellement dégagé cette idée, il ne serait pas difficile de montrer que le plan de la *Somme* suit, en réalité, les étapes par lesquelles Dieu a réalisé, de façon progressive, de plus en plus parfaite et intime, le mystère de sa Présence et de son Habitation dans sa création[36]. Nous aurons l'occasion de résumer plus loin (2., b) la doctrine de la *Somme* sur le rapport des «sacrements» et du culte mosaïques à ceux de l'Evangile.

c) La Loi. S. Thomas a consacré onze questions de la *Somme*, I—II, qq. 98 à 108, à une étude minutieuse de la Loi ancienne et de la Loi nouvelle. Bien que cette étude se situe dans celle de la distinction des lois, elle assume de très importants éléments d'explication proprement historique: ainsi q. 98, a. 6, lors-

---

32. ST, II—II, 174, 4 et 6; De verit., q. 13, a. 14. Voir, sur la connaissance d'Adam, ST, I, 94, surtout a. 3; etc. S. Thomas rattache à cette idee celle, plus ou moins traditionnelle, d'une vision de l'Essence divine par Moïse et par S. Paul: ST, II—II, 175, 3, etc.

33. ST, III, 22, 4. S. Thomas s'essaie à montrer la convenance de l'époque choisie par Dieu pour l'Incarnation: III, 1, 6.

34. ST, I—II, 98, 2.

35. Ibid., a. 4 et 5.

36. Voir Le mystère du Temple de Dieu et l'économie de sa Présence dans le monde, dans L'Année théolog. augustinienne, 1953, pp. 1—12.

qu'il se demande s'il convenait que la Loi fût donnée au temps de Moïse; ou encore q. 107, où il compare la *lex evangelii* à la Loi ancienne. De plus, la position prise par notre Docteur sur le sens de l'Ecriture l'a engagé, à la différence de tant de commentaires purement symbolistes de l'âge précédent, à chercher la signification proprement *historique* des prescriptions et des faits de l'Ancien Testament: pour lui, ses préceptes cérémoniels, par exemple, n'ont pas une raison seulement figurative, se référant, soit au Christ et à l'Eglise (sens allégorique ou typique), soit aux mœurs du peuple chrétien (sens moral), soit à l'eschatologie (sens anagogique): ils ont aussi un sens historique, relatif à un certain contexte historique, que l'on peut déterminer, au moins «in universali»[37]. De même les dispositions sacrificielles[38]. De même la construction de Temple sous David et Salomon, ou encore le commandement concernant l'unicité du Temple[39]. Notre Docteur ne craint pas de s'attarder longuement à expliquer dans le détail les dispositions de la Loi mosaïque et le sens de la loi nouvelle. On mesurera l'intérêt qu'il attachait, comme théologien, à assumer de tels éléments d'Economie historique, en considérant le sort que la scolastique ultérieure a fait aux questions qu'il leur avait consacrées: il serait bien instructif de procéder, sur ce point, à une enquête méthodique ...[40]

---

37. ST, I—II, 102, 2; comp. in Rom., c. 4, lect. 2. Il s'agissait d'éviter l'idolâtrie, de rappeler les «beneficia Dei», d'insinuer l'excellence divine, d'exprimer la disposition d'âme requise alors des adorateurs du vrai Dieu.

38. ST, I—II, 102, 3.

39. ST, I—II, 102, 4, ad 2 et 3.

40. Quelques indications significatives seulement: a) Thomas de Caxton, O. P., écrit, vers 1400, dans son Comm. des Sent., lib. IV, d. 1, fin: «Ideo sacramenta nove legis nullam virtutem impressam capiunt a Christo, cuius instrumenta in collatione gratie sacramentalis (sunt), ut eam efficiant, sed solum sunt cause sine quibus non confertur gratia talis. Materiae autem positionis sacramentorum, quas non tango, possunt studentes in sancto Thoma et aliis doctoribus reperire, quia intentionis mee in hoc est solum materias scholasticas et eas positivas, sine quibus non satis clare concipiuntur materie scholastice aut (que) materiis scholasticis sunt multum propinque, pertractare.» (Ms. Florence BN Conv. B 6 340, fol. 53ʳ: cité par M. GRABMANN dans son article sur l'auteur, Acta Acad. Rom. S. Thomae Aq. et Religionis cathol., 8 (1943), p. 97). Ne serait-ce pas de là qu'est venue d'abord l'expression de «(théologie) positive»? — b) CAJETAN, le grand CAJETAN, ne commente pratiquement pas ST, I—II, 98 (De lege veteri. De ipsa lege); après I—II, 101, 1, il écrit: «In questionibus 101ᵃ et 102ᵃ multa scribenda essent pro textu Scripturae, que biblicis relinquo», et il ne commente rien. Même dans la q. 107, où la loi nouvelle est comparée à l'ancienne, il ne trouve rien à commenter: cf post art. 1. Pas un mot, non plus, sur la q. 108, «de his quae continentur in lege nova». — c) Les Carmes de Salamanque, Cursus

d) La vie du Christ. Le traité de l'Incarnation rédemptrice est l'un des plus supérieurement structurés et des plus parfaits de la *Somme*. On comprend que les biographes de S. Thomas aient rapporté que le Christ, lui apparaissant au moment où il le terminait, lui ait dit : «Bene scripsisti de me, Thoma!» Or, après avoir étudié le mystère de l'Incarnation en lui-même (St. III, 1—26), Thomas traite longuement (qq. 27—59) «de his quae Filius Dei incarnatus in natura humana sibi unita fecit vel passus est» (prol. q. 27). C'est sa sotériologie : elle est, pour autant, une étude de la vie du Christ selon ces quatre grands moments :

1. son entrée dans le monde (conception — S. Thomas ne connaît pas d'autre Mariologie, qq. 27—34, qu'une théologie de la Maternité divine —, Nativité et manifestation de celle-ci, Circoncision et autres observances légales [noter comment S. Thomas situe cet aspect de la vie du Christ], Baptême = qq. 27—38);

2. sa vie sur la terre, qq. 40—45, dans laquelle S. Thomas accorde une considération privilégiée à la tentation, l'enseignement du Christ, ses miracles, sa transfiguration;

3. sa sortie de ce monde ou son passage à son Père (Passion, mort, sépulture, descente aux enfers = qq. 46—52);

4. son exaltation : résurrection, ascension, session à la droite de Dieu, pouvoir de juger (royauté) : qq. 53—59.

Certes, à la suite du Nouveau Testament, S. Thomas donne une place privilégiée à la passion et à la résurrection du Christ; mais il a, de plus en plus décidément au cours de sa carrière, attribué à tous les «mystères» de la vie du Christ, à tous les *acta et passa Christi in carne*, une valeur de causalité à l'égard de notre salut : causalité exemplaire, cela va de soi, causalité efficiente aussi, en ce sens que les mystères vécus par le Sauveur demeurent, en son humanité glorifiée, comme une disposition de valeur éternelle, appropriée à produire en nous les effets de salut qui correspondent à chacun d'eux[41] : «Caro

theol. Tract. XIV de Gratia Dei, proem. : «Post peccatorum notitiam... succedebat juxta methodum D. Thomae legum consideratio, de quibus disputat S. Doctor a q. 90 usque ad q. 108 inclusive. Sed hanc theologiae partem praetermittere nobis visum est : tum quia Moralis potius censetur quam scholastica; tum quia illi operam iam dederunt hujus collegii Lectores in Cursu Theologiae Moralis; tum quia praecipuam notitiam quae in ea parte posset desiderari non parum subministrat Tractatus de Praeceptis.» (t. 9, Paris-Bruxelles, 1878, p. 1.)

41. Cf J. LECUYER. La causalité efficiente des mystères du Christ selon S. Thomas, dans Doctor Communis. Rome, 1953, pp. 91—120.

ejus et mysteria in ea perpetrata operantur instrumentaliter ad animae vitam.»[42]

La «théologie» de S. Thomas assume donc soigneusement les principaux éléments de l'histoire du salut ou Economie. Il faut cependant noter ici une limite. Elle assume les événements de cette histoire, elle ne les traite pas *historiquement*. Elle en recherche les raisons, les modalités, les convenances, le *quare*, le *quomodo*, le *quid*, mais sans quitter le plan d'une élaboration de type sapientiel pour rechercher, dans la succession historique comme telle (ou, éventuellement, dans la localisation géographique), une intelligibilité proprement historique[43].

Ceci est clair dans les questions consacrées à la prophétie: on y trouve une analyse remarquable de la nature et des modalités du prophétisme, pas une tentative pour retrouver les voies *historiques* de la Sagesse de Dieu. S. Thomas approche davantage de ce point de vue dans certaines questions du traité de la loi ancienne et de la loi nouvelle; encore cet imposant ensemble de questions ne vient-il que sous la rubrique de la diversité des lois: éternelle, naturelle, humaine, divine enfin, et celle-ci, ancienne et nouvelle. Pris dans cet ensemble, ses commentaires méticuleux, parfois si profonds, mettent en œuvre, et dans un ordre logique, les «questions» qu'un théologien scolastique rencontrait dans la lecture de l'Ecriture. Pourtant, le simple fait de la succession d'une loi nouvelle à la loi ancienne comportait, ici, une signification historique dont nous verrons que S. Thomas a eu une perception extrêmement vive.

Les limites imposées à S. Thomas par son option théologique, sapientielle et systématique, sont encore plus sensibles dans certains endroits de son traité des mystères de la vie du Christ. Ayant d'autres perspectives et d'autres ressources historiques, nous trouvons que cette analyse des *rationes*, du *quid*, du *quomodo*, toute prise de la matière biblique qu'elle est, ne rend pas toujours le mouvement de l'œuvre messianique et atomise quelque peu le mystère chrétien. Nous pensons, par exemple, à ST, III, 31, 2, si la chair du Christ a été prise de David?; 41, 2, la tentation du Christ; 53, 1 (et, en général, les qq. 53—56) sur la résurrection de Jésus; 59, 5, sur le jugement général. Parfois, les recherches de *quid* et de *quomodo* sont poursuivies assez étroitement en fonction de l'ontologie et de la cosmologie de l'époque: par exemple ST, III, 44, 2, sur les

---

42. ST, III, 62, 5, ad 2. Comp. 48, 6, sol.: «Omnes actiones et passiones Christi instrumentaliter operantur in virtute divinitatis ad salutem humanam.»

43. Comp. les remarques que nous avons faites, Rev. Sc. ph. th., 34 (1951) p. 598, au sujet de la notion de «théologie historique» proposée par Ch. Journet dans son Introduction à la Théologie. Paris, 1947.

miracles opérés par le Christ dans le domaine des corps célestes; 57, 4, sur l'ascension du Christ «super omnes coelos», voire même certaines questions concernant la résurrection.

Il semble difficile de ne pas mettre le développement de ce qu'on appelle les «fêtes d'idées» en rapport avec le développement contemporain de la dialectique dans la recherche théologique. Il s'agit d'abord de la première des fêtes de ce type, celle de la Ste Trinité, introduite au XIIe siècle et que rejetait encore le pape Alexandre III[44]; puis celle du Corpus Christi, due, on le sait, à l'initiative de Ste Julienne de Cornillon, 1246, sanctionnée en 1264 par Urbain IV, et pour laquelle on peut encore admettre que S. Thomas composa l'office que nous continuons à célébrer[45]. On ne se contentait pas, comme auparavant, de célébrer les événements du salut en suivant, dans le cycle liturgique, l'économie de la Révélation ou de la grâce; on instituait une fête, indépendamment de ce cycle et de cette économie, pour célébrer un dogme: le Christ-Roi, non le jour et dans la fête de l'Ascension, mais par un office spécial; l'eucharistie, non le jeudi-saint, mais dans une solennité particulière, où l'on insistait sur la Présence réelle. Il y aurait beaucoup à dire pour dégager le sens profond de semblables fêtes dans le moment historique qui les a vu commencer. Contentons-nous ici, en liaison avec le thème du présent article, de noter comment elles représentent, dans l'ordre du culte vécu, quelque chose d'analogue à ce que nous voyons, chez S. Thomas, dans l'ordre de la *Doctrina sacra*: une transposition ou une assomption d'éléments de l'«Economie» dans une «théologie» de type sapientiel, non historique.

2. Thomas d'Aquin a un sens très aigu de la situation de l'Eglise dans l'Economie, de la référence eschatologique du christianisme, et de l'originalité de la Nouvelle Disposition par rapport à l'Ancienne.

44. Nous parlons de la fête, car la messe en l'honneur de la Ste Trinité apparaît à l'époque carolingienne, en dehors de Rome (A. KLAUSS. Ursprung u. Verbreitung der Dreifaltigkeitsmesse. Werl i. W., 1938). Voir L. BEAUDUIN. L'origine de la fête de la Ste Trinité, dans Quest. lit., 2 (1911—12), pp. 280—83; P. BROWE. Zur Gesch. des Dreifaltigkeitsfestes, dans Archiv f. Liturgiewiss., 1 (1950), pp. 65—81.

45. Sur l'institution de la fête, voir F. BAIX et C. LAMBOT. La dévotion à l'Eucharistie et le septième centenaire de la Fête-Dieu. Gembloux, 1946; Studia Eucharistica DCC[i] Anni a condito festo SS. Corporis Christi, 1246—1946. Anvers, 1946 (avec bibliogr. pp. 416—50). Sur l'Office, voir C. LAMBOT. L'Office de la Fête-Dieu. Aperçus nouveaux sur ses origines, dans Rev. Bénédict., 54 (1942), pp. 61—123; L. M. DELAISSE. A la recherche des origines de l'Office du 'Corpus Christi' dans les manuscrits liturgiques, dans Scriptorium, 4 (1950), pp. 220—239. — La question n'est ni simple ni claire...

Ces trois choses se commandent l'une l'autre. — Exposons les successivement.

a) Voici les principaux textes où S. Thomas exprime, avec un étonnant bonheur de touche, la situation de l'Evangile entre la Loi et la gloire, ou, s'il est permis d'employer une terminologie plus moderne, la situation de l'Eglise entre la Synagogue et le Royaume. Nous numérotons ces textes de 1 à 10, selon leur ordre chronologique. Le thème s'annonce dans les *Sentences*, où il apparaît lié à une citation de Denys. Les faits de l'histoire du salut sont situés dans la succession de trois régimes qui s'enchaînent dynamiquement de façon que l'un annonce et prépare l'autre, le suivant déployant et manifestant ce que le premier figurait et, à quelque degré, anticipait parfois, le dernier seul étant tout réalité, et non plus image. Dès lors apparaît aussi l'idée de la «praesens Ecclesia», caractérisée par un régime de signes sensibles ou de sacrements, alors que la grâce de la vie divine est déjà conférée:

1) Qua (lege veteri) etiam processu temporis in cordibus hominum debilitata, oportuit aliud perfectius remedium per Incarnationem apponi usque ad tempus illud cum *multorum caritas refrigesceret* (Mat., 24, 12), et tunc succedet per secundum adventum visio fidei, et status gloriae statui praesentis Ecclesiae. Et ideo Dionysius dicit, *Eccl. Hier.*, quod sicut se habet hierarchia legis ad nostram hierarchiam, ita se habet nostra ad coelestem[46].

Notons en passant l'application que fait S. Thomas, avec une citation topique du Discours eschatologique, de son idée qu'une effusion nouvelle des dons de Dieu et une manifestation nouvelle de son mystère, sont comme appelées par l'épaississement des ténèbres et du mal dans le monde …

2) Secundum Dionysium, in 5 cap. *Eccl. Hier.*, lex nova media est inter Ecclesiam coelestem et statum veteris legis; et ideo aeterna bona quae in coelesti Ecclesia palam et copiose exhibentur, in nova lege manifeste promittuntur; in veteri autem lege non promittebantur nisi sub quibusdam figuris. Unde Hebr. 10, 1 dicitur: *Umbram habens lex futurorum bonorum*[47].

3) Sicut dicit Dionysius in *Eccl. Hier.*, status novae legis medius est inter statum veteris legis et statum coelestis patriae. Et ideo etiam ea quae sunt novae legis, et sunt veritas respectu signorum veteris legis, et sunt figurae respectu manifestae et plenae cognitionis veritatis quae erit in patria. Et ideo adhuc oportet in nova lege quod maneant aliquae figurae; sed in patria, ubi erit plenaria perceptio veritatis, omnes figurae cessabunt[48].

---

46. III Sent., d. 1, q. 1, a. 4 (de 1255 env.).
47. III Sent., d. 40, q. 1, a. 4, sol. 1 (1255—56).
48. IV Sent., d. 1, q. 1, a. 2, qᵃ 5, ad 1 (1256 ou peut-être un peu plus tard).

Dès ce moment soucieux — comme tous les Médiévaux, mais avec une résolution que marque la lucidité de son génie —, de bien préciser ses positions et ses options de méthode, S. Thomas applique bientôt ce schéma fécond à la question des sens de l'Ecriture; il s'en sert pour donner un statut précis et plus satisfaisant à la théorie classique des quatre sens de l'Ecriture, telle qu'il en recueille l'expression chez Bède[49], Augustin[50], Grégoire[51], Hugues de Saint-Victor[52], autorités majeures d'une position traditionelle dont les thèmes ont été bien élucidés par les PP. H. DE LUBAC, C. SPICQ, C. CHARLIER, et Miss B. SMALLEY[53]. Tel est l'objet de nos textes suivants:

4) Quodl. VII, a. 15: daté de 1256 par MANDONNET, SYNAVE, BELTRAN DE HEREDIA, PELSTER; de 1255 par GLORIEUX; de Pâques 1257 par J. ISAAC.

5) Com. in Galat., c. 4, lect. 7, que MANDONNET date de 1260—1261, mais SYNAVE et GLORIEUX de 1266—1267[54].

6) ST, I, 1, 10: de 1267.

Nous reviendrons un peu plus loin sur ces textes très importants. Tous comportent la même référence à Denys, sur laquelle nous aurons également à revenir.

49. Le texte cité en sed c. du Quodl. VII, a. 15 est un résumé de: De tabernaculo et vasis ejus, lib. I, c. 6 (P. L., 91, 410), texte reproduit par RABAN MAUR, In Exod. III, c. 11 (P. L., 108, 147—48).

50. De utilitate credendi, c. 3 (P. L., 42, 66), cité ST, I, 1, 10, obj. 2; Confess., XII, c. 31 (32, 844), cité ibid., sol., fin; Epist. 93, ad Vincentium, c. 8 (33, 344), cité ibid., ad 1. — Voir F. TALON. S. Augustin a-t-il réellement enseigné la pluralité des sens littéraux de l'Ecriture?, dans Rech. Sc. relig., 11 (1921), pp. 1—28; G. C. PERRELLA. Il pensiero di S. Agostino et S. Tommaso circa il numero del senso letterale nella S. Scrittura, dans Biblica, 26 (1945), pp. 279—302, qui voit S. Thomas en continuité avec S. Augustin.

51. Moral., XX, c. 1 (P. L., 176, 155), cité ST, I, 1, 10, sed c.

52. Son idée de l'allegoria (Didasc., lib. VI, cc. 3 et 4: P. L., 176, 801 s; De scriptis et scriptoribus sacris, c. 3: 175, 11—12), mise au point par S. Thomas, ST, I, 1, 10, ad 2.

53. H. DE LUBAC. Sur un vieux distique. La doctrine du «quadruple sens», dans Mél. F. CAVALLERA. Toulouse, 1948, pp. 347—366; id. «Sens spirituel,» dans Rech. Sc. relig., 36 (1949), pp. 542—576; id. Histoire et Esprit. L'intelligence de l'Ecriture d'après Origène. Paris, 1950; C. SPICQ. Esquisse d'une histoire de l'exégèse latine au Moyen Age. Paris, 1944; B. SMALLEY. The Study of the Bible in the Middle Ages. Oxford, 1941; C. CHARLIER: différents articles dont les conclusions sont reprises dans La lecture chrétienne de la Bible. Maredsous, 1951.

54. P. MANDONNET, dans Rev. thomiste, 1928; P. SYNAVE, dans Vie spirit., 1923, p. 464; P. GLORIEUX, dans Rech. Théol. anc. méd., 1950, pp. 237—66.

III

Le texte de Denys est toujours présent à l'esprit de S. Thomas, et nous le retrouverons dans les textes

9) ST, I—II, 106, 4, ad 1 : vers 1270[55], et
10) ST, III, 61, 4, ad 1 : fin 1272 ou début 1273[56],

mais il n'apparaît pas dans deux textes tout à fait majeurs du traité de la Loi ancienne, où la pensée de S. Thomas s'exprime dans toute sa profondeur, à partir de principes ou de distinctions issus de sa réflexion personnelle. Nous reproduisons en note l'essentiel de ces deux grands textes, tous deux de 1270 environ :

7) ST, I—II, 101, 2, sol.[57], où l'on se demande si les *caeremonialia* de l'A. T. étaient figuratifs, et

55. «Sicut Dionysius dicit in *De Eccl. Hier.*, triplex est hominum status : primus quidem veteris legis; secundus novae legis; tertius status succedit, non in hac vita, sed in futura, scilicet in patria. Sed sicut primus status est figuralis et imperfectus respectu status Evangelii, ita hic status est figuralis et imperfectus respectu status patriae : quo veniente, iste status evacuatur, sicut dicitur 1 Cor., 13, 12 : 'Videmus nunc per speculum in aenigmate, tunc autem facie ad faciem'.»

56. «Sicut Dionysius dicit in V cap. *De Eccl. Hier.*, status novae legis medius est inter statum veteris legis, cujus figurae implentur in nova lege, et inter statum gloriae, in qua omnis nude et perfecte manifestabitur veritas. Et ideo tunc nulla erunt sacramenta. Nunc autem quandiu 'per speculum et in aenigmate cognoscimus', ut dicitur 1 Cor., 13, 12, oportet nos per aliqua sensibilia signa in spiritualia devenire, quod pertinet ad rationem sacramentorum.»

57. «Est duplex cultus Dei : interior et exterior... Et sicut corpus ordinatur in Deum per animam, ita cultus exterior ordinatur ad interiorem cultum. Consistit autem interior cultus in hoc quod anima conjungatur Deo per intellectum et affectum. Et ideo secundum quod diversimode intellectus et affectus colentis Deum Deo recte conjungitur, secundum hoc diversimode exteriores actus hominis ad cultum Dei applicantur.

In statu enim futurae beatitudinis, intellectus humanus ipsam divinam veritatem in seipsa intuebitur. Et ideo... In statu autem praesentis vitae, non possumus divinam veritatem in seipsa intueri, sed oportet quod radius divinae veritatis nobis illucescat sub aliquibus sensibilibus figuris, sicut Dionysius dicit I cap. *Coel. Hier.*; diversimode tamen secundum diversum statum cognitionis humanae. In veteri enim lege, neque ipsa divina veritas in seipsa manifesta erat, neque etiam adhuc propalata erat via ad hoc perveniendi, sicut Apostolus dicit, Hebr. 9, 8. Et ideo oportebat exteriorem cultum veteris legis non solum esse figurativum futurae veritatis manifestandae in patria, sed etiam esse figurativum Christi, qui est via ducens ad illam patriae veritatem. Sed in statu novae legis, haec via jam est revelata. Unde hanc praefigurari non oportet sicut futuram, sed commemorari oportet per modum praeteriti vel praesentis, sed solum oportet praefigurari futuram veritatem gloriae nondum revelatam...»

8) ST, I—II, 103, 3, sol.[58], où l'on se demande si les préceptes cérémoniels de l'A.T. ont été frappés de caducité par la venue du Christ.

Les principes ou distinctions que S. Thomas met en œuvre concernent 1. la notion de culte intérieur et extérieur : le culte extérieur est tout relatif au culte intérieur, qui consiste dans la foi, l'espérance et la charité, par lesquelles l'homme est uni à Dieu en son intelligence et son vouloir. D'où il suit que le statut du culte dépend de l'état de notre connaissance de Dieu : à la vision propre à la béatitude céleste répondra un culte partant tout entier du dedans, et dont la manifestation extérieure ne sera qu'action de grâces et louange (cf. Is., 51, 3, cité dans nos deux textes). Au régime terrestre de la foi correspond un culte usant de signes et de figures : dans des conditions différentes sous l'Ancienne ou sous la Nouvelle Disposition ; mais la raison de cette différence se rattache au second principe de distinction mis en œuvre par S. Thomas, et que voici. — 2. Il y a les biens célestes, et même proprement divins, à la participation et à la jouissance desquels nous sommes appelés, et il y a le moyen apte à nous y faire parvenir. Ce n'est pas là une distinction imaginée pour les besoins de la cause : chaque fois que S. Thomas énonce l'objet formel *quod* de la foi («de quibus est fides secundum se», «quae per se pertinent ad fidem»), c'est-à-dire, aussi bien, de la Révélation, il dit : «illa quorum visione in vita aeterna perfruemur, et per quae ducimur ad vitam aeternam.»[59] Il aime également citer le verset johannique (Jo., 17, 3), «haec est vita aeterna ut cognoscant te, Deum verum, et quem misisti Jesum Christum».

Dès lors, on peut caractériser ainsi le statut respectif des trois temps dé-

---

L'idée de l'eschatologie anticipée dans sa cause (le Christ) est encore au fond de ST, III, 1, 6, sur les convenances du temps de l'Incarnation.

58. «Omnia praecepta caeremonialia veteris legis ad cultum Dei sunt ordinata, ut supra dictum est. Exterior autem cultus proportionari debet interiori cultui, qui consistit in fide, spe et caritate. Unde secundum diversitatem interioris cultus, debuit diversificari exterior cultus.

Potest autem triplex distingui interioris cultus. Unus quidem secundum quem habetur fides et spes, et de bonis caelestibus, et de his per quae in caelestia introducimur, de utrisque quidem sicut de quibusdam futuris. Et talis fuit status fidei et spei in veteri lege. Alius tamen est status interioris cultus in quo habetur fides et spes de caelestibus bonis sicut de quibusdam futuris, sed de his per quae introducimur in caelestia, sicut de praesentibus vel praeteritis. Et iste est status novae legis. Tertius autem status est in quo utraque habentur ut praesentia, et nihil creditur ut absens, neque speratur ut futurum. Et iste est status beatorum...»

59. Cf ST, II—II, 1, 6, ad 1 ; 8, sol. ; 2, 5, sol. ; 7 sol.

cisifs de l'Economie: dans le Royaume, nous posséderons parfaitement, et le moyen d'obtenir la béatitude, et les biens célestes qui nous feront heureux; ici-bas, nous vivons dans la foi et dans l'espérance. Cependant, sous l'Ancienne Disposition, la foi et l'espérance portaient, non seulement sur les biens célestes, mais sur le moyen d'y accéder, comme sur des choses encore attendues; sous la Nouvelle Disposition, nous espérons toujours les biens célestes comme à venir, mais le moyen de nous les procurer nous a été donné en Jésus-Christ, et nous adhérons à lui, par la foi, comme à quelque chose d'advenu et de présent. Ainsi la foi des Pères de l'Ancien Testament se portait vers le Christ à venir, et les signes cultuels dans lesquels elle s'exprimait avaient, comme tels, une valeur purement figurative au point de vue de la sanctification. Les nôtres visent encore un bien à venir eschatologiquement (voir infra, c); dès maintenant, ils sont *vrais* et confèrent, avec la grâce qui vient du Verbe incarné, les arrhes de l'héritage promis.

Dans cette lumineuse explication, le temps de l'Eglise, celui qui s'écoule entre Pâques et la Parousie, est, en somme, caractérisé, de façon bibliquement si juste et satisfaisante, comme celui dans lequel la *cause* des biens célestes ou eschatologiques est déjà posée et active, mais n'a pas encore sorti tous ses effets ou ses fruits. Une vue des choses qui peut être très féconde, et même décisive, pour l'équilibre du traité *de Ecclesia*.

S. Thomas n'a proposé ces remarquables vues sur les régimes successifs et dynamiquement enchaînés de l'Economie salutaire, que dans le cadre de questions portant sur le statut ou la valeur des «caeremonialia». Le cadre analytique des articles de la *Somme*, et le souci d'apporter, pour chaque «questio», son principe propre de solution, ont fait que de telles vues, qui eussent pu recevoir de fécondes applications, sont exprimées comme en passant et n'interviennent pas partout où cela eût été possible, voire souhaitable, pour éclairer certains points très importants de doctrine. C'est ainsi que cette vue de la situation de l'Eglise entre la Synagogue et le Royaume eût pu éclairer la question de la Royauté du Christ et celle des rapports du temporel au Dessein d'ensemble de Dieu, ainsi que nous avons essayé de le montrer ailleurs[60]. Mais chaque époque a ses problèmes ...

60. Jalons pour une théologie du Laïcat. Paris, 1953 (trad. allemande, Stuttgart, 1957), ch. 3. — Dans la question de la royauté du Christ sur le Monde, les scolastiques, 1°) se sont généralement plus intéressé à son pouvoir sur l'ordre temporel politique qu'à sa puissance sur le Cosmos physique; 2°) ont cherché la solution de l'espèce d'antinomie entre la toute-puissance du Christ et le non-exercice de cette puissance, non dans la dialectique que comporte la situation présente de l'Eglise, mais dans la distinction entre l'humanité

Il en est un, du moins, que S. Thomas s'est appliqué à éclairer à la lumière de sa conception des trois moments, dynamiquement enchaînés, de l'Economie : celui du sens de l'Ecriture. S. Thomas, qui a été remarquablement soucieux, dès le début de sa carrière doctorale, de tirer au clair les questions de statut épistémologique et de méthode en science théologique, a, dès 1256 (Quodl.VII, a. 15), puis en 1266—67 (Com. in Gal., c. 4, lect. 7 ; ST, I, 1, 10), pris nettement position sur la question du, ou des, sens de l'Ecriture. Il se trouvait en présence d'une doctrine classique, homogène pour le fond malgré des diversités de vocabulaire et même de catégorisation, sur le quadruple sens de l'Ecriture : la doctrine qu'exprime, dans l'article du Quodlibet VII, un résumé d'une page de Bède (supra, n. 49). En maître, S. Thomas «détermine» : «Distinctio istorum quatuor sensum hoc modo accipi debet …» On sait que S. Thomas affirme résolument l'unité du sens littéral (ou textuel, ou historique) de l'Ecriture, et pourtant maintient l'existence d'un triple sens spirituel : allégorique, moral, anagogique, comme découlant du texte lui-même.

Dom J. GRIBOMONT a bien montré[61] que cette position se fonde, précisément, sur la vue, que nous exposons ici, d'un enchaînement de l'Ancien Testament, du Nouveau, puis de l'eschatologie, comme trois étapes qui sont, l'une par rapport à l'autre, en relation d'imparfait à parfait. C'est ce principe qui permet à S. Thomas de tenir, tout à la fois, et l'unité de sens textuel (littéraire, philologique, historique), et la possibilité, *voire la nécessité*, de reconnaître un sens typique ou spirituel. La lettre elle-même n'a qu'un sens : au moins en soi ou en principe, car les limites de nos ressources et de notre compréhension

du Christ et sa divinité. Ainsi, au moment de la lutte entre Philippe le Bel et Boniface VIII, Jacques de Viterbe (De regimine christ., c. 1 : éd. ARQUILLIÈRE. Paris, 1926, p. 95) et Jean de Paris (De potestate regia et papali, cc. 8, 9 et 18 : éd. J. LECLERCQ. Paris, 1942, pp. 190—194, 228, et Introd., p. 102—103) ; pour la scolastique des XVIe—XVIIIe siècles, cf B. M. LAVAUD. La royauté temporelle de Jésus-Christ sur l'univers. Une controverse théologique, dans Vie spirit., Suppl., mars 1926, pp. 117—144. — S. Thomas n'a pas traité la question de façon expresse dans toute son ampleur, mais quelques lignes de la *Somme* montrent qu'il y eût apporté la lumière de son sens des moments successifs de l'Economie : cf ST, III, 59, 4, ad 2 : «Christo omnia sunt subjecta quantum ad potestatem quam a Patre super omnia accepit. Nondum tamen sunt ei omnia subjecta quantum ad executionem potestatis» ; comp. in Hebr., c. 1, Lect. 6 : en somme, toujours la dialectique de la cause et de ses effets pléniers. Ce qui lui permettait d'attribuer cette puissance au Christ, *même en son humanité* : III, 59, 6, ad 3, «oportet dicere quod omnia regantur per animam Christi, quae est super omnem creaturam».

61. Le lien des deux testaments selon la théologie de S. Thomas, dans Ephem. Theol. Lovan., 22 (1946), pp. 70—80.

peuvent nous amener à en proposer plusieurs explications, et S. Thomas lui-même agit souvent ainsi[62]. Elle n'a, en rigueur, qu'*un* sens historique. Mais le peuple de Dieu sous l'Ancienne Disposition, et l'Eglise apostolique elle-même, sont ontologiquement des annonces et des préparations d'autre chose qui se situe, à la fois, dans leur continuité et au delà d'eux. Israël, dit S. Thomas à la suite de S. Augustin et de toute la tradition chrétienne, est tout entier, et dans son histoire humaine elle-même, prophétique et figuratif[63]. C'est pourquoi on ne peut, avec Théodore de Mopsueste, par exemple, récuser une interprétation christologique, c'est-à-dire typologique, des Psaumes et des prophéties[64]. C'est ainsi que les faits de la vie d'Israël annoncent le Christ et l'Eglise, sens allégorique; ce qui, en eux, parle du Christ, et la vie de Jésus elle-même, sont une indication de ce que doivent faire les chrétiens, sens moral; tout cela, et la vie chrétienne elle-même, annoncent le Royaume eschatologique, sens anagogique.

Mais on voit comment S. Thomas, en l'assumant comme nécessaire, établissait la typologie sur des bases assez différentes, et critiquement plus saines, que celles à partir desquelles le haut moyen âge l'avait si abondamment pratiquée. L'allégorisme du haut moyen âge était généralement *littéraire*, rhétorique: il exploitait, parfois un peu à tort et à travers, même si cela était nourrissant pour l'imagination et la ferveur religieuse, les possibilités allégoriques des *mots*. S. Thomas assume, non l'allégorisme, mais *une typologie historique* basée sur la valeur prophétique et la référence christologique-ecclésiale de toute la vie du peuple de Dieu, dont le texte biblique nous rapporte, littéralement, l'histoire. Et lui-même s'est appliqué, non seulement dans ses commentaires scripturaires, mais dans le traité de la Loi ancienne de la *Somme*, à élaborer une telle interprétation, non sans noter fréquemment ce qu'elle avait, malgré tout, de conjectural. Ainsi a-t-il pu, établissant à la fois la priorité de l'exégèse littérale et la valeur du sens typologique, lever l'hypothèque de suspicion que les théologiens gardaient à l'égard d'une lecture littérale du texte, qu'ils assimilaient

---

62. Voir C. Spicq. S. Thomas exégète, dans Dict. Théol. cathol., t. 15, col. 713.
63. S. Augustin. Contra Faustum, XIII, 4 (P. L., 42, 283); XXII, 24 (P. L., 42, 417); De consensu Evang., I, 11 (17) — 14 (22) (P. L., 34, 1050—52); De cat. rud., xx, 36 (40, 336); En. in Ps. 61, 7 et 64, 1 (36, 734 et 772—73); Expos. in Ep. ad Gal., 24 (35, 2122: «fide prophetica»); Epist. 102, 15 (33, 376: «gens prophetica»); De Civ. Dei, VII, 32 et XVI, 3 (Dombart, T, 315 et II, 127). — S. Thomas. ST, I—II, 104, 2, sol et ad 2: «totum illius populi statum esse propheticum et figuralem.»
64. In Psalt., prol. (éd. Vivès, t. 18, p. 230); comp. Quodl. VII, a. 15, obj. 5: «de necessitate S. Scripturae.»

à la manière juive, aveugle sur leur référence christologique, d'interpréter les textes de l'Ancien Testament[65].

Qu'on relise les textes 4, 5 et 6 de notre liste dans cette perspective des trois étapes dynamiquement enchaînées de l'Economie : on verra que les discussions, si souvent reprises, sur la question du sens littéral — ne vaudrait-il pas mieux dire : textuel, ou littéraire? — et des sens spirituels de l'Ecriture chez S. Thomas, s'éclairent et s'apaisent. La condition nécessaire et suffisante d'une exacte solution, qui ménage la victoire de tous, est de remettre ces textes sur les bases et dans les perspectives qu'ils avaient dans la pensée de S. Thomas.

Chaque fois, notre Docteur y invoque un passage de Denys : *Hier. Eccles.*, c. 5, § 2.[66] Il ne s'agit pas d'une citation purement ornementale et, dans ce cas au moins, la pensée de Denys a été intégrée organiquement d'une façon extrêmement remarquable[67]. A vrai dire, il ne s'agit pas d'une citation littéralement rigoureuse, et on ne la trouve pas telle quelle dans la version de Jean Scot que S. Thomas suit pour le traité de la Hiérarchie ecclésiastique[68]. S. Thomas cite de mémoire un texte qu'il s'est assimilé et qui lui a apporté une lumière. Sa réflexion en a développé une pensée qui s'y trouvait tout juste esquissée. Dans ce passage, en effet, Denys insiste surtout sur la référence des figures de l'Ancien Testament aux réalités spirituelles ; «il ne dit pas expressément que la loi actuelle soit le présage de la vie future»[69]. Or, souvent, c'est pour *ce* thème-là que S. Thomas l'invoque (textes 4, 5, 6). Mais il lui avait suffi de lire, chez celui qu'il croyait être le converti de S. Paul, l'idée, expressément formulée par Denys, d'une situation de la loi nouvelle ou de l'Eglise entre la loi ancienne et

---

65. Voir, sur ce point, C. Spicq. Pourquoi le moyen âge n'a-t-il pas davantage pratiqué l'exégèse littérale?, dans (Rev.) Sc. ph. th., 1941—42, pp. 169—179 (même Hugues de Saint-Cher!).

66. P. G., 3, 501. Voici la traduction littérale que donne, de ce passage, Dom Chevallier, Dionysiaca. Paris, 1937, t. 2, p. 1322—23 : «Ecole bien supérieure (à celle de la Loi) est notre hiérarchie d'aujourd'hui, au témoignage de l'Ecriture qui l'appelle, achèvement et saint aboutissement de la première'. Apparentée à celle du ciel et à celle de la Loi, en tant qu'intermédiaire, elle a quelque chose de commun avec ses deux extrémités ; comme celle du ciel, elle a des vues propres à l'esprit ; comme celle de la Loi, elle offre aux sens bien des symboles, qui mènent religieusement à Dieu.»

67. Nous nous référons ici à la remarque de M. Grabmann : «Ein großer Teil der thomistischen Dionysiuszitate mehr Ornamente als integrierende Bauglieder sein dürfte.» (Gesch. d. schol. Meth., t. 1, p. 91.)

68. Voir H. F. Dondaine. Le Corpus dionysien de l'Université de Paris au XIIIe siècle (Storia e Letteratura, 44). Rome, 1953.

69. J. Durantel. S. Thomas et le Pseudo-Denys. Paris, 1919, p. 119.

le ciel (textes 2, 3, 10), pour y trouver le thème de trois états successifs du peuple de Dieu (texte 9), tels que le rapport du second au troisième soit analogue au rapport du premier au second (texte 1). C'est qu'en réalité, S. Thomas lisait Denys l'esprit habité par les thèmes de l'exégèse traditionnelle qui voyait, en effet, un unique Dessein de Dieu se réaliser, depuis les annonces prophétiques jusqu'à sa consommation eschatologique, en passant par le temps de l'Incarnation et de l'Eglise, caractérisé à la fois par une descente ou une présence «in mysterio» de l'eschatologique, et un régime, encore, de loi, de signes et de sacrements. C'est cela même qu'a redécouvert, avec de meilleures ressources exégétiques, la recherche biblique de ces dernières décades[70].

b) Tout cela disposait S. Thomas, d'un côté, à souligner la continuité du christianisme à l'égard du judaïsme, mais aussi, d'un autre côté, à avoir une conscience précise de ce que nous appellerons le spécifique chrétien, c'est-à-dire de la nouveauté et de l'originalité du christianisme.

Il ne faut pas, pas plus ici qu'ailleurs, faire de S. Thomas un phénomène solitaire ou un commencement absolu, une sorte de Melchisédech de la théologie, sans père ni mère ... Sa perception de l'originalité du christianisme par rapport au judaïsme n'est pas sans parallèle chez d'autres auteurs; elle n'est pas davantage sans certaines raisons historiques. La plus notable de ces raisons nous paraît être la discussion fort active, voire les échanges, qui s'établissent entre docteurs juifs et docteurs chrétiens depuis la fin du XIe siècle, tout au long du XIIe et au moins jusqu'à 1238—42, dates où, à Rome, on fait examiner le Talmud, et où Louis IX le fait brûler à Paris[71]. Les contacts et le dialogue

70. Pour ne pas alourdir excessivement le texte, et aussi parce que S. Thomas n'en a pas fait usage dans les thèmes que nous exposons ici, nous signalerons seulement en note une idée qui se rattache aux précédentes. S. Thomas cite plus de vingt fois un texte du De div. nominibus, c. 7, § 3 (P. G., 3, 872), que Dom CHEVALLIER traduit ainsi (op. cit., t. 1, p. 407): «(cette sagesse) joint sans cesse la fin des premières au début des suivantes». Voir liste des citations dans DURANTEL, op. cit., p. 189. S. Thomas voit, dans cet énoncé, un principe tout à fait général; mais il n'en fait guère d'applications qu'en cosmologie ou en anthropologie, ou pour exprimer les rapports d'affinité qui existent entre les différents règnes de la nature, les animaux et l'homme, l'homme et l'ange... Il n'en a fait l'application, ni à une doctrine du développement, ni aux idées suivantes, qui lui sont pourtant familières: il y a, dans l'A. T., quelques annonces ou anticipations du Nouveau; les prophètes ou écrivains sacrés d'avant le Christ ont vraiment compris quelque chose du mystère du Christ et du sens typologique de ce qu'ils vivaient ou écrivaient (cf art. J. GRIBOMONT cité supra, n. 61).

71. Voir une nomenclature des écrits de controverse dans F. VERNET, art. Juifs (Controverses avec les), dans Dict. Theol. cathol., t. 8, col. 1870—1914; pour les XIIe—XIIIe s.,

devaient aller assez loin et ne pas toujours s'arrêter à la controverse, puisque bien des faits attestent, non seulement une influence de la pensée juive sur la pensée chrétienne, mais un attrait exercé par le judaïsme sur certains chrétiens, d'où les réactions de Grégoire IX et les autodafés de 1242. Le dialogue ou la controverse avait suscité, dans la recherche théologique du XIIe siècle, bien des questions portant sur la différence du régime des dons de Dieu dans l'Ancien et dans le Nouveau Testament[72].

Il n'est pas douteux également que la perception du caractère spécifique de l'Evangile n'ait été soutenue, chez S. Thomas, par le très pur évangélisme de sa vie religieuse elle-même, portée par le ressourcement évangélique des Ordres mendiants[73].

La nouveauté de l'Evangile se marque dans les trois éléments que nous avons déjà évoqués: la connaissance de Dieu, le culte, la loi. N'insistons pas sur la nouvelle et décisive étape que le Christ inaugure au point de vue de la connaissance de Dieu: S. Thomas la caractérise par la révélation du mystère de la vie intime de Dieu, c'est-à-dire de la Trinité[74]: le Dieu des chrétiens est essentiellement Père, Fils et Saint-Esprit. Rappelons également, à ce sujet, les questions consacrées par la *Somme* au Christ comme prophète ou révélateur, et à son enseignement (*doctrina*)[75].

---

col. 1888—90. Voir aussi B. BLUMENKRANZ. Les auteurs chrétiens latins du moyen âge sur les Juifs et le Judaïsme, dans Rev. Etudes juives, 109 (1948—49), pp. 3 s.; id. et J. CHATILLON. De la polémique antijuive à la catéchèse chrétienne, dans Rech. Théol. anc. méd., 23 (1956), pp. 40—60. Pour le XIIe s., J. DE GHELLINCK. Essor de la littérature latine chrétienne au XIIe siècle. Paris-Bruxelles, 1946, t. 1, p. 158 s.

Il y a aussi, on le sait, toute la production dramatique et les thèmes iconographiques.

Le *De regimine Judaeorum* adressé par S. Thomas, en 1261, à la duchesse Aleyde de Brabant concerne le statut civique des Juifs.

72. Cf A. LANDGRAF. Die Gnadenökonomie des Alten Bundes nach der Lehre der Frühscholastik, dans Zeitsch. f. kath. Theol., 87 (1933), pp. 215—253: repris dans Dogmengesch. d. Frühschol., t. 3/1. Regensburg, 1954, pp. 19—60.

73. Voir M.-D. CHENU. Evangélisme et Théologie au XIIIe siècle, dans Mélanges F. CAVALLERA. Toulouse, 1948, pp. 339—346: repris dans Intr. à l'ét. de S. Thomas. Montréal-Paris, 1950, pp. 38 s.

74. ST, II—II, 174, 6; remarque intéressante *in Joan.*, c. 4, lect. 2, n. 12: «adoratio Legis non erat Patris, sed Domini»; voir cependant 171, 3, sol. Comp. In Joan., c. 1, lect. 11, fin, et J. LEBRETON. Les origines du dogme de la Trinité, t. 1, pp. 89 s., 507 s.

75. Voir ST, III, 7, 8: «Spiritualis doctrinae et fidei primus et principalis doctor est Christus»; q. 11, sur la science de l'âme du Christ; q. 42, la *doctrina* du Christ. Voir M. A. VAN DEN OUDENRIJN. Summae theologicae doctrina de Christo propheta, dans Xenia Thomistica. Rome, 1924, t. 2, pp. 335—347. La question de la prophétie dans le Christ est

Le Christ a été aussi législateur spirituel[76]. Il est l'auteur et le promulgateur de la loi nouvelle: *lex nova, lex Evangelii, lex gratiae, lex libertatis.* Ici encore, S. Thomas n'est pas un novateur: si l'on faisait le compte, par exemple, de ce qu'il peut devoir à S. Augustin, en particulier au *De spiritu et littera*, on s'apercevrait que cela concerne l'essentiel. Aussi bien s'agit-il d'éléments majeurs du dépôt et de la tradition chrétiens. Chaque fois qu'on relit, cependant, les passages où S. Thomas a assumé, dans toute leur force, ces éléments, on demeure frappé par la hardiesse tranquille et simple de ses affirmations, et l'on se prend à penser que bien des crises, bien des révoltes, auraient pu être évitées si ces idées, prises du cœur du christianisme, étaient davantage passées dans la chair vivante de l'Eglise.

S. Thomas, tout comme S. Augustin, affirme fortement une continuité entre la loi nouvelle et la loi ancienne: ce ne sont pas deux lois spécifiquement différentes, mais deux états du même mouvement vers Dieu. En effet, les deux lois ont la même fin. Elles ne diffèrent donc pas spécifiquement, mais comme l'imparfait et le parfait, comme l'éloigné et le proche, voire le présent, comme l'enfant et l'adulte, comme un régime de pédagogie et un régime de plein exercice des droits du citoyen[77]. S. Thomas, on le sait, a épousé la thèse augustinienne, classique dans la théologie du XIIᵉ et du XIIIᵉ siècles, selon laquelle, 1. la foi dans le Christ des Juifs pieux de l'Ancienne Disposition était la même que la nôtre, à cette seule différence près qu'ils croyaient au Christ à venir, tandis que nous adhérons au Christ déjà venu[78]; 2. les justes de l'Ancien Testament possédaient la même grâce sanctifiante que nous; ils appartenaient, en réalité, au Nouveau Testament, tout comme les chrétiens charnels appartiennent réel-

---

une de celles où l'on peut noter une certaine évolution dans la pensée de S. Thomas: cf P. SYNAVE, Bull. thomiste, nov. 1926, pp. 200—201. Ajouter, aux textes cités là, Com. in Joan., c. 4, lect. 6, n. 2; lect. 2, n. 1.

76. S. Thomas appelle le Christ «législateur»: ST, I—II, 108, 1, sol.; Quodl. IV, a. 13.

77. ST, I—II, 91, 5; 107, 1 et s.

78. Même foi: III Sent., d. 13, q. 2, a. 2, qᵃ2, ad 4; IV Sent., d. 2, q. 2, a. 1, qᵃ2, ad 2; d. 27, q. 2, a. 1, sol. 3; De ver., q. 14, a. 12 («alias non esset una Ecclesia»), ST, I—II, 107, 1 et cf notre article Ecclesia ab Abel, dans Abhandlungen über Theol. u. Kirche. Festsch. f. K. ADAM. Düsseldorf, 1952, pp. 79—108. L'explication selon laquelle «non est mutata fides» est donnée dans sa forme technique définitive par S. Thomas, ST, II—II, 1, 2: sur quoi cf M.-D. CHENU. Contribution à l'hist. du traité de la foi. Commentaire historique de II—II, q. 1, a. 2, dans Mélanges thomistes, 1923, pp. 123—140.

Les justes de l'A.T. justifiés par la foi à la Passion du Christ: III Sent., d. 19, a. 1, sol. 2 et ad 2; De ver., q. 29, a. 7, ad 7; ST, II—II, 2, 7; 98, 2, ad 4; III, 61, 3, ad 2; 4; 62, 6, sol. et ad 1.

lement à l'ancienne loi[79]. S. Thomas tient que c'est la même Eglise qui existe sous les deux Dispositions[80], et il va jusqu'à dire que la Synagogue était déjà l'Epouse du Christ[81]. N'y a-t-il pas là un certain nivellement des deux temps historiques, sinon en ce qui concerne les régimes considérés en eux-mêmes, tout au moins en ce qui concerne les hommes appelés à vivre sous l'un ou sous l'autre? L'Incarnation prise comme *fait*, n'a pas ici la valeur décisive que lui attribue, par exemple, un S. Cyrille d'Alexandrie; l'essentiel réside dans la référence spirituelle ou l'intentionnalité de la foi. A la limite, l'importance du fait comme tel deviendrait problématique ...[82]

Pourtant, dans ce que S. Thomas écrit sur la continuité et le changement entre la loi ancienne et la loi nouvelle, ce qu'il marque de différences suffit à faire, des deux Dispositions, deux régimes religieux profondément distincts et inégaux[83]. La loi ancienne ordonnait à des biens terrestres, la loi nouvelle, au Royaume de Dieu, spirituel et céleste; la loi ancienne concernait les actes extérieurs, la loi nouvelle va jusqu'aux intentions et aux dispositions intérieures; la loi ancienne portait au bien par la crainte des châtiments, la loi nouvelle par l'amour, qui n'est pas prescrit seulement, comme un commandement, mais mis dans le cœur comme un don, un instinct, une force vivante. Tout cela, peut-on penser, est classique en théologie ou en apologétique chrétienne. Mais il est douteux que, depuis les textes de S. Paul lui-même ou depuis S. Augustin, on ait jamais dépassé la force des affirmations de S. Thomas sur l'originalité du christianisme considéré comme loi nouvelle.

79. ST, I—II, 106, 1, ad 3; 3, ad 2; 107, 1, ad 2 et 3. Sur l'état de grâce surnaturelle des justes de l'A.T., A. M. Hoffmann. Die Gnade der Gerechten des Alten Bundes nach Thomas v. A., dans Divus Thomas (Fr.) 29 (1951), pp. 167—187.

80. Cf supra, n. 78, et ST, III, 8, 3, ad 3.

81. IV Sent., d. 27, q. 3, a. 1, sol. 3. Pierre de Poitiers n'osait le dire que par métaphore: Sent., lib. IV, c. 20 (P. L., 211, 1218).

82. Un Herbert de Bosham, secrétaire et ami de Thomas Becket, ne reculait pas devant l'acceptation des conséquences les plus extrêmes, qu'il présente comme admises par nombre d'esprits. Recopions ici ce texte presque incroyable de la *Vita Thomae Becket:* «Quid igitur si ex scripturis et ex probabilibus multis signis et prodigiis et virtutibus crederet Ecclesia Dominum ad salutem suam jam misericorditer incarnatum, et tamen necdum incarnatus fuisset?... Sentiunt certe plerique, et non irrationabiliter forte, quod si Ecclesia crederet sic, Ecclesiam, ob fidem hanc, damnabilem minime; ita tamen si in reliquis fidei articulis, et praesertim in unum et trinum Deum fides fuerit integra.» Cité par B. Smalley. A Commentary on the Hebraica, by Herbert of Bosham, dans Rech. Théol. anc. méd., 18 (1951), pp. 29—65: p. 62.

83. ST, I—II, 91, 5; 107, 1 tout entier.

La loi ancienne consistait principalement dans les préceptes moraux et cultuels, la loi nouvelle consiste, à titre principal, dans la foi et dans la grâce de la foi, secondairement seulement dans les préceptes moraux et sacramentels[84]. Dans des textes qu'on peut considérer comme nous livrant l'un des principes organisateurs du traité de l'Eglise qu'il aurait pu écrire, S. Thomas distribue les éléments normatifs du christianisme selon deux plans ou deux niveaux[85]: le principal et le plus excellent, ce qui donne toute sa force au christianisme comme loi nouvelle, c'est la grâce du Saint-Esprit, qui est donnée sur la base de la foi: *gratia fidei = gratia Spiritus Sancti = lex fidei*. C'est la grâce même qui nous fait, ontologiquement, membres du Christ[86]. Ce n'est pas un précepte, c'est un instinct vivant, intérieur, la force et la présence même du Saint-Esprit en nous. La loi ancienne promulguait le précepte de l'amour, mais ne donnait pas elle-même le Saint-Esprit, qui met dans nos cœurs *la réalité* de l'amour[87]. Le principal de la loi nouvelle n'est donc pas un texte écrit, droit canon ou même Evangile, mais une réalité vivante personnellement intériorisée et possédée. Le reste, les textes, même la «Scriptura Evangelii»[88], est un élément second et n'a d'autre contenu, comme d'autre raison d'être, que d'énoncer les «dispositiva ad gratiam Spiritus Sancti et ad usum hujus gratiae pertinentia». Une fois encore, on perçoit, animant cette doctrine de I—II, 106, 1 et 2, l'évangélisme de S. Thomas, non seulement en sa ferveur et en son contenu global, mais jusque dans ce qu'il entraînait de conséquences pour organiser et structurer la vie d'une communauté chrétienne.

Dans ces conditions, la loi évangélique est une loi de liberté. Il est impossible, dans le cadre et les limites de cet article, d'exposer pour elle-même la doctrine thomiste de la liberté chrétienne. Nous devons nous contenter de renvoyer aux textes[89] et aux monographies[90]. Notons seulement une des conséquences pra-

84. ST, I—II, 107, 1, ad 3.
85. ST, I—II, 106, 1 et 2; 107, 1, ad 2 et 3; comp. III, 63, 3, qui, lui aussi, donne une des catégories de base du traité *de Ecclesia* que S. Thomas aurait écrit s'il en avait entrepris un.
86. ST, I—II, 108, 1.
87. Outre les textes cités nn. 84—86, cf ST, I—II, 95, 5, sol. fin; 107, 1, ad 2 fin: in Hebr., c. 8, lect. 2 fin. Sur le Saint-Esprit comme don propre des temps messianiques, cf M. GRABMANN. Die Lehre des hl. Thomas v. A. von der Kirche als Gotteswerk... Regensburg, 1903, p. 117; Y. CONGAR. La Pentecôte. Chartres, 1956. Paris, 1956.
88. ST, I—II, 106, 1, ad 1.
89. Voici les principaux, dans l'ordre chronologique: II Sent., d. 44, q. 2, a. 2; III Sent., d. 34, q. 2, a. 2, sol. 1; d. 37, q. 1, ad 5; IV Sent., d. 15, q. 3, a. 2, q^{a}2, ad 1; d. 25, q. 2, a. 2, q^{a}1, ad 3; C. Gent., IV, 22; In 2 Cor., c. 3, lect. 3; in 1 Tim., c. 1, lect. 3; in

tiques du statut spécifique de la *lex evangelii*, qui n'est pas sans rapport avec le thème de la «liberté chrétienne», tel du moins qu'il sera entendu à l'époque de la Réforme, à savoir moins comme spontanéité intérieure dans le service de Dieu, par l'amour, que comme tendant à limiter le nombre et le poids des obligations extérieures. Une fois de plus à la suite de S. Augustin et à son école[91], mais aussi à celle de son évangélisme dominicain, S. Thomas note que la loi nouvelle se tient bien en deçà de la loi ancienne en matière d'obligations cérémonielles: par dessus la loi naturelle (qu'on résumait volontiers dans la Règle d'or: Ne pas faire à autrui ...), elle n'ajoute que très peu de chose, «paucissima», consistant dans l'enseignement du Christ et des apôtres[92]. A vrai dire, ajoute S. Thomas, un certain nombre de choses ont été ajoutées ensuite par les conciles («ex institutione sanctorum Patrum»): où l'on peut noter la conscience qu'il a d'une différence de plans entre la loi promulguée par le Seigneur ou les apôtres, et celles qu'ont pu porter d'autres législateurs humains[93]. La loi ancienne déterminait méticuleusement tout le rituel de la vie; la loi nouvelle laisse cela à la liberté de chacun ou, pour les communautés auxquelles on peut appartenir, aux supérieurs de ces communautés[94]. Mais ces obligations elles-mêmes ne doivent être, ni trop nombreuses, ni compliquées, ni trop onéreuses, afin que la condition des chrétiens ne soit pas plus intolérable que celle des Juifs (citation de la lettre de S. Augustin à Januarius).

Il n'y a, en tout cela, nul principe d'anarchie. S. Dominique et S. François ont pu frôler Pierre Valdès: loin d'avoir ébranlé les structures hiérarchiques de l'Eglise, ils sont, l'un et l'autre, apparu en songe au pape Innocent III comme soutenant les murs lézardés de son église du Latran. S. Thomas, avec la tradition canonique de son temps, elle même nourrie de textes pontificaux, note bien que la loi intérieure du Saint-Esprit, *lex privata*, l'emporte sur la loi

Tit., c. 2, lect. 2 et c. 3, lect. 1; ST, I—II, 93, 6, ad 1; 108, surtout a. 1; II—II, 104; In Rom., c. 2, lect. 3 et c. 13, lect. 1.

90. A. M. DI MONDA, O. F. M. La legge nuova della libertà secondo S. Tommaso. Naples, 1954. Voir aussi R. EGENTER. Von der Freiheit der Kinder Gottes, 2e éd. Freiburg, 1949; O. KARRER. Die Freiheit des Christenmenschen in d. kath. Kirche. Einsiedeln-Köln, 1941.

91. Ep. 55, 19, 35, ad Januarium (P. L., 33, 221); comp. Ep. 54, 1 (33, 200), citées dans le Décret de Gratien C. 11 D. xii, illa autem (FRIEDBERG, 1, 29—30); De doctr. christ., III, 9, 13 (P. L., 34, 70—71).

92. ST. I—II, 107, 4; Quodl. IV, 13.

93. Outre ST, I—II, 107, 4, voir 108, 1: «relicta sunt a legislatore, scilicet Christo, unicuique...et cuilibet praesidenti...»

94. ST, I—II, 108, 1.

extérieure des canons[95]; s'il y a quelque contradiction entre les deux, l'onction du Saint-Esprit l'emporte et affranchit de ce qui lui répugnerait[96]. Mais il ajoute aussitôt, contre les prétentions des joachimites ou autres «spirituels»[97]: «tamen, hoc ipsum est de ductu Spiritus Sancti quod homines spirituales legibus humanis subdantur», et, à plusieurs reprises, il récuse les conclusions anarchiques qu'on pourrait prétendre tirer de la liberté chrétienne[98].

Mais c'est dans le domaine du *culte* que S. Thomas a le plus développé sa perception de l'originalité du régime chrétien. Il n'était certes pas le premier à aborder la question: elle avait été envisagée, non seulement par S. Augustin (dont il utilise beaucpoup de *C. Faustum* et le *De spir. et litt.*), mais par tous les théologiens de la Première scolastique[99]. Deux tendances s'étaient manifestées, représentées respectivement par l'école de Laon et Hugues de Saint Victor, d'un côté, Pierre Lombard de l'autre. Pour Hugues, les «sacrements» de l'Ancien Testament tiraient, de leur visée figurative, une valeur salutaire; pour le Lombard, toutes les *opera legis* cérémonielles n'avaient qu'une valeur d'annonce et ne pouvaient purifier la conscience, même si elles étaient accomplies avec charité et dévotion. Mais on s'était assez largement éloigné de cette position[100] et plusieurs des thèses du Lombard en ces matières faisaient partie des points «in quibus Magister non tenetur»[101]. En réalité, il manquait aux *Sentences* un net principe de distinction, qui ne sera acquis, même chez S. Thomas, qu'avec une idée plus précise de la *causalité* des sacrements chrétiens. Aussi le Maître attribuait-il aux «sacrements» anciens certains effets de grâce, et pas

95. «Dignior est lex privata (Spiritus Sancti) quam publica (lex canonum)»: Urbain II (MANSI, Ampl. Coll., 20, 714) cité dans GRATIEN, Decr. I C. 19 q. 2 (FRIEDBERG, I, 839—40), puis par S. Thomas: De perf. vitae spir., c. 23; Quodl. III, 17; ST, I—II, 96, 5, obj. 2; II—II, 189, 7; C. retrahentes, c. 11. Jean BREHAL, O. P., indiquera encore ce texte à Jeanne d'Arc durant son procès.

96. ST, I—II, 96, 5, ad 2.

97. Voir la critique de S. Thomas, ST, I—II, 106, 4, ad 3, qui se réfère aux thèses joachimites, résumées presque «ad litteram».

98. Voir II Sent., d. 44, q. 2, a. 2, ad 1; In Mat. c. 20 (sur le v. 25); ST, I—II, 104, 5 et 6 ad 1; in 2 Cor., c. 3, lect. 3; in Tit., c. 2, lect. 2; in Rom., c. 13, lect. 1.

99. Cf A. LANDGRAF, cité supra, n. 72 et Die Darstellung des hl. Thomas von der Wirkungen der Beschneidung im Spiegel der Frühscholastik..., dans Acta Pont. Acad Rom. S. Thomae Aq. et Relig. cathol. Rome, 1941, pp. 19—77: repris dans Dogmengesch... t. 3/1, pp. 61—108.

100. Cf A. LANDGRAF, art. cité supra, n. 72: p. 241 s.

101. P. L., 192, 963; DENIFLE-CHATELAIN. Chartul. Univ. Par., t. 1, p. 221.

d'autres, ce en quoi S. Thomas-sentenciaire le suivait ou ne le suivait pas, mais sans avoir encore le principe d'un meilleur discernement[102].

C'est au cours du *De Veritate*, grâce à sa lecture des Grecs, qu'il acquiert enfin ce principe, celui de la causalité des sacrements, et d'abord de la sainte Humanité du Christ[103], alors qu'il avait partagé jusque là l'espèce d'occasionnalisme, qui était plutôt un actualisme de l'action divine, assez généralement tenu avant lui[104]. Il estime maintenant que, s'en tenir là, serait ne concevoir les sacrements que «in genere signi»[105]. Or la différence entre la Disposition mosaïque et celle qui suit la venue du Christ tient au fait décisif de cette venue. De toute manière, il n'y a de salut, de grâce, de rémission des péchés, que dans et par l'unique Médiateur: nul n'avait insisté davantage sur cette vérité fondamentale que S. Augustin. En se référant au Christ par l'intentionnalité de la foi, les Anciens avaient pu, avant lui, recevoir grâce et rémission des péchés, mais seulement en vertu de la foi: leurs «sacrements», la circoncision par exemple, n'étaient par eux-mêmes, au mieux, que des «signa protestantia fidem per quam salvabantur». Ils n'avaient que les moyens de la foi, de l'*auditus*, des signes[106]. Mais désormais, l'événement de l'Incarnation et celui de la Passion s'étaient produits; on était passé d'un régime de relations avec le Dieu qui parle et qui promet à un régime de relations avec un Dieu venu en chair et donné. Les sacrements du Nouveau Testament sont comme une suite de l'Incarna-

102. Ainsi S. Thomas admettait, IV Sent., d. 1, q. 2, a. 4, q 3, pour la circoncision, une thèse quelque peu différente de celle du Maître, et que, pourtant, il rétracte ST, III, 70, 4.
103. De ver., q. 27, a. 3, ad 20; q. 28, a. 2, ad 12. Voir I. BACKES. Die Christologie des hl. Thomas u. die griechischen Kirchenväter. Paderborn, 1931; TH. TSCHIPKE. Die Menschheit Christi als Heilsorgan der Gottheit unter bes. Berücksicht. d. Lehre des hl. Th. v. A. Freiburg i. B., 1940.
104. Cf IV Sent., d. 18, q. 1, a. 3, q\u{a}1.
105. ST, III, 62, 1.
106. On notera ici, une fois de plus, que le protestantisme tend à demeurer, dans sa conception des choses, à un statut d'A.T.: comparer la formule de Luther: «non sacramenta justificant, sed fides sacramenti», et voir Vraie et fausse réforme dans l'Eglise. Paris, 1950, p. 467 s. S. Thomas caractérise le statut religieux d'Israël par l'*auditus* (*fidei*), tandis que le statut évangélique ajoute le don de la grâce par les sacrements, surtout le baptême et l'eucharistie: cf De ver., q. 27, a. 3, ad 20; in Hebr., c. 3, lect. 3. On pourrait évoquer ici la façon dont les biblistes modernes caractérisent l'homme hébreu par l'écoute ou l'oreille (tandis que le Grec affectionne la vue, le regard): cf T. BOMAN. Das hebräische Denken im Vergleich mit dem Griechischen. Gütersloh, 1954, pp. 13, 104, 162 s., 167. Mais Luther écrit: «Solae aures sunt organa christiani hominis»(Hebräervorlesung. Scholia zu 10., éd. HIRSCH-RÜCKERT, p. 250)...

tion[107]; ils procurent un contact réel avec la source de salut qui s'écoule du côté percé de Jésus en croix. Le régime chrétien est un régime de présence et de réalité, non de pure intentionnalité de la foi.

On voit comment, par le fait, S. Thomas évitait le danger que nous avons signalé et qu'on n'évitait pas entièrement à en rester à la considération augustinienne de la foi, de l'unité d'une même Eglise, entre les Anciens et nous, assurée par l'unité de la foi. S. Augustin n'avait pas vraiment dégagé l'idée d'une causalité physique du Christ à l'égard de la grâce[108]. Mais la première scolastique, opérant avec une notion plus physique de la grâce[109] avait pu construire un traité *de gratia Capitis* qui dépassait considérablement les thèmes augustiniens, et S. Thomas, disposant désormais des textes de S. Cyrille et de S. Jean Damascène, voire même des notions aristotéliciennes sur la causalité, apportait à la théologie une doctrine de la causalité physique du Christ, Verbe incarné, puis des sacrements qui prolongeaient, en quelque sorte, son Incarnation. Dès lors, le *fait* de la venue en chair du Fils de Dieu redevenait, comme tel, l'événement décisif qui partageait et différenciait les deux Dispositions, on pouvait reconnaître pleinement le caractère original du statut chrétien des dons de la grâce et des «sacramenta novae legis»...

S. Thomas explique encore autrement cette originalité, en ce qui concerne le culte sacrificiel et le sacerdoce. Le Christ, dit S. Thomas, «a inauguré le culte ou le rite de la religion chrétienne en s'offrant *lui-même* en oblation et en hostie à Dieu»[110]. Il inaugure ainsi un régime religieux où le sacrifice ne consiste

107. Voir IV Sent., d. 5, q. 2, a. 3, q^{a}1, sol. et q^{a}2 («Verb. inc., a quo sacramenta fluxerunt»); C. Gent., IV, 56; De art. fidei (éd. MANDONNET, pp. 12—13); In Symb., art. 10; ST, I—II, 108, 1, texte très important; III, 60, 6; 62, 5 («Oportet quod virtus salutifera a divinitate Christi per ejus humanitatem in ipsa sacramenta derivetur»); 80, 5 («sacramenta humanitatis ejus»); etc. Sans doute Hugues de Saint-Victor a-t-il, ici, préparé S. Thomas: cf. De sacr., lib. 1, prol., c. 2 (P. L., 176, 183).

S. Thomas a bien distingué la conjonction au Christ d'ordre purement intentionnel, par un acte de l'âme, et celle qui s'opère «per usum exteriorum rerum»: ST, III, 62, 6; comp. la très importante doctrine de la Descente du Christ aux Enfers: III, 52, 1, ad 2.

108. Sur ce point, voir l'importante communication de G. PHILIPPS. L'influence du Christ-Chef sur son Corps mystique suivant S. Augustin, dans Augustinus Magister. Paris, 1954, pp. 805—815. Nos études personnelles confirment les conclusions du Professeur de Louvain.

109. Voir, sur ce point, S. ALSZEGHY. Nova creatura. La nozione della grazia nei commentari medievali di S. Paolo (Anal. Gregor., 81). Rome, 1956.

110. ST, III, 62, 5, avec citation de Ephés., 5, 2. Comp. III, 22, 2; in Ps. 44, 5; in Hebr., c. 5, lect. 1; c. 9, lect. 2 et 5; c. 10, lect. 2; in Joan., c. 4, lect. 2, n. 12, où les victimes des sacrifices judaïques sont appelées «res quaedam».

LE SENS DE L'«ÉCONOMIE» SALUTAIRE **103**

plus en animaux ou en prémices, bref en *choses*, mais dans l'homme lui-même, se référant à Dieu par la foi, l'amour, l'obéissance et toutes les vertus. Dès lors, le sacerdoce chrétien n'est pas vraiment une suite du sacerdoce aaronique. Il dérive de celui de Jésus-Christ, qui est selon l'ordre de Melchisédech; au surplus Jésus ne descend pas de la race sacerdotale juive ...[111]

Il est un passage de la *Somme* sur lequel nous voudrions attirer ici l'attention, car il nous paraît exprimer une des perceptions les plus vives de S. Thomas concernant l'originalité du sacerdoce chrétien. Malheureusement, il est un peu perdu dans cette question 102 de la I^a—II^{ae}, la plus longue de tout l'ouvrage, «de causis caeremonialium praeceptorum», que les commentaires omettent le plus souvent. L'objection porte sur ce point: il aurait dû y avoir, en Israël, pluralité de temples, comme cela est le cas dans l'Eglise, pour démultiplier et favoriser le culte. S. Thomas répond[112]: il n'en a pas été ainsi, 1. «ad exclusionem idololatriae»; 2. «ut per hoc ostenderet (Deus) quod corporalis cultus non propter se erat ei acceptus ... sed cultus novae legis, in cujus sacrificio spiritualis gratia continetur, est per se Deo acceptus.» Et il ajoute ces quelques mots, dont la seule chose qu'on puisse regretter, tant ils sont profonds et vont loin, est qu'ils soient si brefs et ne semblent guère avoir éclairé par la suite, le traité du sacerdoce:

Quantum vero ad ea quae pertinebant ad spiritualem cultum Dei, qui consistit in doctrina legis et prophetarum, erant etiam in veteri lege diversa loca deputata in quibus conveniebant ad laudem Dei, quae dicebantur synagogae, sicut et nunc dicuntur ecclesiae, in quibus populus christianus ad laudem Dei congregatur. Et sic ecclesia nostra succedit in locum et templi et synagogae, quia ipsum sacrificium ecclesiae spirituale est; unde non distinguitur apud nos locus sacrificii a loco doctrinae.

En quelques mots, auxquels on ne pourrait ajouter ni retrancher rien, S. Thomas a touché l'essentiel: parce que le culte est, désormais, spirituel et vrai «en esprit et en vérité», le prêtre de l'Evangile n'est pas seulement le célébrant accrédité d'un rite cultuel; il est, en tant même que prêtre, ministre de la foi vivante qui est le principe du sacrifice spirituel. L'Ancien Testament, parce qu'il n'est pas vraiment «réalité», est caractérisé par le fait que le sens des choses y demeure extérieur aux choses elles-mêmes; la fonction prophétique y est autre que la fonction sacerdotale-cultuelle. Le propre du Nouveau Testa-

---

111. ST, III, 22, 1, ad 2; comp. 31, 8: le Christ n'a pas payé la dîme en la personne d'Abraham, à cause de la supériorité du sacerdoce de Melchisédech, qui est le sien.

112. ST, I—II, 102, 4, ad 3.

III

ment est que les deux coïncident, parce que le culte (le sacrifice) y est spirituel. Ah oui!, S. Thomas a eu un sens aigu de la spécificité du régime chrétien!

c) Il a eu un sens non moins vif de la référence eschatologique du christianisme. Nous n'entendons pas ici seulement reconnaître le fait banal que S. Thomas a une eschatologie, au sens d'un traité «de eis quae in ultimo hominum fine expectantur» (C. Gent. IV, c. 1, fin), «de fine immortalis vitae ad quam per ipsum (Christum) resurgendo pervenimus» (ST, III, prol.). On peut d'ailleurs penser que la méthode scolastique, avec sa recherche rationelle du *quid* des choses et de leur *quomodo* physique, a quelques peu alourdi ces traités *De novissimis* de considérations physiques ou même cosmologiques, au détriment de certaines perspectives, plus pleinement bibliques[113]. Nous ne nous arrêterons pas non plus sur l'idée, vraiment trop classique, d'Eglise militante et triomphante[114]. Plus notable est celle, bien traditionnelle, d'ailleurs, elle aussi, que seule l'Eglise céleste, la demeure céleste de Dieu, est la «vera Ecclesia»[115]. Le Christ en est toujours le Chef, comme il l'est de l'Eglise terrestre, mais il l'est enfin de façon plénière. Tout, dans l'ordre de la grâce, a commencé «in Incarnatione Christi», comme tout, dans l'ordre de la nature, avait commencé «in prima rerum institutione»; les deux ordres doivent être consommés dans

---

113. Comp. notre étude sur le Purgatoire, dans Le mystère de la mort et sa célébration (Lex orandi, 12). Paris, 1951, pp. 279—336: surtout pp. 308 s. Parler de la résurrection des corps comme «beatitudo accidentalis» étrangère au «bonum substantiale» eschatologique, qui est la vision béatifique, comme font S. Thomas (III Sent., d. 26, q. 2, a. 5, sol. 2), S. Bonaventure, S. Albert, satisfait-il entièrement au sens biblique des choses?

114. S. Thomas parle rarement des «trois parties» de l'Eglise: «in terra, in coelo, in purgatorio» (Expos. in Symb., art. 9). Il parle le plus souvent des «deux états» de l'Eglise: «militans (terrena)», «triumphans (caelestis)»: ainsi IV Sent., d. 6, q. 1, a. 3, q^{a}2, ad 3, d. 49, q. 1, a. 2, sol. 5; C. Gent. IV, 76, § Amplius; in Ephes., c. 1, lect. 8; c. 3, lect. 3; in Coloss., c. 1, lect. 5; in Joan., c. 14, lect. 1, n. 3; in Ps. 26, 4; in Is., c. 6; etc.

Très fort sentiment, chez S. Thomas, de l'unité de l'Eglise à travers ces deux états: cf A. DARQUENNES. La définition de l'Eglise d'après S. Thomas d'A., dans Etudes présentées à la Commission intern. pour l'Hist. des Assemblées d'Etats, t. 7: L'Organisation corporative du Moyen Age à la fin de l'Ancien Régime. Louvain-Paris, 1943, pp. 1—53; cf. surtout pp. 8—21, 29 n. 3, 37, 39, 49, 53 n. 2.

115. In Ephes., c. 3, lect. 3; in Hebr., c. 1, lect. 4 («[Regnum] consommandum et perficiendum»); in Ps. 26, 4. Comp. ST, I, 117, 2, ad 1, cette formule si augustinienne «ibi (le ciel des anges) primitus Ecclesia fuit, quo post resurrectionem et ista Ecclesia hominum congreganda est»; ST, I, 73, 1 («perfecta beatitudo sanctorum quae erit in consummatione saeculi»); III, 8, ad 2 («Ecclesia gloriosa, non habens maculam neque rugam»); In Joan., c. 2, lect. 1, n. 1 (noces eschatologiques).

la gloire, à la fin du monde[116]. Il y a là, au fond, chez S. Thomas, une manière de reprendre le schéma, cher à la première scolastique, *Creatio-Redemptio-Renovatio*, ou *Natura-Gratia-Gloria*[117].

S'agit-il spécialement de l'homme, et non du Cosmos entier, c'est du point de vue de l'image de Dieu et de sa réalisation que S. Thomas envisage cet enchaînement: Nature-Grâce-Gloire; puissance ou aptitude naturelle - grâce, avec les actes correspondants de connaissance (foi) et d'amour - gloire, enfin, avec la connaissance et l'amour parfaits qui lui correspondent. Or cette réalisation progressive de l'homme comme image de Dieu, formulée ST, I, 93, 4, et qu'au fond toute la II^a pars ne fait qu'analyser[118], s'opère par le Christ «qui, secundum quod homo, via est nobis tendendi in Deum»[119]. Ainsi les réalisations diverses et plus ou moins parfaites de l'image deviennent des degrés divers et plus où moins profonds d'appartenance au Corps mystique du Christ tels qu'ils sont analysés dans le célèbre article 3 de III^a, q. 8: «(membra) in potentia, in actu per fidem et charitatem viae, (in actu perfecto) per fruitionem patriae». On voit comment S. Thomas voit le destin des créatures spirituelles, 1. comme une réalisation étagée et progressive de l'image de Dieu; 2. une réalisation dans et par le Christ; 3. dont le dernier degré ou la perfection est eschatologique.

Il faudrait rechercher, dans l'œuvre de S. Thomas, toutes les indications qu'il donne sur la consommation eschatologique de la vie chrétienne et de notre participation au Christ dans la gloire: la transformation eschatologique des vertus morales[120], de l'activité des dons du Saint-Esprit[121], la transfigura-

---

116. ST, I, 73, 1, sol. et ad 1. Comp., au point de vue de la connaissance, l'enchaînement: nature-loi ancienne-Evangile-ciel: in 2 Cor., c. 3, lect. 3, fin.

117. Cf supra, n. 3. Hugues de Saint-Victor s'arrêtait à la distinction des ordres successifs de: loi de nature, loi ancienne, grâce du N. T.: cf De arca myst., c. 5 (P. L., 176, 688); De arca morali, c. 4 (630); De script. et scriptor. sacris, c. 17 (175, 24); De sacram., lib I, p. 7, c. 11. Après lui, l'Hortus deliciarum (WALTER, p. 24—25); pour l'iconographie, voir l'ambon de Klosterneuburg (fin du XIIe s.). La division est de S. Augustin: De Trin., IV, 7 (P. L., 42, 893); De div. quaest. 83: q. 61, 7 et 66, 7 (40, 52 et 66); Epist. 157, 3, 15 (33, 681). Comp. S. Grégoire (par ex. In Ezech. lib. II, hom. 4, surtout n. 11 (P. L., 76, 880); S. Isidore. In Genes. 18 (P. L., 83, 151).

118. Le prologue de la ST, I—II, qui l'ouvre, se rattache expressément à l'anthropologie de ST, I, 93, de l'homme fait à l'image de Dieu, avec la même citation de S. Jean Damascène qu'en I, 93, 9.

119. ST, I, 2, prol.

120. Cf ST, II—II, 136, 1, ad 1.

121. Cf ST, II—II, 139, 1, ad 2.

tion de la charité[122], la consommation de la paix[123], les Béatitudes, comprises dans une perspective d'espérance et d'assurance eschatologiques (I—II, 69), enfin la joyeuse exultation avec laquelle la connaissance de foi s'abimera dans la vision[124]. Il existe, dans la foi, une insatisfaction profonde, qui se marque dans cette «cogitatio» que S. Thomas reconnaît, accompagnant son assenti- ment lui-même, et dans le caractère tendanciel de la connaissance de foi, que formule, de façon très suggestive, une définition de l'*articulus* (= du dogme) attribuée à Isidore: «Articulus est perceptio veritatis tendens in ipsam»[125]. Il existe, au cœur de la foi, une intentionnalité eschatologique: nous savons qu'elle est «de his quae videnda speramus in patria» (cf supra, n. 59). Il n'y a pas de vie chrétienne sans une aspiration vers le ciel: «Infelix ego homo, quis me liberabit a corpore mortis hujus?» (Rom., 7, 24). Mais cette aspiration prend des nuances différentes selon le tempérament, la philosophie et l'expérience d'un chacun. Chez S. Augustin domine le désir d'être affranchi de la tempo- ralité, de parvenir enfin à l'éternité qui est la condition et, pourrait-on dire la substance, de la vérité. Il semble que, chez S. Thomas, le désir dominant soit d'être affranchi de la corporéité, qui assujettit l'esprit à une connaissance liée au sensible et aux images, et l'empêche de voir la «nuda veritas», l'essence des choses, et surtout celle de Dieu[126].

Mais c'est sans doute au sujet des sacrements que S. Thomas exprime de la façon la plus remarquable la référence eschatologique de la vie chrétienne et des structures terrestres de l'Eglise elle-même. On connaît cette très remarquable doctrine, passée dans l'*O sacrum* de l'Office du Saint-Sacrement, de la triple

---

122. «...Tempore gratiae quod est quasi matutinum respectu plenae caritatis qua erit in patria»: IV Sent., prol.; «fruitio caritatis perfectae»: ST, III, 80, 2; etc.

123. In Joan., c. 14, lect. 7 (v. 27).

124. Innombrables textes: par exemple in Hebr., c. 3, lect. 3 (en termes de «partici patio Christi»).

125. ST, II—II, 1, 6, sed. c. On n'a pas retrouvé le texte chez Isidore, à qui l'attribuent également S. Bonaventure et S. Albert, tandis que Philippe le Chancelier, par exemple, l cite sans indiquer d'auteur: cf J. M. PARENT. La notion de dogme au XIIIe siècle, dan Et. Hist. littér. et doctr. du XIIIe s., t. 1. Paris et Ottawa, 1932, p. 149. — K. BARTH cit ce texte, Kirchl. Dogmatik, t. 1/1, p. 283. — Comp. encore S. Thomas. IV Sent., d. 1 q. 1, a. 2, qª5, ad 1 (cité supra, n. 48); C. Gent., IV, 1; ST, III, 80, 2, ad 2.

Sur la *cogitatio* dans la foi: ST, II—II, 2, 1 (définition empruntée à S. Augustin. D praedest. sanct., c. 2: P. L., 44, 963).

126. Ce parallèle entre Augustin et Thomas d'Aquin mériterait une étude. Voir, pou S. Thomas, parmi tant et tant de textes, ceux des nn. 48, 56 et 57, supra et 135 infra ST, III, 80, 2; etc.

référence et de la triple valeur des sacrements[127]. Les sacrements sont à la fois mémorial, présence et annonce du salut. Cette structure répond à la nature propre du temps chrétien, caractérisé, ainsi que nous l'avons vu, par le fait que l'eschatologie est anticipée dans sa cause suffisante — l'Incarnation et la Pâque du Christ —, vécue en mystère ou en arrhes par la grâce de la foi, et annoncée ou préparée de façon certaine. Tel est le triple rapport des sacrements à la *cause* passée du salut, la Passion du Christ, à sa *forme* présente de grâce, à sa *fin* eschatologique et céleste. Cette fin, les sacrements font plus que la signifier prophétiquement, ils l'anticipent dans une certaine mesure[128] et ils en sont, lointainement, la cause efficace, comme ils le sont présentement de la grâce: S. Thomas voit dans le baptême la cause, de soi efficace, de la cessation de tous les maux — seulement, une dialectique de souffrance et de gloire joue à son sujet: la même qui a joué dans la vie de Jésus lui-même[129]. Semblablement, la résurrection est, pour lui comme pour toute la tradition chrétienne et d'abord pour l'Evangile, le fruit attendu de l'eucharistie[130]. Celle-ci n'a pas une finalité eschatologique par rapport à notre corps seulement; elle veut, par elle-même, s'achever dans une «manducatio perfecta» dont elle n'est que le succédané terrestre: elle est vraiment un «cibus viatorum» qui tend, comme à sa limite, à redevenir pleinement, pour nous aussi, le «panis angelorum»[131].

Ainsi les sacrements apparaissent bien comme des réalités de cet entre-deux de l'Eglise qui s'étend entre les deux mystères qui, au fond, n'en sont qu'un, la Pâque et la Parousie du Seigneur, pour joindre l'Alpha de celle-là à l'Oméga de celle-ci. C'est dire aussi qu'ils appartiennent à cette partie de l'Economie déjà définitive — parce que la cause du salut total est advenue et active —, mais encore figurative — car elle n'a pas encore sorti tous ses effets ni produit tous ses fruits. C'est donc dire que, porteurs d'éternité, ils sont, en leur forme de célébration sensible, des réalités temporaires. Ils relèvent essen-

---

127. Principaux textes: IV Sent., d. 8, q. 1, a. 1, sol. 3; ST, I—II, 101, 2; III, 60, 3; 73, 4.

128. IV Sent., prol.: «...materia hujus quarti libri, in quo Magister agit de sacramentis et gloria resurgentium, quae per sacramenta inchoatur et praesignatur.»

129. Cf III Sent., d. 19, q. 1, a. 3, qª2; De malo, q. 4, a. 6, ad 7; ST, I—II, 85, 5, ad 2; III, 69, 3.

130. Cf in Joan., c. 6, lect. 7, nn. 3—4; ST, III, 79, 2. La variante donnée par le ms. de Paris, B. N. lat. 3814 pour la collecte de l'Office du Corpus Christi («...ut *resurrectionis* tuae fructum in nobis jugiter sentiamus»: cf J. LECLERCQ, dans Bull. thomiste, t. 6, 1940—42, p. 119) est à noter ici. Est-elle à retenir comme génuine?

131. ST, III, 80, 2, sol.; ad 1 et 2.

tiellement du régime de la *praesens Ecclesia*, selon une expression qu'affectionne S. Thomas pour parler du culte sacramentel, plus précisément des caractères sacramentels qui consacrent ou «députent» à ce culte[132].

S. Thomas a réfléchi d'une façon originale à la structure terrestre de l'Eglise : elle n'est pas constituée, *comme telle*, par une appartenance à la vie éternelle, fondée dans une disposition divine toute céleste, celle de la prédestination, comme le penseront certains augustinistes dévoyés des XVe et XVIe siècles, mais par un ordre de moyens visibles qui assurent, au travers du temps, un contact de type corporel avec la Passion du Christ[133]. Les sacrements, et la médiation hiérarchique qui leur correspond, sont des éléments caractéristiques de la structure terrestre de l'Eglise ; et de même l'apostolat missionnaire[134]. Au ciel, il n'y aura plus ni sacrement ni hiérarchie[135], du moins plus de *médiation* hiérarchique — car les caractères sacramentels étant indélébiles resteront, soit pour la gloire des élus, soit pour la peine des damnés[136]. La médiation du Christ, elle, restera, mais, cessant de s'appliquer à la purification des péchés, elle ne fera que communiquer la gloire du Fils bien aimé[137]. L'Eglise triomphante, «collectio sanctorum in gloria Patris»[138], ne connaîtra plus d'autre hiérarchie que la hiérarchie de sainteté, une hiérarchie spirituelle essentielle, et non plus accidentelle comme celle à laquelle nous soumet notre condition terrestre[139].

132. «Ad actus convenientes praesenti Ecclesiae deputantur (fideles, per character sacr.)» : ST, III, 63, 1, ad 1 ; «ad cultum praesentis Ecclesia» : III, 63, 3, ad 3 ; comp. 5, obj. 3
133. Cf ST, III, 61, 1, ad 1 et art. 3.
134. S. Thomas aurait assumé l'idée actuelle du caractère eschatologique du devoir missionnaire : cf ST, I—II, 106, 4, ad 4.
135. IV Sent., d. 24, q. 1, a. 1, q^a1, ad 3 ; ST, III, 61, 4, ad 1 ; 63, 1, ad 1 ; 63, 3, ad 3 et art. 5, obj. 3 : «Cultus exterior ad quem character ordinatur non remanebit in patria, in qua nihil agetur in figura, sed totum in nuda veritate» ; in Hebr., c. 8, lect. 3 (au ciel, plus d'enseignement par intermédiaire). S. Thomas cite parfois le texte de la Glose ordinaire in 1 Cor., 15, 24, «in futuro, omnis cessabit praelatio» (P. L., 113, 547).
136. Voir les mêmes textes et nos Jalons pour une théol. du Laïcat, p. 150 ; ST, III, 78, 8, ad 4, et cf art. 2 sol. Pour la peine des damnés, III, 65, 5, ad 3.
137. ST, III, 22, 5, ad 1.
138. In Joan., c. 14, lect. 1, début.
139. IV Sent., d. 24, q. 1, a. 1, q^a1, ad 3 ; comp. d. 2, q. 1, a. 1, q^a1, ad 3 ; ST, I, 106, 3, ad 1 : «In caelesti enim hierarchia tota ratio ordinis est ex propinquitate ad Deum ; et ideo illi qui sunt Deo propinquiores, sunt et gradu sublimiores, et scientia clariores... Sed in ecclesiastica hierarchia interdum qui sunt Deo per sanctitatem propinquiores, sunt gradu infimi, et scientia non eminentes...» Comp. II—II, 184, 4 et l'exemple de la «Vetu la». — La hiérarchie ecclésiastique est prise d'un élément «accidentel» : De spir. creat. a. 8, ad 11.

III

Faut-il le dire? Pour S. Thomas, tout l'ordre des moyens est relatif et sub-ordonné à la fin spirituelle, le *sacramentum* à la *res*, les caractères sacramentels à la grâce, la hiérarchie terrestre à la vie des élus ...

3. En s'en tenant à des points de vue formels, à des énoncés sobres et éprouvés, S. Thomas a intégré à sa «Théologie» quelques vues de valeur sur la vie historique de l'Eglise.

Bien sûr, S. Thomas n'est pas un historien. Il a aussi les limites que presque tout le moyen âge a eues en matière d'histoire. Aristote avait bien écrit que la connaissance de la genèse d'une chose fait comprendre cette chose: les hommes du moyen âge et de la scolastique ont cherché, le plus souvent, des principes d'intelligibilité d'ordre essentiel et logique, même en matière de faits. Bien souvent, l'explication dialectique remplace, chez eux, l'explication historique. On en a, chez S. Thomas lui-même, de surabondants exemples. Même lorsqu'il s'agit de faits historiques de l'Economie, il recherche des enchaînements de la Sagesse divine — tel est, nous en sommes d'accord, le propos de la théologie —, non selon le déroulement historique, mais selon une logique de type essen-tialiste[140]. Mais, d'un autre côté, S. Thomas a été, d'un bout à l'autre de sa vie, animé par un très remarquable souci d'information: il a sans cesse cherché et lu des textes, fait faire de nouvelles traductions; il a, le premier, connu et utilisé le texte de plusieurs conciles, de certains traités des Pères grecs; souvent, il présente des raccourcis d'histoire de la philosophie ou des hérésies, d'une grande perspicacité; parfois, il apporte des observations critiques, de critique littéraire en particulier (sur l'attribution de certaines œuvres, du *De causis* par exemple, ou sur certains passages bibliques; il compare différentes tra-ductions ...); il a interprété l'Ecriture, d'un côté, Aristote de l'autre, non seule-ment avec le maximum de précision critique que permettait la documentation de son époque, mais en dépassant largement les exigences communes des hommes de son temps, et surtout le niveau d'un grand nombre de théologiens de l'époque moderne. Nous pourrions, sur tous ces points, apporter d'abondantes justi-fications, mais tel n'est pas l'intention de la présente étude.

140. Trois exemples: le plan logique que S. Thomas trouve dans les Lamentations de Jérémie (cf. H. WIESMANN. Der Kommentar des hl. Thomas v. A. zu den Klageliedern des Jeremias, dans Scholastik, 1929, pp. 78—90); celui qu'il trouve dans les quatorze épîtres de S. Paul (voir le prol. de Rom.; plan rappelé dans le prol. d'Hébr. et dans la plupart des introductions); la manière dont il aborde la question des charismes, cherchant, dans le texte de S. Paul, un ordre, une division nécessaire et parfaite (ST, I—II, 111, 5).

Nous voudrions, par contre, compléter notre recherche en présentant succinctement les principales vues sur l'histoire de l'Eglise que S. Thomas a intégrées à sa «Théologie». Celle-ci, nous pensons l'avoir montré, s'est incorporé une certaine historiosophie de l'Histoire du salut. Qu'en est-il pour l'histoire de l'Eglise elle-même?

Une première constatation s'impose quand on étudie S. Thomas dans le contexte des XIIe et XIIIe siècles. Les théologiens reprennent souvent les applications, héritées de S. Augustin[141], du schéma des six (sept) jours de la création à l'histoire du monde, ou plutôt à l'histoire du salut[142]. S. Bonaventure, qui appelle cette division «ordinaire», l'utilise plus d'une fois[143].

Il va plus loin.

Il reprend le schéma des sept jours pour l'appliquer à l'histoire de l'Eglise, y distinguant des périodes et y cherchant un parallélisme avec les périodes de l'Ancien Testament[144]. Incontestablement, il existe des similitudes entre cette historiosophie de S. Bonaventure et celle de Joachim de Flore, encore qu'il y ait aussi des différences notables et que le Ministre général des Franciscains ait

141. De cat. rud., 22, 39 (P. L., 40, 338); De Genes. c. Manich., I, 23, 35 (34, 190—193); C. Faust., XII, 8 (42, 257 s.); Quaest. in Heptat. VII, 49 (34, 821); Sermo 259, 2 (38, 1197 s.); En. in Ps. 92, 1 (37, 1182); De Trin., IV, 7 (42, 892); In Joan. Ev. tr. IX, 6 et XV, 9 (35, 1461 et 1513); De Civ. Dei, XXII, 30 (DOMBART, 2, 634—35). Cf H. SCHOLZ. Glaube und Unglaube in der Weltgesch... Leipzig, 1911, pp. 154, 158 s. Mlle A.-M. LA BONNARDIÈRE cite (Rev. des Et. august., I 1956, p. 33, n. 7) un travail ronéotypé du R. P. LUNEAU, remarquable, dit-elle, sur La théorie des âges du monde d'après S. Augustin. — La théorie de six âges de chacun 1000 ans vient du judaïsme et se trouve déjà dans l'ép. de Barnabé, 15.

142. Claude de Turin. In Genes. lib. 1 (P. L., 50, 903—904); Isidore. Etym., V. 38, 5 (82, 223); Lib. num., c. 7 (83, 185); In Genes., c. 2 (83, 213 AB); Bède. De temporibus, 16, 32 (90, 288 s.); De temporum ratione, 66 (90, 520 s.); Fréculphe de Lisieux († 850), Chronicorum II, 1; Adon de Vienne († 875), Chronicon de sex aetatibus mundi (pour lui, l'Empire romain continue en Charlemagne et ses successeurs); Julien de Tolède. De comprobatione aetatis sextae (P. L., 96); Rupert de Deutz. De Trin. et op. ejus. In Genes., c. 36 (167, 324); Hugues de Saint-Victor. De arca myst., c. 4 (176, 687 s.); De scriptis et scriptor. sacris, c. 17 (175, 24); Excerp. prior. V, c. 1 (176, 215); Anselme de Havelberg. Dial. I, c. 3 (188, 1145 s.: texte très remarquable); Pierre le Mangeur. Hist. scolast., passim (198); etc.

143. Breviloq., prol., § 2 (Quaracchi, t. 5, p. 203 s.); IV Sent., d. 40, dub. 3 (4, 854); In Hexaem., coll. xv, 18 (5, 400). Comp. le contemporain de S. Thomas et S. Bonaventure, Martin de Troppau († 1270), Chronicon summor. Pontif. Imperatorumque ac de septem aetatibus mundi (éd. Bâle, 1559).

144. In Hexaem., coll. xvi (Quar., 5, 403—408).

combattu le joachimisme[145]. Mais il est extrêmement remarquable que S. Thomas d'Aquin, qui connaissait certainement ces vues, ne les ait pas personnellement retenues. Même la division classique des âges du monde apparaît, chez lui, dans des conditions qui montrent qu'au fond, il s'y intéressait peu. Il ne commente pas un passage d'Isidore reçu dans les collections canoniques et cité par Pierre Lombard, fondant la computation des degrés de parenté sur les âges du monde[146]; il cite une fois, par mode d'objection, dans le commentaire de Ps. 36, 25, «Junior fui ...», une explication de S. Augustin qui fait appel, de façon assez générale, à la distinction des âges du monde correspondant à celle des âges de la vie humaine[147]; il fait allusion, deux autres fois, comme à quelque chose de connu, à cette même division, sans même en énumérer tous les membres[148]; enfin, il est bien obligé de s'y référer dans sa réfutation du *De periculis* de Guillaume de Saint-Amour, puisque le maître parisien avait lui-même argué, non seulement de l'idée courante que le christianisme avait commencé le sixième âge du monde, mais de celle selon laquelle chaque âge ne devait pas durer plus de mille ans environ[149]. S. Thomas lui répond en notant, comme il l'avait déjà fait dans son commentaire du Ps. 36, et avec une citation de S. Augustin, que le sixième âge, celui de la *senectus*, est de durée indéterminée[150].

145. Voir, sur ce point, S. CLASEN. Die Sendung des hl. Franziskus. Ihre heilsgeschichtliche Deutung durch Bonaventura, dans Wissenschaft u. Weisheit, 14 (1951), pp. 212—226: cf p. 219 s; Et. GILSON. La Philos. de S. Bonaventure. Paris, 1924, p. 25—26.

146. Isidore. Etym. X, 6, 29; Pierre Lombard. Sent., lib. IV, c. 3, d. 40: l'éd. de Quaracchi, p. 980, n. 5, donne les références aux collections canoniques.

147. In Ps. 36, n. 18 (éd. Vivès, t. 18, p. 451): «Dupliciter potest exponi. Primo de aetate corporali... Sed contra hoc dicit Augustinus... Et ideo vult Augustinus quod loquatur in persona Ecclesiae. Et haec habet aetatem pueritiae in Abel, juventutis in patriarchis, senectutis in Apostolis, senectam in fine mundi. «La citation d'Augustin renvoie à En. in Ps. 36, sermo 3, 4 (P. L., 36, 385). — Comp. ST, III, 1, 6, ad 1.

148. Ainsi in Rom., c. 4, lect. 2; in Hebr., c. 9, lect. 5: «Aetates mundi accipiuntur secundum aetates hominis, quae principaliter distinguuntur secundum statum proficiendi, non secundum numerum annorum. Ita prima aetas fuit ante diluvium, in qua nec lex scripta, nec punitio, sicut infantia. Alia a Noe usque ad Abraham, et sic de aliis, ita quod ultima aetas est status praesens, post quam non erit alius status salutis, sicut nec post senium... In isto autem Christus semel apparuit...» Comp. In Joan., c. 4, lect. I, n. 9: «Christus in sexta aetate saeculi in mundum venit.»

149. De periculis noviss. temporum, c. 8: dans M. BIERBAUM. Bettelorden und Weltgeistlichkeit an der Universität Paris. Texte u. Unterschg. z. literarischen Armuts- u. Exemptionsstreit des 13. Jahrh. (1255—1272). (Franz. St., 2. Beiheft). Münster i. W., 1920, p. 19.

150. Contra impugnantes, c. 24, avec citation de S. Augustin. De div. quaest. 83: q. 58, 2 (P. L., 40, 43).

Dans la *Somme*, quand il parle du temps de la venue du Christ, S. Thomas laisse de côté le schéma des âges. Certes, on peut dire que le Christ est venu sur la vieillesse du monde, mais S. Augustin, qui s'exprime souvent ainsi, dit aussi bien que l'Incarnation est la jeunesse du monde. S. Thomas, lui, se situe à un point de vue plus formel: le Christ, dit-il, est venu «in medio annorum» (Hab., 3, 2); il devait venir au terme d'une préparation, comme le parfait après l'imparfait dont il est la finalité, mais aussi, parce qu'il est la cause efficiente de la restauration et de la perfection de la nature humaine, sa venue ne devait pas être différée jusqu'aux derniers temps[151]. On retrouve ici l'idée grandiose, et qui joue, dans la théologie de S. Thomas, un rôle si formel, des temps qui précèdent le Christ, finalisés vers lui (le salut y était obtenu par la référence intentionnelle de la foi; la fin agit avant d'être réalisée dans l'existence) et des temps qui suivent le Christ, tout vivifiés par lui comme par une source efficace de salut (les sacrements du N.T.). Ainsi S. Thomas n'est pas resté insensible à la question que s'étaient posée les Pères de l'Eglise, ou plutôt qui leur était posée par les païens: Pourquoi le Christ est-il venu si tard? Nous savons que, comme les Pères, il répond par l'idée des délais d'une pédagogie adaptée à un état d'enfance[152].

Si discret sur les âges du monde, S. Thomas s'est tenu plus éloigné encore des imaginations d'histoire apocalyptique telles que le messianisme impérial ressuscité par Frédéric Barberousse, puis par le mouvement joachimite, enfin par Frédéric II, les avaient allumées et nourries, en Occident, depuis un siècle[153].

151. Voir ST, III, 1, 6, sol. et ad 1.

152. Citons encore ce texte de l'Expos. in 1ᵃᵐ Decretal., c. 3 (éd. Vivès, 27, 430): après avoir cité Luc, 24, 44, il ajoute: «juxta ordinatissimam dispositionem temporum, quod ponitur ad excludendum errorem gentilium qui irridebant fidem christianam ex hoc quod post multa tempora quasi subito Deo in mentem venerit legem Evangelii hominibus dare. Non autem fuit subito, sed convenienti ordinatione dispositum, ut prius humano generi per legem et prophetas fieret praenuntiatio de Christo, tanquam hominibus tunc parvulis et minus eruditis, secundum illud Gal. 3, 24, *Lex paedagogus noster fuit in Christum.*»

153. Sur ces courants, la bibliographie est presque uniquement allemande. Sauf R. Folz. L'idée de l'Empire en Occident du Vᵉ au XIVᵉ siècle. Paris, 1953, les historiens français ne s'en sont guère occupés. Voir E. Sackur. Kaiserprophetien u. Kaisersagen im MA München, 1895; Sibyllinische Texte u. Forschungen... Halle, 1898. E. Wadstein. Die eschatologische Ideengruppe: Antichrist-Weltsabbat-Weltende u. Weltgericht in den Hauptmomenten ihrer christlich-mittelalterlichen Gesamtentwicklung. Leipzig, 1896 (plutôt nomenclature, et bien dépassé aujourd'hui); E. Bernheim. Mittelalterliche Zeitanschauungen in ihrem Einfluß auf Politik und Geschichtsschreibung, I. Tübingen, 1918; A Dempf. Sacrum Imperium. Geschichts- u. Staatsphilosophie des MA u. d. Politischen Renaissance. München-Berlin, 1929 (2ᵉ éd., Darmstadt, 1954: le meilleur exposé d'ensemble)

Faut-il rappeler ici que le *De adventu Antichristi* et le *De Praeambulis ad ulti-num judicium* imprimés dans ses œuvres, ne sont pas de lui?[154] Quand il ren-contre de telles supputations des signes précurseurs de l'Antéchrist dans le *De periculis* de Guillaume de Saint-Amour, il les critique en en montrant les fautes de logique et le caractère arbitraire[155].

Un des rares textes, peut-être le seul, où S. Thomas touche, sur un point, le domaine des applications de l'Ecriture à l'histoire postchrétienne, est celui de son commentaire sur la seconde épître aux Thessaloniciens, ch. 2, v. 3, où S. Paul parle de la «discessio prima», de l'apostasie qui doit précéder la venue de l'homme impie.

C. ERDMANN. Endkaiserglaube u. Kreuzzugsgedanke im 11. Jahrh., dans Zeitsch. f. Kir-chengesch., 51 (1932), pp. 384—414; W. KAMLAH. Apocalypse u. Geschichtstheologie. Die mittelalterliche Auslegung der Apokalypse vor Joachim v. Fiore. Berlin, 1935; E. BENZ. Die Kategorien des eschatologischen Zeitbewußtseins. Studien z. Geschichtstheol. der Franziskanerspiritualen, dans Deutsche Vierteljahrschr. f. Literaturwiss. u. Geistesgesch., 11 (1933), pp. 200—229; Die Geschichtstheol. der Franziskanerspiritualen des 13. u. 14. Jahrh. nach neuen Quellen, dans Z. f. KG., 32 (1933), pp. 111 s.

Nous disposons aujourd'hui d'un texte bien représentatif de cette historiosophie apoca-lyptique: le commentaire de l'Apoc. du Franciscain Alexandre de Brême, écrit en 1235—49: Alexander Minorita. Expos. in Apocalypsim, hersg. v. AL. WACHTEL (M. G. H. Quellen z. Geistesgesch. d. MA, 1). Weimar, 1955.

154. Respectivement dans l'éd. Vivès, t. 28, p. 610 s. et 629 s. (ou éd. Parme, t. 17, p. 438 s. et 452 s.). Le P. F. PELSTER voulait les attribuer à Albert le Grand (voir dans Miscellanea F. EHRLE, t. I, p. 348; Scholastik, 1929, p. 126), mais le P. G. MEERSSEMAN (In-trod. in Opera omnia B. Alberti Magni. Bruges, 1931, p. 97—98) reste, avec raison, très réservé.

155. Contra Impugnates, c. 24: «...Non ergo potest quamtumlibet spatium determina-ri, aut parvum vel magnum tempus, quo finis mundi, in quo Christus et Antichristus expectantur, expectetur...» S. Thomas répond, un par un, aux huit signes relevés par Guil-laume (loc. cit. supra, n. 149): cela n'a pas empêché celui-ci de publier encore, en 1266, un Liber de Antichristo et ejus ministris (BIERBAUM, op. cit., p. 268). Il semble bien que les contradicteurs franciscains des maîtres parisiens séculiers n'aient pas été aussi libres que S. Thomas pour les critiquer dans leurs supputations eschatologiques: Bertrand de Bayon-ne, ou plutôt, d'après les PP. PELSTER, (Archiv. francisc. hist., 15 (1922), p. 3—22) et DELOR-ME (Dict. Theol. cath. art. Peckham, col. 135), Thomas d'York, par exemple, dans sa ré-ponse au *De peric.*: traité Manus quae contra Omnipotentem (sauf deux ou trois mots: BIERBAUM, p. 269, n. 6). S. Bonaventure lui-même, encore qu'il réagisse contre l'idée d'une fin du monde imminente (BIERBAUM, p. 269, n. 2), parle souvent de *finis saeculi* et de *tem-pora novissima*. Les Franciscains s'intéressaient surtout à défendre la pauvreté et la men-dicité.

Voir P. GLORIEUX. Le Contra impugnantes de S. Thomas. Ses sources, son plan, dans Mélanges P. MANDONNET, t. I (Paris, 1931), p. 51—81.

Cela peut désigner, dit-il, soit une «discessio a fide», soit une «discessio a Romano Imperio, cui totus mundus erat subditus». Dans ce cas, ajoute-t-il, comment expliquer que l'Antéchrist ne soit pas venu — il n'est donc pas, pour lui, Frédéric II —, alors que les peuples se sont soustraits à l'Empire romain? Il répond: «Nondum cessavit (Imperium Romanum), sed est commutatum de temporali in spirituale, ut dicit Leo Papa in sermone de Apostolis. Et ideo dicendum est quod discessio a Romano Imperio debet intelligi, non solum a temporali, sed a spirituali»[156]. Mais il n'y a guère là une théorie théologico-politique concernant l'Empire, comme le suggérait, par exemple, R. L. POOLE[157], encore que S. Thomas ait difficilement pu, en raison de l'engagement de sa famille et de ses frères dans les affaires de Frédéric II, ne pas avoir une opinion sur la question[158]. Ce texte, qui date d'environ 1264 (MANDONNET) ou plutôt d'environ 1267 (SYNAVE, GLORIEUX), permet cependant de voir, en S. Thomas, un témoin des idées alors courantes à la Curie romaine, où notre Docteur le commentait en ce temps-là, et qui s'exprimeront bientôt dans la lettre de Clément IV du 3 mai 1268 à Jean Annibaldi, «Proconsul des Romains». On est alors en pleine crise de l'Empire. Frédéric II est mort le 13 décembre 1250, son fils Manfred, roi de Sicile, le 26 février 1266. La papauté favorise la famille d'Anjou, déjà établie à Naples, et Clément IV transfère la couronne de Sicile à Charles. Le dernier Staufen, Conradin, tente de reprendre l'idée impériale et de supplanter la papauté à Rome même (printemps 1268). C'est alors, avant la défaite de

156. In 2 Thess., c. 2, lect. 1. La citation de S. Léon se réfère au Sermo 82 (In Natali Apostolorum 1), n. 1 (P. L., 54, 422—23) qui fournissait alors, au bréviaire dominicain, les six premières leçons du dimanche dans l'Octave du 29 juin (avec quelques coupures): cf le Lectionnaire de l'Office, dans le Prototype de Humbert de Romans conservé au couvent dominicain de Ste Sabine, à Rome, fol. 203[v].

On comparera De regimine princ., I, 14: «Romam urbem Deus praevideret christiani populi principalem sedem futuram»: où les mots «christiani populi», qui rappellent les expressions liturgiques usitées dans le sacre des empereurs, semblent se référer plus à la capitale de l'Empire qu'au Siège apostolique.

157. Illustrations of the History of Medieval Thought and Learning, 2e éd. Londres, 1920, p. 215, n. 3.

158. Les frères de S. Thomas, on le sait, étaient au service de Frédéric II. Cependant, à l'exception du descendant de la branche cadette, Thomas d'Aquin, comte d'Acerra, cousin du saint, demeuré un zèle partisan de l'empereur excommunié, la famille de notre Docteur avait pris parti pour le pape contre Frédéric et avait eu, de ce fait, à souffrir de ce dernier. Les meilleures études sur la famille de S. Thomas sont celles de F. SCANDONE. Voir aussi M. MACCARRONE. Innocenzo III e la famiglia di S. Tommaso d'A., dans Riv. di Storia della Chiesa in Italia, 10 (1956), pp. 165—192.

Conradin (23 août 1268), son procès et son exécution, que le pape proclame la doctrine de la Curie: l'Empire romain est fini comme Empire politique de la force; la dignité de capitale qu'il avait donnée à Rome est passée à la Rome chrétienne et pontificale, sans déchoir de son excellence ...[159] C'est cette idée même que S. Thomas proposait, en passant, sur la fin de 1267.

Si, comme nous le croyons, ce bref passage de notre Docteur a réellement ce contexte, il faut bien avouer que l'allusion est discrète: le Maître se réfère à l'autorité de S. Léon et n'en dépasse pas l'énoncé. Il est clair que S. Thomas se gardait des entraînements faciles de l'imagination. S'il admettait quelque élément d'historiosophie dans sa théologie, il voulait demeurer au point de vue formel de la *Sacra Doctrina* et dans les limites, qu'il a lui-même définies[160], des sources et des critères valables pour cette science. C'est pourquoi, à la division en six jours ou «articuli temporis», il préférerait sans doute celle, également augustinienne et classique[161] en temps (ou loi) *naturae, sub lege, sub gratia*: car c'est une division formelle et fondée expressément dans l'Ecriture.

S. Thomas, nous dit Guillaume de Tocco, avait pris connaissance des écrits de Joachim de Flore dans un monastère[162]. Il ne critique pas seulement la théologie trinitaire de l'Abbé calabrais (ST, I, 39, 5), mais ses vues historiosophiques et ecclésiologiques. Et tout d'abord la thèse fondamentale de la *Concordia Novi et Veteris Testamenti*, selon laquelle on pouvait établir une concordance détaillée entre les faits ou les personnages de l'Ancien Testament, âge du Père, et ceux de l'histoire de l'Eglise, âge du Fils[162 bis]. Mais c'est sur-

159. Texte dans MARTÈNE et DURAND. Thesaurus novus Anecdotum. Paris, 1717, t. 2, col. 591—592. En raison du contexte d'idées que nous venons d'évoquer, et dont le texte de S. Thomas nous semble être un témoin, nous ne dirions pas, avec R. FOLZ (op. cit., p. 145), que, pour Clément IV, «la Rome des Apôtres s'oppose à celle des Césars; elle n'en est pas la continuation: un abîme sépare Clément IV et Léon le Grand.»

160. ST, I, 1, 8, ad 2.

161, S. Augustin. Enchir., 118 (P. L., 40, 287); De div. quaest. 83: q. 61, 7 et 66, 7 (40, 52 et 66); Epist. 157, 3, 15 (33, 681); De Trin., IV, 7 (42, 893). — Pour la Première scolastique, comp. supra, nn. 3 et 117. Pour S. Thomas, cf passim dans notre article, et In Joan., c. 2, lect. I, n. I.

162. Cf Acta SS Martii, t. 1, p. 665.

162 bis. «Quamvis status Novi Testamenti in generali sit praefiguratus per statum Veteris Testamenti, non tamen oportet quod singula respondeant singulis, praecipue cum in Christo omnes figurae Veteris Testamenti fuerint completae; et ideo Augustinus dicit (De Civ. Dei, XVIII, 32): 'exquisite et ingeniose illa singula his singulis comparata videantur, non prophetico spiritu, sed coniectura mentis humanae, quae aliquando ad verum pervenit, aliquando fallitur'. Et similiter videtur esse de dictis Abbatis Joachim. » IV Sent., d. 43, q. I, a. 3.

tout la thèse joachimite d'un troisième âge, celui de l'Esprit, que S. Thomas s'applique à ruiner. Certes, pour lui, le passage de la loi mosaïque à celle de l'Evangile représentait un changement profond. Mais rien ne devait succéder à la loi nouvelle de la grâce avant l'eschatologie. Le régime chrétien durera jusqu'à la fin et, en deça de la vie éternelle glorieuse, aucun autre ne peut être supérieur, puisqu'il y mène efficacement[163]. Pour S. Thomas, comme déjà pour S. Augustin, il n'existe pas, dans l'histoire de l'Eglise, d'apport nouveau comparable à ceux qui permettent de distinguer, avant elle, des accroissements nouveaux et substantiels. La Révélation est close, l'Eglise est «apostolique»[164]. Si, ajoute notre Docteur, il y a des variations dans l'état spirituel de l'humanité, c'est seulement en ce sens qu'à l'intérieur de l'unique et définitif régime chrétien, il peut exister des moments ou des lieux de plus grande ferveur. Notons, une fois encore, la discrétion de S. Thomas. Il était fréquent, dans l'historiosophie du XIIe et du début du XIIIe siècle, qu'on identifie les grands moments de grâce aux fondations nouvelles ou aux grandes réformes religieuses[165]. La bulle de Grégoire IX canonisant S. Dominique reflétait encore quelque chose de ces vues[166]. Rien de tel, même sous la forme d'une suggestion, chez S. Thomas.

Par contre, en vertu du principe selon lequel il y a une plus grande vertu près de la source ou du principe que loin d'eux, il se montre sûr d'une chose:

163. ST, I—II, 106, 4. S. Thomas y récuse aussi, ad 3, la corresponde ou l'espèce d'appropriation des temps de l'A.T., de l'Incarnation et de l'Eglise, respectivement au Père, au Fils et au Saint-Esprit, que l'on trouve, au XIIe s., chez Rupert de Deutz, Gerhoh de Reichesberg (De ordine donorum Spir. S.) et quelques auteurs prémontrés, et qu'admet S. Bonaventure (cf DEMPF, op. cit., p. 360, 371).

164. «Apostoli et eorum successores sunt vicarii Dei quantum ad regimen Ecclesiae constitutae per fidem et fidei sacramenta. Unde sicut non licet eis constituere aliam Ecclesiam, ita non licet eis tradere aliam fidem neque instituere alia sacramenta»: ST, III, 64, 2, ad 3; IV Sent., d. 17, q. 3, a. 1, sol. 5; d. 27, q. 3, a. 3, ad 2.

165. Cf J. SPÖRL. Das Alte und das Neue im MA. Studien z. Problem des mittelalterl. Fortschrittsbewußtseins, dans Hist. Jahrb., 50 (1930), pp. 297—341, 498—524: cf p. 338 s. — S. Bonaventure distinguait trois grandes époques dans l'histoire de l'Eglise: au début, des saints puissants en miracles et en signes, puis un temps intermédiaire (un moyen âge!), d'œuvres intellectuelles, puis le temps de la pauvreté volontaire (De perfectione evang., q. 2, a. 2, n. 20: éd. Quaracchi, t. 5, p. 147—48); il situait ainsi le fait majeur de S. François: comp. supra, n. 145. S. Thomas n'a rien écrit de tel. Comme le remarque M. GRAB-MANN (Die Lehre d. hl. Th. v. A. von der Kirche, p. 87—88), il n'a pas vraiment de division de l'histoire de l'Eglise.

166. Texte édité par A. WALZ dans Mon. Ord. Praed. Histor., t. 16. Rome, 1935, p. 190 s.

s'il y a eu un temps de plus grande grâce, c'est celui des apôtres, qui ont reçu les prémices de l'Esprit (Rom., 8, 23). On connaît déjà la conviction de S. Thomas à ce sujet[167]. Pour lui, la perfection n'est pas à attendre, comme pour Joachim[168], d'une effusion entièrement nouvelle de l'Esprit, mais de la source, la Croix et la Pentecôte indissolublement unies, et, s'il le faut, d'une remontée à l'*Ecclesia primitiva*, idéal traditionnel de toutes les réformes[169], ou mieux encore, aux apôtres et, par eux, à Jésus-Christ. Il y a bien, dans la théologie de S. Thomas, une vue sur l'histoire de l'Eglise ...

Il en est d'autres encore: d'abord concernant la fondation ou les origines de l'Eglise, ensuite touchant ses différentes situations historiques.

S. Thomas a repris le thème, unanimement suivi par les théologiens, de l'Eglise sortant du côté ouvert du Christ en croix, comme Eve avait été formée du côté d'Adam endormi[170]. L'Eglise est née du Verbe incarné, dans le mystère de sa Pâque. Mais S. Thomas a bien eu conscience qu'on ne pouvait pas assigner, à ce que nous appelons sa fondation, un moment unique: toute la suite des «acta et passa Christi» a opéré cette fondation: l'Incarnation elle-même, car le Christ a épousé la nature humaine «in utero Virginis»[171]; la promesse de Césarée de Philippe, car Jésus y fonde l'Eglise sur la foi confessée par Pierre[172]; la Pentecôte, qui était, pour les Juifs, la fête du don de la Loi, car l'Eglise y reçoit sa loi, non sous la forme d'un énoncé extérieur, mais dans le don intime

---

167. ST, I—II, 106, 4. Cf supra, n. 31. Comp. in Ephes., c. 1, lect. 3: «Ex quo apparet temeritas illorum, ut non dicam error, qui aliquos sanctos praesumunt comparare apostolis in gratia et gloria...»

168. Cf H. GRUNDMANN. Studien über Joachim v. Floris. Berlin, 1927, p. 105 s.

169. Quelques évocations de l'*Ecclesia primitiva* chez S. Thomas: I Sent., d. 16, q. 1, a. 2, ad 2; ST, III, 80, 10, ad 5: «Eccl. prim., quando magna vigebat devotio fidei christianae.»

170. On trouvera un dossier de textes, sur ce point, auquel il serait facile d'ajouter indéfiniment, dans S. TROMP. De nativitate Ecclesiae ex corde Jesu in cruce, dans Gregorianum, 1932, pp. 489—527. Pour S. Thomas, cf In Mat., c. 16, n. 2; in Rom., c. 5, lect. 4; in 1 Cor., c. 11, lect. 2; IV Sent., d. 8, q. 1, a. 1, sol. 3 et a. 2, sol. 2; ST, III, 62, 5; 64, 9, ad 3; 68, 3, ad 2.
Sur l'Eglise née de la Passion, ST, I—II, 103, 3, ad 2 et 4; III, 62, 5.

171. In Joan., c. 2, lect. 1; in Ps. 44; ST, III, 30, 1, sol.

172. Telle est l'interprétation la plus répandue du texte de Mat., 16, 18, soit au moyen âge en général (cf FR. GILLMANN. Zur scholastischen Auslegung von Mt 16, 18, dans Archiv f. kathol. Kirchenrecht, 1924, pp. 41—53), soit chez S. Thomas: cf. MERX. Wie verstand Thomas v. A. die Stelle «super hanc petram aedificabo Ecclesiam meam»?, dans Zeitsch. f. Kirchengesch., 3 (1879), pp. 195—97; on pourrait ajouter d'autres références à celles qui sont indiquées là.

III

118

du Saint-Esprit, puisque la loi nouvelle est principalement Sa grâce, «lex Spiritus Sancti»[173]; à partir de quoi cette «fondation» s'étend à toute l'activité des apôtres eux-mêmes[174].

Nous ne prétendons pas ici épuiser le sujet, mais nous voudrions attirer l'attention sur la façon, de tous points remarquable, dont S. Thomas a perçu et intégré à sa théologie les données du Nouveau Testament concernant la substitution de la Nouvelle Disposition à l'Ancienne. Ce point nous donne un bel exemple de sa fidélité attentive aux indications historiques de l'Ecriture. Le Nouveau Testament, en effet, nous montre Jésus lui-même observant certaines prescriptions mosaïques; il nous montre également, non seulement l'entourage de Jacques, mais S. Paul lui-même, en suivre quelques unes, plusieurs années après la Pentecôte. Cependant, il proclame de multiples manières que la Pâque du Christ, sommet de toute l'histoire du salut, est le moment décisif où l'Ancienne Disposition a été abrogée — le voile du Temple s'est déchiré ... — et où les sacrements de la Nouvelle ont reçu leur efficacité de grâce[175].

A la suite de S. Augustin, qu'il préfère ici à S. Jérôme, S. Thomas distingue trois temps dans le processus d'abolition des dispositions mosaïques[176]: 1. avant la Passion du Christ: le mystère du Christ est commencé, mais il n'est pas consommé; la Loi et l'Evangile coexistent[177]: en sorte que les prescriptions légales «neque erant mortifera, neque erant mortua». Elles avaient encore leur valeur religieuse. 2. Entre les deux, un temps intermédiaire, allant de la Passion du Christ à la divulgation de l'Evangile; temps «in quo legalia quidem fuerunt mortua ..., non tamen mortifera». S. Thomas caractérise ce temps comme le délai nécessaire «ad hoc quod posset coalescere unio gentilium et judaeorum»[178]. 3. Après le moment où l'Evangile eût été suffisamment divulgué: les observances légales devenaient, non seulement mortes, mais mortelles.

173. ST, I—II, 103, 3, ad 4, et cf. Chartres 1956 (supra, n. 87). — «Lex Spiritus Sancti»: I—II, 102, 4, ad 10; 103, 3, ad 4.
174. Les apôtres fondateurs: I Sent., d. 16, q. 1, a. 2, ad 2 et 4; ST, I, 43, 7, ad 6, et cf M. GRABMANN. Die Lehre... v. d. Kirche, p. 151 s.
175. Le voile du Temple...: ST, I—II, 103, 3, ad 2. — Les sacrements recevant leur efficacité de la Passion: IV Sent., d. 1, q. 1, a. 4, q^a3, sol.; d. 25, q. 1, a. 2, ad 4; C. Gent., IV, 56 et 57; ST, III, 52, 1, ad 1; 60, 3; 61, 1, ad 3; 62, 5, sol. et ad 2; 83, 3, ad 1.
176. ST, I—II, 103, ad 1 et 3; 104, 3.
177. ST, I—II, 103, 3, ad 2, et cf III, 38, sur le baptême de Jean. — Avant la passion, les sacrements n'étaient pas obligatoires (III, 66, 2, ad 3); ils pouvaient être célébrés par anticipation: III, 46, 2, ad 1.
178. ST, I—II, 103, 4, ad 3.

Quand, même sans s'inféoder à l'Ecole protestante de Tübingen, on connaît quelque peu les problèmes d'exégèse et d'histoire des Origines chrétiennes
que posent les témoignages que nous avons sur la crise suscitée par l'action
hardie de S. Paul, d'un côté, le courant judaïsant de l'autre, on admire la façon
dont cette théologie permet de situer les faits en leur donnant leurs coordonnées précises par rapport à l'événement décisif de Pâques. Après la Passion,
tout le régime religieux change: le baptême remplace la circoncision; «sabba-
tum, quod significabat primam creationem, mutatur in diem dominicum, in
quo commemoratur nova creatura inchoata in ressurectione Christi» (en peu
de mots, quelles magnifiques perceptions!); des fêtes nouvelles, issues de la
Pâque du Christ, remplacent les fêtes anciennes: celle de la Passion et de
la Résurrection remplacent la Pâque juive, la Pentecôte chrétienne, «in qua
fuit data lex Spiritus vitae» remplace la commémoration du don de la Loi;
etc....[179] On voit que S. Thomas sait parfois faire suivre, à sa «théologie», les
voies proprement *historiques* et «économiques» de la Sagesse de Dieu ... Mais
il faut le reconnaître, le fait est occasionnel, et ce n'est pas le parti de principe
que notre Docteur a choisi pour son élaboration de la *Sacra Doctrina*.

La question d'états différents et successifs dans la situation de l'Eglise avait
été posée une première fois par les Donatistes à S. Augustin: en effet, soumis
aux mesures coactives du pouvoir impérial, les Donatistes n'avaient pas manqué
de protester en arguant de la nouveauté inacceptable du recours à la force
séculière, que l'Eglise ancienne, celle des non-traditeurs, n'avait pas connu.
La question avait été posée une nouvelle fois, et elle le demeurait, à la suite de
la victoire de la papauté sur l'Empire. L'Eglise était désormais honorée et
comblée par les rois. Les sectes spirituelles du XIIe siècle ne se faisaient pas
faute de le lui reprocher, en datant de Constantin la naissance d'une nouvelle
Eglise, infidèle à la simplicité et à la pauvreté des apôtres. Indépendamment
même de leurs attaques, les théologiens ne pouvaient éviter de se poser la
question qui naissait d'une comparaison entre l'état primitif de l'Eglise, jadis
humiliée et persécutée, et son état présent, tout d'honneurs et de prospérité[180].
La même question, et les mêmes critiques, continuaient d'être adressées, au
XIIIe siècle, par les sectes spirituelles, ou même par certains laïcs, par Fré-

179. ST, I—II, 103, 3, ad 4.
180. La question est particulièrement abordée par Honorius Augustodenensis (Summa
gloria: P. L., 172, 1257 s.; M. G. H., Libelli de Lite, t. 3, p. 63 s.) et Othon de Freising
(Chronica, IV, prol.: éd. Script. rer. german., p. 180 s.). — Cf FR. HEER. Die Tragödie des
Hl. Reiches. Wien-Zürich, 1952, p. 197.

déric II, par exemple, dans le Manifeste *Illos felices* de 1245[181]. L'évangélisme des Mendiants ne pouvait que leur rendre le reproche plus sensible, dans le milieu où vivait S. Thomas. On doit reconnaître, cependant, que celui-ci ne paraît pas en avoir été troublé dans les profondeurs, et qu'il s'est surtout appliqué, sans le mettre en question, à justifier l'état de choses établi. Telle est, d'ailleurs, généralement, l'attitude des théologiens[182].

La question a été posée à S. Thomas, au cours d'une dispute quodlibétique tenue à Paris, en 1270—71: Quodl. XII, a. 19[183]. Il y répond en distinguant la substance inchangée et inchangeable de l'Eglise, faite, maintenant comme aux origines, de «eadem fides, eadem fidei sacramenta, eadem auctoritas, eadem professio», et différents états ou temps de cette Eglise, comme S. Augustin l'avait déjà reconnu[184]. Il fut un temps où les rois s'élevaient contre le Christ et persécutaient les fidèles; «aliud vero tempus et nunc, quo reges intelligunt et eruditi serviunt Domino Jesu Christo in timore, et ideo in isto tempore reges sunt vassalli Ecclesiae. Et ideo est alius status Ecclesiae nunc et tunc, non tamen est alia Ecclesia». Quant aux conjonctures dans lesquelles ce texte a été

---

181. «Semper nostre fuit intentio voluntatis clericos cuiuscunque ordinis ad hoc inducere, et maxime maximos, ut tales perseverarent in fine, quales fuerunt in ecclesia primitiva, apostolicam vitam ducentes, humilitatem dominicam imitantes»: encylique Illos felices aux princes, 1245: texte dans BÖHMER. Regesta Imperii, t. 5, 1341; HUILLARD-BRÉHOLLES. Hist. diplomatica Friderici II, t. 6, 391; WINCKELMANN. Acta Imperii inedita, t. 2, nr 46. Cf FR. GRAEFE. Die Publizistik in der letzten Epoche Kaiser Friedrichs II... Heidelberg, 1909, p. 197.

Innocent IV répondait à ce reproche dans la bulle citée infra, n. 189: cf GRAEFE, p. 216.

182. On en a d'autres exemples chez S. Thomas. Le plus étonnant, qui a fait couler beaucoup d'encre, se trouve II Sent., d. 44, expos. textus, ad 4: on est en 1255, au lendemain de la mort d'Innocent IV...

183. Le P. MANDONNET le date de 1270, date confirmée par les études minutieuses de P. GLORIEUX: déc. 1270 (Les polémiques «contra Geraldinos». Les pièces du dossier, dans Rech. Théol. anc. méd., 6 [1934], pp. 5—41)8 le P. SYNAVE dit: 1270—71; le P. PELSTER: 1272, en Italie, ce qui est bien peu probable.

Nous ne faisons pas état ici du commentaire sur le Cant. des Cant. *Sonet vox tua* dans lequel (c. 1: éd. Vivès, t. 18, p. 611) l'Eglise peut être considérée en trois états: «quantum ad statum primitivum..., ad statum ultimum, quando Judaei omnes salvi fient..., ad statum medium, secundum quem Ecclesia proficit et quasi universaliter gentes sunt conversae.» En effet, si M. GRABMANN admet l'authenticité de ce commentaire, le P. MANDONNET (Rev. thomiste, 1928, p. 136 s.) et le P. SYNAVE (Vie spirit., juill. 1923, p. 468) la nient, et l'attribueraient à Gilles de Rome.

184. Epist. 184, 13 s. (contra Donatistas): P. L., 33, 798.

écrit, admirons l'objectivité toute sereine de S. Thomas, car il se trouvait en pleine controverse avec les maîtres séculiers ; quant à la doctrine, notons que notre Docteur admettait d'avance la distinction que l'opinion catholique et les évêques demandaient, au XIXᵉ siècle, que l'on fasse, et que les papes n'ont pas manqué de faire, depuis Pie IX jusqu'à nos jours[185], entre l'essentiel du pouvoir apostolique et les modalités que son exercice a pu prendre selon les époques, et aussi selon l'état du droit public, soit de l'Empire païen, soit de la Chrétienté, soit du monde laïc moderne.

Cette théologie historique, qui est aussi une théologie politique, se retrouve ici ou là, en diverses applications, dans l'œuvre de S. Thomas. Il justifie par elle le fait que l'Eglise ait toléré que les fidèles obéissent à Julien l'Apostat, alors que, Grégoire VII en est témoin, elle a le pouvoir de prononcer un jugement privant de leur *dominium* les princes chrétiens coupables d'infidélité[186]. Le Christ est né dans l'humilité et l'obscurité de Bethléem, mais, afin de manifester la puissance de sa faiblesse, qui confond les forts (1 Cor., 1, 27), «in ipsa Roma, quae caput mundi erat, etiam caput Ecclesiae suae statuit, in signum perfectae victoriae, ut exinde fides derivaretur in universum mundum ...»[187]

La question des différences entre l'Eglise primitive et celle du moyen âge se posait encore à propos des miracles, qui avaient abondé aux origines et semblaient presque disparus. Le problème avait été posé dès le IIᵉ siècle ; les Pères — S. Augustin, S. Grégoire, S. Isidore — y avaient répondu de diverses manières ; les scolastiques l'envisageaient à leur tour et montraient que, nécessaires aux origines de l'Eglise, les miracles ne l'étaient plus désormais : ce qui, pour le dire en passant, devrait mettre à l'aise les esprits qui éprouveraient quelque scrupule à mettre en doute la véracité objective de tant de récits merveilleux dont abondent les textes anciens.

Une fois encore, la question pouvait avoir ses incidences en théologie politique. Il n'est pas impossible qu'elle ait été rendue plus vive et plus actuelle par la «Publizistik» de l'époque de Frédéric II. Le fait que les miracles, si nombreux dans l'Eglise primitive, n'existaient plus alors, fournissait, en effet, à l'empe-

185. Les évêques, dans une pétition du 10 avril 1870, au concile du Vatican (Documenta..., gesammelt u. hrsg. von J. Friedrich, Abt. 2. Nördlingen, 1871, p. 388 s.) ; les papes : cf notre étude «*Ecce constitui te super gentes et regna (Jér., I, 10)*» *in Gesch. u. Gegenwart*, dans Theologie in Gesch. u. Gegenwart. Festschr. f. M. Schmaus. München, 1957, p. 671 s.

186. ST, II—II, 12, 2, sed c., sol. et ad 1.

187. ST, III, 35, 7, ad 3. — Le Symbole n'avait pas été manifesté publiquement avant Constantin : il l'a été à Nicée : II—II, 1, 9, ad 6.

reur, un argument contre Innocent IV qui venait de l'excommunier et de le déposer[188]. Le pape s'était lui-même appliqué à répondre dans sa bulle *Eger cui lenia* de la fin de 1245[189]. S. Thomas, lui, situe sa réponse dans le cadre de ses vues sur l'Eglise primitive, sur la plus grande abondance de dons à la proximité de la source, sur les convenances, enfin, que des manifestations visibles accompagnent l'envoi invisible de la grâce et la prédication chrétienne à son début, afin de confirmer la loi et de favoriser sa propagation[190]. Il ne serait pas difficile d'illustrer ces dernières considérations par l'histoire des Missions, jusque et y compris à l'époque contemporaine ...

Dans son si remarquable *Sacrum Imperium*, ALOIS DEMPF écrit, au sujet de S. Thomas: «Er sah nur die Überzeitlichkeit der Wahrheit ... Er ist förmlich der überzeitliche Mensch, der keine Geschichte braucht ...»; un peu plus loin, il parle de «Enthistorisierung der Kirche»[191]. Il est certain que S. Thomas a choisi la voie d'une recherche de la nature des choses, de leurs causes essentielles et de leur enchaînement à partir de Dieu et vers Dieu. Nous pensons avoir montré qu'il a su, cependant, assumer dans cette «Théologie» bien des éléments de l'Histoire du salut et éclairer les étapes essentielles de cette Histoire d'une façon dont les théologiens d'aujourd'hui peuvent encore faire leur profit.

188. Loc. cit. supra, n. 181; cf GRAEFE, op. cit., p. 197.

189. Voici son texte: «Ecclesiam quoque sanctam catholicam contempnendam exposuit pro eo, quod in fine seculorum, quo debent cessare prodigia, illa miraculorum frequentia non coruscat, que in sue nativitatis principio coruscabat, quando infidelibus, non fidelibus, qui signa non querunt, interdum per malos etiam signa dabantur, ut sic flecterentur ad fidem difficiles ad credendum, et sic nec temporibus nostris omnino defuerunt, qui in gremio fidei nostre signis et prodigiis floruerunt. Impigere insuper nititur maculam, ut ipsa displiceat sponsa Christi, ex eo quod iuxta Davidicum vaticinium factum est potens in terra semen ipsius et in domo eius fidelium multiplicata devotio divitias et gloriam ampliavit. Deus enim, licet primum non multos potentes elegerit, potentes tamen non abicit, cum et ipse sit potens, et iusti divites fuisse noscuntur in ecclesia primitiva, quibus ipse apostolus vel dominus per apostolum precipi 'sapere non sublime' precepit. Nos quoque etsi preferamus paupertatem ex spiritu, que inter affluentes divitias cum difficultate nutritur, divitiarum tamen non usum in culpa fore dicimus, sed abusum.» (WINCKELMANN. Acta Imp. ined., t. 2, p. 700—701.) — GRAEFE, p. 201, rétablit le mot *lenia* au lieu de *levia* dans le début de ce document fameux.

190. Outre les textes sur les apôtres et sur l'*Eccl. primitiva* cités supra, en particulier ST, I—II, 106, 4, voir I Sent., d. 16, q. 1, a. 2, ad 2 et 3; ST, I, 43, 7, ad 6. Comp. in 1 Cor., c. 13, lect. 1; in Ephes., c. 2, lect. 2 (quelques mots).

191. Op. cit., p. 381 et 395.

IV

"ECCLESIA" ET "POPULUS (FIDELIS)" DANS L'ECCLÉSIOLOGIE DE S. THOMAS

DANS le cadre d'un bref traité des sacrements, plus particulièrement du Sacrement de l'Ordre, S. Thomas, en *Contra Gentiles*, livre IV, chapitre 76, parle "de episcopali potestate et quod in ea unus sit summus". Voici le texte du deuxième paragraphe de ce chapitre:

> Manifestum est autem quod quamvis populi distinguantur per diversas dioeceses et civitates, tamen, sicut est una Ecclesia, ita oportet esse unum populum Christianum. Sicut igitur in uno speciali populo unius ecclesiae requiritur unus episcopus, qui sit totius populi caput: ita in toto populo Christiano requiritur quod unus sit totius Ecclesiae caput.

L'argument repose sur le passage de l'idée d'*ecclesia* à celle de *populus*, plus exactement de l'idée d'*una ecclesia* à celle d'*unus populus*, puis sur un retour de l'idée de *populus* à celle d'*ecclesia*, mais d'une idée de *populus* enrichie ou précisée par cette donnée, prise comme évidente, qu'il ne peut y avoir de *populus* sans *caput*.

Ailleurs et antérieurement, Thomas avait exposé la même thèse, mais sans distinguer les concepts de *populus* et d'*ecclesia*: dans *In IV Sent.* d.24, q.3, a.2 sol. 3, il traitait les Eglises particulières et l'Eglise universelle de façon très sociologique, comme des corps sociaux poursuivant, celles-là, un bien commun "spécial", objet d'un "regimen particulare", celle-ci un bien commun "plus divin", objet d'un "regimen universale".[1] La théologie de l'Eglise particulière redécouverte depuis une quinzaine d'années serait peu satisfaite par cette considération sociologique: elle part, en effet, de l'idée que tout le mystère de l'Eglise est réalisé dans

---

1 "Ubicumque sunt multa regimina ordinata in unum, oportet esse aliquod universale regimen supra particularia regimina: quia in omnibus virtutibus et artibus, ut dicitur in 1 Ethic. (c. 1), est ordo secundum ordinem finium. Bonum autem commune divinius est quam bonum speciale; et ideo super potestatem regitivam quae conjectat bonum speciale, oportet esse potestatem regitivam universalem respectu boni communis, alias non posset esse colligatio ad unum. Et ideo cum tota Ecclesia sit unum corpus, oportet, si ista unitas debet conservari, quod sit aliqua potestas regitiva respectu totius Ecclesiae supra potestatem episcopalem, qua unaquaeque specialis Ecclesia regitur: et haec est potestas Papae; et ideo qui hanc potestatem negant, schismatici dicuntur, quasi divisores ecclesiasticae unitatis..."

l'Eglise particulière, surtout en raison du fait que l'Eucharistie y est célébrée et qu'avec elle tout le bien commun spirituel de l'Eglise est là.[2] Ainsi le texte dont nous partons, et dont nous espérons qu'il nous introduira en une meilleure connaissance de la pensée de S. Thomas sur l'Eglise, suppose-t-il, entre les concepts d'*ecclesia* et de *populus*, à la fois une différence et une certaine identité. Nous examinerons d'abord l'identité, puis la différence.

A. LE THÈME D'IDENTITÉ

"Ipse populus Ecclesia dicitur".[3] L'Eglise n'est pas autre chose que le peuple de Dieu en sa condition chrétienne. C'est là un thème fondé dans l'Ecriture et familier à la Tradition. Il s'est développé selon deux lignes qui se sont souvent rapprochées, parfois mêlées, la ligne dogmatique et la ligne historique de Chrétienté.

1. *Dans la ligne dogmatique*

Sous une forme ou sous une autre — "populus Dei", "populus Christi", "Ecclesiae populus", "populus credentium" — la désignation de l'Eglise comme peuple fidèle est fréquente chez les Pères de l'époque anténicéenne.[4] Même chose chez les Pères de la fin du IVe siècle: Lucifer de Cagliari,[5] Ambroise,[6] Optat de Milev,[7] Jérôme.[8] Chez S. Augustin, les textes abondent. En voici quelques uns, sans recherche d'une succession chronologique rigoureuse qui, dans le cas, ne s'impose pas:

> Ecclesia id est populus Dei per omnes gentes, quod est corpus ejus (*De catech. rud.* 3, 6: PL 40, 313).
> Nunc quippe populus Dei censentur omnes qui portant sacramenta ejus...(*En. in Ps.* 47, 8: PL 36, 538).
> Societatem christiani populi (*De vera relig.* 17, 33: PL 34, 136).

---

2 Voir infra n. 71. Le décret Presbyterorum Ordinis, 5, cite en note les textes de *Sum. theol.*, III, q. 65, a. 3, ad 1 (et q. 79, a. 1 c et ad 1), où on lit: "Bonum commune spirituale totius Ecclesiae continetur substantialiter in ipso Eucharistiae sacramento."

3 S. Thomas, *In IV Sent.* d. 20, q. 1, a. 4, sol. 1, cité et commenté infra. Cf. n. 26.

4 Voir Vincenzo Loi, "Populus Dei-Plebs Dei. Studio storico-linguistico sulle denominazioni del 'Popolo di Dio' nel latino paleo-cristiano", *Salesianum* 27 (1966) 606-628.

5 Cf. *Pro Athanasio* II, 3 (PL 13, 885; CSEL 14, 150); *De non parcendo in Deum delinquentibus* 17 (PL 13, 969 C; CSEL 14, 244).

6 Cf. *In Ev. Luc.* III, 38 (PL 15, 1605 B; CSEL 32/3, 126): "Cui (Christo) nupsit Ecclesia, quae Verbi semine et Spiritu Dei plena, Christi corpus effudit, populum scilicet Christianum."

7 Cf. III, 1; VI, 1 (CSEL 26, 67, 10; 144, 10).

8 Cf. *Orig. Hom. in Ez.* X, 1 (PL 25, 761 D) avec, peut-être, une nuance: "Infamia est a populo Dei et ecclesia separari."

... Nullus seditiosus, nullus dividens populum Dei, nullus fatigans Ecclesiam in ministerio diaboli (*En. in Ps.* 84, 10: PL 37, 1076).
Ecclesia vero, quod est populus Dei...(*De baptismo* I, 15, 24: PL 43, 122).
In Spiritu enim Sancto, quo in unum Dei populus congregatur... (*Sermo* 71, 19: PL 38, 455).

On comprend que le Catéchisme de Trente dise, mais en ne donnant pas une référence exacte, "Ecclesia, ut ait Augustinus, est populus fidelis per universum orbem dispersus".[9] Du reste, nous retrouverons encore S. Augustin plus loin, à propos de la définition qu'il a donnée à l'idée de "peuple". La liturgie romaine emploie très fréquemment et comme des synonymes les expressions "populum tuum" et "ecclesiam tuam".[10] Celui qui fut en quelque sorte le précepteur du haut moyen âge, S. Isidore de Séville, définit l'Eglise comme peuple de Dieu d'une façon précise et intéressante.[11] Il exprime bien le sentiment traditionnel: l'Eglise est faite d'une multitude d'hommes et de peuples rassemblés par la même foi et la soumission au même règne. Mais le règne est ici celui de Dieu et du Christ, sans mention de la soumission au *regimen* d'un unique *caput* ecclésiastique.

On ne s'étonnera pas que, durant le haut moyen âge, principalement à l'époque carolingienne, l'Eglise ait été définie comme peuple de Dieu, même à un plan purement théologique. Nous verrons plus loin que cela était lié avec la réalité de la *société* chrétienne, mais sans s'identifier totalement avec elle.[12] Que l'Eglise se définit comme étant le peuple chrétien, qu'il y eût passage d'une expression à l'autre, nous avons de nombreux témoignages que c'était là une idée commune. Richard Wethershet, Chancelier de Lincoln au milieu du XIIe siècle, écrit:

---

9 Pars I, c. 10, q. 2. La monographie de J. Ratzinger (*Volk und Haus Gottes in Augustins Lehre von der Kirche*. München 1954) contient de fines remarques mais n'épuise pas la matière qu'annonce son titre.

10 Dans le Missel Romain d'avant Vatican II, 90 fois "populus", 80 fois "ecclesia", 12 fois "familia": A. Schaut, "Die Kirche als Volk Gottes. Selbstaussagen der Kirche im römischen Messbuch", *Benediktinische Monatschrift* 25 (1949) 187-196.

11 *De fide cathol.* II, 1 (De gentium vocatione): "3. Quam pluralitatem gentium ita declamat adunari ad unius Dei cultum: *In conveniendo*, inquit, *populos in unum, et regna, ut serviant Domino* (Ps 101, 23). In unum utique, id est in unum regem, ut qui diversorum ritu simulacrorum regna multa et populi multi dicebantur, in unam conveniendo fidem unus Dei populus unumque regnum vocetur. — 4. Hujus populi congregatio ex gentibus ipsa est Ecclesia..." (PL 83, 499-500).

12 Quelques textes: Alcuin, *Epist.* 23 et 129 (MGH Epp. IV, pp. 61 et 191); *Disputatio puerorum*, "ecclesia, populus et domus est Dei" (PL 101, 1142 A); concile d'Aix de 836, c. III can. 25: "Quia enim ecclesia in una adque indiscreta Christi fide ac dilectione concorditer ad coelestia tendens populus dicitur..."(MGH *Concilia* II/2, p.723); Hincmar de Reims, *De coercendo et exstirpendo raptu viduarum*, c. 1: l'*ecclesia* est "una gens sancta, unus populus acquisitionis (...) Cum ergo omnis populus Dei ... una grex sit sub uno pastore..." (PL 125, 1017-1018): il s'agit du Christ, non du pape; Hincmar exprime sa conviction que ce peuple de Dieu qu'est l'Eglise garde son unité sous et malgré la division des royaumes.

162

"Credo populum christianum esse sanctam Ecclesiam".[13] S. Bonaventure, dont nous célébrons le centenaire en même temps que celui de S. Thomas, a bien la même conviction.[14] Avant de revenir à S. Thomas lui-même, citons encore ce texte de Grégoire IX qui nous rapproche de celui du *Contra Gentiles*. Il s'agit d'une lettre adressée le 13 janvier 1240 à la reine Rusude de Géorgie et à son fils David pour les amener à reconnaître la juridiction du Pontife romain: il n'existe qu'*une* Eglise, donc un seul *caput* (les évêques sont appelés "in partem sollicitudinis, vices Dei et Apostolicae Sedis"...):

> Licet enim plures populi in cultum sint catholicae fidei congregati, omnes tamen una censentur ecclesia, dum uni capiti, Christi vicario et beati Petri successori, cervice reverentiam exhibent inclinata.[15]

Chez S. Thomas, les textes identifiant Eglise et peuple fidèle se distribuent sur trois thèmes dans chacun desquels se mêlent des éléments d'analyse sociologique et une vision dogmatique:

a) Contexte sacramentel. Thomas dit souvent que l'Eglise est construite, fondée, consacrée par la foi et les sacrements de la foi.[16] Il dit la même chose du peuple chrétien: "populus christianus per fidem et sacramenta Christi sanctificatus est, secundum illud (cit. de *1 Cor.* 6, 11 et *1 Petr.* 2, 9)".[17] La foi est absolument fondamentale. Dès la plus haute antiquité, avec de simples variations dans les expressions, on avait défini l'Eglise comme l'assemblée des croyants ou des fidèles. Sur la base d'une documentation que nous espérons pouvoir mettre en œuvre un jour, nous avons acquis la conviction que S. Thomas *a voulu* définir l'Eglise "congregatio (coetus, societas, collegium, communio) fidelium". Mais il n'y a pas de société sans que son unité soit exprimée et assurée par certains signes.[18] C'était le cas du peuple de Dieu sous

---

13 *Speculum Ecclesiae*, cité par W. Ullmann, *The Growth of Papal Government in the Middle Ages* (London 1955) 438 n. 2.
14 Dans le *De perfectione evangelica* q. 2, a. 2 n° IV (*Opera*, ed. Quaracchi, t. V p. 153a) il dit que critiquer la règle des Prêcheurs ou des Mineurs revient à prétendre que "Ecclesiam universalem errasse...quod Deus permitteret sic errare universaliter populum sanctum suum"; dans l'*Expos. super regulam Fratrum Minorum*, c. III n° 4 (VIII, p. 408a), il parle des douze patriarches "per quos multiplicatus est populus credentium carnaliter, duodecim etiam Apostoli per quos in novo testamento multiplicatus est populus credentium spiritualiter."
15 Potthast n° 10841. Texte dans Baronius-Raynaldus, *Annales ecclesiastici*, éd. A. Theiner, t. XXI (Bar-le-Duc 1870) p. 226: cette partie est omise dans *Registres de Grégoire IX*, éd. L. Auvray: t. III (Paris 1910) n° 5022, pp. 162-163.
16 "Ecclesia constituitur, fabricatur *(In IV Sent.* d. 18, q. 1, a. 1, sol. 1; III, q. 64, a. 2, ad 3) fundatur *(In IV Sent.* d. 17, q. 3, a. 1, sol. 5), instituitur (I, q. 92, a. 3), consecratur *(In Ioan.* c. 19, lect. 5, n. 4) per fidem et fidei sacramenta."
17 II-II, q. 99, a. 1, ad 2.
18 "Cum ecclesia sit sicut civitas (...) In qualibet autem civitate, ad hoc ut sit una, quatuor debent esse communia, scilicet unus gubernator, una lex, eadem insignia et idem finis (...) Tertio eadem sunt insignia ecclesiae scilicet sacramenta Christi, inter quae primum baptisma, quod est janua omnium aliorum." S. Thomas, *In Ephes.*, c. 4, lect. 2.

l'ancienne alliance auquel le signe de la circoncision a été donné avant
la Loi.[19] Sous l'alliance spirituelle de grâce, qui fait le "populus spiritualis",[20] c'est le baptême qui, par le signe spirituel indélébile du caractère, discerne les membres du peuple de Dieu parmi les autres hommes.[21] C'est la marque commune des fidèles, qui les situe à la base, par
laquelle "non adipiscitur aliquis nisi infimum gradum in populo christiano".[22] Elle distingue les fidèles des autres et les habilite à participer
aux sacrements; un autre caractère, celui de l'Ordre, discerne, dans le
peuple de Dieu, les ministres des simples fidèles.[23]

Le sacrement à la participation duquel le peuple chrétien est
suprêmement habilité est évidemment l'Eucharistie. Qu'à tel endroit le
fait que S. Thomas s'exprime à son sujet en termes de "populus
christianus" s'explique par le texte du pape Jules Ier qu'il vient de citer
d'après Gratien,[24] n'empêche pas S. Thomas de parler de la même façon
ailleurs, là où il n'est pas conditionné par une citation.[25]

b) S. Thomas identifie encore le peuple chrétien et l'Eglise dans les
textes où il parle de celle-ci comme d'une cité, d'une *polis*, en
distinguant cette forme de "vie ensemble" de celle de la famille. Il met
en œuvre ici la distinction formulée par Aristote, dont l'*Ethique à
Nicomaque* exerça sur les esprits, sur celui de Thomas en particulier, un

19 "Populus fidelium congregandus erat aliquo signo sensibili quod est necessarium ad hoc
quod homines in quadam religione adunentur, sicut Augustinus dicit, *Contra Faustum*, lib. XIX, c.
XI (PL 42, 355)." III, q. 70, a. 2, ad 2.
    20 III, q. 74, a. 3, ad 1.
    21 Cf. *In IV Sent.* d. 18, q. 2, a. 3, qa 3, ad 1: "Apostolus loquitur de paganis et aliis infidelibus
qui non habent characterem per quem annumerati sint in populo Dei. Sed quia character bap-
tismalis quo quis populo Dei annumeratur est indelebilis..."
    22 III, q. 67, a. 2, ad 2.
    23 *In IV Sent.* d. 4, q. 1, a. 4, sol. 3: "Sicut in naturalibus...ita etiam in spiritualibus est potentia
spiritualis quasi passiva per quam homo efficitur susceptivus spiritualium actionum, et talis
spiritualis potentia confertur in baptismo, quia non baptizatus effectum aliorum sacramentorum
suscipere non posset, unde et per consequens nec aliis tradere, et haec est prima distinctio qua
communiter totus populus fidelis, cujus est sacramentorum participem esse, ab aliis distinguitur.
Alia potentia est activa spiritualis ordinata ad sacramentorum dispensationem et aliarum
sacrarum hierarchicarum actionum exercitium... Et quia in ecclesiastica hierarchia non omnes
sunt agentes...ideo isti duo characteres non distinguunt populum Dei universaliter ab aliis, sed
quosdam de populo ab aliis."
    24 "...effectum hujus sacramenti, qui est unio populi christiani ad Christum": III, q. 74, a. 6 c.,
après une citation du pape Jules ("cum in calice aqua vino miscetur, Christo populus adunatur")
tirée de Gratien, *De cons.* d. 2, c. 1 (Friedberg, col. 1314). Comparer q. 76, a. 7 c., "per aquam mix-
tam vino significatur populus adunatus Christo."
    25 Ainsi III, q. 82, a. 3, ad 1; II-II, q. 187, a. 4 ("sacrificium altaris ubicumque agatur, com-
mune est toti populo fidelium"); *In IV Sent.* d. 13, q. 1, a. 2, qa 3, ad 2, à propos du rite du Vendredi saint: "Ecclesia volens populum christianum circa ipsam dominicam passionem prout in
capite nostro fuit, mente occupari statuit ut illa die non consecraretur corpus Christi. Ne tamen ecclesia omnino sine corpore Christi esset, corpus Christi, praecedenti die consecratum et reser-
vatum sumitur." Dans ce texte, le mot *ecclesia* revêt deux sens: la première fois, celui de l'autorité
qui détermine ou consacre rites et discipline, sens fréquent chez S. Thomas à propos des
sacrements, la seconde fois, celui de la communauté chrétienne.

164

attrait d'une extraordinaire puissance. Le thème de la *civitas* comporte d'autres aspects encore chez S. Thomas: on pourrait suivre, par exemple, le destin qu'a eu chez lui l'idée augustinienne de "Civitas Dei", à laquelle il a gardé son statut théologal, en évitant de la sociologiser. Quelques textes vont nous guider ici:

> Sed cum Ecclesia sit congregatio fidelium, congregatio autem hominum sit duplex, scilicet oeconomica, ut illi qui sunt de una familia, et politica, sicut illi qui sunt de uno populo, Ecclesia similatur congregationi politicae, *quia ipse populus Ecclesia dicitur*, sed conventus diversi vel parochiae in una dioecesi similantur congregationi in diversis familiis vel in diversis officiis.[26]

La portée de ces quelques mots, apparemment banals et que nous avons soulignés, "quia ipse populus Ecclesia dicitur", s'éclaire à la lumière d'autres textes au terme desquels le *populus* apparaît comme exerçant la plénitude des actes les plus élevés de la cité:

> Collegium fidelium quandoque in scripturis vocatur domus, secundum illud 1 Tim. 3: *Ut scias quomodo in domo Dei oporteat te conversari, quae est Dei ecclesia.* Quandoque autem vocatur civitas, secundum illud Ps. CXXI: *Jerusalem quae aedificatur ut civitas.* Civitas enim habet collegium politicum: domus autem oeconomicum, inter quae quidem duplex differentia invenitur. Nam qui sunt de collegio domus communicant sibi in actibus privatis: qui vero sunt de collegio civitatis, communicant sibi in actibus publicis. Item qui sunt in collegio domus, reguntur ab uno qui vocatur paterfamilias; sed qui sunt in collegio civitatis reguntur a rege. Ita enim est paterfamilias in domo, sicut rex in regno. Sic igitur collegium fidelium aliquid habet de civitate, et aliquid de domo. Sed si consideretur rector collegii, pater est (*Pater noster, qui es in coelis*, etc. [Matth. 6], *Patrem vocabis me, et post me ingredi non cessabis* [Jerem. 3]); et sic collegium est domus, si vero ipsos subditos consideres, sic civitas est, quia communicant sibi in actibus praecipuis, sc. fidei, spei et charitatis. Et hoc modo si fideles considerentur in se, est collegium civitatis; si vero rector collegii attendatur, est collegium domus.[27]

> Haec civitas est Ecclesia. Psal. 86: "Gloriosa dicta sunt de te, civitas Dei" etc. Tria sunt in ista civitate, quae sunt de ejus ratione. Primum est, quod sit ibi multitudo liberorum quia si est ibi unus vel pauci, non est civitas; et similiter si sunt servi. Et hoc maxime invenitur in Ecclesia. Gal. 4: non sumus ancillae filii, sed liberae." Secundum est quod habeat sufficientiam per se. In vico enim non inveniuntur omnia necessaria vitae humanae sanis et infirmis; sed in civitate oportet invenire omnia

---

26 *In IV Sent.* d. 20, q. 1, a. 4, sol. 1. Nous avons naguère utilisé ces thèmes pour une théologie de la paroisse sous l'angle sociologique: "Mission de la paroisse", in *Structures sociales et Pastorale paroissiale* (Paris 1948) pp. 48-68 (reproduit in *Sacerdoce et Laïcat...* [Paris 1962] pp. 175-205).

27 *In Ephes.*, c. 2, lect. 2.

165

necessaria ad vitam. Et haec sufficientia est in Ecclesia: quia quicquid necessarium est ad vitam spiritualem, invenitur in ea. Psal. 64: "Replebimur in bonis domus tuae." Tertium est unitas civium: quia ab hoc, scilicet ab unitate civium, civitas nominatur, quia civitas quasi civium unitas. Et haec est in Ecclesia. Joan. 17: "Ut sint unum in nobis, sicut et nos unum sumus." Haec ergo civitas laetificatur per gratiam Spiritus sancti in eam descendentem. [28]

S. Thomas caractérise l'Eglise comme cité et son régime propre par le fait que 1°) le communautaire, en elle, n'empêche pas l'intimité que ses enfants peuvent avoir avec leur père dans le rapport interpersonnel le plus direct et le plus étroit; 2°) cependant, on trouve dans l'Eglise la plénitude des biens spirituels, et c'est en cela qu'elle est *cité*; 3°) *tous* y participent; tous font ensemble les actes les plus élevés de cette cité, qui consistent dans "les trois théologales", par lesquelles nous entrons immédiatement en rapport de communion avec Dieu lui-même. Tous font évidemment aussi ensemble les actes de la prière. [29]

Pour saisir la force de cette affirmation il est bon de se rappeler que, dans la cité médiévale, il existait un "peuple d'en haut", qui seul exerçait vraiment les actes de la citoyenneté, et un "peuple d'en bas", que désignent souvent les expressions *vulgus, plebs* ou *popularis, populares*, et qui ne les exerçait pas. [30] Saint Isidore distinguait le *vulgus* ou la *plebs* du *populus*, lequel formait la *civitas*. [31] Mais Jean le Teutonique dans sa *Compilatio IV*, vers 1216, écrivait: "nomine populi comprehenduntur patricii et senatores". [32] Vers la même époque, un commentateur du *Décret* écrivait: "Nota quod ea|dem| differentia est inter populum et plebem, que est inter animalem et hominem, inter genus et speciem. Nobiles enim, et in nobiles simul collectum, sunt

---

28 *In Ps.* XLV, n. 3 (éd. Parme XIV, 327).
29 Dans un texte comme celui-ci "ecclesiae in quibus populus christianus ad laudem Dei congregatur" (I-II, q. 102, a. 4, ad 3), il n'y a pas de distinction entre fidèles et ministres.
30 D'une assez abondante documentation, extrayons seulement quelques références sur ce sens de *populares* à l'époque de S. Thomas: Thomas lui-même, I-II, q. 100, a. 11 c.; q. 102, a. 6, ad 8 fin; q. 105, a. 1; III, q. 47, a. 5 c ("minores id est populares"); S. Bonaventure, *Apologia pauperum* c. 9, n. 9 (Quaracchi VIII, p. 297 — les gens du peuple, distingués des rois, princes et chevaliers); Henri de Gand, Sermon d'ouverture du concile parisien de 1289, dans K. Schleyer, *Anfänge des Gallikanismus im 13. Jahrhundert* ...(Berlin 1935) p. 172 (les gens du peuple, par distinction des *magnates*).
31 *De fide cathol.* II, 1, 6: "Populus ergo tota civitas, vulgus vero plebs est. Plebs autem dicta a pluralitate, major est enim numerus minorum quam seniorum (...) Vulgus est passim inhabitans multitudo, quasi quisque quo vult" (PL 83, 500).
32 In *Antonii Augustini Opera omnia*, t. IV (Lucca 1769) 626: cité par J. Sydow, "Elemente von Einheit und Vielfalt in der mittelalterlichen Stadt (im Lichte kirchenrechtlicher Quellen)", in *Universalismus und Partikularismus im Mittelalter*, hrsg. v. P. Wilpert (Berlin 1968) 186-197: cf. pp. 191-192, qui renvoie aussi, pour ce régime hiérarchisé de la cité médiévale, à *Patriziat und andere Führungsschichten in der südwestdeutschen Städten* (Tübingen 1965).

populus. Ple̷[b]s est ubi non sunt senatores et viri consulares..."[33] Tout le monde n'avait pas le plein exercice des droits de citoyen dans la cité hiérarchisée du moyen âge. Dans l'Eglise, dit S. Thomas, tous participent aux activités les plus hautes: "ipse populus Ecclesia dicitur".

c) Un troisième aspect sous lequel S. Thomas identifie *ecclesia* et *populus fidelium* est celui des "mores populi christiani".[34] Il s'agit, par exemple, du remplacement du sabbat mosaïque par le dimanche: cela est venu "non ex vi praecepti legis, sed ex constitutione Ecclesiae et consuetudine populi christiani".[35] Ou bien il s'agit de jeûnes imposés "sub praecepto"; cela n'est-il pas contraire au statut de liberté qui caractérise le peuple de Dieu sous le régime de la grâce?[36] Non, répond Thomas avec un large optimisme: "Nec sunt contra libertatem populi fidelis, sed magis sunt utilia ad impediendam servitutem peccati quae repugnat libertati spirituali". Le tout est de savoir de quelle liberté il s'agit!

2. *Dans la ligne historique de Chrétienté*

Le fait est bien connu: l'expression *populus fidelis* (ou *christianus*), le mot même d'*ecclesia*, durant le moyen âge, mais surtout le haut moyen âge, désignent de façon indistincte ce que nous appelons Eglise et la société, car celle-ci était faite de baptisés: c'était la société chrétienne.[37] Le *populus christianus* était, d'une certaine façon, identique à l'*ecclesia*, au point que Charlemagne pouvait être appelé "rector ecclesiae".[38] L'expression, cependant, était ambivalente, car elle désignait aussi bien le peuple constituant l'Eglise sous l'autorité du Sacerdoce et l'ensemble des chrétiens qui, sous le gouvernement des princes, continuaient la *christianitas*.[39] Le thème s'annonce à partir de S. Grégoire le Grand, chez lequel "populus christianus" comporte une nuance de société soumise à la fois au Sacerdoce et aux rois.[40] Dans plusieurs textes de l'époque carolingienne, "populus Dei", "ecclesia" et "respublica"

33 Summa "Antiquitate et tempore", Dist. 2, c. Lex est: MS, Vat. Palat. lat., fol. 37v, cité par G. Post, *Studies in Medieval Legal Thought, Public Law and the State 1100-1322* (Princeton 1964) p. 374, n. 16.

34 Expression de I-II, q. 102, a. 2.

35 II-II, q. 122, a. 4, ad 4.

36 I-II, q. 147, a. 3, où l'objection 3 était: "sed non minus videtur libertas populi christiani impediri per multitudinem observantiarum quam per multitudinem sacramentorum."

37 Nombreuses études classiques. Nous-même avons publié *L'Ecclésiologie du Haut Moyen Age* (Paris 1968).

38 Alcuin disait aussi bien "Rector populi christiani". Voir textes et références dans notre ouvrage cité n. précédente, pp. 267, 277 s. M. Hoechstetter, *Karl der Grosse, König, Patritius und Kaiser als Rector ecclesiae* (Diss. Augsburg 1934).

39 Cf. F. Kempf, "Das Problem der Christianitas im 12. und 13. Jahrhundert", *Historisches Jahrbuch* 79 (1961) 104-123; J. Rupp, *L'idée de Chrétienté dans la pensée pontificale des Origines à Innocent III* (Paris 1939).

40 Cf. J. Rupp, op. cit., pp. 28 s.

désignent la même réalité concrète.[41] Il y a cependant une nuance qui s'annonce dans certains textes d'Alcuin[42] et qui s'explicite chez le pape Jean VIII (872-882), avec l'emploi du mot *christianitas* comme équivalent de *populus christianus* pour désigner, l'un comme l'autre, l'ensemble des chrétiens en tant que, sous le gouvernement des princes fidèles, ils avaient des intérêts religieux temporels communs, tandis que *ecclesia* désignait les chrétiens soumis à l'action du Sacerdoce.[43] On ne s'étonne pas, dès lors, de trouver "christianus populus" dans un contexte de croisade, par exemple chez Urbain II ou S. Berbard.[44] Il est normal qu'Innocent III (1198-1216) ait fait un grand usage des termes *christianitas* et *populus christianus*, puisque sa conception de sa charge pontificale, aussi cohérente qu'explicite, fait de lui le chef, non seulement de l'*ecclesia*, mais du peuple chrétien: car le pape est vicaire du Christ, prêtre et roi selon l'ordre de Melchisédech.[45] Il serait trop long de citer ici tous les textes. Nous ne nous étonnerons évidemment pas, connaissant son idéologie du pouvoir pontifical, que Boniface VIII ait qualifié Rome de "communis omnium Christiani populi nationum curia"[46]: où l'on perçoit bien l'implication temporelle de l'expression "peuple chrétien".

Chez Innocent III et Boniface VIII, cette compréhension du terme "populus Christianus (Dei)" s'inscrivait au bénéfice de l'autorité pontificale, mais elle pouvait aussi bien servir les prétentions des rois et, à la faveur de l'identité entre *populus fidelis* et *ecclesia*, appuyer leur revendication d'un droit de régir l'Eglise. Tel avait été l'enjeu du conflit entre Grégoire VII et l'empereur Henri IV. Grégoire avait voulu sortir, en quelque sorte, de l'indivision et de l'indistinction des juridictions.[47]

41 Nous avons déjà cité supra n. 12, le texte du concile d'Aix de 836. Voir encore, par exemple, Paschase Radbert, *Vita Walae*, lib. II, c. 17 (PL 120, 1639 C).
42 Ainsi MGH *Epp*. IV, p. 148, "Christo Deo propitiante in omni proficias bonitate ad consolationem sanctae Dei aecclesiae et gaudium populi christiani"; p. 289, "plena tibi scientia data est a Deo ut per te sancta Dei aecclesia in populo christiano regatur, exaltetur et conservetur."
43 Cf. J. Rupp, op. cit., pp. 36, 48; notre *Ecclésiologie du Haut Moyen Age*, pp. 239 s.
44 Urbain II, *Epist*. 5, "divina populum suum respiciente Clementia", à propos de la Reconquista (PL 151, 288); S. Bernard, contre ceux "qui repositas in Ierosolymis christiani populi inaestimabiles divitias tollere gestiunt" (*Ad milites Templi*, c. 3, n. 5: PL 182, 925); voir aussi la lettre adressée en 1146 à Conrad III pour l'inviter à mater la révolte des Romains qui ont forcé le pape à quitter Rome: *Epist*. 244 (PL 182, 400 D - 442 C): il parle en termes de *populus christianus*, non d'*ecclesia*.
45 Voir notre *L'Eglise de S. Augustin à l'époque moderne* (Paris 1970) 192-197. Pour l'usage de *populus christianus* et *christianitas*, parfois distingués par une nuance d'*ecclesia*, chez Innocent III, voir J. Rupp, op. cit., pp. 99-123; F. Kempf, *Papsttum und Kaisertum bei Innozenz III...* (Rome 1954) 301 s.
46 Extrav. Comm. lib. II, tit. III, c. unic. (Friedberg, col. 1256).
47 Voir G. B. Ladner, "The Concepts of 'Ecclesia' and 'christianitas' and their relation to the idea of papal 'plenitudo potestatis' from Gregory VII to Boniface VIII", *Sacerdozio e Regno da Gregorio VII a Bonifacio VIII...* (*Miscell. Hist. Pontif.*, XVIII), (Rome 1954) pp. 42-77; notre *Eglise de S. Augustin à l'époque moderne*, pp. 102-107 (Grégoire VII), 113 (les impériaux), 116-118 (l'Anonyme Normand).

On comprend la gravité de cet enjeu quand on voit l'usage du terme *populus christianus* fait par le fameux Anonyme Normand, vers l'an 1100, en faveur du droit des rois à régir l'Eglise.[48]

Christianitas n'est pas du vocabulaire de S. Thomas.[49] Il connaît, par contre, l'emploi de "populus christianus" en situation de Chrétienté: et comment eût-il pu l'ignorer, puisque le terme et la chose étaient inscrits dans les textes et dans les faits de son époque? De fait, Thomas utilise l'expression dans certains contextes guerriers de Chrétienté.[50] Il connaît la situation où les lois d'Eglise sont en même temps lois de la cité, voire où certaines prescriptions en matière de pratique religieuse sont portées également par les "principes christiani populi".[51] Mais dans le texte même où il dit cela, Thomas distingue les deux autorités et, ailleurs, deux domaines.[52] Au-delà d'une "mentalité" conditionnée par son milieu historique, c'est dans ce sens qu'allait son "esprit", pour reprendre une heureuse distinction élaborée par M. Jean Guitton.

B. LE THÈME DE DISTINCTION

Si S. Thomas est passé d'un terme à un autre, même pour arguer de l'identité des réalités qu'ils recouvrent, il doit bien y avoir une raison. Ce ne serait pas le seul cas où deux termes désignent (comme matériellement) la même réalité, mais sous des aspects comportant chacun leur nuance propre: ainsi Eglise et Corps mystique, voire même, chez S. Augustin, Eglise et Cité de Dieu.

Or une logique assez évidente, qu'illustrent de très nombreux témoignages, montre que *populus* connote l'idée de soumission à un gouvernement et à des lois. C'est normal puisque, comme l'écrit S. Thomas, "populus est multitudo hominum sub aliquo ordine comprehensorum".[53] Déterminer l'ordre en question est l'objet de la loi

48 Voir *Die Texte des Normannischen Anonymus...* hrsg. von K. Pellens (Wiesbaden 1966): pp. 149, 157, 168, 198, 199, 200-201, 222-223.

49 C'est ce que remarque I. Th. Eschmann, "St. Thomas and the two Powers", *Mediaeval Studies* 20 (1958) 177-205: p. 191 n. 44.

50 Cf. II-II, q. 40, a. 2, ad 3, "bella carnalia in populo fideli"; q. 99, a. 1, ad 2, le peuple chrétien est sanctifié, "et ita id quod fit in injuriam populi christiani secundum quod infideles ei praeficiantur, pertinet ad irreverentiam sacrae rei": q. 188, a. 4 c. "corporalibus armis populum fidelium tueri."

51 Cf. *Quodl.* IV, 13, "praelatis Ecclesiae et principibus populi christiani determinanda"; comparer, en plus général, I-II, q. 108, a. 1, c. et II-II, q. 147, a. 3.

52 Cf. *In IV Sent.* d. 19, q. 1, a. 1, qa 3, ad 2. L'objection partait précisément de la situation de Chrétienté, où les rois, étant oints comme les prêtres "etiam potestatem in populum fidelem divinitus habent". La réponse distingue les pouvoirs "in temporalibus" et "in spiritualibus", et ajoute "sed excellentia potestatis ipsorum a Christo descendere significatur, ut et ipsi sub Christo in populo christiano regnent." Dans l'excercice de ce gouvernement, ils sont subordonnés aux prêtres et surtout au pape "cui omnes reges populi christiani oportet esse subditos" (*De regimine principum.* I, 14, si cette partie est encore de S. Thomas).

53 I, q. 31, a. 1, ad 2; comparer I-II, q. 17, a. 4 c.; III, q. 8, a. 1, ad 2.

Aussi "ad rationem populi pertinet ut communicatio hominum ad invicem justis praeceptis legis ordinetur".[54]

S. Thomas, comme beaucoup d'autres avant lui (Isidore, par exemple), à son époque et après lui, a plusieurs fois cité la définition du *populus* que S. Augustin avait empruntée à une traité de Cicéron: "Populus est coetus multitudinis juris consensu et utilitatis communione sociatus".[55] Si donc on passe de *populus* à *ecclesia* — et S. Thomas fait expressément l'application de cette définition au "populus Dei" — , ce sera sous l'angle où l'Eglise comporte une organisation juridique par des lois: la loi de Dieu d'abord, les lois humaines ensuite.

L'autorité publique gouverne selon les lois. La notion de *populus* implique celle de gouvernement. Depuis des siècles, le Vendredi saint, l'Eglise priait Dieu de garder le pape "incolumen ecclesiae tuae, ad regendum populum sanctum Dei".[56] Dans maints textes anciens le mot *populus (Dei)* attire la détermination: *gubernare* ou *regere*.[57] Tel est le cas aussi chez S. Thomas.[58] Il partage l'antique conviction formulée ainsi par les *Proverbes* (11, 14): "Ubi non est gubernator, populus corruet".[59]

Nous ne nous étonnerons pas que, chez S. Thomas comme très fréquemment dans les textes ecclésiastiques et jusque dans la Constitution de Vatican II sur la liturgie, *populus*, avec ou sans précision, désigne l'ensemble des fidèles en tant que distingués des ministres qui les gouvernent et qui, aussi, les président et les représentent, au sens que S. Thomas donne à ce mot "représenter", qui signifie plutôt "personnaliser".[60]

54 I-II, q. 105, a. 2. Comparer "omnis lex alicui populo datur": I-II, q. 90, a. 2; a. 3; q. 96, a. 1; q. 101, a. 3; III, q. 70, a. 2, ad 2.
55 Augustin, *De civitate Dei* II, 21 et XIX, 21 et 24 (PL 41, 67 et 648) = Cicéron, *De Republica* I, 25. Cité par S. Thomas I-II, q. 105, a. 2; II-II, q. 42, a. 2; *In Hebr.* c. 8, lect. 3, avec application formelle au "populus Dei". Cf. Isidore, *Etymol.* IX, 4; Vincent de Beauvais, *Speculum doctrinale* VII, 7 (éd. Douai, 1624, p. 561); un peu plus tard, Alvarez Pelayo, avec application à l'Eglise (*De planctu Ecclesiae*, c. 63, in Rocaberti, *Bibl. Max. Pontif.* III, p. 208).
56 Au Gélasien, éd. Wilson, p. 75.
57 Exemples dans mon *Ecclésiologie du haut moyen âge* (Paris 1968) p. 64, n. 15. Usages fréquents chez les canonistes, par exemple Deusdedit, "sacerdotes et levite summi pontificis cardinales... populum Dei regant" (éd. W. von Glanvell. Paderborn 1905, pp. 267-268); Gratien, "potestas gubernandi populum" (C. 16, q. 2, dict. post c. 7), etc.; S. Bernard, *Epist.* 188, "stat zelus auctoritas Romanae ecclesiae super populum Dei" (PL 182, 353 A).
58 Exemples: "Christus constitutus est rex a Deo ad populum regendum" (*In Ps* 2, n. 7: éd. Parme XIV, 154); "regimen populi" (I-II, q. 105, a. 1, c. et ad 1); "Sacerdotes et principes Iudaeorum erant illud populi seniores" (III, q. 42, a. 2, obj. 3). Voir aussi II-II, q. 87, a. 1 à propos des dîmes; q. 147, a. 3 à propos des jeûnes; *In 2 Cor.*, prol., "ministri gubernant populum Dei".
59 Cf. III, q. 65, a. 4.
60 Ainsi plusieurs fois dans *C. Gent.* IV, 75; I-II, q. 102, a. 4 et 5; III, q. 80, a. 12. Voir également I-II, q. 95, a. 4 ("sacerdotes pro populo Deum orantes"); II-II, q. 83, a. 12 ("Communis oratio est quae per ministros ecclesiae in persona totius fidelis populi Deo offertur, et ideo oportet

Si *populus* connote l'idée de gouvernement, *ecclesia* se situe de soi, à un plan de grâce et de vie théologale: là réside, à notre avis, la différence qui fonde l'emploi de deux termes dans le texte même où S. Thomas passe de l'un à l'autre en les faisant désigner la même réalité. C'était peut-être aussi le motif pour lequel, en plein régime de Chrétienté caractérisé par la symbiose de la société politique et de la communauté ecclésiale, certains textes dédoublaient les vocables, marquant ainsi une certaine distance entre eux (voir supra nn. 42 s.). S. Thomas savait bien que, sous la grâce, les fidèles ne sont plus soumis à un régime théocratique et hiérocratique comme l'était le peuple juif.[61] Il n'a pas écrit de traité de l'Eglise, mais sa pensée ecclésiologique peut, croyons-nous, être dégagée avec assez de certitude. Du moins permettra-t-on à un homme qui l'a longuement étudiée, de dire comment il la comprend.[62] La question nous semble liée au plan de la Somme sur lequel j'ai aussi publié quelques études.[63]

D'une façon générale, S. Thomas a bien distingué le moment nécessaire, essentiel, et le moment contingent, historique, du mystère surnaturel.[64] C'est ce qui explique le fait, de prime abord étonnant et presque scandaleux, qu'il ait traité de la grâce avant de parler du Christ. C'est qu'il s'agit, pour S. Thomas, d'être en communion avec le *Dieu-Triade*, ce que réalisent la grâce et les vertus théologales, et ce pour quoi le Christ, en tant que Verbe incarné (n') est (qu') un *moyen* historique, et donc accidentel par rapport à l'essentiel qui est, dans toute la vérité de l'expression, une *déification*.[65] C'est pourquoi, là où il s'est expliqué le plus formellement et le plus librement sur l'Eglise, à savoir dans son commentaire du Symbole, il en définit l'être et l'unité par les vertus théologales et par l'habitation du Saint-Esprit. C'est pourquoi, dans notre étude de 1939 (cf. supra n. 62), nous avions rat-

quod talis oratio innotescat toti populo, pro quo profertur"); q. 86, a. 2 ("sacerdos quodammodo constituitur sequester et medius inter populum et Deum"); q. 87, a. 1 et q. 108, a. 2 (il est convenable que les ministres soient sustentés par le *populus*); III, q. 65, a. 1 ("sacerdotes hostias offerunt non solum pro se, sed etiam pro populo"); q. 80, a. 12.

61 Voir I-II, q. 105, a. 1, ad 1.

62 Voir déjà "L'idée thomiste de l'Eglise", paru en anglais in *The Thomist*, oct. 1939, pp. 331-359, en français dans *Rev. Sciences philos. théol.* 29 (1940) 31-58 et dans *Esquisses du mystère de l'Eglise* (Paris 1941) 59-91, puis notre *Eglise de S. Augustin à l'époque moderne* (Paris 1970) 232-241. De la bibliographie citée là, retenons ici surtout M. Useros Carretero, *"Statuta Ecclesiae" y "Sacramenta Ecclesiae" en la eclesiologia di S. Tomas* (Rome 1962).

63 En particulier "Le moment 'économique' et le moment 'ontologique' dans la Sacra doctrina (Révélation, Théologie, Somme théologique)", *Mélanges offerts à M.-D. Chenu (Bibl. Thomiste, XXXVII).* (Paris 1967) 135-187 (bibliographie).

64 Voir en ce sens les remarques du P. A. Patfoort, "L'unité de la Ia pars et le mouvement interne de la Somme théologique de S. Thomas d'Aquin", *Rev. Sciences philos. théol.* 47 (1963) 513-544.

65 Voir à ce sujet L.-B. Gillon, "L'imitation du Christ et la morale de S. Thomas", *Angelicum* 36 (1959) 263-286.

taché d'abord la vue ecclésiologique de S. Thomas à la IIeme pars et à
son thème du *reditus*. C'est pourquoi aussi, même après avoir parlé du
Christ et de sa "grâce capitale", S. Thomas présente l'Eglise ou le Corps
mystique comme étant le domaine de la grâce, "effectus gratiae", au
risque d'attirer les critiques d'un A. Mitterer qui veut le mettre en contradiction avec l'encyclique *Mystici Corporis* de Pie XII, et de pouvoir
effectivement prêter à une mauvaise interprétation dans le sens d'une
Eglise invisible.[66] S. Thomas n'a-t-il pas admis le thème augustinien et
grégorien de l'"ecclesia ab Abel"?[67] N'a-t-il pas écrit que les anges en
font partie tout comme nous?[68]Il n'aurait certainement pas appelé le
pape "chef du Corps mystique": la primauté du pontife romain, que S.
Thomas n'a certes pas diminuée (Harnack l'accusait d'être responsable
de son élévation au plan d'un dogme!), est rattachée strictement à la
juridiction.

Cela semble supposer qu'il existe deux concepts de l'Eglise: l'un
répondant à la Cité de Dieu augustinienne ou à la communion des
saints, l'autre à l'organisme historique, visible et juridique, dont S.
Thomas a du reste abondamment et remarquablement parlé (cf. M.
Useros Carretero). Par le côté essentiel des vertus théologales, de la
grâce et de l'habitation du Saint-Esprit, l'Eglise est absolument une; elle
n'est multiple que par le côté où elle se réalise dans un peuple de Dieu
divisé en divers royaumes, provinces et cités.[69] Mais cela signifie que
l'aspect d'organisation juridique, de lois et de gouvernement, celui qui
est attaché au terme de *populus*, est accidentel et matériel, non essentiel
ni formel pour qu'on puisse théologiquement parler d'*ecclesia*. Bien sûr,
si l'on entend par Eglise celle qui existe concrètement de par la
réalisation du plan de salut de Dieu par le Christ, elle englobe les deux
aspects, l'essentiel-théologal et l'historique sacramentel, social et
juridique!

On nous permettra de rapprocher de ce que nous croyons être la vue
ecclésiologique profonde de S. Thomas, deux données ecclésiologiques
récentes :

1. La lettre que la Congrégation romaine du Saint-Office adressa le 8
août 1949 à Mgr Cushing, archevêque de Boston, au sujet des errements

---

66 A. Mitterer, *Geheimnisvoller Leib Christi nach St. Thomas von Aquin und nach Papst Pius
XII*. (Wien 1950). Voir notre article "Lumen Gentium n° 7, L'Eglise Corps mystique du Christ, vu
au terme de huit siècles d'histoire de la théologie du Corps mystique", *Au service de la Parole de
Dieu. Mélanges offerts à Mgr A.-M. Charue* (Gembloux 1969) 179-202.

67 Ainsi dans le commentaire du Symbole, art. 9. Et voir Y. Congar, "Ecclesia ab Abel",
Abhandlungen über Theologie und Kirche. Festschrift für Karl Adam (Dusseldorf 1952) 79-108;
L'Eglise de S. Augustin à l'époque moderne, p. 234 n. 5.

68 Voir par exemple *In III Sent*. d. 13, q. 2, a. 2, qa 2, ad 3; *In Ephes*. c. 1, lect. 8.

69 Cf. notre texte initial du *C. Gent*. IV, 76. On peut voir utilement A. Darquennes, *De
juridische Structuur van de Kerk volgens Sint Thomas van Aquino*, (Leuven 1949).

172

théologiques du P. Léonard Feeney sur le sens de la formule "Hors de l'Eglise, pas de salut", exprime une doctrine qui repose sur une distinction entre ce qui est nécessaire par nature, c'est-à-dire essentiellement, pour entrer en communion avec Dieu et être sauvé, — c'est la foi et la charité — et ce qui est nécessaire seulement par une institution divine positive: l'Eglise, le baptême d'eau.[70] Cette distinction correspond bien à la vision thomiste des choses. Le seul point de différence est que le document romain n'aurait certainement pas donné le nom d'*ecclesia* à la pure communion spirituelle opérée sur la base de la foi et de la charité seulement. La note de visibilité rentre dans la définition de l'Eglise (cf. notre étude citée supra n. 66).

2. Le concile de Vatican II a formulé une idée de l'Eglise particulière. Si on accepte de l'identifier au diocèse, il en donne une définition digne du plus grand intérêt. Nous avons déjà évoqué ce texte (n.2): "Dioecesis est Populi Dei portio, quae Episcopo cum cooperatione presbyterii pascenda concreditur, ita ut, pastori suo adhaerens ab eoque per Evangelium et Eucharistiam in Spiritu Sancto congregata, Ecclesiam particularem constituat, in qua vere inest et operatur Una Sancta Catholica et Apostolica Christi Ecclesia."[71] L'Eglise est une. Si l'on parle en vérité d'"Eglises particulières", c'est parce qu'elles réalisent la réalité ou le mystère de l'Eglise pure et simple, que nous confessons être une, sainte, catholique et apostolique. Si on l'envisage sous l'angle de la multiplicité et même d'une certaine division, on parle de "portion du peuple de Dieu". On rejoint le vocabulaire du *C. Gentiles* IV, 76.

Nous avons commencé en citant ce texte. Pris globalement, et aussi dans le contexte de tout le chapitre, il est caractéristique de la contribution que S. Thomas, avec bien d'autres théologiens et hommes d'Eglise de son temps, a apportée à l'évolution des idées vers une ecclésiologie de l'Eglise universelle sous la primauté du Pontife romain.[72] Ce développement ecclésiologique peut être suivi dans diver-

---

70   Texte de cette lettre publiée en 1952, in *The American Ecclesiastical Rev.* 127 (1952) 307-311; en français in *Document. Cathol.* 2 nov. 1952, col. 1395-98 et notre *Sainte Eglise* (Paris 1963) pp. 427 s. et 432.

71   Décret *Christus Dominus* du 28.X.1965, n° 11. Comparer Constitution dogmatique *Lumen gentium* du 2.XI.1964, n° 23, § 2.

72   Voir nos études "Aspects ecclésiologiques de la querelle entre Mendiants et Séculiers dans la seconde moitié du XIIIᵉ siècle et le début du XIVᵉ", *Archives d'histoire doctrinale et littéraire du Moyen Age*, 28 (1961), 35-152; "De la communion des Eglises à une ecclésiologie de l'Eglise universelle", *L'épiscopat et l'Eglise universelle* (Paris 1962) 227-260; *L'Eglise de S. Augustin à l'époque moderne*, pp. 248-252.

ses questions, par exemple dans la théologie du schisme, que S.
Thomas considère au plan de l'Eglise universelle et à l'égard de
l'autorité du Pape, non dans le cadre de l'Eglise locale.[73] S'agissant du
texte du *C. Gentiles* avons-nous forcé son sens? Y avons-nous introduit
des subtilités arbitraires? Nous ne le croyons pas. Nous pensons avoir
montré que S. Thomas a eu conscience qu'on ne peut passer d'emblée
de *una ecclesia* à l'affirmation d'un *unum caput*, le pape, qui ait autorité
sur toute l'Eglise: une telle démarche appelait l'usage d'un moyen
terme, celui de peuple fidèle ou universalité des chrétiens et l'affirmation, difficilement contestable, de l'identité entre *Populus Dei* et
Ecclesia. Nous trompons-nous? Il nous semble que cette démarche n'est
pas sans intérêt pour comprendre la vision que Thomas a eue de
l'Eglise.

---

73 Cf. II-II, q. 39, a. 1 et comp. le texte de *In IV Sent.* cité supra n. 1; cf. aussi notre article
"Schisme", *Dict. de Théol. Cath.* 14, 1286-1312 (1939).

Reprinted from St. Thomas Aquinas, 1274-1974, Commemorative Studies,
ed. Armand A. Maurer, pp. 159-173, by permission of the publisher;
© *1974 Pontifical Institute of Mediaeval Studies, Toronto.*

V

ORIENTATIONS DE BONAVENTURE ET SURTOUT DE THOMAS D'AQUIN DANS LEUR VISION DE L'ÉGLISE ET CELLE DE L'ÉTAT*

Les sujets qu'on m'a demandé d'exposer sont tellement vastes qu'on m'excusera, du moins je l'espère, si je me limite à Thomas d'Aquin, quitte à faire quelques allusions à Bonaventure. Celui-ci mériterait infiniment plus et mieux, mais il eût fallu quelqu'un de plus compétent et qui disposât de plus de temps.

Me limitant pratiquement à saint Thomas, je voudrais proposer, dans une première partie, ses grandes orientations en théorie politique, puis, dans une seconde partie, la façon dont je vois ses perceptions ecclésiologiques essentielles.

I. GRANDES ORIENTATIONS DE LA PENSÉE POLITIQUE DE SAINT THOMAS

Le Père Ed. Schillebeeckx a écrit : « A la différence de l'homme « médiéval » l'homme moderne a compris que l'ordre social établi n'est pas un ordre de création émanant de Dieu, mais une réalité culturelle, susceptible d'être manipulée et remaniée »[1]. Est-ce vrai, est-ce faux, s'agissant de saint Thomas ? Dans quelle mesure est-il « médiéval » ici, dans quelle mesure « moderne » ?

Le moyen-âge — acceptons ce terme excessivement global comme référence pratique — a été vivant : il a connu bien des mouvements politiques, et même sociaux. Mais il a été menacé par une référence tyrannique à des modèles transcendants et fixes qui risquaient de bloquer et de détourner de leur vraie nature la conception des réalités politiques. Les principaux de ces modèles étaient : *a*) ceux de l'Ancien Testament ; *b*) ceux des ordres angéliques ; *c*) l'ordre de l'univers. Qu'en est-il chez saint Thomas ?

* Les notes sont à la page 704.

a. Ancien Testament. Toute « chrétienté » réglant la vie sociale à partir de règles sacrées invoque l'Ancien Testament et vise à en reproduire le modèle. Cela a été en particulier le cas du haut moyen âge et c'était encore sensible au XIIIe s.[2]. Voici seulement un exemple significatif : *Sane cum Deuteronomium secunda lex interpretatur, ex vi vocabuli comprobatur in hoc quod ibi decernitur, ut in novo testamento debeat observari*, énonçait Innocent III dans la fameuse décrétale *Per venerabilem* de 1202 qui a été longtemps le lieu de la doctrine pontificale sur les rapports entre le spirituel et le temporel *(Temporalem iurisdictionem casualiter exercemus)*[3]. Si Thomas appelle *praecepta judicialia* les déterminations positives *(ex institutione)* de l'Ancienne Loi, il les définit ainsi : *illa quae pertinent ad ordinationem hominum ad invicem*, les déterminations qui règlent les rapports sociaux. Ceux de l'Ancien Testament, dit-il, sont périmés comme ordres qui s'imposeraient de par Dieu *(IaIIae* 104, 3). Dans la loi nouvelle, dit Thomas, dans la mesure où la foi opérant par la charité n'est pas concernée, ces choses ont été laissées par le Christ à chacun pour sa vie personnelle et au chef de chaque communauté pour la vie de celle-ci[4]. Cela signifie la pleine laïcalité ou sécularité des institutions politiques, ce qui n'équivaut ni au laïcisme ni au sécularisme. Nous y reviendrons. Il est vrai que *(IaIIae*, 105, 1*)* Thomas propose le régime mis en œuvre sous et par Moïse comme le régime idéal, à savoir une *politia bene commixta ex regno, in quantum unus praeest, ex aristocratia, in quantum multi principantur secundum virtutem, et ex democratia, id est potestate populi, in quantum ex popularibus possunt eligi principes et ad populum pertinet electio principum.* Mais 1° ce texte appartient au traité de la loi ancienne ; il s'agit de montrer que celle-ci *convenienter de principibus ordinavit ;* 2° Thomas juge de cette convenance parfaite d'après l'idéal politique qu'il a reçu d'Aristote, non l'inverse.

Dans la décrétale *Per venerabilem* Innocent III appliquait le texte du Deutéronome 17,8-9 (« Si tu as à juger un cas qui te dépasse... tu monteras au lieu choisi par Yahvé ton Dieu, tu iras trouver les prêtres lévites et le juge alors en fonction... »), d'un côté à l'*apostolica sedes*, d'un autre côté aux évêques. Telle était la façon dont le Deutéronome, *secunda lex*, devait être observé dans le Nouveau Testament. Saint Thomas, lui, entend ce même texte du Deutéronome dans son sens *historique* : c'était, dans le peuple juif, une structure parfaitement raisonnable d'exercice de la justice[5]. C'est tout. Aucune application hiérocratique !

Parmi les références à l'Ancien Testament, l'onction des rois tenait une place de choix, le roi devenait un ministre dans l'Eglise. Thomas précise qu'elle n'est pas un sacrement et qu'elle n'établit pas *in aliquo ordine* mais signifie simplement l'excellence du pouvoir communiqué par le Christ[6].

b. Les Paradigmes sacrés empruntés au supraterrestre, plus précisément les ordres angéliques ont joué un rôle important, au moins chez les théoriciens. Par là, l'histoire était en quelque sorte retirée à l'histoire puisque l'œuvre humaine n'était pas le fruit des libres décisions et créations des hommes usant de leur intelligence pratique, mais un reflet d'un ordre supraterrestre, un antitype d'un archétype suprahistorique. Cela vient de loin : dans son *Traité d'histoire des religions*, Mircéa Eliade a montré que c'est le fond des comportements des peuples primitifs dont procèdent nos lointains ancêtres indo-européens. Dans la pensée politique et ecclésiologique chrétienne, la rémanence de ce vieil instinct s'est nourrie du néoplatonisme de Denys et de ses spéculations, plus ou moins bien entendues, sur les hiérarchies angéliques. Nous avons montré ailleurs le rôle que schémas et textes dionysiens ont joué dans l'affrontement entre Séculiers et Mendiants, au XIIIᵉ s., au plan des idées ecclésiologiques et pastorales[7]. S'agissant des structures ecclésiastiques, tous font appel à Denys, qu'on croit être le converti de saint Paul, mais saint Thomas se dégage sur plusieurs points importants, plus que n'a fait saint Bonaventure, surtout avant son départ de Paris en 1257[8]. Pour saint Thomas, les hommes étant tous de même espèce, il n'existe pas entre eux de distinction naturelle d'ordre, mais seulement, soit selon la sainteté, et alors, des *gradu infimi* peuvent illuminer des supérieurs[9], soit « secundum potestatem gratis concessam » d'ordre ou de juridiction[10].

Mais les schémas dionysiens étaient appliqués aussi à la société temporelle. Ils l'ont été au moins par Guillaume d'Auvergne, évêque de Paris de 1228 à 1249, conseiller de la reine Blanche et de Louis IX (couronné à 12 ans le 29 novembre 1229) qui reçut de lui la croix et qui l'estimait[11]. Guillaume dit lui-même que cela vient d'un rêve de jeunesse. Il n'est facile de déterminer ni dans quelle mesure il s'agit chez Guillaume de pures illustrations, ni dans quelle mesure ce sont les réalités existant concrètement dans la France de cette époque qui constituent le vrai donné, ou si les traditions théologiques touchant les ordres angéliques ont un impact notable sur la conception des fonctions sociales. Il reste qu'il y a là une inspiration platonisante. L'idéal serait l'imitation de modèles fixes. Pour saint Thomas, nous allons le voir, l'organisation de la cité et de ses fonctions est une chose qui relève de l'histoire et se trouve livrée à l'activité raisonnable et libre des hommes.

c. La troisième source de fixisme, sinon de sacralisation, a été la référence à l'ordre du cosmos. L'origine en est platonicienne, et même préplatonicienne, car on peut la faire remonter à Xénophane de Colophon (570-475), qui fut le maître de Parménide[12]. La *theoria* (contemplation) de l'ordre cosmique garantissant l'ordre de la *polis*. Au sein des changements des rapports politiques et sociaux, l'éthique et la politique étaient fondées sur la vision d'un cosmos divin immuable. « Il est vrai que si, plus tard, le mouvement éclairé des sophistes posa les questions neuves concernant les conditions de la vie sociale et politique, avec une conscience révolutionnaire de la liberté, la réaction de Platon, qui resta déterminante pour très longtemps, donna pourtant un regain à la théorie d'un cosmos-*noûs* immuable. L'image imposée d'un cosmos défini une fois pour toutes comme *noûs* empêche la prise de conscience d'une responsabilité historique pour quelque chose comme l'élaboration d'un programme continu dans tous les rapports vitaux. L'acceptation d'une raison immuable du monde bloqua la responsabilité « rationnelle » de la vie incarnée et historique de l'homme et du monde. Du point de vue de la théologie politique de Platon, tous les phénomènes et toutes les choses avaient toujours pour fondement l'ordre cosmique... » Or, au XIIIᵉ s. et tant que la *Politique* d'Aristote n'eut apporté de tout autres principes, on puisait dans le *Timée* de Platon une conception générale de l'univers, de l'ordre, de la subordination des membres, qui servait de théorie politique[13].

Une référence à l'ordre cosmique est un bien commun des grands docteurs du XIIIᵉ s., Albert, Bonaventure, Thomas[14]. Celui-ci énonce tranquillement : *Quia vero ea quae sunt secundum artem imitantur ea quae sunt secundum naturam, ex quibus accipimus ut secundum rationem operari possimus, optimum videtur regis officium a forma regiminis naturalis assumere*[15]. Assez souvent, Thomas situe l'explication d'une réalité éthique dans le grand ensemble du cosmos[16]. Mais dans le texte que nous venons de citer (n. 15), la *forma regiminis naturalis* n'est pas une loi cosmique, c'est le *regimen Dei, qui sua providentia universa gubernat* ; il s'agit du gouvernement d'un tout par la raison et la prudence politique.

L'instrument qui a permis à Thomas de s'affranchir des modèles supra-terrestres et fixistes, ce fut la connaissance qu'il put prendre du livre V de l'*Ethique à Nicomaque* sur la justice, et de la *Politique* d'Aristote. Ce ne sont évidemment pas les seules sources de saint Thomas, même en dehors de l'Ecriture. Il a profité aussi de Cicéron et du Droit romain. D'après les recherches de M. Grabmann, A. Pelzer, O. Lottin, on connaissait la totalité de l'*Ethique* vers 1240-1244 ; Guillaume de Mœrbeke traduisait la *Politique* vers 1260 et l'ouvrage devenait officiellement un livre d'enseignement vers la fin du siècle. Du coup, on disposait de concepts pour définir la réalité sociale, le *convivere* des hommes, en elle-même et pour elle-même. Thomas en a fait son profit. Le Père R. A. Gauthier a édité un résumé thématique très détaillé de l'*Ethique* et il estime probable que saint Thomas l'aurait fait compiler à Saint-Jacques au moment où il allait aborder la *IIa pars* de la *Somme*. Grâce aux instruments conceptuels ainsi acquis, le fait social et la fonction du chef, prince ou roi, en particulier, pouvaient être définis pour eux-mêmes, alors qu'ils avaient été vus dans le cadre positif chrétien de l'histoire du salut. On avait longtemps lié la nécessité d'un pouvoir coactif de commandement au fait du péché, c'est-à-dire à un accident historique. Après Aristote, Thomas y voyait un fait de nature[17] : même en l'état d'innocence, du moment qu'il y avait société, il y aurait eu autorité et commandement[18]. Il est naturel à l'homme de vivre en société nombreuse, en « cité », et cela nécessite organisation, donc autorité. L'existence de rois ne tient pas simplement au péché. D'autre part, en régime de chrétienté, la royauté était assimilée à une fonction d'Eglise, un véritable « ministère ». On a toujours distingué deux pouvoirs, le royal et le sacerdotal, mais pas véritablement deux domaines ni même deux fins : les deux faisaient l'œuvre du salut, en mettant seulement en œuvre des moyens différents[19]. Bref, on en restait au plan du *fonctionnel*, et cela dans un régime (théoriquement du moins) de chrétienté. Thomas est passé à *l'être* de la réalité en elle-même. Ou, pour dire la même chose autrement, on ne voyait que les deux extrémités, l'origine *première* et la fin *dernière*. Tomas a considéré le milieu, la réalité elle-même, avec son origine spécifique et prochaine, avec sa finalité *propre*. N'est-ce pas un des aspects un peu déroutants de la *Somme* ? Construite sur le schéma de *l'exitus* et du *reditus* elle développe surtout les structures de l'entre-deux de ce qui est sorti et qui doit revenir.

Pour Thomas l'œuvre politique est une œuvre purement humaine, une œuvre de raison. Alors que, dans le platonisme, les réalités terrestres n'ont de vérité que par participation d'une idée, d'une sorte de noumène substantifié, pour Thomas, elles ont leur forme en elles-mêmes et par elles-mêmes[20]. Certes tout dépend de Dieu créateur, et quant à l'*esse* et quant à la forme selon laquelle quelque chose existe. S'il s'agit de l'agir libre, de l'éthique, les déterminations que l'homme donne à son action doivent leur vérité *objective* à leur conformité avec la loi éternelle. Mais 1) cette loi éternelle ne contient pas d'avance la formule de nos actes libres concrets ; 2) elle ne gouverne ceux-ci qu'appréhendée par la raison de l'homme qui détermine l'action compte tenu des circonstances concrètes, historiques et autres[21]. Notons qu'il s'agit ici de la *loi*, c'est-à-dire d'une règle générale, visant la justice *(relationes ad alios)* et le bien commun. La règle morale individuelle, dont la conscience personnelle est médiatrice, particularise l'obligation de sorte que règle de droit et règle morale peuvent ne pas coïncider. G. de Lagarde, qui insiste sur la distinction, chez saint Thomas, entre l'ordre juridique, objectif, commun, fixé, et l'ordre moral, personnel, dit que saint Bonaventure n'a pas reconnu cela explicitement[22].

Le sujet responsable d'organiser sa propre vie est la communauté elle-même. C'est le peuple qui est le vrai corps politique. Cette position, méconnue par Léon XIII lui-même, est aujourd'hui reconnue comme étant celle de Thomas[23]. Notre docteur a une idée très précise et très forte sur ce qu'est vraiment un citoyen : un membre non de la communauté familiale (« économique »), mais vraiment, d'une « cité ». C'est celui qui a un droit de participer activement ou passivement (en étant élu...) aux activités les plus hautes de la vie ensemble, *in actibus publicis, in actibus praecipuis*. Cela tient *ex hoc quod participat in civitate iudicio, ut scilicet possit de aliquo iudicare ex potestate, ut scilicet habeat potestatem in negotiis civitatis*[24]. S'il s'agit des lois et coutumes de la cité, la décision peut revenir directement à la communauté *ordinare aliquid in bonum commune est vel totius multitudinis*, mais, ajoute saint Thomas, *vel alicuius gerentis vicem totius multitudinis*[25]. Dans le quotidien, en effet, il faut « un responsable », comme on dit aujourd'hui. Il faut que quelqu'un harmonise les volontés, les exprime, décide, fasse observer les lois et les décisions. Thomas parle sans cesse, à ce sujet, à la fois de *vices gerere multitudinis* et de *curam habere multitudinis* (ou *populi*)[26]. Il ne faut pas entendre cela au sens représentatif dans une perspective individualiste, mais dans le sens d'une représentation-personnification. L'*auctoritas publica* n'est pas la mandatée du peuple au sens parlementaire-démocratique moderne ; elle est l'organe de décision du corps organiquement structuré[27]. Cet aspect organique, l'existence d'*ordines* (auxquels Thomas fait très peu d'allusions), empêchent de voir dans la cité de saint Thomas notre actuelle démocratie. Il faut pourtant noter deux traits : 1) l'aspect de paternalisme facilement entraîné par l'idée d'une prudence et d'une providence du chef à l'égard du peuple qu'il doit conduire vers son bien, n'apparaît pas explicitement ; il est sans commune mesure avec ce qu'il sera chez les traditionnels du xixe s. (« Tout pour le peuple, rien par le peuple », Donoso Cortès) ou chez Léon XIII, Pie X, et encore Benoît XV. Le thème du *princeps-pater* est très rare au moyen-âge, même dans les *Miroirs*, pourtant si moralisants[28]. 2) Le xiiie s., celui de saint Thomas surtout, s'oriente vers une notion de l'autorité fondée sur l'ordre, la raison, la loi (ou la coutume), non sur elle-même et sur un *jussus* valables par eux-mêmes. Ordre et loi, œuvre de raison, n'ont évidemment de réalité que par leur visée de bien et parce qu'ils traduisent, à travers la vision qu'en ont les hommes, la vérité de la loi éternelle. Mais il n'est question ni de volontarisme, ni d'obligation contractuelle ni de résultat de « la volonté générale ». On est dans le domaine de la rationalité et du consensus qu'elle suscite.

Venons-en aux rapports entre le spirituel et le temporel. Nous ne pouvons ici que donner un schéma d'exposé, mais suffisamment précis et appuyé de textes significatifs.

a. Temporel et spirituel, naturel et gratuit constituent deux plans distincts. Le premier peut se définir adéquatement indépendamment du second. Quelques textes :

> *In his quae ad bonum civile pertinent est magis obediendum potestati saeculari quam spirituali (II Sent. d.44 Expos. Textus ad 4).*

> *Utrum possint christianis infideles praeesse!... Alio modo possumus loqui de dominis vel praelatione iam praeexistenti. Ubi considerandum est quod dominium et praelatio introducta sunt ex iure humano ; distinctio autem fidelium et infidelium est ex iure divino. Ius autem divinum, quod est ex gratia, non tollit ius humanum quod est ex naturali ratione. Ideo*

distinctio fidelium et infidelium secundum se considerata non tollit domi-nium et praelationem infidelium super fideles (*IIaIIae* 10, 10 c ; comp. 12, 2). Dans le même article, objectant que certains chrétiens étaient *de familia Caesaris* (*Phil.* 4, 22), et donc soumis à Néron, Thomas répond : *Illa praelatio Caesaris praeexistebat distinctioni fidelium ab infidelibus* (ad 2). C'est un cas historique, envisagé comme tel. On ne peut cepen-dant s'empêcher de penser à ce qui sera le thème du libelle des années 1296-1297 *antequam essent clerici, Rex Franciae habebat custodiam regni sui et poterat statuta facere*[29]... Texte discutable d'ailleurs, tout comme l'évocation que nous en faisons ici...

Per fidem Jesu Christi non tollitur ordo iustitiae sed magis firmatur... Et ideo per fidem Christi non excusantur fideles quin principibus saecula-ribus obedire teneantur (*IIaIIae* 104, 6).

Sicut ad saeculares principes pertinet praecepta legalia iuris natu-ralis determinative tradere de his quae pertinent ad utilitatem communem in temporalibus rebus : ita etiam ad praelatos ecclesiasticos pertinet ea statutis praecipere quae ad utilitatem communem· fidelium pertinet in spiritualibus bonis (*IIaIIae* 147, 3).

Voir encore *IaIIae* 99, 3 ; 100, 2.

b. Les deux ordres ont cependant une unité, non de fin immédiatement spécifiante — cela mènerait à la théocratie, voire à la hiérocratie ; cela abolirait la distinction de plan, d'ordre et de domaine — mais de fin dernière. C'est ce qui fonde une certaine subordination du temporel au spirituel dans l'exercice effectif de la destinée humaine, qui s'accomplit en société[30].

c. Cette subordination du temporel à la fin dernière de grâce n'empêche pas l'ordre naturel d'avoir sa vérité propre. Saint Thomas se sépare ici de saint Augustin. Pour celui-ci, sans la charité, les vertus n'étaient pas des vertus, la justice n'était pas une vraie justice[31]. Pour Thomas, les vertus restent des vertus (il ne dit pas « vraies » vertus), les biens naturels restent de vrais biens même sans la charité et la justice surnaturelle. *Ius divinum, quod est ex gratia, non tollit ius humanum quod est ex naturali ratione.* J'aimerais étudier ici la lecture et l'usage qu'a fait saint Thomas de la *Cité de Dieu* d'Augustin. Je pense qu'on verrait qu'il a utilisé cette grande œuvre pour parler de l'Eglise en sa réalité de référence céleste et d'eschato-logie commencée, non pour ce qu'elle dit de la *civitas terrena* et qui est d'ailleurs ambigu. Pour Thomas, il existe une réalité politique naturelle logiquement antérieure à la foi et au baptême, indépendante d'eux. Il se séparait ainsi du hiérocratisme ou même du moralisme que H. X. Arquillière a dénommé « augustinisme politique ». Comme le note justement W. Ullmann[32], la papauté qui s'en inspirait prenait toujours l'homme comme un tout, de façon globale, sans distinction : un baptisé, et elle le traitait en conséquence. Thomas, qui a une philosophie politique, dis-tingue les ordres et les plans. Certes, il parle de la charité-forme des vertus ;

698

il leur manque donc bien quelque chose, en tant même que vertus, sans cet ajout de grâce. Il y a là un problème et pour un peu on soupçonnerait saint Thomas d'inconséquence[33]. Je pense que la solution est dans ce que Thomas dit du double ordre qui convient à une réalité qui ne boucle pas sur elle-même, mais est prise dans un tout gradué où elle a une autre réalité au-dessus d'elle. *Quaelibet res perficitur per hoc quod subditur suo superiori*[34]. Au-delà de la fin propre intérieure à chaque vertu, qui la spécifie comme telle, la charité ordonne cette vertu à sa fin propre à elle, qui est la fin finale absolue[35]. Cela ne fait pas que les biens temporels et les vertus situées en-deçà de la charité n'aient raison que de *moyens*. C'est en parfaite conformité avec la pensée de saint Thomas que le concile de Vatican II déclare que les biens qui composent l'ordre temporel « n'ont pas seulement valeur de moyen par rapport à la fin dernière de l'homme. Ils possèdent une valeur propre, mise en eux par Dieu lui-même »[36].

d. Thomas s'intéresse surtout aux structures formelles du monde appelé au salut. Mais il y situe les réalités ou situations historiques qui représentent comme des exceptions, en toute hypothèse des cas particuliers, par rapport à l'en soi des structures formelles. Ainsi l'Eglise peut soustraire des fidèles à l'autorité de maîtres païens ou juifs[37] ; elle peut, par un jugement, *sententialiter*, enlever le *ius dominii* à des princes qui passeraient de la foi à l'infidélité (*IIaIIae* 60, 2 ad 3). Thomas reconnaît ainsi l'existence d'un droit public de chrétienté qui est une réalité d'histoire : de fait, les princes ont reconnu à l'Eglise autorité en un certain nombre de matières qui sont normalement de leur compétence. Ailleurs, saint Thomas en nomme au moins une, l'exemption d'impôts[38].

C'est dans ce genre de textes et de considération qu'il faut, à notre avis, lire un passage sur lequel il existe une abondante bibliographie, la finale du commentaire sur le deuxième livre des *Sentences*, dist. 44, *Expositio textus*, ad 4 (en 1254) : *In his quae ad bonum civile pertinent est magis obediendum potestati saeculari quam spirituali, secundum illud Mat. 22, 21, Reddite quae sunt Caesaris Caesari* (un texte que Grégoire VII n'a jamais cité), *nisi forte potestati spirituali etiam saecularis potestas coniungatur, sicut in papa, qui utriusque potestatis apicem tenet...* Il ne nous paraît pas douteux qu'il s'agit là du fait historique du pouvoir temporel du pape et des prérogatives temporelles telles que les droits de suzeraineté et celui d'une magistrature suprême de la paix[39].

Cela dit, nous admettons très bien que saint Thomas a suivi sur plusieurs points les idées de son temps. Il écrivait ce texte à la fin du pontificat d'Innocent IV († 7 déc. 1254). Il n'a pas déployé toutes les conséquences des principes qu'il avait posés. Ce sera l'œuvre de Jean de Paris (né vers 1240, † 1306) qui n'a d'ailleurs pas été son élève et ne l'a pas personnellement connu. Je ne compte évidemment pas comme continuateurs de saint Thomas d'autres aristotéliciens intempérants comme Marsile de

Padoue, ni même un modéré comme Dante. Je suis un peu troublé par le fait que d'autres, qui l'ont connu et ont suivi son enseignement, ont tenu des positions assez hiérocratiques, alors même qu'ils citaient abondamment Aristote : Gilles de Rome, Barthélémy de Lucques, qui a achevé le *De regimine principum*, et peut-être Reginald de Piperno dont je souhaite qu'on étudie l'apport personnel au « Supplément » de la *Somme*, si, comme on l'admet généralement, c'est lui qui l'a compilé.

Jean de Paris a été plus loin que saint Thomas et il l'a même trahi en faisant ce que Thomas n'a jamais fait, une application à l'Eglise elle-même des idées politiques d'Aristote, en y adjoignant certains schémas du droit des corporations tel que les canonistes en avaient esquissé déjà l'application aux structures ecclésiales. Mais ceci est une autre histoire et dépasse notre sujet.

II. Perceptions ecclésiologiques essentielles de saint Thomas

Une première constatation faite déjà par Brian Tierney par exemple à propos du magistère papal[40] : s'il s'agit de structures juridiques et pastorales de l'Eglise, Thomas ne semble pas avoir eu de réflexion personnelle originale : il tient les positions communes. Ce serait à voir cependant. Sur plusieurs points, Thomas a eu ses nuances propres.

S'il s'agit de la structure en quelque sorte sociologique ou organisationnelle de l'Eglise, Thomas l'a conçue comme un emboîtement organique d'unités de plus en plus larges, chacune présidée par un ministre ordonné ou mandaté : paroisse, doyenné, archidiaconat, diocèse, province, Eglise universelle[41]. Cette organisation vérifiait un certain parallélisme avec celle de la société civile, du moins dans le royaume de saint Louis[42]. Saint Thomas réagit contre l'indépendance que les archidiacres avaient prise en se poussant, de la condition de simples délégués de l'évêque, à celle de véritables prélats, exerçant la juridiction en leur nom. *Solus episcopus proprie praelatus in Ecclesia dicitur*[43]. D'une façon générale, je l'ai montré ailleurs (cf. n. 7) dans la querelle entre séculiers et mendiants, Thomas a pris la défense, non seulement des religieux, mais des évêques. Car les maîtres séculiers tenaient pour l'institution divine des curés. Thomas refuse que la fonction de curé ait une valeur *hiérarchique* autonome ; selon lui, toute la structure hiérarchique est basée sur l'évêque dans son diocèse, le pape dans l'Eglise entière. Cette espèce d'organisation pyramidale par emboîtement de communautés de plus en plus larges, dont nous avons parlé, n'est pour Thomas qu'une réalité sociologico-pastorale. Il récuse la valeur de structure hiérarchique que les maîtres séculiers lui attribuaient[44]. A la différence de Bonaventure et de Thomas d'York, il n'a pas situé le fond de la querelle dans la question du primat papal[45]. C'est aux évêques que notre docteur applique le thème dionysien du *hierarcha*[46]. Il ne développe pas comme Bonaventure, une théologie du pape comme *primus hierarcha*.

Ici se poserait une question : en quel sens saint Thomas enseigne-t-il que les évêques reçoivent leur juridiction du pape ? Il faudrait d'abord s'entendre sur « juridiction ». Le plus ordinairement, chez saint Thomas, cela signifie le fait que, par « injonction » (et non par « consécration ») on a reçu autorité sur des sujets déterminés, ce que Thomas appelle *materia subiecta* : cela pour exercer la *potestas clavium*, soit au plan sacramentel *(clavis ordinis)*, soit au plan purement juridique et même judiciaire *(clavis iurisdictionis in foro iudiciali* ou *in foro causarum)*[47]. Selon Thomas, seul le pape a cette autorité de façon universelle, non limitée. Les autres prélats (*praelatio* signifie pouvoir public, autorité sur des assujettis) l'ont de façon limitée, seulement sur certains sujets, une certaine materia subiecta. Selon Thomas, c'est le pape qui détermine aux prélats inférieurs à lui l'étendue et l'application de leur potestas claviam. Cela, Thomas l'exprime tantôt en termes de *ordinatio*[48], tantôt par *in alios descendere*[49] ou *derivare*[50], *ab ipso accipere*[51]. Ces termes semblent, *in casu*, être synonymes. La *plenitudo potestatis* du pape consiste en ceci qu'il peut exercer tous les pouvoirs ecclésiastiques dans l'universalité de l'Eglise. Les autres prélats ne le peuvent que dans certaines limites qui leur sont fixées ou communiquées par le pape. Telle est, je crois, la position de saint Thomas[52]. Cette communication de la « juridiction » par le pape est donc très proche de ce que nous appelons institution canonique ou mission canonique. Il ne faut pas nous faire d'illusion, cette position, celle des grands Scolastiques en général, a accentué la séparation entre ordre et juridiction, sacrement du ministère et office pastoral. A leur manière, les Séculiers, dont l'ecclésiologie est plus conservatrice, voulaient maintenir le lien entre les deux : la juridiction suivant l'ordre ou l'office, elle n'était pas une sorte de réalité indépendante qu'une autorité pouvait disposer et donner à son gré.

Dans la même ligne et touchant les structures ecclésiastiques nous pouvons noter chez saint Thomas comme dans l'ensemble de la théologie de son époque l'absence d'une ecclésiologie des Eglises particulières et celle d'une doctrine de la collégialité. La première est sensible, par exemple, dans la question du schisme[53]. La seconde n'est pas totale : ici ou là, on sent affleurer la chance, non reconnue ni exploitée, hélas, d'une collégialité épiscopale[54]. Trop d'idées communément reçues s'y opposaient : le thème léonin, compris et appliqué de travers, réservant au pape la *plenitudo potestatis*, et attribuant aux évêques le *in partem sollicitudinis vocati*[55], l'idée que lors de leur dispersion, les apôtres avaient été mis chacun à la tête d'une ville et d'une province[56], etc.

Ainsi, dans une grande mesure, Thomas d'Aquin montre plus de conformisme que d'originalité dans ses vues sur les structures ecclésiastiques. Parce que nous ne pouvons pas tout dire et que nous en avons parlé ailleurs (toujours dans l'étude citée *supra* n. 7), nous ne traiterons pas ici des corrections apportées par saint Thomas à certaines thèses de Denys en matière ecclésiologique. Ni de ce que Thomas peut devoir à ce même Denys dans l'évolution de ses idées qui semblent bien l'avoir amené tout près de reconnaître la sacramentalité de l'épiscopat[57]. Nous voudrions plutôt nous appliquer à dégager l'inspiration originale profonde de saint Thomas dans sa vision de l'Eglise.

Poursuivant son idée d'identité, ici-bas, entre « Corps mystique » et Eglise catholique romaine visible, structurée et hiérarchique, le P. Sébastien Tromp cite *IIaIIae* q. 183, art. 2 et ajoute : *Ubi habes fundamentum proprium ecclesiologiae Angelici*[58]. Cet article est intitulé *Utrum in hominibus* (*sic* au prologue ; en tête de l'article : *in Ecclesia*) *debeant esse diversi status sive diversa officia ?* Que ce très bel article occupe sa place dans l'ecclésiologie de saint Thomas, nous en sommes bien d'accord. Qu'il en traduise la perception la plus profonde, nous ne le pensons pas, et cela pour des raisons qui ressortiront d'elles-mêmes de notre exposé.

En un sens et au premier abord, cette perception est simple et relativement banale : l'Eglise, c'est la communion avec Dieu dans les conditions de cette terre. L'originalité de saint Thomas nous semble résider dans une vive et très profonde perception de l'absolu et de la pureté du premier terme : communion avec Dieu. Je pense que quatre ou cinq textes nous livrent les grandes vues qui auraient structuré un traité de l'Eglise si saint Thomas en avait écrit un :

D'abord ceux qui définissent le statut de la « Loi nouvelle » ou loi évangélique : *IaIIae* 106, 1 et 2 ; 107, 1 ; 108, 1 et les passages parallèles des commentaires sur saint Paul ou saint Jean. Ce qu'il y a de plus excellent dans la loi nouvelle, ce en quoi consiste toute sa vertu, c'est la grâce du Saint-Esprit. Le reste est secondaire ; il lui appartient, soit comme moyen menant à cette grâce — ainsi la lettre de l'Ecriture, les sacrements — soit comme aide pour mettre en œuvre cette grâce et lui donner sa vérité : ainsi les lois, les dogmes, les déterminations de la vie externe de l'Eglise, qui ne doivent pas être trop lourdes (q. 107, a. 4).

Ensuite les textes touchant les deux ordres de « signes » ou de « caractère », l'ordre intérieur et personnel de la grâce, l'ordre externe et social de la vie visible de l'Eglise et très particulièrement de sa vie cultuelle, sacramentelle et liturgique : cf. *IIIa* 63, 1 ad 1 ; a. 3 c et ad 3. Deux choses sont notables touchant ce second ordre : 1) l'insistance avec laquelle Thomas parle de *cultus praesentis Ecclesiae*[59] ; 2) l'insistance sur le sacerdoce, sur la participation au sacerdoce du Christ. L'idée de caractériser ainsi le caractère baptismal est propre à saint Thomas[60].

Ces remarques et d'autres que nous avons faites ailleurs[61] ou que nous allons faire orientent l'esprit vers une vision de l'Eglise comme à deux

niveaux, qui composent dans la même réalité concrète. Il y a un plan purement « Eglise », constitué par la foi opérant par la charité, c'est-à-dire
ce sur la base de quoi on est justifié. Saint Thomas définit sans cesse l'Eglise
congregatio (coetus, collectio, societas, universitas, collegium) fidelium.
C'était une formule assez commune, mais — j'ai étudié la question — je
suis convaincu que saint Thomas l'a chargée d'un sens extrêmement
prégnant et qu'il en a fait lucidement sa définition de l'Eglise[62]. Ce sens,
que le P. A. Darquennes avait bien dégagé[63], tient au sentiment extrêmement vif que Thomas a eu du caractère absolument théologal des vertus
de même nom : elles atteignent *Dieu lui-même* comme objet, motif et
mesure. Aussi la foi a-t-elle une continuité avec la vision, elle est *quo
inchoatur in nobis vita aeterna*[64]. Aussi la *congregatio fidelium* est-elle l'état
terrestre de la communion eschatologique avec Dieu ; il existe une continuité
qu'on doit plutôt, à cet égard, qualifier d'identité entre l'Eglise de la terre
et l'Eglise du ciel : *Ecclesia quidam habet duplicem statum scilicet gratiae in
praesenti et gloriae in futuro, et est eadem Ecclesia...*[65]. De cette Eglise font
partie non seulement tous les justes qui ont vécu avant le Christ (thème traditionnel de l'*Ecclesia ab Abel*[66] ; mais Thomas insiste sur l'idée d'unité de foi,
et donc d'Eglise, entre l'Ancien et le Nouveau Testament[67]), mais les anges[68].

De ce plan purement « Eglise », qu'on pourrait appeler Cité de Dieu,
Communion des saints, mais que Thomas dénomme *corpus Ecclesiae
mysticum, idem corpus Ecclesiae ad quod nos pertinemus* (IIIa, 8, 4 ; 3 ad 3),
Thomas distingue un plan *populus christianus*, dont il affirme que c'est
la même réalité que l'*Ecclesia*, mais qui comporte, conceptuellement, une
valeur proprement sociétaire, avec un appareil d'autorité et une organisation
que ne comporte pas, pour saint Thomas, le concept d'Eglise-*Congregatio
fidelium vel comprehensorum* ; voir notre étude de *CG* IV, 76 citée *supra*
(n. 51). Les moyens propres de l'Eglise en sa condition terrestre d'itinérance
disparaîtront, comme les échafaudages dont parle saint Augustin, quand
sera achevée la construction de la maison-temple appelée à durer toujours.
Ce sont les sacrements : ils cesseront[69]. Ce sont les structures hiérarchiques :
elles passeront, praelatura cessabit[70].

L'Eglise d'ici-bas est une union organique de ces deux ordres de réalités,
selon une loi d'incarnation de la grâce, que saint Thomas connaît bien.
Elle est l'eschatologie dans les conditions de la vie, la grâce conjointe
aux moyens sensibles[71]. Il n'y a pas deux Eglises, pas même deux notions
de l'Eglise qu'on pourrait dissocier. Mais il y a dans l'Eglise deux niveaux
de réalités, un peu comme le *sacramentum* et la *res*. C'est cela, c'est le
fait du sentiment intense qu'a eu saint Thomas de la primauté et du caractère divin de la *res*, qui expliquent certains faits de prime abord étonnants.
Nous en relèverons deux :

a. La place du Christ, ou plutôt de la christologie, dans la synthèse de
la *Somme*. On sait comment elle vient tard et l'on s'étonne que toute la

IIa pars, grâce et vertus, puisse se développer avec seulement de rares et furtives mentions du Christ. C'est une question qui demanderait à être traitée pour elle-même et à loisir. Mais le principe d'explication est simple : Thomas veut un vrai rapport d'union *à Dieu*, une vraie divinisation. Le Christ, en son humanité, est seulement *via... per quam ad beatitudinem... pervenire possimus*[72]. Cela admis, on doit donner un sens extrêmement fort à la thèse de la plénitude absolue de grâce du Christ, à celle de la causalité instrumentale de son humanité dans la communication de la grâce, celle des sacrements comme suite de l'Incarnation, celle enfin des deux objets majeurs de la foi, *quorum visione in vita aeterna perfruemur, et per quae ducimur ad vitam aeternam* (*IIaIIae*, 1, 6 ; 8). Ces thèses, d'autres encore qu'on n'a pas à inventorier ici, illustrent l'unité organique des deux niveaux dont nous avons parlé.

On sait que l'encyclique *Mystici Corporis* (29 juin 1943) a enseigné que saint Paul désigne par « corps du Christ » l'Eglise visible, organisée, hiérarchiquement structurée qui *est* l'Eglise catholique romaine : doctrine confirmée par l'encyclique *Humani Generis* (12 août 1950). Sur quoi A. Mitterer mettait Thomas en accusation en le montrant en désaccord avec la doctrine de Pie XII[73]. Pour le pape, disait-il, il existe un seul sujet ecclésiologique, l'Eglise catholique romaine, à laquelle appartiennent les prédicats de *corps*, corps du *Christ*, et corps *mystique*. Thomas, lui, admet deux sujets qui ne se recouvrent pas, l'Eglise catholique et le corps mystique, dont sont membres les justes de l'Ancien Testament, les bienheureux et les anges, et qui est donc formellement invisible. Et en effet Thomas ne semble pas introduire la visibilité dans les propriétés du concept de corps social, puisqu'il définit celui-ci simplement *multitudo ordinata in unum*[74]. Nous l'avons vu : anges, justes de l'A.T., et saints du ciel, *pertinebant ad idem corpus Ecclesiae ad quod nos pertinemus* (*IIIa*, 8, 3 ad 3), ou *ad unitatem in qua Deo servimus*[75]. Saint Thomas ne parle-t-il pas du Corps mystique en termes de Cité de Dieu[76], de *societas sanctorum*[77], ne la qualifie-t-il pas comme *effectus gratiae*[78] ? Dans ces conditions, on pouvait craindre qu'il ne donne prise à quelque idée d'Eglise invisible...[79]. Mais d'autre part, on peut citer des textes où, sans ambiguïté, saint Thomas identifie Corps mystique et Eglise visible structurée par les ministères[80]. Il n'y a pas là de contradiction : simplement la même réalité présente deux aspects différents qui répondent à des moments de son existence.

En conclusion nous dirons, en catégories modernes : l'originalité de saint Thomas en ecclésiologie est d'avoir perçu une dualité d'aspects dans l'Eglise et d'avoir reconnu la primauté non seulement de l'aspect d'union à Dieu sur tous les moyens visibles — cela allait de soi — mais, de l'aspect de *Gemeinschaft* sur l'aspect de *Gesellschaft*, de l'aspect de communion sur les structures sociétaires. Mais, ici bas, les deux sont joints comme le sacrement et son fruit spirituel.

NOTES

1. *Concilium* n° 36, 1968, p. 37 avec, en n. 12 renvoi à H. FREYER, *Theorie des gegenwärtigen Zeitalters*, 2ᵉ éd. Stuttgart 1963.

2. *Cf* R. KOTTJE, *Studien zum Einfluss des Alten Testamentes auf Recht und Liturgie des frühen Mittelalters (6.-8. Jahrh)*, Bonn 1964 ; J. CHYDENIUS, *Medieval Institutions and the Testament*; CONGAR, *Deux facteurs de la sacralisation de la vie sociale au moyen age* (en Occident), *Concilium* n° 46, 1968, p. 53-63.

3. Reproduite dans les *Decrétales* C. 13, X. IV. 17 (FRIEDBERG II, 714 sv).

4. *Talia opera non sunt in nova lege praecepta vel prohibita ex prima legis institutione, sed relicta sunt a legislatore, scilicet Christo, unicuique, secundum quod aliquis alicujus curam gerere debet ; et sic unicuique liberum est circa talia determinare quid sibi expediat facere vel vitare, et cuicumque praesidenti circa talia ordinare suis subditis quid sit in talibus faciendum vel vitandum (IaIIae 108, 1 c) ; comp. Quodl. IV, 13. Quia istae determinationes (in ordine ad proximum, judicialia) non sunt secundum se de necessitate interioris gratiae, in qua lex consistit, idcirco non cadunt sub praecepto novae legis, sed relinquuntur humano arbitrio ; quaedam quidem quantum ad subditos, quae scilicet pertinent sigillatim ad unumquemque, quaedam vero ad praelatos temporales vel spirituales, quae scilicet pertinent ad utilitatem communem (IaIIae 108, 2 c. et Cf ad 4).*

5. *IaIIae* 105, 2 ad 7.

6. Pas sacrement : *IV Sent.* d. 24 q. 1 a. 1 qᵃ 3 ad 3 ; pas un ordre : d. 19 q. 1 a. 1 qᵃ 3 ad 2.

7. *Aspects ecclésiologiques de la querelle entre mendiants et séculiers dans la seconde moitié du XIIIᵉ siècle et le début du XIVᵉ* dans *Arch. Hist. doctr. litt. Moyen Age* XXVIII (1961), Paris 1962, p. 35-151 ; *Cf* p. 114-145.

8. Pour celui-ci, J.G. BOUGEROL a donné un dossier complet : *S. Bonaventure et le Pseudo-Denys l'Aréopagite* dans *Et. francisc.* XVIII Supplément annuel 1968, p. 33-123.

9. *Ia* 106, 3 ad 1.

10. *Il Sent.* d. 9 q. 1 a. 7 ad 3 ; *De spiritualibus creaturis* a. 8 ad 11 et *Cf* notre art. (cité n. 7) p. 123 sv, 130.

11. *Cf* JOINVILLE, *Vie de S. Louis*, ch. 9 ; GUILLAUME D'AUVERGNE, *De universo, Pars* II, 2, c. 112, Rouen 1674, p. 964-965. Sur cette théologie politique de Guillaume d'Auvergne, *Cf* B. VALLENTIN, *Der Engelstaat Zur mittelalterlichen Anschauung vom Staate (bis auf Thomas von Aquin)* dans *Grundrisse und Bausteine zur Staats — u. Geschichtslehre* zusammengetr. z. den Ehren Gustav Schmollers, Berlin 1908, p. 41-120, p. 51 sv.

12. *Cf* ARNOLD A.T. EHRHARDT, *Politische Metaphysik von Solon bis Augustin*, 2 vol. Tubingen 1959 ; H. SCHMIDT, *Remarques et questions à propos du problème de la « christologie politique »* dans *Concilium* n° 36, 1968, p. 73-83, auquel j'emprunte le texte cité entre guillemets.

13. G. DE LAGARDE, *La naissance de l'esprit laïque au déclin du moyen âge*, 1° éd. t. III p. 30 et 32 n. 33 ; 2° éd. t. II : *Secteur social de la Scolastique*, Louvain-Paris 1958, p. 22 n. 40.

14. *Cf* G. QUADRI, *S. Alberto Magno e la sua teroria dell'autorita* dans *Studi Senesi* 51 (1937) 85-152 ; H.J.-L. LEGOWICZ, *Essai sur la philosophie sociale du Docteur Séraphique*, Fribourg (CH) 1937 ; J.H. WRIGHT, *The Order of the Universe in the Theology of St Thomas Aquinas (Anal. Gregor.* 89), Rome 1957 ; W. KLUXEN, *Philosophische Ethik bei Thomas von Aquin*, Maïnz 1964.

15. *De regimine principum* I c. 12.

16. Voir par exemple *IaIIae* 87,1 ; *IIaIIae* 2,3 ; 51,4 ; 85,1 ; 104, 1,4 et 5 ; 130,1 ; *IIIa* 7,9.

17. Ce changement de perspective a été souligné en particulier par R.W. et A.J. CARLYLE, *A History of Mediaeval Political Theory in the West*, vol. V : *The Political Theory of the thirteenth Century*, Edinburgh-London 1927, p. 4 sv avec citation de Thomas, *De regimine principum* I, 1 ; par W. BERGES, *Die Fürstenspiegel des hohen und späten Mittelalters (Schriften d. Mon. Germ. Hist. 2)*, Stuttgart 1938, p. 117.

18. *Cf Ia* 96,4. Moins nettement *II Sent.* d. 44 q. 1 a. 3.

19. *Cf* notre *Ecclésiologie du haut moyen âge*, Paris 1969, p. 262-276 et 286-307.

20. *Cf Ia* 6,4 ; 65,4 ; 84,1 ; 4, 5 et 6.

21. *Cf IaIIae* 91,2 : *rationalis creatura excellentiori quodam modo divinæ providentiae subiacet, inquantum et ipsa fit providentiæ particeps, sibi et aliis providens.* Comp. *Ia* 18,3 (et *De reg. princ.* cité *supra* n. 15) ; 91, 3 ad 1.

22. G. DE LAGARDE, *op. cit.* 2° éd. p. 65-66 pour S. Thomas (avec renvoi à P.M. VAN OVERBECKE, *De relatione inter ordinem juridicum et moralem* dans *Ephem. Theol. Lovan.* 1934, p. 289-sv) et p. 96 pour S. Bonaventure.

23. Ainsi par J. Maritain et Y. Simon, cités et suivis par CH. JOURNET (*Note sur l'origine et la transmission du pouvoir politique* dans *Nova et Vetera* 27 (1952) p. 223-239) ; par John COURTNEY MURRAY et Mgr P. PAVAN, dans leur commentaire de la déclaration conciliaire *Dignitatis humanae personae* (*Vatican II. La liberté religieuse*, sous dir. J. HAMER et Y. CONGAR (*Unam Sanctam* 60) Paris 1967, respectivement p. 128-129, 141 sv et p. 165 sv, 173).

24. *Com. in Polit.* lib III lect 1. *In actibus publicis, praecipuis* ; *IIaIIae* 182, 2 ad 3 ; *Com. In. Ephes.* c. 2 lect. 6. Comp. *IaIIae* 105,1 cité *supra* : *in quantum ex popularibus possunt eligi principes et ad populum pertinet eclectio principum.*

25. *IaIIae* 90, 3 c ; 97, 3 ad 3.

26. *Loc. cit.* n. préc. et *IIaIIae* 57, 2 c.

27. Les textes de *Ia*, q. 108 que cite G. DE LAGARDE (*op. cit.* p. 82 n. 69) ne sont pas parfaitement *ad rem*, car il s'agit des anges et de leur « hiérarchie ». C'est la *publica auctoritas* qui fait les lois : *IIaIIae* 60, 6 ; 147, 3. Pour la notion organique de « représentation », *Cf* E. LEWIS, *Organic Tendencies in Medieval political Thought* dans *American Political Science Review* 32 (1938) 866-867 ; G. DE LAGARDE, *Orig. de l'esprit laïque, V*, Ockham, 2° éd. Paris-Louvain 1963, p. 66 sv ; A. DARQUENNES, *De juridische Structuur van de Kerk volgens S. Thomas van Aquino*, Louvain 1949, p. 127-154 ; *Représentation et Bien commun* dans *Etudes prés. à la Commission internat. pour les Assemblées d'Etats* XI (IX⁰ Congrès intern. des Sc. histor., Paris 1950), Louvain 1952, p. 33-51.

28. *Cf* W. BERGES, *op. cit.* (n. 17) p. 127 n. 1.

29. J. RIVIERE, *Le problème de l'Eglise au temps de Philippe le Bel*, Louvain-Paris 1926, p. 99.

30. Thèse bien connue : *De regimine principum* I, 14. Exprimée du point de vue de l'ordre des pouvoirs : *II Sent* d. 44 *Expos. Textus* ; *IIaIIae* 104,5.

31. Augustin ne parle pas de justice pour la *civitas* ou la *pax terrena* : *Cf* U. DUCHROW, *Christenheit und Weltverantwortung. Traditionsgeschichte und systematische Struktur der Zweireichenlehre*, Stuttgart 1970, p. 294, 307, 310 sv, 426, 505.

32. W. WILLIAM, *The Medieval Papacy, St Thomas and beyond* (*The Aquinas Society of London. Aquinas Paper* n° 35), London 1960.

33. *Cf* J.M. POHIER, *Le théologien moraliste d'aujourd'hui doit-il lire S. Thomas ?* dans *Rev. Sc. théol.* 58 (1974), p. 405-426.

34. *IIaIIae* 81,7 ; *Cf IV Sent.* d. 8 q. 1 qᵃ 1 ad 1 ; *IIaIIae* 2,3.

35. *Cf IIaIIae* 23 7 et 8 ; 4,3 et les parallèles. Cela se rattache à un principe tout à fait général que voici : *Est autem duplex ordo considerandus in rebus. Unus, quo aliquid creatum ordinatur ad aliud creatum, sicut partes ordinantur ad totum, et accidentia ad substantiam, et unaquaeque res ad suum finem. Alius ordo, quo omnia creata ordinantur in Deum...* (*Ia* 21, 1 ad 3) S. Thomas distingue la *bonitas divina, quae est finis a rebus separatus* et le *bonum in ipsis rebus existens* (*Ia* 22,4).

36. Décret du 18 novembre 1965, *Apostolicam actuositatem* 7.

37. *IIaIIae* 10, 10. Noter les expressions *per sententiam vel ordinationem Ecclesiae, (subiacere) Ecclesiae vel eius membris*, Mots ajoutés par S. Thomas (*Cf* I. ESCHMANN dans *Mediaeval Stud.* 20 (1958) p. 201).

38. *Expos. in Epist. ad Romanos* c. 13 lect. 1 : *huiusmodi tributa... Ab hoc tamen debito liberi sunt clerici ex privilegio principum...*

39. C'est l'interprétation de O. SCHILLING (*Die Staats u. Soziallehre des Hl. Thomas von Aquin*, München 1930, p. 233), en partie celle de P. TISCHLEDER (*Ursprung und Träger der Staatsgewalt nach der Lehre des Hl Thomas u. seiner Schule*, München-Gladbach 1923), mais surtout celle de I. TH. ESCHMANN (*St Thomas Aquinas and the two Powers* dans *Mediaeval Stud.* 20 (1958) p. 177-205). M. GRABMANN était porté à l'admettre (*Studien über Einfluss der aristotelischen Philosophie auf die mittelalterl. Theorien über das Verhältnis von Kirche u. Staat* (*SB. d. Bayer Ak. d. Wiss.*), München 1934, p. 14 sv.

40. B. TIERNEY, *Origins of Papal Infallibility 1150-1350. A Study on the Concepts of Infallibility, Sovereignty and Tradition in the Middle Ages*, Leiden 1972.

41. Cela ressort des écrits de la controverse entre séculiers et mendiants surtout *Contra impugnantes* et *Quodl. III*, 17. *Cf* aussi *IV Sent.* d. 24 q. 3 a. 2 sol. 3 et A. DARQUENNES, *De juridische Structuur* (cité n. 27) p. 72 sv.

42. *Presbyteri curati... se habent ad episcopum sicut ballivi vel praepositi ad regem* (*De perfectione vitae spiritualis* c. 25) ; *Episcopi principalem curam populi habent, plebani autem et archidiaconi sunt subministratores et coadjutores eorum. Unde, si quis recte consideret, hoc modo in regimine Ecclesiae comparantur archidiaconi et plebani ad episcopum sicut in regimine temporali praepositi et ballivi ad regem...* (*Quodl. III*, 17 ad 5). Les deux textes sont de 1270. *Cf* aussi *IIaIIae* 184, 6 ad 2. Renvoyons à notre étude *S. Thomas et les archidiacres* dans *Rev. thomiste* 57 (1957) p. 657-671 : sur baillis et prévôts, p. 668 n. 1 et à A. HAMILTON THOMPSON, *Diocesan Organization in the Middle Ages, Archdeacons and Rural Deans* dans *Proc. Brit. Acad.* XXIX (1943) p. 153-194.

43. *IV Sent.* d. 25 q. 1 a. 1 ad 1 ; d. 20 q. 1 a. 4 ad 1.

44. Il résume ainsi la position des maîtres séculiers : *Sicut patriarcha praesidet in suo patriarchatu et episcopus in suo episcopatu, ita et archidiaconi in suo archidiaconatu et presbyter curatus in sua parochia* (*De perf. vitae spiritualis* c. 21). Contre quoi c. 23 et 24 Thomas établit le rapport archidiacre/évêque = bailli/roi. Or le bailli n'avait qu'un pouvoir délégué. Thomas, par contre, refuse de dire évêque/pape = bailli/roi : *Cf Quodl. XII*, 29 et notre étude citée *supra* (n. 7) p. 68. V. cependant *IV Sent.* d. 20 a. 3 sol. 3 De même, Thomas refuse le rapport admis par les séculiers archevêque/évêque = évêque/prêtre : *Cf Contra impugnantes* c. 4.

45. Outre notre étude citée *supra* (n. 7) *Cf* J. RATZINGER, *Der Einfluss der Bettelordensstreites auf die Entwicklung der Lehre vom pästlichen Universalprimat, unter besonderer Berücksichtigung des Hl Bonaventuras* dans *Theologie in Geschichte u. Gegenwart. Festssch. M. Schmaus*, München 1957, p. 697-724 (p. 700 et n. 8) ; J. LECUYER, art. cité *infra* (n. 57) p. 40-45.

46. *IIaIIae* 184, 6 ad 2. L'état épiscopal est le plus haut : *De perf. vitae spiritualis*, c. 16 et 17. Thomas caractérise le pouvoir épiscopal comme royal ou princier : références dans notre art. cité (n. 42) p. 666 n. 4 et 667 n. 6.

47. V. notre étude citée (n. 7) p. 88 sv ; M. USEROS CARRETERO, « *Statuta Ecclesiae* » *y* « *Sacramenta Ecclesiae* » *en la Eclesiologia de St Tomas* (*Anal. Gregor.* 119) Rome 1962, p. 262-263 ; U. HORST, *Das Wesen der* « *potestas clavium* » *nach Thomas von Aquin* dans *München. Theol. Z.* 11 (1960) p. 191-201 ; L. HÖDL, *Die Geschichte der Scholastischen Literatur und der Theologie der Schlüsselgewalt* I, Münster 1960 ; *Das scholastische Verständnis von Kirchenamt u. Kirchengewalt unter dem frühen Einfluss der aristotelischen Philosophie.* « *Per actus cognoscuntur potentiae* » dans *Scholastik* 36 (1961) p. 1-22 ; H. BARION, *Ordo und Regimen fidelium. Ueber die rechtsgeschichtlichen Grundlagen des c. 948* dans *Zeitsch. d. Savigny-Stiftung f. Rechtsgesch.* 77 Kan. Abt. 46 (1960) p. 112-134.

48. *II Sent.* d. 44 *Expos. textus* ; *IV Sent.* d. 19 q. 1 a. 3, q^a 1 ad 1 ; d. 20 a. 4 sol. 3.

49. *IV Sent.* d. 18 q. 2 a. 2 q^{a}1 ad 1 ; d. 24 q. 3 a. 2 q^{a}3 ad 1 ; *II Sent.* d. 44 *Expos. Textus.*

50. *CG* IV 72 et 76.

51. *Expos. in Matt.* c. XVI, éd. LAI n° 1309.

52. Notre étude citée n. 7 a été, sur ces points, critiquée par M. Zuckermann.

53. *Cf IIaIIae* 39, 1 avec notre art. *Schisme* dans *DTC* XIV, 1286-1312 (1939) et aussi la conclusion de l'étude citée *supra* n. 7.

54. Soit dans l'idée de l'unité de l'*episcopatus*, dans lequel Thomas situe le pape (*Cf* J. Lecuyer, *Le caractère collégial de l'épiscopat selon S. Thomas* dans *Etudes sur la collégialité épiscopale*, Le Puy-Lyon 1964, p. 81-102, exploitant le titre de *CG* IV, 76), soit dans la façon d'exprimer le caractère reçu par l'évêque dans sa consécration (*ut configuretur coordinandus aliis quibus eadem potestas data est* : *IV Sent.* d. 4 q. 1 a. 2 sol. 1) soit, dans l'idée que sa consécration oblige l'évêque à une charité parfaite envers *toute* l'Eglise, et pas seulement son église particulière (*De perf. vitae spirit.* c. 17). Mais, sauf chez quelques auteurs dont Jean de Paris rapporte l'idée sans les nommer (notre éfude citée (n. 7) p. 90 n. 151) ni cette notation ni la notion d'unité de l'épiscopat, du sacerdoce ou du pouvoir des clefs n'allaient jusqu'à la thèse d'une juridiction générale reçue dans la consécration antérieurement à toute institution ou mission canonique.

55. C'est la base de ce qu'on trouve chez les canonistes : *Cf* A.M. Stickler, *La « sollicitudo omnium Ecclesiarum » nella canonistica classica* dans *Communione inter-ecclesiale. Collegialità. Primato. Ecumenismo. Acta Conventus intern. de Historia Sollicitudinis omnium Ecclesiarum, Romae 1967*. A cura I. D'Ercole et A.M. Stickler, Rome, 1972 t. II p. 547-586 ; notre étude citée n. suiv., p. 114.

56. Nous pourrions aujourd'hui grossir la documentation donnée dans *Notes sur le destin de collégialité épiscopale en Occident au moyen âge (VII-XVIe s.)* dans *La Collégialité épiscopale. Histoire et Théologie (Unam Sanctam 52)*, Paris 1965, p. 99-129 (p. 115 sv). Citons par ex. ce texte de S. Thomas : *Papa habet plenitudinem pontificalis potestatis quasi rex in regno, sed episcopi assumuntur in partem sollicitudinis quasi judices singulis civitatibus praepositi* (*IV Sent.* d. 20 a. 4 sol. 3).

57. D'après les études de J. Lécuyer, *Aux origines de la théologie thomiste de l'épiscopat* dans *Gregorianum* 35 (1954) p. 56-89 ; *Les étapes de l'enseignement thomiste sur l'épiscopat* dans *Rev. Thomiste* 57 (1957) p. 29-52.

58. S. Tromp. *Corpus Christi quod est Ecclesia* I, 2° éd. Rome 1946, p. 144.

59. *IIIa* 63, 1 ad 1 ; 3 ad 3 ; 5 arg. 3. comp. *cultus Dei secundum ritum christianae religionis* (a 1, a. 2 et a. 3 c ; *Contra impugnantes* c. 1).

60. *IIIa* 63, 3 et 5 ; 65 3 ad 3. *Cf* F. Brommer, *Die Lehre vom Sakramentalen Character in der Scholastik bis Thomas von Aquin inklusive*, Paderborn 1908, p. 161. Albert et Bonaventure rapportaient le caractère à la profession de foi, Pierre Lombard à la royauté du Christ.

61. « *Ecclesia* » et « *Populus (fidelis)* » *dans l'ecclésiologie de S. Thomas* dans *St Thomas Aquinas 1274-1974 Commemorative Studies*, Toronto 1974, t. II p. 159-173 ; déjà *L'Eglise de S. Augustin à l'époque moderne (Hist. des dogmes III/3)*, Paris 1970, p. 233 sv.

62. Quelques références : *IV Sent.* d. 20 q. 1 a. 4 sol. 1 ; *De verit* 29,4 ; *CG* IV, 78 ; *Com. theol.* I, 147 ; *Ia* 117, 2 ad 1 ; *IIIa* 8,4 ad 2 ; *Com. in Ioan.* c. 14 *lect.* 1 ; *Com. in 1 Cor.* 12 *lect.* 3 ; *in Hebr.* 3 *lect.* 1 ; *In I^{am} Decr.* ; *In Symb.* a. 9.

63. A. Darquennes, *La définition de l'Eglise d'après S. Thomas* dans *L'organisation corporative du Moyen Age à la fin de l'Ancien Régime*, Louvain 1943, p. 1-53 : *Cf* p. 8-22.

64. *IIaIIae* 4,1 ; Comp. *De ver.* 27, 5 ad 6 ; *IaIIae* 111, 3 ad 2.

65. *Com. in Coloss.* c. 1 *lect.* 5.

66. *IIIa* 8, 3 ; *In Symbol.* a. 9 ; notre art. « *Ecclesia ab Abel* » dans *Abhandlungen über Theologie u. Kirche. Festschrift K. Adam*, Dusseldorf 1952, p. 79-108 ; *L'Eglise de S. Augustin...* (n. 61) p. 215 n. 1.

67. Références dans *L'Eglise de S. Augustin...* (n. 61) p. 234 n. 5.

68. *III Sent.* D. 13 q. 2 a. 2 q^a2 ad 3 ; *Com in Ephes.* c. 1 *lect.* 8 ; *De verit.* 29, 4 *obj.* 5 ; *IIIa* 8, 4. *Angelis per homines aliqua innotescunt* ; *Ia* 117, 2.

69. *IIIa* 61, 4 ad 1.

70. C'était une formule de la Glose ordinaire (*PL* 113, 547) reprise par Pierre Lombard, *II Sent.* d. 6 c. 4 (éd. Quarrachi I, p. 331) mais il s'agit des démons !

71. *Cf IaIIae* 108,1 ; *IIIa* 60, 5 ad 1 ; Congar, *Chrétiens désunis. Principe d'un « œcuménisme » catholique (Unam Sanctam 1)*, Paris 1937, tout le ch. II (p. 84 référ. à S. Thomas) ; M. Seckler, *Le salut et l'histoire. La pensée de S. Thomas d'Aquin sur la théologie de l'histoire*, Paris 1967, p. 228 sv, 235.

72. *IIIa prol.* ; *Christi humanitas via est qua ad divinitatem pervenitur* (*Compend. theol.* II, 3) ; M. SECKLER, *op. cit.* p. 234 ; L.-B. GILLON, *L'imitation du Christ et la morale de S. Thomas* dans *Angelicum* 36 (1959) p. 263-286.

73. A. MITTERER, *Geheimnisvoller Leib Christi nach St Thomas von Aquin and nach Papst Pius XII.* Wien 1950.

74. *IIIa* 8,1 ad 2. *Cf* D. M. NOTHOMB, *L'Eglise et le Corps mystique du Christ* dans *Irénikon* 25 (1952) p. 226-248.

75. *IV Sent.* d. 27 q. 3 a. 1 sol. 3 ; comp. *Com. in Coloss.* c. 1 *lect.* 5.

76. ...*in vita spirituali secundum quam homo est civis civitatis Dei et membrum corporis Christi quod est Ecclesia* : *III Sent.* d. 33 q. 1 a. 4 sol.

77. *IIIa* 80, 4 c.

78. *Cf III Sent.* d. 25 q. 1 a. 2 ad 10 ; *De verit.* 25, 9 c. ; *Compend. theol.* I, 147. Et *Cf* M. SECKLER, *op. cit.* (n. 71) p. 208-209.

79. *Cf* notre art. *L'Eglise Corps mystique du Christ vu au terme de huit siècles d'histoire de la théologie du Corps mystique* dans *Au service de la Parole de Dieu, Mélanges offerts à Mgr. A.-M. Charue*, Gembloux 1969, p. 179-202.

80. Par exemple *IV Sent.* d. 18 q. 1 a. 3 ad 1 ; *Contra errores Graecorum prol.* et II, c. 32 et 39 ; *In Epistol. S. Pauli prol.* ; *IIaIIae* 183, 2 ; *IIIa* 8, 5 ; 49,1 ; 82, 1 ad 4, où on lit *episcopus accipit potestatem ut agat in persona Christi super corpus eius mysticum, id est super Ecclesiam.* La thèse commune selon laquelle la *potestas surper Corpus mysticum* découle de la *potestas surper corpus Christi verum* parle dans le même sens (sur ce thème, M. USEROS CARRETERO, *op. cit.* (n. 47) p. 261-262, 271-278).

VI

VISION DE L'ÉGLISE
CHEZ THOMAS D'AQUIN

N'est-ce pas un peu provoquant d'avoir choisi ce thème pour fêter théologiquement S. Thomas* ? Serait-ce une démarche excessivement personnelle, subjective, celle par laquelle je joindrais deux amours qui ont occupé une large place dans ma vie, celui de S. Thomas et celui de l'Église ? Car il existe une difficulté préalable : Thomas n'a pas écrit un traité de l'Église. Mieux : des trois mille et quelques articles de la *Somme*, pas un ne porte l'Église comme titre.

Il n'y aura de traité spécial ou séparé de l'Église que sous l'action de deux conjonctures qui n'étaient pas encore à l'œuvre au moment où Thomas rédigeait : d'abord quand la société temporelle, au moins dans l'action de ses chefs, affirmera son autonomie à l'égard de la « sainte Église » : et ce seront, à partir de 1300, d'abord à l'occasion du conflit entre Philippe le Bel et Boniface VIII, puis jusque vers 1360, une bonne trentaine de traités sur le pouvoir ou la juridiction du Pape et des souverains[1]. Deuxièmement quand des éléments importants de l'institution ecclésiastique seront mis en question : lors du schisme d'Occident et du conciliarisme, puis du gallicanisme ; par les Réformes protestantes du XVIe siècle. L'écrit de S. Thomas édité sous le titre trompeur de *Contra errores Graecorum* ne rentre pas encore dans cette seconde vague : il n'est qu'une consultation demandée par le Pape touchant un libellus ou recueil de textes, hélas, en partie inauthentiques.

Il semble difficile de penser que Thomas ne se soit pas posé la question de l'Église. Il aura estimé en avoir suffisamment exposé tous les éléments dans la synthèse malheureusement inachevée de la *Somme*. De fait,

---

* Texte d'une conférence donnée à Ottawa en 1977 pour la fête de S. Thomas d'Aquin.
1. Voir une liste dans notre *L'Église de S. Augustin à l'époque moderne* (*Hist. des dogmes* III/3), Paris, 1970, p. 270-271.

quand on les recherche on les trouve et l'on peut en dresser une liste[2]. S. Thomas a dû penser avoir traité en leur lieu propre des réalités qui intègrent la réalité complexe qu'est l'Église et qui n'est autre que le retour à Dieu de l'humanité par les voies et moyens aptes à le procurer. Ces mots évoquent le plan même de la *Somme*, et donc la conception de la théologie que Thomas a pratiquée.

Cette conception et ce plan, je crois pouvoir les mettre en relation avec ce que Thomas dit, soit du contenu de la Révélation, soit des deux objets essentiels de la foi, avec citation du texte de S. Jean : « La vie éternelle, c'est qu'ils te connaissent, toi le seul véritable Dieu, et ton envoyé, Jésus-Christ » (*Jn* 17,3). S'agit-il de l'objet ou du contenu de la Révélation salutaire, qui sont aussi ceux de la « sacra doctrina », Thomas, dès le premier article de la *Somme*, précise que c'est « quorum visione perfruemur in vita aeterna et per quae ducimur ad vitam aeternam ». Ce sont là les vérités qui appartiennent à la foi (qui répond à la Révélation) « primo et per se », en premier lieu et en raison de leur contenu, tandis que d'autres ne lui appartiennent que par concomitance, par rattachement aux précédentes, « secundario, in ordine ad alia »[3]. S'agissant des vérités de la première catégorie, Thomas y distingue et y unit deux ordres de réalités : celui de la fin et celui des moyens. C'est là qu'intervient le texte de *Jn* 17,3. Thomas le cite très souvent, ou il en donne une formule équivalente[4]. La distinction répond à ce que les Pères cappadociens appellent respectivement la « théologie », ou doctrine de l'uni-trinité de Dieu, et l'« économie », ou doctrine de l'Incarnation et des sacrements. Thomas dit « fides nostra consistit in divinitate et humanitate Christi »[5].

Ainsi se trouvent déterminés deux ordres de réalités, l'un de fin absolue, Dieu lui-même en son éternité, l'autre de moyens librement choisis et posés. Je pense que le P. Albert Patfoort a ouvert une perspective intéressante en disant que, dans la *Somme*, S. Thomas aurait d'abord traité des structures antérieures à tout usage de sa volonté libre par l'homme — c'est la Iᵃ pars —, ensuite des conditions dans lesquelles s'exerce cette liberté[6]. Je me demande s'il ne faudrait pas plus exactement voir les choses ainsi : l'absolu de Dieu, Iᵃ pars q. 1 à 42 ; les réalités du monde librement créé selon l'*egressus* (Iᵃ pars q. 44 à la fin, 119), et librement actif selon le *regressus* : IIᵃ et IIIᵃ pars ; ce qui répondrait aux

2. Indications dans notre « The Idea of the Church in St. Thomas Aquinas », in *The Thomist* 1 (1939) 331-359. Texte français : « L'idée de l'Église chez saint Thomas d'Aquin », in *Rev. Sc. ph. th.* 29 (1940) 31-58, repr. in *Esquisses du mystère de l'Église* (Unam Sanctam 8), Paris, 1941, p. 59-91. Comp. A. PATFOORT, in *Rev. Sc. ph. th.* 41 (1957) p. 453-454, n. 18.

3. *In II Sent.* d. 12, q. 1, a. 2 ; *III Sent.* d. 24, q. 1, a. 1, qᵃ 1, ad 2 ; qᵃ 2, ad 3 ; *De Verit.* q. 14, a. 8 ; *S. Th.* Iᵃ-IIᵃᵉ, q. 106, a. 4, ad 2 ; IIᵃ-IIᵃᵉ, q. 1, a. 6, ad 1 ; a. 8, sol. ; q. 2, a. 5 et 7 ; *In Tit.*, c. 3, lect. 2.

4. *In I Sent.*, épilogue ; *Compend. theol.*, I, 2 et 185 ; *S. Th.* Iᵃ-IIᵃᵉ, q. 3, a. 2, ad 1 ; *In Ioan.* c. 17, lect. 1.

5. *In Ephes.* c. 3, lect. 5.

6. A. PATFOORT, « L'unité de la Iᵃ pars et le mouvement interne de la Somme théologique de S. Thomas d'Aquin », in *Rev. Sc. ph. th.* 47 (1963) 513-544.

deux objets de la Révélation et de la « sacra doctrina », « vita aeterna ;
per quae ducimur ad vitam aeternam » et au texte de. *Jn* 17,3. N'est-il
pas notable que, dans la Iᵃ pars les citations de *Jn* 17,3 — il y en a
neuf[7] — s'arrêtent après « te connaître, toi, le seul véritable Dieu » et
omettent « et ton envoyé, Jésus-Christ », qui concerne l'« Économie »,
les « per quae ducimur ad vitam aeternam »? La charnière reliant la
seconde partie à la première est faite par la question 43 de la Iᵃ pars sur
les « missions divines » par lesquelles Dieu sort en quelque sorte de
lui-même pour exister dans le relatif et l'historique et le ramener à soi.

Tout cela nous semble peut-être loin de mon sujet, « Vision de l'Église
chez Thomas d'Aquin ». Cela l'intéresse au cœur. Car je ne vise pas à
dresser un inventaire des textes thomistes d'intérêt ecclésiologique.
J'ambitionne de comprendre comment Thomas a vu l'Église. Nous allons
le tenter en cinq points : 1. L'Église comme absolu de communion théologale. 2. L'Église comme réalité de cette terre. 3. Ce qui relie ceci à cela,
l'historique à l'eschatologique. 4. Les manques de l'ecclésiologie de
S. Thomas. 5. Une certaine dualité : la question posée par A. Mitterer.

1. *L'Église comme absolu de communion théologale*

Thomas d'Aquin a un sens extraordinairement vif du caractère théologal des vertus qui portent ce nom : elles n'ont pas d'autre raison formelle
que *Dieu lui-même*, l'Être absolument simple, le Dieu vivant. Cela est
particulièrement sensible pour la foi, qui est présupposée par l'espérance
et la charité. Son motif formel n'est rien d'autre que la Vérité Première
elle-même, la Vérité incréée qui transplante en nous la semence humble
et sublime de sa propre connaissance[8]. La foi est en nous une connaissance
pauvre, elle connaît en partie et à travers des signes affectés d'obscurité.
Elle est pourtant le germe de la vision directe, elle lui est foncièrement
homogène et participe à son caractère divin et divinisant[9].

Une conséquence très importante s'ensuit : il existe une homogénéité
entre l'Église d'ici-bas, définie classiquement comme « congregatio
fidelium », et l'assemblée des élus, voire des anges. « Ad unum finem qui
est gloria divinae fruitionis ordinantur et homines et angeli. Unde corpus
ecclesiae mysticum non solum consistit ex hominibus sed etiam ex angelis.
Totius autem huius multitudinis Christus est caput »[10] ; « Ecclesia
secundum statum viae est congregatio fidelium, sed secundum statum

7. Dit L. B. GILLON, « L'imitation du Christ et la morale de S. Thomas », in
Angelicum 36 (1959) 263-286. J'avais déjà noté cela de mon côté, pour Iᵃ, q. 10, a. 3,
c. ; q. 31, a. 4, ad 1.

8. Cf. *III Sent.* d. 24, a. 1, sol. 1 ; d. 25, q. 1, a. 1, qᵃ 1, ad 4 ; *De veritate* q. 14,
a. 1, 2 et 8 ; q. 18, a. 3 ; IIᵃ-IIᵃᵉ, q. 1, a. 1 ; q. 5, a. 3 et a. 4, ad 1 ; q. 11, a. 1 ; *In
Ioan.* c. 4, lect. 5 n. 2.

9. Cf. *III Sent.* d. 23, q. 2, a. 1, ad 4, « praelibatio futurae visionis » ; *De verit.* q. 14,
a. 2, sol. et ad 9 ; *Compend. theol.* I, c. 1 et 2, « praelibatio quaedam illius cognitionis
quae nos in futuro beatos facit » ; *In Boet, de Trin.*, proemium : « Deus... suam notitiam
per fidem mentibus hominum infundens » ; q. 2, a. 2, c. : « fit nobis in statu viae
quaedam illius cognitionis participatio et assimilatio ad cognitionem divinam » ;
Iᵃ-IIᵃᵉ q. 62, a. 1 et 3 ; IIᵃ-IIᵃᵉ q. 2, a. 3 ; q. 4, a. 1 ; *In Hebr.*, c. 11, lect. 1.

10. *S. Th.* IIIᵃ q. 8, a. 4, c.

patriae est congregatio comprehendentium »[11]. Deux termes, qui sont du reste équivalents, sont communs aux anges ou aux saints du ciel et aux fidèles de la terre : *ecclesia* et *congregatio*. Il y a deux assemblées, une de ceux qui croient et une de ceux qui voient, mais une seule *ecclesia* des deux car ils ont, d'une part le même ordre à jouir de la glorieuse communion de Dieu, cet ordre ayant pour racine la révélation du Dieu Trois et Un[12], d'autre part le même Chef, le Christ.

C'est pourquoi aussi les justes de l'Ancien Testament appartiennent à la même Église que les chrétiens. Ils n'ont été justifiés que par la foi (sans doute plus implicite qu'explicite) en la passion du Christ[13]. Ils croyaient au Christ *à venir*, nous croyons au Christ *advenu* : en eux et en nous c'est la même foi, qui fait l'appartenance à la même Église[14]. La grande source de l'idée est S. Augustin[15]. Et c'est le thème classique de l'*ecclesia ab Abel*, faite de tous les justes qui ont été, sont ou seront tels par la foi au Christ[16].

Ces positions supposent deux choses. 1° Que la foi — et même, s'il s'agit des citoyens du ciel, la connaissance — reste essentiellement la même, quel que soit son statut concret. «Mutata sunt tempora, non fides »[17]. C'est que la foi — ou la vision — est théologale à ce point qu'elle s'attache, comme à son objet, *à Dieu qui est éternel*. Parmi de nombreux textes très formels, citons seulement celui-ci : « Fides non est de aliquo temporali sicut de obiecto ; sed in quantum pertinet ad veritatem aeternam, quae est obiectum fidei, sic cadit sub fide, sicut fides credit passionem in quantum Deus est passus »[18]. 2° Ni le concept d'*ecclesia* ni celui de *corpus* n'impliquent ici les notes de visibilité et d'historicité des corps sociaux terrestres. Quand Thomas écrit au sujet des justes de l'Ancien Testament : « ita patres antiqui pertinebant ad idem corpus ecclesiae ad quod nos pertinemus »[19] il entend simplement par *corpus*

11. *Ibid.*, ad 2. Et cf. *IV Sent.* d. 6, q. 1, a. 3, q[a] 2, ad 3 ; d. 49, q. 1, a. 2, sol. 5 ; *C. Gent.* IV, 76 ; *In Eph.* c. 3, lect. 3 ; *In Col.* c. 1, lect. 5 ; *In Ioan.* c. 14, lect. 1.

12. « Super revelatione facta apostolis de fide unitatis et trinitatis fundatur tota fides ecclesiae » : II[a]-II[ae] q. 174, a. 6, c.

13. *III Sent.* d. 19, a. 1, q[a] 2, sol. et ad 2 ; *De verit.* q. 29, a. 7, ad 7 ; *S. Th.*, II[a]-II[ae] q. 2, a. 7 ; q. 98, a. 8, ad 4 ; III[a], q. 8, a. 3, ad 3 ; q. 61, a. 3, ad 2 ; a. 4 ; q. 62, a. 6, c. et ad 1.

14. Cf. *III Sent.* d. 13, q. 2, a. 2, q[a] 2, ad 4 ; d. 40, a. 4, q[a] 2, ad 2 ; *IV Sent.* d. 8, q. 1, a. 3, q[a] 2, ad 1 ; d. 27, q. 3, a. 1, sol. 3 ; *De verit.* q. 14, a. 12 : « alias non esset una ecclesia » ; *In Symb.* a. 9 ; *S. Th.* I[a]-II[ae], q. 103, a. 4 ; q. 107, a. 1, ad 1 ; II[a]-II[ae] q. 1, a. 2 et 7 ; q. 4, a. 6, ad 2 ; III[a] q. 8, a. 3, ad 3. Et cf. M.-D. CHENU, « Contribution à l'histoire du traité de la foi. Commentaire historique de II[a]-II[ae] q. 1, a. 2 », in *Mélanges thomistes*, Kain, 1923, p. 123-140.

15. *Epist.* 110, 5-6 (PL 33, 858) et nombreux autres textes.

16. Voir notre « Ecclesia ab Abel », in *Abhandlungen über Theologie und Kirche. Festgabe K. Adam*, Düsseldorf, 1952, 79-108.

17. Cf. *De verit.* q. 14, a. 12, obj. 3 et ad 3.

18. *III Sent.* d. 23, q. 2, a. 4, q[a] 2, ad 1. Voir notre étude « Le moment ' économique ' et le moment ' ontologique ' dans la Sacra doctrina (Révélation, théologie, Somme théologique) », in *Mélanges offerts à M.-D. Chenu* (Bibliothèque thomiste XXXVII), Paris, 1967, p. 135-187 (p. 170).

19. III[a] q. 8, a. 3, ad 3.

« aliqua multitudo ordinata »[20]. Dès qu'il y a identité de foi essentielle, il y a *un* tel *corpus*, *une* Église[21]. Sans doute est-ce plus proche de ce que nous appelons Communion des saints que de ce dont nous traitons comme « Église » en ecclésiologie. De fait Thomas écrit en style assez augustinien : « Corpus Christi mysticum quod est ecclesia sanctorum »[22].

2. *L'Église comme réalité de cette terre*

Il s'agit maintenant de l'Église faite des hommes en leur vie terrestre, « in statu viae ». Dès lors nous retrouvons les notes de visibilité et d'organisation propres aux corps sociaux, enfin d'historicité. De fait, cette Église a une histoire. Thomas connaît le thème cher aux Pères de sa période préparatoire ou pédagogique[23]. Il a consacré les plus longs articles de la *Somme* au statut du peuple de Dieu « sub Lege » et les articles les plus remarquables à son statut « sub Evangelio ». Il a aussi formulé avec précision ce que nous appelons un statut ou régime d'incarnation, c'est-à-dire de communication et d'exercice des dons spirituels en des formes corporelles et sensibles[24].

Une société organisée selon la logique du monde présent se structure et se hiérarchise selon un autre principe que la pure communion des saints. Thomas l'a précisé d'une façon qui répondait d'avance à l'unilatéralisme de Wyclif ou de Huss. Dans l'Église de la terre l'ordre ne se prend pas de la grâce, qui est intérieure, ou de la prédestination, qui nous est inconnue, mais d'un signe visible attestant la qualification par un pouvoir spirituel, le « caractère »[25]. Celui-ci appelle bien la grâce sanctifiante (qui est commune à tous les fidèles), mais il est lui-même de l'ordre de la grâce « gratis data » : tandis que la première unit à Dieu lui-même, la seconde unit, de soi, seulement à l'acte de Dieu[26]. Elle permet d'agir

20. III[a] q. 8, a. 1, ad 2 ; a. 4, c.

21. « Sicut diversae conditionis homines unum corpus ecclesiae constituunt secundum quod in unitate fidei conveniunt » : *Contra impugnantes*, c. 3.

22. III[a], q. 80, a. 4, c.

23. Cf. *C. Gent.* IV, 55 § Licet autem saluti ; *S. Th.* I[a]-II[ae], q. 98, a. 6 ; *In Galat.* c. 3, lect. 7 ; *In I[a]m Decretalem*, c. 3 : « Juxta ordinatissimam dispositionem temporum, quod ponitur ad excludendum errorem gentilium qui irridebant fidem christianam ex hoc quod post multa tempora quasi subito Deo in mentem venerit legem Evangelii hominibus dare. Non autem fuit subito, sed convenienti ordinatione dispositum, ut prius humano generi per legem et prophetas fieret praenuntiatio in Christo, tanquam hominibus tunc parvulis et minus eruditis, secundum illud Gal. III, 24, Lex paedagogus noster fuit in Christum... » (*Opera*, ed. Vivès, XXVII, p. 430).

24. Cf. *S. Th.* I[a]-II[ae] q. 108, a. 1 ; III[a], q. 79, a. 1 ; et q. 80, a. 5, « sacramenta humanitatis » ; M. SECKLER, *Le Salut et l'Histoire*. La pensée de S. Thomas d'Aquin sur la théologie de l'histoire, trad. fr. Paris, 1967, p. 228 ss, 235.

25. Cf. *IV Sent.* d. 13, q. 1, a. 1, sol. 1 ; d. 24, q. 1, a. 1, q[a] 1, ad 3 ; *S. Th.* III[a] q. 63, a. 1, ad 1 et a. 3. Nous rappellerons ici car son apport fut, à l'époque, injustement négligé (c'était le règne du P. S. Tromp et ce fut bientôt l'encyclique *Mystici Corporis*) M. D. KOSTER, dans *Ekklesiologie im Werden*, Paderborn, 1940 ; « Von den Grundlagen der Kirchengliedschaft », in *Die Neue Ordnung* 4 (1950) 206-219.

26. *II Sent.* d. 9, q. 1, a. 3, ad 6 ; *IV Sent.* d. 24, q. 1, a. 2, q[a] 1 ad 2 et ad 3 ; *In Rom.* c. 1, lect. 1 et lect. 3. *S. Th.* I[a]-II[ae] q. 111, a. 1.

528

« vice Dei » ou « in persona Christi »[27]. C'est le domaine de ce que le cardinal Ch. Journet appelle les grandeurs de hiérarchie, par distinction des grandeurs de sainteté. La Vierge Marie occupe le sommet de celles-ci, tandis qu'elle n'est rien dans l'ordre de celles-là.

S. Thomas aurait, croyons-nous, souscrit à la formule de Friedrich Pilgram : l'Église de la « voie » est une *koinônia*, une communion, qui existe en forme de *politeia*, de société[28]. M. Seckler dit, au sujet de Thomas lui-même : l'eschatologie communiquée dans les conditions de la voie[29]. L'Église est donc ici-bas une société, un peuple organisé comme tel. J'ai montré ailleurs, en commentant largement un passage du *Contra Gentiles* IV, 76, que cette notion de « populus » comporte une organisation selon des lois et sous une autorité[30]. Nous retrouverons la leçon de ce commentaire dans notre cinquième point. Existant en forme de « populus » ou de société, l'Église de la voie comporte : 1º autorité et organisation ; 2º droit et discipline.

D'abord une organisation. S. Thomas a vu le *corpus ecclesiae*, le corps qu'est l'Église dans les catégories de son temps, à savoir comme un emboîtement de communautés allant de la paroisse à l'Église universelle par l'intermédiaire des archidiaconies, des diocèses et des provinces, et il a, contemporain de Henri de Suse (Hostiensis), conçu ces communautés sur le type corporatif[31]. L'Église est un corps organisé, c'est-à-dire qui comporte une multiplicité de membres différenciés, chacun rendant service à l'autre[32]. Cette organisation un peu pyramidale a quelque analogie avec celle de la société. Thomas compare la situation du curé à l'égard de l'évêque à celle du bailli à l'égard du roi[33], et celle des archevêques ou évêques à l'égard du pape à celle des proconsuls à l'égard de l'empereur[34]. Il recourt aussi, pour caractériser la paroisse et le diocèse, à la distinction entre communauté économique ou familiale et communauté politique ou cité : la première assure les biens ou répond aux besoins de la vie quotidienne, la seconde offre des ressources et des

27. Voir infra, p. 536-538.
28. Fr. PILGRAM, *Physiologie der Kirche.* Forschungen über die geistigen Gesetze in denen die Kirche nach ihrer natürlichen Seite besteht, Mainz, 1860 ; nouv. éd. par W. Becker, Mainz, 1931. Médiocre traduction française, Paris, 1864.
29. *Op. cit.* (n. 24), p. 220 (ad sensum).
30. Cf. « ' Ecclesia ' et ' Populus (fidelis) ' dans l'ecclésiologie de S. Thomas », in *St. Thomas Aquinas 1274-1974. Commemorative Studies*, Toronto, 1974, t. I, p. 161-173.
31. Voir A. DARQUENNES, *De juridische structuur van de Kerk volgens Sint Thomas van Aquino*, Leuven, 1949 (résumé français), surtout les chap. II et III.
32. « Ecclesia est corpus ad similitudinem unius hominis, et hoc dupliciter, scilicet et quantum ad distinctionem membrorum et quantum ad servitia, quae licet sint distincta, tamen unum servit alteri » : *In Coloss.* c. 1, lect. 5. L'idée de services mutuels, « subministratio ad invicem », est fréquente et importante chez S. Thomas. Elle mériterait une étude.
33. *Quodl.* III, 17, ad 5 ; *De perf. vitae spir.* c. 23.
34. *II Sent.* d. 44, q. 2, a. 3, expos. textus. Ailleurs (*IV Sent.* d. 20, q. 1, a. 4, sol. 3) Thomas donne le rapport : rex - judices singulis civitatibus praepositi.

possibilités plus larges[35]. Mais on doit ajouter avec S. Thomas une précision très importante : même au niveau de la paroisse, voire en chaque fidèle, l'Église est « cité », car les fidèles exercent les actes les plus élevés de la Cité de Dieu, ceux des vertus théologales[36].

Communion en forme de société, *ecclesia* existant comme *populus*, l'Église est un corps soumis à une autorité et dont la vie est réglée par des *statuta* et un droit. Porter ces décisions relève du service des âmes : « Ecclesia intendit suis statutis fidelium utilitati providere »[37]. S. Thomas est ici dépendant de l'état de chose et des données communes de son temps, mais une étude précise montre avec quelle rigueur il a mis en place ces données[38]. Les « pouvoirs » des « chefs » et le droit de l'Église-société sont finalisés par la communion théologale et l'unité, la paix du corps. L'origine et la fin se correspondent. Le « pouvoir » sur le Corps mystique dérive du « pouvoir » de consacrer le corps sacramentel du Christ[39] ; le droit a sa source dans les sacrements[40]. Par là nous soupçonnons qu'on ne peut, chez S. Thomas, *séparer* corps social et communion.

3. *Ce qui relie le contingent à l'Être même, l'historique à l'eschatologique*

C'est tout simplement l'entrée de l'Être existant par soi dans le contingent, et de l'eschatologique dans l'historique, par ce que S. Thomas appelle « les missions divines ». Il en parle sans trémolo, avec une précision qui dit tout en quelques mots, I[a] q. 43 a. 1 (déjà *I Sent.* d. 15 q. 1 a. 1). Être envoyé suppose une dépendance d'origine — on est envoyé par quelqu'un — et qu'en conséquence on se mette, soit simplement à être, soit à être d'une manière nouvelle là où l'on est envoyé. Il y a eu ainsi et il y a l'envoi du Fils — soit de façon visible, par l'Incarnation, soit de façon invisible, dans les âmes — et envoi du Saint-Esprit, dans des *signes* visibles comme la colombe, les langues de feu, et de façon invisible dans la grâce. Aussi Thomas dit-il que la connaissance des Personnes divines était nécessaire « ad recte sentiendum de salute generis humani quae perficitur per Filium incarnatum et per donum Spiritus Sancti »[41].

---

35. *IV Sent.* d. 20, q. 1, a. 1, sol. et d. 25, q. 1, a. 1, ad 1 ; cf. notre « Mission de la paroisse » (Congrès des Œuvres, Lille, 1948), in *Sacerdoce et Laïcat devant leurs tâches d'évangélisation et de civilisation*, Paris, 1962, p. 175-205.

36. Cf. *In Ephes.* c. 2, lect. 2, cité dans notre étude citée note 30 : p. 164.

37. *S. Th.* III[a] q. 80, a. 10, obj. 5 ; II[a]-II[ae] q. 147, a. 3. Sur le sens prégnant de « utilitas », cf. « Quelques expressions traditionnelles du service chrétien ». B. Utilitas, in *L'épiscopat et l'Église universelle*, sous la dir. Y. Congar et B. D. Dupuy (Unam Sanctam 39), Paris, 1962, p. 106-122.

38. Voir M. Useros Carretero, « *Statuta Ecclesiae* » y « *Sacramenta Ecclesiae* » *en la Eclesiologia de St. Tomás* (Anal. Gregor. 119), Rome, 1962.

39. Cf. *C. Gent.* IV, 74 ; *IV Sent.* d. 7, q. 3, a. 1, q[a] 2, ad 3 ; d. 13, q. 1, a. 1, q[a] 2, sol., ad 1 et 2 ; d. 18, q. 1, a. 1 ; d. 24, q. 1, a. 3, q[a] 2, ad 2 ; *Contra impugn.*, c. 4, circa fin.

40. « Fundamentum cuiuslibet legis in sacramentis consistit » : *IV Sent.* d. 7, q. 1, a. 1, q[a] 1, ad 1. Et voir M. Useros Carretero, *op. cit.* (n. 38), ch. VII et VIII.

41. *S. Th.*, I[a] q. 32, a. 1, ad 3.

Le Christ ! Il est à la fois, pour Thomas, don absolu de la vie divine au genre humain, et pur moyen. Car, comme l'a bien montré le P. Gillon (*supra* n. 7), le terme visé est l'union à Dieu lui-même : pour nous, une divinisation. Aussi le Christ, Verbe incarné, est-il « via tendendi in Deum »[42] : « Christi humanitas via est qua ad divinitatem pervenitur »[43]. Pour S. Thomas, l'Église sera : Dieu sauvant et divinisant l'humanité par le mystère du Christ[44]. Ce mystère du Christ, comme pour les Pères de l'Église et la liturgie, unit le Christ et les chrétiens. Cette union se fonde, pour S. Thomas, dans la plénitude absolue de grâce mise dans le Christ, le constituant notre *caput* dans l'ordre de la grâce salutaire, et devant être communiquée à ceux qui l'accepteraient : « Hanc autem gratiam consequuntur homines per Dei Filium hominem factum, cuius humanitatem primo replevit gratia et exinde est ad nos derivata »[45]. On sait que, abandonnant le spiritualisme occasionnaliste de S. Augustin, Thomas a, en 1258, entre la question 27 et la question 29 du *De Veritate*, adopté l'idée de causalité instrumentale de la sainte humanité de Jésus — et, après lui, des sacrements — dans la communication de la grâce, qu'il conçoit comme une qualité entitative[46]. Cette thèse nous paraît nécessaire et décisive dans le projet théologique de S. Thomas[47]. Autant le Christ n'est que « voie » et moyen, autant, pour l'être vraiment, doit-il être cet « organe » vivant (instrument conjoint, intelligent et libre) de la Divinité, pour l'idée duquel Thomas s'appuie particulièrement sur les Pères grecs, Cyrille d'Alexandrie et Jean de Damas[48].

Source de grâce, voie de salut, le Christ l'est par tous ses « acta et passa in carne ». Thomas n'a pas arrêté sa christologie sotériologique à un exposé du dogme de l'Incarnation : il l'a étendue à toute la vie du Christ antépascale (l'Évangile, la Passion) et postpascale (Résurrection, glorification, médiation céleste). Et il a reconnu non seulement une valeur exemplaire mais une causalité salutaire à tous ces mystères du Christ[49].

Pour que cette causalité s'exerce, il faut lui être vitalement relié.

42. *S. Th.*, I^a, q. 2, prol. ; III^a prol.

43. *Comp. Theol.* I, c. 2.

44. M.-J. Le Guillou, *Le Christ et l'Église. Théologie du Mystère*, Paris, 1963.

45. *S. Th.*, I^a-II^{ae} q. 108, a. 1, c. ; III^a q. 7 et 8.

46. Cf. J. Geiselmann, « Christus und die Kirche nach Thomas von Aquin », in *Theol. Quartalschr.* 107 (1926) 198-222 ; 108 (1927), 233-255. Th. Tschipke, *Die Menschheit Christi als Heilsorgan der Gottheit*, unter besonderer Berücksichtigung der Lehre des hl. Thomas von Aquin, Freiburg, 1940 ; H. Bouëssé, « De la causalité de l'humanité du Christ », in *Problèmes actuels de christologie*, Paris, 1965, 147-177 ; notre étude « Saint Augustin et le traité scolastique ' De gratia Capitis ' », in Mélanges Adalbert Hamman, à paraître.

47. Pour les sacrements, *S. Th.* III^a q. 6, a. 2, ad 1. Et cf. G. Lafont, *Structures et méthode dans la Somme théologique de S. Thomas d'Aquin*, Paris, 1961, p. 466, 482.

48. Cf. I. Backes, *Die Christologie des hl. Thomas von Aquin und die griechischen Väter*, Paderborn, 1931 ; Tschipke, cité n. 46.

49. Cf. J. Lécuyer, « La causalité efficiente des mystères du Christ selon S. Thomas », in *Doctor communis* 6 (1953) 91-120 ; I. Biffi, *I misteri della vita di Cristo in San Tommaso d'Aquino* (thèse), Varese, 1972, et, du même, une suite d'études très détaillées in *La Scuola cattolica* 100 (1972) 290-312, et 102 (1974) 569-623 ; *Divinitas* 18 (1974) 287-302 ; *Studia Patavina*, 21 (1974) 298-353 ; *Divus Thomas* (Piac.) 79 (1976) 217-254.

On l'est, dit S. Thomas avec toute la Tradition, par la foi et les sacrements de la foi[50]. Cela répond à la double action du Christ, « per modum doctrinae, per modum operationis » : un schème cher à S. Thomas, qui l'applique à bien des questions[51]. Aussi Thomas dit-il souvent que l'Église est fondée et construite par la foi et les sacrements de la foi[52]. Il voit la Rédemption et l'œuvre salvifique du Christ comme une cause universelle de salut accomplie pour le genre humain et offerte à celui-ci, puis la foi et les sacrements de la foi comme le moyen d'entrée d'une personne dans le bénéfice de ce qui est ainsi offert[53].

Mais, pour que la vertu salutaire du Christ s'exerce par la foi et les sacrements de la foi, il faut aussi des ministres de ceux-ci et de celle-là. Ces ministres n'ont, comme tels, d'action efficace que « in persona Christi », jouant le rôle du Christ au plan visible et public[54]. « Praelatus in Ecclesia gerit vicem Dei »[55]. Mais c'est un pur ministère, un service : « non est dominus, sed dispensator »[56]. Ce ministère, cependant, a une efficacité eschatologique. Venant du Christ, Dieu fait homme, qui a reçu tout pouvoir sur la terre et dans le ciel (Mt 28,18), il peut, ici-bas, ouvrir les portes du ciel. Thomas applique parfois l'expression « potestas clavium »

50. Cf. III Sent. d. 19, q. 1, a. 1, qa 1, ad 4 ; IV Sent. d. 25, q. 1, a. 2, ad 4 ; De verit. q. 27, a. 4 « quae quidem causa nobis applicatur spiritualiter per fidem et corporaliter per sacramenta » ; q. 29, a. 7, ad 8 ; S. Th. IIIa q. 62, a. 5, ad 2 et a. 6 : « Virtus passionis Christi copulatur nobis per fidem et sacramenta, differenter tamen, nam continuatio quae est per fidem fit per actum animae, continuatio autem quae est per sacramenta fit per usum exteriarum rerum » ; comp. q. 48, a. 6, ad 2 ; q. 49, a. 5. — Thomas a aussi assumé l'explication traditionnelle appliquant aux sacrements l'eau et le sang échappés du côté du Christ en croix : IV Sent. d. 8, q. 1, a. 1, sol. 3 (« ut sancti dicunt ») ; d. 18, q. 1, a. 1, sol. ; De verit. q. 29, a. 4, ad 16 ; S. Th., Ia, q. 92, a. 3, c. ; IIIa, q. 62, a. 5 ; q. 64, a. 2, ad 3 ; In Ioan. c. 19, lect. 5.

51. Nous l'avons montré dans « Tradition et Sacra Doctrina chez Thomas d'Aquin », in Église et Tradition, Le Puy - Lyon, 1963, p. 157-194. Pour l'incorporation « mentaliter » par la foi et « quodammodo corporaliter » par les sacrements, cf. IV Sent. d. 4, q. 2, a. 2 ; S. Th. IIIa q. 67, a. 5, ad 2 ; q. 68, a. 2 ; q. 69, a. 5, ad 1 ; q. 80, a. 4, ad 4 et note précédente.

52. « Ecclesia fundatur per fidem et fidei sacramenta » (IV Sent. d. 17, q. 3, a. 1, sol. 5 ; d. 27, q. 3, a. 3, ad 2) ; constituitur, fabricatur (S. Th. IIIa q. 64, a. 2, ad 3) ; instituitur (Ia q. 92, a. 3) ; consecratur (In Ioan., c. 19, lect. 5, n. 4). « Ecclesia est una unitate fidei et sacramentorum » : In Ioan. v. 6, lect. 3 ; Quodl. XII, 19.

53. « Per baptismum aliquis fit particeps ecclesiasticae unitatis » : S. Th. IIIa q. 67, a. 2. Voir aussi q. 62, a. 1, ad 2 ; q. 65, a. 2, c. ; q. 79, a. 1, c. et ad 1 ; De verit. q. 29, a. 7, ad 8, 10 et 11.

54. C'est vrai tout particulièrement pour l'Eucharistie et la pénitence : S. Th. IIIa, q. 78, a. 1 et 4 ; q. 82, a. 1 ; a. 5 ; a. 7, ad 3 ; q. 83, a. 1, ad 3. Ce n'est pas le lieu d'exposer les problèmes que soulève cette notion, ni de discuter le livre de P. E. PERSSON, Repraesentatio Christi. Der Amtsbegriff in der neueren römisch-katholischen Theologie, Göttingen, 1966.

55. Ou « Christi » : S. Th. IIa-IIae q. 88, a. 12 ; IIIa q. 8, a. 6 ; q. 64, a. 3 ; q. 72, a. 3 ; De verit. q. 19, a. 5 ; C. Gent. IV, 76.

56. S. Th. IIa-IIae q. 88, a. 12, ad 1 ; In Matt. c. 20, lect. 6 : « si desideret habere praesidentiam in Ecclesia Spiritus Sancti, ut sit sicut minister ».

532

ou « clavis ministerii » au ministère total, y compris sacramentel[57]. Évidemment, ce ministère est relatif, comme Thomas le dit avec une remarquable précision « ad cultum *praesentis* Ecclesiae »[58]. Au ciel il n'y aura plus ni sacrements ni « praelatio »[59]. Comme l'écrit Cajetan, « totum Ecclesiae studium est ad fidem formatam generandam et tuendam ; reliqua namque pars redigenda est in fasciculos ad comburendum [cf. Mt 13,30] »[60].

Tout cela est dépendant de la mission temporelle du Verbe, mais nous savons que l'œuvre salutaire ou l'Église engage également la (ou les) mission(s) du Saint-Esprit ; c'est lui qui est la valeur eschatologique par excellence. Donné aux hommes et à l'Église en suite de la Passion-Résurrection de Jésus, il donne à l'œuvre du Verbe incarné le mouvement et l'efficacité pour la vie éternelle. S. Thomas attribue à l'Esprit tout le mouvement du retour à Dieu[61]. C'est lui attribuer l'être dynamique lui-même de l'Église. Aussi Thomas reprend-il l'idée qu'on trouve aussi chez Alexandre de Halès et Pierre de Tarentaise, et surtout Albert le Grand, liant au point d'en faire un seul article l'énoncé du symbole de Nicée-Constantinople sur le Saint-Esprit et son énoncé sur l'Église : professer croire celle-ci une, sainte, catholique et apostolique, c'est en réalité croire en l'Esprit Saint qui unifie, sanctifie, catholicise et apostolicise l'Église[62]. Tout un vaste chapitre de théologie nous est ouvert ainsi qui demanderait à lui seul une ou même plusieurs études. Car Thomas n'enfle jamais ses expressions et s'il parle d'« Ecclesia Spiritus Sancti » (cf. n. 56), cela répond à la réalité qu'interprète sa théologie.

Il faut d'abord souligner l'union étroite entre mission de l'Esprit et mission du Verbe, œuvre et Église du Verbe, œuvre et Église de l'Esprit. L'Église est le corps (mystique) *du Christ*, mais de ce corps, le Saint-Esprit est l'âme[63]. Le Christ en est la tête, le Saint-Esprit en est le cœur, le

---

57. Cf. *IV Sent.* d. 18, q. 1, a. 1 et 2 ; a. 3, ad 1, où c'est l'équivalent du « caractère » ; S. *Th.* III[a] q. 64, a. 3 ; *In Matt.* c. 16 ; cf. USEROS CARRETERO, *op. cit.* (n. 38), p. 263 ; U. HORST, « Das Wesen der 'potestas clavium' nach Thomas von Aquin », in *Münch. Theol. Zeitschr.* 11 (1960) 191-201.

58. *S. Th.* III[a] q. 63, a. 1, ad 1 ; a. 3, ad 3.

59. Glossa ordinaria : PL 113, 547.

60. *Comm. in* II[a]m-II[a]e q. 33, a. 4, n° II.

61. *Compend. theol.* I c. 147 ; *C. Gent.* IV, 20 ; *S. Th.* I[a] q. 45, a. 6, ad 2 ; *In Galat.* c. 5, lect. 4.

62. Thomas, *III Sent.* d. 25, q. 1, a. 2, sol. et ad 5 ; *S. Th.* II[a]-II[ae] q. 1, a. 9, ad 5. Alexandre de Halès, *Sum. theol.* III, inq. 2, tract. 2, q. 2, tit. 2 (éd. Quaracchi IV, 1135) ; Pierre de Tarentaise, *III Sent.* d. 25, q. 2, a. 2, c. ; Albert, *III Sent.*, d. 24 B, a. 6, sol. (éd. Borgnet XXVIII, p. 457-458) ; *IV Sent.* d. 39, a. 3 (XXX, p. 429) ; *De sacrif. missae* II, 9 a. IX (XXXVIII, p. 64) ; *Quaest. de Incarn.*, éd. I. BACKES in *Florileg. Patrist.*, XL, Bonn, 1935, p. 20.

63. *III Sent.* d. 13, q. 2, a. 2, sol. 2 ; *In Gal.* c. 5, lect. 4 ; *S. Th.* II[a]-II[ae] q. 183, a. 2, ad 3 ; *Com. in Symb.* a. IX ; *In Colos.* c. 1, lect. 5 (éd. Marietti, n° 46, cité par la constitution dogmatique de Vatican II *Lumen Gentium*, n° 7 § 6, qui donne d'autres références pour ce thème « traditionnel ». Mais qu'il s'agisse du Corps *du Christ*, c'est dit sans cesse. « Quidquid fit per Spiritum Sanctum etiam fit per Christum » (*In Ephes.* c. 2, lect. 5) ; « lex nova non solum est Christi, sed etiam Spiritus sancti » (I[a]-II[ae] q. 106, a. 4, ad 3). Et cf. I[a] q. 43, a. 5, ad 3 ; III[a] q. 78 a. 4, ad 1.

moteur secret de sa vie[64]. L'Esprit est Esprit *du Christ* : il procède du Verbe conjointement avec le Père et en dépendance de lui, en sa procession éternelle, et il est donné par le Christ, organe de la divinité, en ses missions temporelles[65]. Aussi Thomas écrit-il ce texte que j'ai fait jadis connaître pour sa plus grande satisfaction, à Vladimir Lossky :

« Ceux qui soutiennent que le Vicaire du Christ, le pontife de l'Église romaine, n'a pas la primauté de l'Église universelle, commettent une erreur semblable à celle qui consiste à tenir que le Saint-Esprit ne procède pas du Fils. En effet, le Christ, Fils de Dieu, consacre *son* Église et met en elle *sa* marque comme par son caractère et son sceau, par l'Esprit Saint (...) Et de même le Vicaire du Christ, comme un serviteur fidèle, garde l'Église soumise au Christ par l'exercice de sa primauté et de son administration *(providentia)*.[66]

La continuité d'œuvre entre le Christ et le Saint-Esprit est assurée aussi par le fait, à nos yeux tout à fait décisif, que c'est identiquement le même Saint-Esprit, « idem et unus numero », qui est dans le Christ et en nous[67]. Dans un texte des *Sentences* dont on trouve des parallèles chez Albert le Grand, Thomas précise les principes qui font l'unité entre les membres du Corps mystique[68]. Les uns ne sont identiques qu'au plan d'une unité spécifique, la grâce créée des vertus et des dons ; mais il existe deux principes qui sont communs aux membres selon leur identité numérique et absolue, « idem et unus numero in omnibus » : c'est l'*objet* de foi et d'amour[69], qui est formel pour constituer un groupe humain, et c'est l'unité radicale qui couronne les précédentes, par le Saint-Esprit qui est « unus numero in omnibus ». Le propre de l'Esprit est précisément, subtil et universel comme est l'esprit, de pouvoir être à l'intime d'une multiplicité de personnes, lui unique et le même, sans rien perturber dans le sanctuaire de leur personnalité propre.

Si la loi est, dans chaque communauté, un ordonnancement en vue du bien commun qui la spécifie, la communauté-Église, Corps du Christ, a pour loi principalement la grâce du Saint-Esprit. On reconnaît ici la doctrine originale et si remarquable du traité de la loi nouvelle, Iª-IIªe

---

64. *De verit.* q. 29, a. 4, ad 7 ; *S. Th.* IIIª q. 8, a. 1, ad 3. Sur les antécédents et le contexte (en physiologie antique) de cette question, cf. M. GRABMANN, *Die Lehre des hl. Thomas von Aquin von der Kirche als Gotteswerk...*, Regensburg, 1903, p. 184-193.

65. Cf. *S. Th.* IIIª q. 8, a. 1, ad 1.

66. *Contra errores Graecorum* (ce titre n'est pas de S. Thomas), II, c. 32, éd. Léonine, p. 87.

67. *III Sent.* d. 13, q. 2, a. 1, ad 2 ; *In Rom.* c. 12, lect. 2 ; *In Ioan.* c. 1, lect. 9 et 10. Même thème appliqué au Corps mystique : *III Sent.* d. 13, q. 2, a. 2, qª 2, sol. et ad 1 ; d. 25, q. 1, a. 2, ad 5 ; *De verit.* q. 29, a. 4, c. ; *In I Cor.* c. 2, lect. 3.

68. *III Sent.* d. 13, q. 2, a. 2, qª 2, sol. et ad 1. Texte analysé par E. VAUTHIER, « Le Saint-Esprit, principe d'unité de l'Église d'après S. Thomas d'Aquin. Corps mystique et inhabitation du Saint-Esprit », in *Mélanges de Science relig.* 5 (1948) 175-196 ; 6 (1949), 57-80 ; notre accord et notre critique in *Bull. Thomiste*, 1953, nº 2430, repr. in *Sainte Église. Études et approches ecclésiologiques* (Unam Sanctam 41), Paris, 1963, p. 647-649. Albert le Grand : cf. A. PIOLANTI, *Il Corpo mistico e le sue relazioni con l'Eucaristia in S. Alberto Magno*, Roma, 1939, p. 91 sv.

69. « Secundum nostram operationem in ipsum [Deum] » : *III Sent.* d. 13, q. 2, a. 1, ad 3.

q. 106 à 108, qui joint le traité de la loi, aide externe pour notre retour à Dieu, et le traité de la grâce, aide ou plutôt principe donné au dedans pour ce retour[70]. Nous nous retrouvons ici au cœur de notre thème, celui de la vision thomasienne de l'Église qui nous est déjà apparue une et duelle, duelle et une. La loi nouvelle est en effet « principaliter » la grâce du Saint-Esprit inscrite dans les cœurs sur la base de la foi — c'est l'Église absolue du rapport théologal —, mais aussi « quasi secundario » des éléments externes, visibles, consistant en « dispositiva ad gratiam Spiritus Sancti et ad usum huius gratiae » : ce sont « documenta fidei, praecepta ordinantia affectum humanum ad humanos actus, etiam littera Evangelii » (q. 106, a. 2), « aliqua sacramentalia » (107, a. 1, ad 3), « opera sacramentorum » et « praecepta » de différente valeur (108, a. 1), à quoi les hommes ont ajouté diverses déterminations, qui sont relatives (107, a. 4 ; 108, a. 2). Cela fait deux plans, cela pourrait donner deux ecclésiologies. Chez Thomas, l'unité des deux est faite par l'Incarnation et sa logique (108, 1), et par le Saint-Esprit qui, « unus et idem numero », est dans le Christ, en nous, opère dans les sacrements et inspire les déterminations des conciles ou des « sancti ».

Action dans les sacrements : Thomas attribue leur efficacité à la « virtus Spiritus Sancti »[71] ; c'est par elle que s'opère la consécration du pain et du vin en corps et sang du Christ[72]. Et, au-delà de la « présence réelle », « res et sacramentum » de l'Eucharistie, pour que celle-ci obtienne sa « res » définitive, il faut ce que Thomas appelle « manducatio spiri-

---

70. Voir aussi les commentaires *In Rom.* c. 8, lect. 1 ; *In 2 Cor.* c. 3, lect. 2 ; *In Hebr.* c. 8, lect. 2 et 3 fin ; *S. Th.* III^a q. 42, a. 4, ad 2. Sur cette admirable doctrine, on peut voir F. P. ABERT, *Das Wesen des Christentums nach Thomas von Aquin.* Festrede zur Feier des 319. Bestehens der königl. Julius-Maximilianus-Universität Würzburg gehalten am 11. Mai 1901, Würzburg, 1901 ; on peut voir aussi A. M. DI MONDA, *La legge nuova della libertà secondo S. Tommaso*, Napoli, 1954 ; S. LYONNET, « Liberté chrétienne et loi de l'Esprit selon S. Paul », in *Christus* 4 (1954) p. 6-27 (repr. in *La vie selon l'Esprit, condition du chrétien*, Paris, 1965, p. 169-195 ; en trad. anglaise, *St. Paul, Liberty and Law*, Roma, 1962 : brochure) ; M. D. CHENU, « La théologie de la loi ancienne selon S. Thomas », in *Rev. Thomiste* 61 (1961) 485-497 ; G. SOEHNGEN, *Gesetz und Evangelium : ihre analoge Einheit, theologisch, philosophisch, staatsbürgerlich*, Freiburg-München, 1957 ; U. KUHN. *Via caritatis.* Theologie des Gesetzes bei Thomas von Aquin, Göttingen, 1965 (sur quoi cf. M. FROIDURE, « La théologie protestante de la Loi nouvelle peut-elle se réclamer de S. Thomas ? » in *Rev. Sc. ph. th.* 51 (1967) 53-61) ; P. DELHAYE, « L'Esprit Saint et la vie morale du chrétien d'après Lumen Gentium », in *Ecclesia a Spiritu Sancto edocta.* Mélanges Gérard Philips, Louvain 1970, p. 432-443 ; Y. CONGAR, « Variations sur le thème ' Loi-Grâce ' », in *Rev. Thomiste* 71 (1971 = Mélanges Cardinal Journet), 420-438 (p. 426, n. 28, indication des passages parallèles) ; Fr. D'AGOSTINO, « Lex indita e lex scripta : La dottrina della legge divina positiva (lex nova) secondo S. Tommaso d'Aquino », in *Atti del Congresso internaz. di Diritto canonico.* La Chiesa dopo il Concilio. Roma 14-19.1.1970. Milano, 1972, t. II, p. 401-415.

71. Rien que dans la *Somme*, pour le baptême : III^a q. 66, a. 10, ad 1 ; a. 11, c. et ad 1 ; a. 12, c. et ad 3 ; q. 69, a. 9, sed c. ; q. 73, a. 1, ad 3. Comp. *In 1 Cor.* c. 12 lect. 3 (éd. Marietti n° 734).

72. Rien que dans la *Somme*, III^a q. 78, a. 4, ad 1 ; q. 82, a. 6, ad 3.

tualis », c'est-à-dire que l'Esprit opère dans notre communion sacramentelle[73].

Faute de pouvoir exposer complètement l'aspect pneumatologique de ce qui, dans l'Église, relie le visible et l'historique au définitif eschatologique, je veux signaler le rôle remarquable, lié dans une vigoureuse cohérence avec sa vision d'ensemble, que Thomas assigne au Saint-Esprit dans la vie du fidèle, membre de l'Église, en son retour vers Dieu. Thomas a une théologie des dons du Saint-Esprit qui peut ne pas recouvrir exactement le sens, plus large, de l'expression dans l'Écriture et la théologie ancienne, mais qui a sa valeur, et vraiment très grande, dans sa synthèse. La distinction des vertus et des dons était une acquisition récente (Philippe le Chancelier, 1235). Ceux-ci et celles-là sont des qualités permanentes grâce auxquelles nous exerçons les actes de notre « ordinatio ad Deum ». Mais tandis que les vertus, même réglées par notre prudence surnaturelle, suivent un mode humain d'action, les dons sont des dispositions qui nous ouvrent à des motions de l'Esprit « ultra modum humanum »[74], car ils nous ouvrent à la motion d'un principe supérieur[75]. Les dons ne sont pas supérieurs aux vertus théologales : il n'y a rien au-dessus d'elles, puisqu'elles unissent à Dieu lui-même comme objet de connaissance et d'amour ; les dons sont au service de leur exercice parfait[76] Il le faut en raison, précisément, du caractère absolument *théologal* de ces vertus. Pour nous faire mener parfaitement une vie et une activité d'enfants de Dieu, Dieu lui-même doit intervenir et nous porter au-delà de nous-mêmes, serait-ce un nous-mêmes surnaturel. Thomas aime citer le mot de S. Paul : « Qui Spiritu Dei aguntur, hi sunt filii Dei : ce sont ceux qui sont menés par l'Esprit de Dieu qui sont enfants de Dieu »[77].

Dans cette action de l'Esprit, Thomas a aimé souligner celle par laquelle l'Esprit fait comprendre les mystères et le sens des Écritures[78], et le fruit de ses dons d'intelligence et de sagesse pour faire discerner la volonté de Dieu, les voies de sa Sagesse à lui, l'orthodoxie de la foi[79]. C'est un des chapitres encore où se manifeste l'union et la complémentarité des deux missions, celle du Verbe et celle de l'Esprit : car l'Esprit fait

---

73. *S. Th.* III[a] q. 80, a. 1 et parall. ; *In Ioan.* c. 6, lect. 7, n. 2.

74. *III Sent.* d. 34, q. 1, a. 1 ; *In Isaiam*, c. XI. O. LOTTIN, « A propos de la formule ' ultra humanum modum ' de S. Thomas d'Aquin », in *Rech. Théol. anc. et méd.* 30 (1963) 277-298.

75. *S. Th.*, I[a]-II[ae] q. 68, a. 2.

76. *S. Th.*, I[a]-II[ae], q. 68, a. 8, c. et ad 1 ; II[a]-II[ae] q. 9, a. 1, ad 3.

77. *Rom* 8, 14, cité, rien que dans la *Somme*, I[a]-II[ae] q. 68, a. 2 ; q. 93, a. 6, obj. 1 ; q. 96, a. 5, obj. 2 ; II[a]-II[ae] q. 52, a. 1, obj. 1 ; III[a] q. 69, a. 3.

78. Cf. *S. Th.*, I[a]-II[ae] q. 112, a. 5, ad 4 ; II[a]-II[ae] q. 11, a. 2, ad 3 ; q. 174, a. 6, obj. 3 ; q. 176, a. 2, obj. 4.

79. J. MAHONEY, « The Spirit and Moral Discernment in Aquinas », in *The Heythrop Journal* 13 (1972) 282-297 ; « The Spirit and Community Discernment in Aquinas », *ibid.*, 14 (1973) 147-161. Voir déjà G. H. JOYCE, « La foi qui discerne d'après S. Thomas », in *Rech. Sc. relig.* 6 (1916), 433-455 ; S. HARENT, « Note sur l'article précédent », *ibid.*, p. 455-476 ; Th. R. POTVIN, « Les exigences de l'" intellectus fidei ' », in *Église et Théologie*, 8 (1977) p. 369-442.

VI

pénétrer et pousser plus loin dans la Révélation de la Sagesse de Dieu faite dans le Verbe incarné, Jésus-Christ[80].

4. Les manques de l'ecclésiologie de S. Thomas

On ne peut certainement pas dire qu'il n'y a pas d'ecclésiologie chez S. Thomas, au sens d'une vision de l'Église. Pourtant l'absence de question explicite De Ecclesia constitue un manque dont on peut estimer les conséquences. S. Thomas a voulu tout envisager du point de vue de Dieu. Il a pu estimer qu'il avait traité à leur place de tous les éléments qui intègrent notre rapport à Dieu comme cause efficiente et cause finale des créatures libres, non de façon descriptive, mais sous l'aspect des structures formelles de cette opération par laquelle Dieu produit ses créatures et les ramène à soi (c'est cela le propos de S. Thomas : cf. notre étude citée n. 18). De fait, quand on cherche dans les écrits de S. Thomas, on y trouve presque tous les éléments avec lesquels nous constituerions aujourd'hui un De Ecclesia. Il y manque cependant quelque chose : la considération de ces éléments comme formant une réalité collective de médiation de la grâce du Saint-Esprit et du Christ ; la considération de l'Église comme Communion, et même Communion d'églises locales ou particulières.

Ce n'est pas que Thomas ne connaisse pas les congrégations locales qu'il appelle souvent « collegia ». Il en parle, par exemple, à propos des élections et il note que le Saint-Esprit se manifeste par l'accord des voix ; ce serait lui faire injure que de s'en remettre au sort[81]. D'autre part nous avons vu que Thomas voit l'Église totale faite d'emboîtements de congrégations de plus en plus étendues, chacune ayant un président à sa tête[82]. C'était assez courant à l'époque, avec référence à Aristote et aux réalités existantes[83]. Mais cette ébauche d'une perception de l'Église comme communion d'Églises n'est pas développée, faute de pneumatologie au sens où les Orthodoxes en parlent, et en raison d'une primauté assez écrasante donnée à l'idée d'unité universelle. La catholicité est vue comme l'universalité du principe d'unité, non comme l'ensemble des dons de l'Esprit, la communion des diversités. Ce sentiment était alors, et chez Thomas lui-même, lié à deux valeurs profondes : d'une part l'idée

80. Sur cet aspect du mystère du Christ, cf. M.-J. LE GUILLOU, Le Christ et l'Église. Théologie du mystère, Paris, 1963, p. 135-155.

81. « Hoc est facere iniuriam Spiritui Sancto, qui creditur firmiter esse in Ecclesia vel in collegiis » Quodl. XII, 35 ; comp. S. Th. IIa-IIae, q. 95, a. 8, avec les citations de Bède ; De sortibus, c. 5 (Parme XVI, 315b) ; In Psalm. 30 vers 12 (Parme XIV, 253b). Les textes touchant les Églises particulières étant rares à cette époque, citons Albert le Grand, In Ev. Ioannis, c. X : « Hoc est ovile commune et quaelibet ecclesia est ovile particulare (...) Ecclesiae congregationes particulares continentes sunt etiam ovilia et caulae ovium », et il cite les monastères et les paroisses (Borgnet XXIV, p. 396).

82. Insinuations en ce sens : IV Sent. d. 20, q. 1, a. 4, sol. 1 ; De potentia q. 5, a. 6, ad 3.

83. Références dans M. J. WILKS, The Problem of Sovereignty in the Later Middle Ages, Cambridge, 1964, p. 29, n. 1. Le texte d'Agostino Trionfo (Summa I, 6, ad 1) est on ne peut plus explicite.

d'unité du corps exigeant l'unité de *caput*, avec l'assimilation souvent reprise à ce qu'est notre corps physique[84] ; d'autre part l'idée de l'unité absolue de la foi, qui était le fond du concept de catholicité[85]. Ainsi dominait l'idée d'unité universelle ; le terme même de « communion » se référait à celle-ci[86]. On le voit encore dans la façon dont Thomas parle du schisme, envisagé comme rupture de l'unité du corps total et refus de se soumettre à son chef, le Souverain Pontife, qui représente, « vicem gerit », le Christ, Tête unique du corps[87].

Bien des disciples de S. Thomas se sont demandé où il conviendrait de placer le traité de l'Église si l'on en constituait un ; presque tous ont répondu : entre les questions *de Christo* et celle *de sacramentis*[88]. Chez S. Thomas, le traité des sacrements fait immédiatement suite à celui du Christ, ce qui, malgré ce qu'il y dit de la « virtus Spiritus Sancti », accentue l'impression qui a donné lieu à l'accusation de « christomonisme »[89].

Le fait que Thomas traite des sacrements sans considération explicite de l'Église, et surtout des Églises locales ou particulières, manifeste son inconvénient sans doute le plus grave dans sa théologie du sacrement de l'ordre. Celui-ci est défini : 1° par référence à l'Eucharistie et, à son niveau presbytéral, par la « potestas conficiendi » ; 2° par un caractère, qui est pour autant et essentiellement « potestas », le caractère qualifie le prêtre d'une façon absolue, et aussi personnellement. C'est le fruit de la scolastique depuis la seconde moitié du XIIe siècle, avec la consécration des ordinations absolues, la multiplication des prêtres ordonnés « ad missam », la distinction, jusqu'à la séparation, entre ordre et juridiction, enfin la création même des Ordres mendiants, ordre de clercs aux

---

84. Cf. A. H. Chroust, « The Corporate Idea and the Body Politic in the Middle Ages », in *Review of Politics* 9 (1947) 423-452. Il cite, p. 445, n. 113, ce texte de Jean d'André Mugellanus (1270-1348), qui intéresse notre sujet : « Ecclesia universalis est unum Christi corpus... cuius caput est Romana Ecclesia... inferiores ecclesiae sunt huius capitis membra quae sunt vel membra ex capite vel membra ex membris, sicut in corpore humano a brachio manus, a manu digiti, a digitis ungulae proveniunt » (*Novella in Decretales Gregorii* IX, c. 4, I, 1, 13).

85. Cf. *C. Gent.* IV, 76 ; *In Boet. de Trinitate* q. 2, a. 3 ; *In Symb.* a. IX ; *In Ephes.* c. 4, lect. 2 (éd. Marietti n° 199) ; *S. Th.*, I[a] q. 60, a. 1 ; II[a]-II[ae] q. 39, a. 1 ; III[a] q. 8, a. 4 ; *infra*, n. 104. Et cf. notre volume cité *supra*, n. 1, p. 210-215.

86. « Et sic qui ab hac fide et religione communiter promissa et recepta in quasdam sectas declinaverunt, non catholici, sed quasi a communione divisi, haeretici nominantur » *In Boet.*, *loc. cit.*

87. *S. Th.*, II[a]-II[ae] q. 39, a. 1 : « Nam unitas particularis aliquorum ad invicem ordinatur ad unitatem Ecclesiae, sicut compositio singularum membrorum in corpore naturali ordinatur ad totius corporis unitatem. » Et voir notre article « Schisme », in *Dict. Théol. cath.*, XIV, col. 1286-1312 (1939).

88. Ainsi a fait Tournély. Cf. E. Dublanchy, art. « Dogmatique » in *Dict. Théol. cath.* t. IV, col. 1544 ; A. Gardeil, in *Rev. thomiste*, 12 (1905) p. 641 ; R. Garrigou-Lagrange ; L. Billot, *De Ecclesia Christi*, 3[a] ed. Prato, t. I, p. 19-24 ; M. Lahitton, *Theses Theologiae Dogmat.* t. III, p. 97 ; Ch. Journet, *L'Église du Verbe Incarné*, t. II, Paris, 1943, p. 676 n. Et voir notre article « Traditio thomistica in materia ecclesiologica », in *Angelicum* 43 (1966) 405-428 (p. 427-428, notes 67-69).

89. Sur quoi notre étude « Pneumatologie ou ' Christomonisme ' dans la tradition latine ? » in *Ecclesia a Spiritu Sancto edocta*. Mélanges G. Philips, Gembloux, 1970, p. 41-63.

nombreux prêtres ordonnés sans charge de service d'une communauté définie[90]. C'est ce développement, cette systématisation qui se trouvent aujourd'hui mises en question, au nom d'une tradition plus profonde et d'une révision de l'interprétation de l'histoire[91]. Le Concile Vatican II et surtout l'après-concile ont été marqués par une redécouverte des Églises locales — K. Rahner a cité cela en premier lieu dans ce qu'à son sens Vatican II a apporté de neuf[92] —, ce qui commence à avoir son impact dans la théologie de l'ordination, du presbytérat et de l'épiscopat. La théologie de l'épiscopat a été, elle aussi, une des faiblesses de la scolastique. Le fait que S. Thomas semble avoir fini par en dépasser les étroites limites ne l'empêche pas d'avoir patronné, sur la base d'une définition de l'Ordre par la référence à l'Eucharistie, une thèse de l'épiscopat-*dignitas, ordo hierarchicus*, non sacramentel[93]. Conjointement à cela et au manque d'une vue de l'Église - communion d'Églises, une faiblesse, sinon une absence, de l'idée de collégialité épiscopale[94].

5. *Une certaine dualité : la question posée par A. Mitterer*

Albert Mitterer a consacré de nombreuses études à comparer critiquement les positions de S. Thomas et celles acquises de nos jours, surtout en sciences physiques et biologiques. Il a fait le même travail en théologie du Corps mystique. Cette fois la comparaison porte sur S. Thomas, d'un côté, l'encyclique *Mystici Corporis Christi* du pape Pie XII, de l'autre (29 juin 1943)[95]. Pour l'encyclique, le sujet est l'Église, le prédicat est Corps mystique du Christ — trois valeurs qui ont chacune leur sens précis et fort ; la copule qui joint le prédicat et le sujet a un sens rigoureux

---

90. Voir notre *L'Église de S. Augustin à l'époque moderne* (Hist. des dogmes III/3), Paris, 1970, p. 169-175 ; J. F. von SCHULTE, « Die geschichtliche Entwicklung des rechtlichen ' Character indelebilis ' als Folge der Ordination », in *Rev. intern. de Théol.* 9 (1901) 17-49.

91. Études de C. VOGEL, par exemple « Vacua manus impositio. L'inconsistance de la chirotonie absolue en Occident », in *Mélanges liturgiques offerts à Dom B. Botte*, Louvain, 1972, p. 511-524 ; « Laica communione contentus. Le retour du presbytre au rang des laïcs », in *Rev. Sc. relig.*, 47 (1973) 56-122 ; H. LEGRAND, « La présidence de l'Eucharistie selon la tradition ancienne », in *Spiritus*, n° 69 (1977) 409-431.

92. « Das neue Bild der Kirche », in *Schriften zur Theologie*, t. VIII, Einsiedeln, 1967, p. 329-356 (p. 333 sv.).

93. Cf. J. LÉCUYER, « Aux origines de la théologie thomiste de l'épiscopat », in *Gregorianum* 35 (1954) 56-89 ; « Les étapes de l'enseignement thomiste sur l'épiscopat », in *Rev. thomiste* 57 (1957), 29-53 ; R. DIDIER, « L'élaboration scolastique de la théologie de l'ordre », in *Bull. du Comité des Études*, Cie de Saint-Sulpice, n°s 38-39, juillet-décembre 1962, p. 423-447.

94. Le P. J. LÉCUYER a tenté de valoriser *C. Gent.* IV, 76 : « Le caractère collégial de l'épiscopat selon S. Thomas », in *Études sur la Collégialité épiscopale*, Le Puy - Lyon, 1964, p. 81-102. Mais le Moyen Âge, au moins avant le conciliarisme, n'a guère eu le sentiment de cette valeur : cf. notre étude « Notes sur le destin de l'idée de Collégialité épiscopale en Occident au Moyen Âge (viie-xvie siècle) », in *La Collégialité épiscopale*. Histoire et théologie (Unam Sanctam 52), Paris, 1965, p. 99-129.

95. A. MITTERER, *Geheimnisvoller Leib Christi nach St. Thomas von Aquin und nach Papst Pius XII*. Wien, Herold, 1950, XXXII-407 pp.

d'identité : l'Église catholique romaine EST un *corps* qui est *du Christ*
et qui est « mystique ». Elle est identiquement le Corps mystique du
Christ. Et le Corps mystique du Christ EST identiquement l'Église
catholique romaine. On en est ou on n'en est pas membre. Les catholiques
pécheurs en sont membres ; les non-catholiques, les hérétiques, les
schismatiques, les excommuniés ne le sont pas. S. Thomas, dit Mitterer,
prend le sujet « Église » en deux acceptions différentes : tantôt pour
l'Église visible, organisée, dont le pape est le *caput*, tantôt, sous le vocable
de « corpus Ecclesiae », pour l'ensemble des êtres spirituels qui ont pour
caput le Christ. C'est le « corpus Christi mysticum » ou l'« ecclesia » dont
sont membres avec nous les anges, les saints du ciel, les justes de l'Ancien
Testament, parce qu'ils vivent du même principe surnaturel de vie, en
dépendance du Christ comme de leur *caput*[96].

Cela tient à trois choses qui caractérisent le monde théologique de
S. Thomas et même l'ensemble de ses contemporains :

1. On a souvent pris comme expression d'une théologie de l'Église
- corps mystique des textes de S. Thomas, en particulier *S. Th.* III[a]
q. 8 art. 3, qui relèvent du traité du Christ, Fils incarné, Chef des personnes
bénéficiaires de la grâce, Sauveur du genre humain. La vérité du Christ-
Tête déborde les limites de l'Église. Ce ne sont pas des énoncés d'ecclésiologie, mais de christologie. Citons ici une remarque du regretté P. Émile
Mersch († mai 1940), en y ajoutant une glose entre crochets :

« On peut étudier l'Église en la considérant en elle-même : c'est ainsi
qu'on l'étudie d'ordinaire [ce que n'a pas fait S. Thomas]. Mais on peut
aussi l'étudier en considérant le Christ : c'est ainsi qu'on l'étudie en ces
pages. On ne la verra pas moins en elle-même, mais on la verra en son
principe intérieur et en sa cause : n'est-elle pas la continuation du Christ
et de son Corps mystique ? [C'est vrai, mais on risque de ne voir l'Église
que comme le domaine de la grâce, Communion des saints : on resterait
dans la christologie de *S. Th.* III[a] q. 8.] Ici cependant une remarque
s'impose. Si l'on peut, dans la plupart des cas considérer comme inter-
changeables les deux expressions Église et Corps mystique, il ne s'ensuit
pas qu'elles aient rigoureusement et de tout point de vue le même sens.
On forcerait, croyons-nous, la portée du texte paulinien : *Ecclesia quae est
corpus eius*, et de quelques autres semblables, si l'on prétendait y trouver
l'affirmation d'une telle identité ». [E. Mersch écrivait avant l'encyclique
de 1943, et il avait raison.][97]

2. Chez S. Thomas et en général dans l'idée corporative de son époque,
corpus n'implique pas la visibilité. Thomas lui-même le définit « multitudo
ordinata in unum »[98]. La corporation médiévale était une multitude

---

96. D'où des textes comme ceux-ci : « Patres antiqui pertinebant ad idem corpus
Ecclesiae ad quod nos pertinemus » (*S. Th.*, III[a] q. 8, a. 3, ad 3) ; « ad unitatem in
qua Deo servimus pertinebant » (*IV Sent.* d. 27, q. 3, a. 1, sol. 3 ; *In Coloss.* c. 1, lect. 5) ;
« Corpus Christi mysticum quod est societas sanctorum » (*S. Th.*, III[a] q. 80, a. 4).

97. E. MERSCH, *La théologie du Corps mystique*, Bruxelles, 1944, t. II, p. 195.

98. *S. Th.*, III[a] q. 8, a. 1, ad 2. On relira, à ce sujet, avec profit, A. DARQUENNES,
« La définition de l'Église d'après S. Thomas d'Aquin », in *L'organisation corporative,
du Moyen Âge à la fin de l'Ancien Régime*, Louvain, 1943, p. 1-53. Renvoyons aussi
aux excellentes remarques de D. M. NOTHOMB, « L'Église et le Corps mystique du
Christ », in *Irénikon* 25 (1952) 226-248 ; cf. p. 233.

d'hommes plus ou moins dispersés, unifiés par un ordre à une « idée » d'œuvre. *Corpus* était aussi toujours relatif à *caput*. Le Corps mystique du Christ était cette multitude de personnes bénéficiant de la grâce, germe de la gloire, par une référence différenciée au Christ, *Caput* des anges, des saints, des fidèles et même de tous les hommes à l'exclusion des damnés dont le libre arbitre est définitivement fixé dans l'*aversio a Deo*. Cela déborde évidemment l'ecclésiologie telle que nous la concevons. L'Église y rentre cependant. On peut et on doit l'appeler « Corps mystique du Christ », mais on ne peut pas dire : le Corps mystique du Christ est purement et simplement identique à l'Église catholique romaine[99].

3. Thomas d'Aquin considère principalement l'Église comme « effectus gratiae » : c'est sous cet angle proprement *théologique* que, conformément à son propos explicite — voir notre étude citée *supra* n. 18 —, il considère même les éléments ou structures visibles de l'Église en son état d'itinérance : « Fides de corpore Christi et de omnibus sacramentis et de clavibus et de omnibus huiusmodi includitur in articulo qui est de effectu gratiae, qui est : sanctam ecclesiam catholicam, etc. »[100].

Nous ne nions pas que les énoncés de S. Thomas, relayés par une lecture unilatérale de S. Augustin, ne pussent, mal compris, prêter à une vue d'Église invisible, celle de Wyclif et de Huss, contre laquelle se dresse l'encyclique *Mystici Corporis*[101]. Thomas lui-même est bien éloigné, tant d'une telle position que de l'identification à la manière du P. S. Tromp et même de l'encyclique. Dans sa perspective, Thomas ne dirait pas sans plus que le Corps mystique du Christ EST l'Église romaine d'ici-bas ; mais il peut dire en toute vérité que l'Église d'ici-bas est (fait partie de) le Corps mystique du Christ, de fait il le dit souvent :

« Rencontrant une définition du baptême par Denys et une autre par Jean de Damas, qui envisage le baptême comme principe spirituel de régénération, Thomas situe cet aspect comme le début d'un processus qui doit être sacramentel, visible, et constituer pleinement membre de l'Église[102].

Quia omnis gratia et remissio in corpore mystico ex capite suo provenit, ideo eadem potestas esse videtur per essentiam, qua sacerdos conficere potest et qua potest solvere et ligare, si iurisdictio adsit[103]...

99. Le P. S. Tromp avait d'ailleurs soin de préciser : « *Viatoribus*, Corpus Christi mysticum est Ecclesia catholica romana » (*Corpus Christi quod est Ecclesia*, I. Introductio generalis, Rome, 1937), ce qui évite l'incroyable conséquence que tirait un J. C. Gruden soutenant que la Vierge Marie et les saints ne sont plus membres du Corps mystique : *The Mystical Christ. Introduction in the Study of the supernatural Character of the Church*, Saint-Louis, 1936, p. 160.

100. *III Sent.*, d. 25, q. 1, a. 2, ad 10. Voir aussi le Prologue au commentaire des épîtres de S. Paul ; *De articulis fidei et Ecclesiae sacramentis:* « Quartus articulus pertinet ad effectum gratiae, per quam vivificatur Ecclesia a Deo... » (Parme, XVI, 116).

101. Voir cela détaillé et documenté dans notre contribution « Lumen Gentium n° 7, ' L'Église, Corps mystique du Christ ' vu au terme de huit siècles d'histoire de la théologie du Corps mystique », in *Au service de la Parole de Dieu*. Mélanges Mgr A. M. Charue, Gembloux, 1969, p. 179-202.

102. *IV Sent.*, d. 3, a. 1, q[a] 3 et 4 ; cf. A. Fazokas, « De identitate Corporis Christi mystici cum Ecclesia visibili in doctrina dionysiaca S. Thomae de ' Regeneratione ' spirituali », in *Angelicum* 31 (1956) 113-138. Mais il n'y a pas à ramener de force Thomas à la position de l'encyclique ! On comparera *S. Th.*, III[a] q. 69, a. 5, ad 1.

103. *IV Sent.*, d. 18, q. 1, a. 3, ad 1.

Dum vero unum caput Ecclesiae esse negant, sanctam scilicet Romanam Ecclesiam, manifeste unitatem Corporis mystici dissolvunt ; non enim potest esse unum corpus si non fuerit unum caput, neque una congregatio si non fuerit unus rector[104]...
Tota ecclesia, quae est mysticum corpus Christi[105].
Episcopus accipit potestatem ut agat in persona Christi super corpus eius mysticum, id est super Ecclesiam[106]... »

A ces textes déjà suffisants il faudrait joindre le Prologue où Thomas distribue les douze épîtres de S. Paul selon une articulation logique d'une « doctrina tota de gratia Christi ». Elles concernent, ou les « membra principalia corporis mystici », à savoir les *praelati*, ou ceux qui se trouvent « in ipso corpore mystico, quod est ecclesia », et cela peut concerner les sacrements, ou l'unité de l'Église, même en sa croissance ou sa défense...

Ne continuons pas à enfoncer une porte ouverte : A. Mitterer, en effet, reconnaît qu'on rencontre chez Thomas l'affirmation que l'Église visible est le Corps mystique du Christ. Si S. Thomas dit de plus que le « Corps mystique » de l'Église, au sens de Communion des saints dans une grâce de soi invisible, est Corps mystique du Christ, c'est parce que l'Église peut être considérée en deux états, qui répondent à ce que nous avons vu dans nos deux premiers paragraphes : 1) l'Église comme absolu de communion théologale ; 2) l'Église comme réalité de cette terre — les deux unis par les missions du Verbe et de l'Esprit avec leur expression visible, sacramentelle. Il n'y a qu'un sujet : il est eschatologique parce qu'il est à visée absolument théologale, par la grâce de Dieu. Mais il existe, en sa situation d'itinérance, en une forme sociale de type terrestre. C'est très augustinien[107]. Mais il est dommage que la rédaction de questions explicites « De Ecclesia » n'ait pas donné à S. Thomas l'occasion d'exprimer lui-même la différence et l'harmonie des deux.

Couvent S. Jacques
20, rue des Tanneries
75013 Paris

---

104. *Contra errores Graecorum*, pars altera, Prologus (éd. Léonine, p. 87, l. 48-53) ; comp. II, c. 32, cité *supra*, n. 66, et c. 39, p. 103, l. 3-5 : « Sicut autem praedicti errantes contra unitatem Corporis mystici peccant, Romani pontificis potestatem plenariam abnegantes... » ; *ibid.*, l. 77-78 : « congruit puritati Corporis mystici, id est Ecclesiae ».

105. *S. Th.*, III[a] q. 49, a. 1, c.

106. *S. Th.*, III[a] q. 82, a. 1, ad 4 ; comparer les textes cités *supra*, n. 39.

107. C'est au fond ce que dit Ch. JOURNET dans son compte rendu critique de Mitterer, *Bulletin thomiste* t. VIII, 1947-1953, p. 363-373. Mais Journet parle en systématicien thomiste, non en historien.

L'APOSTOLICITÉ DE L'ÉGLISE
SELON S. THOMAS D'AQUIN

Plus d'un auteur a manifesté son étonnement du fait que S. Thomas d'Aquin, dans les sermons ou conférences qu'il fit pendant le carême de 1273 sur le Symbole, ne donne pas l'apostolicité comme quatrième note de l'Église (1). Certes, S. Thomas suivait le symbole dit des apôtres, selon le texte reçu (2), non celui de Nicée-CP. Or on sait que la note d'apostolicité, connue depuis les origines quant à sa réalité, expressément revendiquée à l'époque du concile de Nicée comme un attribut de l'Église, n'apparaît dans un *Credo* qu'avec le texte que, depuis Chalcédoine, on attribue communément au Concile de Constantinople de 381 (3). Il n'est pas douteux que l'absence du mot «apostolique» dans le symbole dit des apôtres, qui est en réalité celui de la profession de foi baptismale, et donc de la catéchèse, explique en grande partie le fait qu'on ait si peu parlé de l'apostolicité de l'Église, passé l'âge patristique, durant le Moyen Age et jusqu'à l'époque de la Réforme (4). Le mot n'intervient pas dans les exposés officiels

(1) J. V. BAINVEL, *L'idée de l'Église au Moyen Age. L'Enseignement théologique: Saint Thomas*, dans La Science catholique, oct. 1899, pp. 975-988 (p. 979) ; art. *Apostolicité*, dans Dict. Théol. cath., t. 1/2, col. 1623 ; L.-M. DEWAILLY, *Mission de l'Église et Apostolicité*, dans Rev. Sc. ph. th., 32 (1948) pp. 3-37 (p. 36).

(2) Le texte qu'il commente est très exactement celui que donne Denzinger, nᵒ 6.

(3) Denzinger, nᵒ 86. — La question de l'origine du « Symbole de Constantinople » reste très obscure. Le Synode de 381 s'est contenté de réaffirmer la foi de Nicée, sans rédiger de nouvelle formule de foi. Mais le *Credo* qu'il aurait repris comme représentant la foi de Nicée, aurait été un texte assez différent de celui de 325, et plus proche du *Credo* de Jérusalem ou d'Antioche. Ainsi on a pu à Chalcédoine prendre comme le « Symbole de Constantinople » un texte assez différent du symbole de Nicée. V. en dernier lieu J. N. D. KELLY, *Early Christian Creeds*, London, 1950, pp. 296-331 (v. le C. R. dans Rev. Sc. ph. th., 35 (1951) pp. 309-310).

(4) Sur le symbole dit des apôtres comme profession de foi baptismale et texte de catéchèse, cf. F. WIEGAND, *Die Stellung des Apostolischen Symbols im kirchlichen Leben des Mittelalters. I. Symbol und Katechumenat* (seul paru). Leipzig, 1899. On ne se servait éventuellement du symbole de Nicée-CP que dans les régions où il fallait s'opposer à l'arianisme, par exemple en Italie sous les Ostrogoths (p. 232).

de la Réforme ; les catéchismes catholiques de la première moitié du XVIᵉ s. ne sont guère plus explicites : c'est dans la littérature de controverse que se précise la doctrine de l'apostolicité (5).

Saint Thomas, cependant, bien qu'il commente le symbole des apôtres, cite les quatre attributs classiques de l'Église, qu'il appelle ses *conditiones*, c'est-à-dire ses qualités ou manières d'être ; il les énumère dans l'ordre du texte latin du Credo de Nicée-CP, mais dans les termes suivants :

> Haec autem Ecclesia sancta habet quatuor conditiones, quia est una, quia est sancta, quia est catholica, id est universalis, et quia est fortis et firma (6).

S. Thomas n'est pas seul à parler ainsi. Son disciple Gilles de Rome remplace, lui aussi, *apostolica* par *firma* (7) ; Jacques de Viterbe, contemporain de Gilles, commente assez amplement l'attribut *apostolica*, mais finit par y ramener la *firmitas* (8). Ces deux auteurs écrivent après S. Thomas et l'ont certainement lu. Mais, quand S. Thomas commente le symbole, il y a déjà un siècle et demi que, contre les hérésies spirituelles antiecclésiastiques, on a commencé de tracer les premiers traits d'une nouvelle apolo-

---

(5) Pas de mention de l'apostolicité dans les écrits symboliques luthériens : *Dict. Théol. cath.*, t. 1/2, col. 1022 ; Calvin n'en parle pas dans l'*Inst. chrét.* (texte de 1541, éd. Budé, t. 2, pp. 121 s.) ; ni John Pearson dans *An Exposition of the Creed* (1659). — Pour les Catéchismes, rien avant celui dit du Concile de Trente : M. Ramsauer, *Die Kirche in den Katechismen*, dans *Zeitschr. f. Kath. Theol.*, 73 (1951), pp. 129-169, 313-346 (p. 132, 135, 142). — Apologistes et controversistes : *Dict. Théol. Cath.*, 1/2, col. 1623.; G. Thils, *Les Notes de l'Église dans l'Apologétique cathol. depuis la Réforme*, Gembloux, 1937, pp. 255-286. Noter qu'au XVIᵉ s. et encore au début du XVIIᵉ, la *firmitas* est parfois rattachée à la note de sainteté, *sanctitas firmitatis*, à la faveur de l'indication isidorienne *sancta = sancita* (pp. 124, 133-134) : déjà Gilles de Rome cité *infra*, n. 7.

(6) *Collationes de Credo in Deum*, a. 9 : éd. Parme, t. 16, p. 147 ; éd. Lethielleux, *Opuscula*, t. 4, p. 378. — Le texte n'est peut-être pas de S. Thomas (cf., M. Grabmann, *Die Werke des hl. Thomas v. Aq. Eine literarhistor. Untersuchung u. Einführung* (*Beiträge...*, XXII, 1-2), 2ᵉ éd. Münster, 1931, p. 288), qui aurait prêché en dialecte napolitain (P. Mandonnet, *Le carême de S. Thomas à Naples*, 1273, dans *Miscellanea storico-artistica*, Rome, 1924, pp. 195-212) ; mais il paraît digne de toute confiance et a dû être, ou revu par S. Thomas, ou établi avec ses notes.

(7) *De ecclesiastica potestate*, lib. II, c. 6 : éd. R. Scholz, Weimar, 1929, p. 65 : « non est vere fidelis qui non credit ecclesiam esse catholicam, id est universalem, et sanctam, id est sancitam et firmam, quia fundata est supra firmam petram, vel sanctam, id est immaculatam, iuxta illud ad Ephes... ».

(8) *De regimine christiano*, pars I, c. 6 (éd. H.-X. Arquillière : *Le plus ancien traité de l'Église...* Paris, 1926, pp. 138 s.). Après ce large commentaire, il ajoute, p. 142 : « Per hoc autem quod ecclesie regnum dicitur apostolicum, intelligitur et alia eius conditio, scilicet firmitas ». Jacques de V. parle ailleurs de l'Église *firma*, dans un sens analogue à celui de S. Thomas : « Octava conditio quae pertinet ad gloriam regni, est quod fit forte et firmum, ut scilicet vinci non possit... » (c. 2 ; p. 103) ; c. 3, p. 118 ; c. 5, p. 135. Dans le *Prologus* de son *Ordinatio* (pars 2, nº 111 : éd. Vatican, 1950, p. 76), Duns Scot donne la *firmitas Ecclesiae* comme un des huit arguments contre les hérétiques qui refusent ou pervertissent l'Écriture.

gétique *de Ecclesia* par l'apostolicité. L'argumentation de S. Bernard était plus morale qu'ecclésiologique ; il n'applique jamais le mot « apostolique » à l'Église. Par contre, vers 1138, Pierre le Vénérable développait, contre les disciples de Pierre de Bruys, l'idée de la permanence, dans l'Église, de la *doctrine* et des *traditiones* des apôtres (9). L'argumentation reprend, une quarantaine d'années après, contre les néomanichéens, soit de Rhénanie (10), soit du comté de Toulouse : contre ceux-ci, le cardinal Pierre de Saint-Chrysogone fait appel à l'apostolicité de doctrine, et il prononce les mots *firmiter*, *firmitas* (11). Son compagnon dans sa légation de 1178, Henri de Clairvaux, souligne aussi, mais, en cet endroit, sans polémique, cette qualité de *firmitas* qui convient à la Cité militante de Dieu, en raison de ses fondements apostoliques (12). C'est bien ainsi que l'entend, à son tour, S. Thomas. Voici en quels termes il commente la *quarta conditio*, « fortis et firma » :

Circa quartum sciendum est quod Ecclesia Dei est firma. Domus autem dicitur firma,

primo si habet bona fundamenta. Fundamentum autem Ecclesiae principale est Christus. Apost. *I Cor.*, III,11 : *Fundamentum aliud nemo potest ponere praeter id quod positum est, quod est Christus Jesus.* Secundarium vero fundamentum sunt Apostoli et eorum doctrina, et ideo firma est. Unde in Apoc. quod dicitur, quod *civitas habebat duodecim fundamenta, et erant ibi scripta nomina duodecim Apostolorum, Apoc.* XXI,14. Et inde est quod dicitur Ecclesia apostolica.

Exinde etiam quod ad significandum firmitatem hujus Ecclesiae B. Petrus dictus est vertex.

Secundo apparet firmitas domus, si conquassata non potest destrui. Ecclesia autem nunquam potuit destrui, nec a persecutoribus, immo persecutionibus durantibus magis crevit, et qui eam persequebantur, et quos ipsa persequebatur, deficiebant *Lc*, XX,18 : *Qui ceciderit super lapidem istum confrigetur: super quem vero ceciderit, conteret eum.* - Nec ab erroribus, immo quanto magis errores supervenerunt, tanto magis veritas manifestata est : *II Tim.* III,8 : *Homines mente corrupti, reprobi circa fidem, sed ultra non proficientes*, etc. - Nec a tentationibus daemonum. Ecclesia enim est sicut turris, ad quam fugit quicumque pugnat contra diabolum : *Prov.* XVIII, 10: *Turris fortissima nomen Domini.* Et ideo diabolus principaliter conatur ad destructionem

---

(9) *Contra Petrobrusianos : P. L.*, 189, 738 et s.

(10) ECKBERT DE SCHÖNAU († 1184), *Sermones contra Catharos*, sermo X (*P. L.*, 195, 69-76), argumente par l'apostolicité du Sacerdoce, reçu de l'Église romaine, donc de Pierre, donc du Christ ; mais la succession du sacerdoce légitime est liée à la permanence de la même foi.

(11) Lettre *Testante Apostolo*, automne 1178 : « Testante Apostolo (*Eph.*, IV), sicut unus Deus, ita et una fides esse dignoscitur, a cujus integritate nullus potest sine periculo deviare. Cujus fundamentum, praeter quod nullus aliud potest ponere, apostoli et apostolici viri successores eorum, inspirante et docente Spiritu Sancto, sanis doctrinis tanquam vivis ex lapidibus ita firmiter et circumspecte jacerunt, quod nec sonantis impetus aquilonis, nec impiorum machinae, licet crebris assultibus impugnetur, illud poterant a sua firmitate movere » (*P. L.*, 199, 1119-20).

(12) *De peregrinante Civitate Dei*, tr. VII : il va montrer « Civitatis Domini virtutum firmitatem, decorem. (...) In fundamentis expressit firmitatem... » (*P. L.*, 204, 304 D, 305). Sur ce personnage, cf. *Studia Anselmiana*, 43 (*Analecta Monastica*, 5ᵉ série), 1958, pp. 1-90.

212

ejus, sed non praevalet, quia Dominus dixit, *Mat.*, XVI,18 : *Et portae inferi non praevalebunt adversus eam*, quasi dicat : Bellabunt adversum te, sed non praevalebunt.

Et inde est quod sola Ecclesia Petri, in cujus partem venit tota Italia, dum discipuli mitterentur ad praedicandum, semper fuit firma in fide. Et cum in aliis partibus vel nulla fides sit, vel sit commixta multis erroribus, Ecclesia tamen Petri et fide viget, et ab erroribus munda est. Nec mirum, quia Dominus dixit Petro, Lc. XXII,32 : *Ego rogavi pro te, Petre, ut non deficiat fides tua.*

Ce texte de S. Thomas est l'un des rares, et des plus explicites, où il exprime sa conception de l'apostolicité comme qualité d'existence de l'Église. On en complètera l'enseignement par le remarquable commentaire d'*Eph.*, 2, 19-22 et quelques autres passages, tirés en particulier des commentaires scripturaires.

Saint Thomas lie le caractère apostolique de l'Église à sa qualité de solidité, *firmitas*, qui lui paraît l'inclure. Cette qualité même est attribuée à l'Église considérée comme une maison ou une construction. La sainte Écriture en parle souvent ainsi : c'est ce qu'elle fait, précisément, dans les passages qui fondent bibliquement la doctrine de l'apostolicité : 1 *Cor.*, 3, 10-17 ; *Eph.*, 2, 19-20 ; *Apoc.*, 21, 10-14. Saint Thomas aime commenter les passages où l'Église est présentée comme « maison de Dieu » (13). C'est une comparaison ou, comme il dit exactement, une métonymie : *domus* est pris « pro his qui sunt in domo », car l'Église est essentiellement une assemblée ou communauté faite d'hommes.

Saint Thomas détaille les titres qui permettent de l'appeler « maison ». Il les distribue et les organise, mais les tire de l'Écriture. Laissons de côté l'acception de *domus* au sens de *collegium domus*, c'est-à-dire de famille (14) ; considérons-la comme *domus* au sens d'édifice, *structura*. Elle mérite ce titre : 1º parce qu'elle est une habitation. Dieu (le Christ) habite en nous par la foi et, de notre côté, nous habitons la maison de Dieu, également par la foi — s'agissant toujours de la foi vive. Ainsi l'Église est Temple. Elle est vouée à être habitée par la gloire de Dieu et à habiter cette gloire : de façon plénière, éclatante, comme Église triomphante ; dans la foi et l'espérance comme Église militante (15) ; 2º parce qu'elle

(13) C'est une des quatre « définitions » de l'Église que retient A. DARQUENNES, *La définition de l'Église d'après saint Thomas d'Aquin*, dans *L'Organisation corporative du Moyen Age à la fin de l'Ancien Régime. Et. prés. à la Comm. intern. pour l'Hist. des Assemblées d'états*, VII. Louvain, 1943, pp. 1-53 (cf. pp. 22-26). Mais D. ne se réfère pas aux passages, plus décisifs que ceux qu'il cite, que nous mettons en œuvre ici : *Coll. in Symb.* ; *In* 1 *Cor.*, c. 3, lect. 2 ; *in Eph.*, c. 2, lect. 6 ; *in Hebr.*, c. 3, lect. 1.

(14) Saint Thomas la fait intervenir pour expliquer « cives sanctorum et domestici Dei » d'*Eph.*, 2, en montrant que l'Église est à la fois cité et famille. *Cité*, si l'on considère la condition de ses membres ou son régime de vie, car *tous* ses membres sont actifs à l'égard des activités les plus élevées de son Bien commun, qui concernent la vie théologale ; *Famille*, si l'on considère son *Rector* et le rapport que ses membres ont avec lui, car ce *Rector* est Dieu-notre Père : *In Ephes., loc. cit.*

(15) Voir *Comm. in Joan.*, c. 14, lect. 1 ; *in Rom.*, c. 5, lect. 1 ; *in* 1 *Tim.*, c. 3, lect. 3 ; *in Hebr.*, c. 3, lect. 1 ; *in Ps.* XXVI et XXXVI ; *In Is.*, c. 6 ; comp. *IIIª*, q. 8, a. 3.

a tous les caractères spécifiques, non d'une habitation quelconque, une tente par exemple, mais d'une maison. Saint Thomas énumère ces quatre caractères : quelque chose d'assuré et de stable, quelque chose d'ordonné, quelque chose de constant et de durable, quelque chose de solide, qu'aucune force contraire ne puisse ébranler, « quod sit firma, ut scilicet nulla adversitate moveatur » (16). Le commentaire du symbole précise quelles sont ces forces contraires : les persécutions, les erreurs ou les hérésies, les tentations du démon. Le fait que ces forces hostiles peuvent bien secouer l'Église, mais non la détruire, y est présenté comme *manifestant* sa solidité, mais cette solidité elle-même tient aux fondements (17).

Le fondement principal est le Christ, pierre d'angle et pierre de faîte d'un édifice fondé dans le ciel, « lapis angularis summus ». Il est principal au sens le plus fort, parce qu'il est solide *per se*, en raison de ce qu'il est, par sa nature propre : comme une assise rocheuse, « per se habet soliditatem, sicut rupes aliqua » (18). Les apôtres et les prophètes constituent un fondement secondaire. « quod habet soliditatem, non ex se, sed ex alio solido subjecto, sicut lapides qui primo supponuntur petrae solidae » (19). Il ne s'agit pas de la personne des apôtres, encore que S. Thomas leur ait attribué le plus haut degré de sainteté, de connaissance salutaire et de charismes (20). Il s'agit de leur doctrine, tout entière relative au Christ crucifié. « Apostoli et eorum doctrina », dit le commentaire du symbole, qui ajoute : « Inde est quod Ecclesia dicitur apostolica ». « In tantum dicuntur fundamenta in quantum eorum doctrina Christum annuntiant : *Super hanc petram aedificabo Ecclesiam meam (Mat., XVI)* », dit le commentaire d'*Eph.*, 2, 20 ; et encore : « *superaedificati super fundamentum apostolorum et prophetarum*, id est super doctrinam eorum ».

Il ne saurait en être autrement, car Dieu seul peut être un fondement solide *per se*, puis le Christ, étant Dieu fait homme — aussi est-il « fundamentum veritatis aeternae » (21). — Si les apôtres sont « fondement secondaire » de l'Église, c'est nécessairement d'une manière toute relative à l'unique fondement *per se*, donc par leur foi et leur prédication de la foi. *Doctrina* a ici, comme le plus souvent chez S. Thomas, un sens cumulatif, tout ensemble

(16) *Comm. in Hebr.*, c. 3, lect. 1.
(17) Comp. *Comm. in Mat.*, c. 16, « proprietas petrae est quod ponatur in fundamento ; item, ut det firmitatem ». *In* 1 *Cor.*, c. 3, lect. 2 : « tota structura aedificii ex fundamento dependet ».
(18) Distinction entre fondement principal et fondements secondaires : *Comm. in Mat.*, c. 16 ; *In Eph.*, c. 2, lect. 6 ; *in* 1 *Cor.*, c. 3, lect. 2.
(19) Comm. *in* 1 *Cor.*, c. 3, lect. 2.
(20) Cf. A. LEMONNYER, *Les Apôtres dans la synthèse théologique de S. Thomas*, dans *Mélanges thomistes (Bibl. thom.*, 3). Le Saulchoir, 1923, pp. 153-73.
(21) *Comm. in Mat.*, c. 7 (éd. Marietti, p. 115).

VII

214

actif et passif, avec prédominance du sens actif : c'est l'« enseignement », où la valeur de contenu, de doctrine enseignée, est
dépendante de l'action d'enseigner (22). L'activité enseignante
des apôtres a vraiment planté l'Église (23). Mais, comme activité,
elle appartient au passé. Elle reste à jamais, en son résultat de
contenu doctrinal, la loi immanente de l'Église, qui est « apostolique » en raison de cela même. On peut rappeler ici que les Pères
et le Moyen Age ont unanimement tenu l'origine matériellement
apostolique du symbole dit des apôtres, et ceci indépendamment
de la légende, lancée dans un écrit pseudo-augustinien au
VIᵉ siècle, admise par S. Thomas au début de sa carrière, puis
discrétement abandonnée, selon laquelle chacun des douze articles
aurait été prononcé par un apôtre déterminé, S. Pierre disant
le premier : Je crois en Dieu... (24).

D'une façon totalement indépendante de cette légende, sans

(22) Voir notre article *Tradition et* Sacra doctrina *chez saint Thomas d'Aquin*, dans
la *Festgabe J. R. Geiselmann.*

(23) Les apôtres ont reçu une grâce ordonnée « ad plantationem Ecclesiae *per
modum doctrinae* et administrationis sacramentorum » : *I Sent.*, d. 16, q. 1, a. 2, ad 4.

(24) A propos de l'attribution du symbole dit des apôtres aux apôtres eux-mêmes,
il faut distinguer deux choses : 1º La conviction que le texte de ce symbole remonte
effectivement aux apôtres : cette conviction a été assez largement répandue chez les
Pères et communément tenue au Moyen Age. D'une façon générale, d'ailleurs, l'Église
ancienne tendait à attribuer aux apôtres tout ce qu'elle tenait ou observait unanimement. Voir J. DE GHELLINCK, *Patristique et Moyen Age. I. Recherches sur les origines
du Symbole.* Bruxelles-Paris, 2ᵉ éd., 1949. - 2º L'idée que chaque apôtre aurait prononcé
l'une des paroles qui composent le symbole. Cette idée se trouve chez un grand nombre
d'auteurs, depuis le Pseudo-Augustin (*Sermo* 240 = *P. L.*, 39, 2189-90) jusqu'au
concile de Trente. Mais la distribution varie : C. F. BÜHLER (*The Apostles and the
Creed*, dans *Speculum*, 28 (1953) pp. 335-339) a dénombré quinze arrangements
différents... On trouvera une abondante documentation, soit littéraire, soit icono-
graphique, à laquelle, d'ailleurs, on pourrait presque indéfiniment ajouter, dans
Fr. WIEGAND. *Op. cit. (supra*, n. 4), p. 38 s. ; *Das Apostolische Symbol im Mittelalter.
Eine Skizze*, Giessen, 1904, pp. 47-48 ; A. VACANT, art. *Apôtres (Symbole des)*, dans
Dict. Théol. cath., t. 1/2, col. 1678-79 ; J. DE GHELLINCK, *En marge de l'explication du
Credo par saint Albert le Grand*, dans *Studia Albertina*. Festschr. B. Geyer (*Beiträge*.
Supplbd. 4.). Münster, 1952, pp. 145-166 ; J. LECLERCQ, *Sermon sur la Division
apostolorum*, dans *Sacris erudiri*, 7 (1955) pp. 221-228 (p. 222, n. 2).

Position de S. Thomas : 1º Saint Thomas admet l'origine apostolique du symbole :
non au sens strictement rédactionnel — c'est l'*Ecclesia* qui l'a promulgué : *IIᵃ IIᵃᵉ*,
q. 1, a. 8, sed c. ; a. 9 —, mais du point de vue de son contenu. Peut-être serait-il plus
juste de parler d'origine scripturaire que d'origine apostolique (a. 9, ad 1), mais, dans
la perspective de S. Thomas, cela revient au même, car, sans préjudice des traditions
non écrites, qui semblent bien concerner des points particuliers de culte et de discipline
(cf. *supra*, n. 22), c'est dans l'Écriture telle que l'entend l'*Ecclesia*, que nous atteignons
la foi des apôtres. Pour S. Thomas, le symbole est le résumé parfait de la foi apostolique,
ses articles sont les articles de la foi et fournissent à la théologie ses principes : c'est
un point sur lequel le P. J. BONNEFOY a réattiré l'attention (*La nature de la théologie
selon S. Thomas d'Aquin*, Paris, 1939). Ainsi toute la *Sacra doctrina* est apostolique ;

doute même du rapprochement de *Cephas* et de *caput* (25),
S. Thomas attribue à Pierre une primauté dans ce rôle d'apostolicité
lié au témoignage que les apôtres ont porté au Christ. Pour chacun
des deux aspects de la *firmitas Ecclesiae*, il souligne la place
privilégiée de Pierre. On a remarqué également la citation du
Super hanc petram dans le commentaire d'*Eph.*, 2, 20. Saint Thomas
voit, dans la scène de Césarée de Philippe, l'annonce de la
construction de l'Église sur la profession de la foi au Christ (26).
Contrairement aux polémistes orientaux ou protestants, il ne trouve
ici rien qui diminue les privilèges de Pierre et de ses successeurs. Il y
voit plutôt la promesse, pour l'*Ecclesia Petri*, d'une foi éclatante
et préservée de toute erreur (27). Il y trouve, ainsi que dans les

elle est tout entière, dans la coulée, si l'on peut dire, du Christ et des apôtres, une
manifestation de la Vérité Première : cf. étude citée *supra*, n. 22. - 2° Saint Thomas a,
comme tout le monde, participé d'abord à la « mentalité » ambiante. Il admet, dans
les *Sentences*, l'attribution de chacun des douze articles du symbole à l'un des apôtres
individuellement (*III*, d. 25, q. 1, a. 1, sol. 3 ; a. 2, sol.). Mais ensuite il a proposé,
conjointement, une distribution en 14 ou une distribution en 12 articles, avec une
nette préférence pour la distribution en 14 (cf. *In Primam Decretalem :* Opusc., éd.
Lethielleux, t. 4, p. 326 ; *IIᵃ IIᵃᵉ*, q. 1, a. 8). Ce qui l'intéresse, en tout cas, ce n'est pas
l'anecdotique d'une attribution de tel article à tel apôtre, mais la distribution *formelle*,
prise de l'objet même de la foi, des articles en (sept) articles concernant la Divinité
et (sept) articles concernant l'humanité du Christ. Cette distribution, en effet, découle
du contenu même de ce qui appartient *per se* à la foi, et donc est, *per se*, un objet de
Révélation, à savoir « quorum visione in vita aeterna perfruemur, et per quae ducimur
ad vitam aeternam » (*II Sent.*, d. 12, q. 1, a. 2 ; *III Sent.*, d. 24, q. 1, a. 1, qᵃ1 ; qᵃ2,
ad 3 ; *IIᵃIIᵃᵉ*, q. 1, a. 6, ad 1 et a. 8 ; q. 2, a. 5 et 7 ; q. 4, a. 1 ; *Comm. in Tit.*, c. 3,
lect. 2) : un point des plus importants, car on y trouve une indication précise et décisive
sur le contenu propre de la Révélation, de la foi, de la *Sacra doctrina*, et donc de la
théologie ; le rapport religieux des hommes avec Dieu, en Jésus-Christ. C'est aussi
le contenu de l'apostolicité de l'Église.

(25) Ce rapprochement était très fréquent à l'époque de S. Thomas : cf. *Cephes-
Céphalè-Caput*, dans *Rev. du Moyen Age latin*, 8 (1952) pp. 5-42. Le P. Boinvel (*art.
cité*, p. 978, n. 1) voudrait expliquer par lui la formule « beatus Petrus dictus est vertex »
dans le commentaire du symbole. Possible. Saint Thomas se réfère au moins une fois
au thème *Cephas-caput :* « *Tu vocaberis Cephas, quod interpretatur Petrus*, et in graeco
caput : et congruit mysterio ut ille qui debet esse aliorum caput et Christi vicarius,
firmitati inhaereret : *Mat.* XVI,18 : *Tu es Petrus, et super hanc petram aedificabo
Ecclesiam meam* » (*In Ev. Joannis expositio*, c. 1, lect. 15, n. 8).

(26) Voir *In Mat.*, c. 16 ; *IIᵃ IIᵃᵉ*, q. 174, a. 6, très beau schéma des trois grandes
révélations, *ante legem* (Abraham), *sub lege* (Moïse), *tempore gratiae :* « super revelatione
facta apostolis de fide Unitatis et Trinitatis fundatur tota fides Ecclesiae, secundum
illud *Mat.* XVI, *Super hanc petram aedificabo Eccl. meam.* » ; *De rationibus fidei*, c. 1 :
« B. Petrus Apostolus, qui promissionem accepit a Domino, ut super ejus confessione
fundaretur Ecclesia... » ; comp. *Suppl.*, q. 25, a. 1, sed c. 2. Voir Merx, *Wie verstand
Thomas von Aquin die Stelle « super hanc petram aedificabo Ecclesiam meam »* ?, dans
Zeitschr. f. Kirchengesch., 3 (1879) pp. 195-197 ; pour un contexte plus large,
Fr. Gillmann, *Zur scholastischen Auslegung von Mt 16, 18*, dans *Archiv f. kath.
Kirchenrecht*, 1924, pp. 41-53. Comp. Innocent II, cité *infra*, p. 217.

(27) Ceci non sans une dépréciation vraiment rapide et simpliste des autres régions
de christianisme, l'Orient en particulier : *Coll. de symb.*, cité *supra* ; *In Mat.*, c. 16.

autres textes pétriniens, l'institution de la primauté du siège de Pierre. Mais, d'une part, il n'isole pas le pape de l'Église, il voit en lui plutôt la personnification de l'*Ecclesia* (28), et, d'autre part, il conçoit les prérogatives papales comme tout ordonnées à conserver l'Église dans la soumission au Christ, fidèle à professer sa foi en lui (29).

Saint Thomas voit donc l'apostolicité de l'Église comme le fait d'avoir pour fondement la doctrine des apôtres. C'est le moyen de prendre appui sur le Christ. On dirait aussi bien que l'apostolicité de l'Église est celle de sa foi. De fait, le Christ est fondement *par la foi* (30) ; la foi est « fundamentum cujus firmitate tota firmatur Ecclesiae structura » (31), « fundamentum totius spiritualis aedificii » (32), « fundamentum Ecclesiae » (33). Toute la solidité de l'Église comme construction spirituelle, lui vient de la foi (34). Ne nous étonnons pas de voir S. Thomas, posant la question de l'identité de l'Église à travers les fluctuations du temps, ce qui est au moins un aspect de la question de son apostolicité, répondre par l'identité de foi (35). Cela suffit, car l'unité, et donc l'être, de l'Église, consiste dans la foi (36). L'Église *est* « Congregatio (Collectio, Societas, Coetus, Unitas, Collegium) *fidelium* » (37).

(28) Cf. *II*ᵃ *II*ᵃᵉ, q. 2, a. 6, ad 3. Sur le rapport *Ecclesia-Papa*, cf. aussi *C. Gent.*, IV, 76 ; *II*ᵃ *II*ᵃᵉ, q. 1, a. 10 ; q. 11, a. 2, ad 3.

(29) *Contra errores Graec.*: « Christi vicarius suo primatu et providentia universam Ecclesiam tanquam fidelis minister Christo subjectam conservat » (éd. Parme, t. 15, p. 256).

(30) *I*ᵃ *II*ᵃᵉ, q. 67, a. 3, obj. 2 ; q. 89, a. 2 (la foi *vive*) ; *II*ᵃ *II*ᵃᵉ, q. 4, a. 7.

(31) *In Col.*, c. 1, lect. 5.

(32) *III Sent.*, d. 23, q. 1, a. 2, ad 1 ; *II*ᵃ *II*ᵃᵉ, q. 4, a. 7 ; q. 161, a. 5, ad 2 ; comp. *De Verit.*, q. 14, a. 2.

(33) *Quodl.* XII, a. 16, ad 1.

(34) Cf. *Quodl.* VI, a. 6, obj. 3 : « Tota firmitas spiritualis aedificii est a fide, secundum illud *Mat.*, VII, 25. *Venerunt flumina... fundata enim erat supra firmam petram,* scilicet supra fidem... » ; ad 3 : « Sicut ex fide vera dependet firmitas spiritualis aedificii, ita etiam ex fide falsa procedit firmitas diabolici aedificii ».

(35) *Quodl.* XII, a. 19. L'unité de la foi, et donc celle de l'Église, englobent, pour S. Thomas comme pour S. Augustin, les membres de l'Israël d'avant le Christ : il faudrait alors parler d'une sorte d'apostolicité fondée dans les prophètes...

(36) *Coll. de Symb.*, a. 9 (« causatur autem unitas Ecclesiae... primo ex unitate fidei ») ; *IV. Sent.*, d. 13, q. 2, sol. 1 ; d. 27, q. 3, a. 1, sol. 3 ; *C. Gent.*, IV, 76 ; *In Primam Decretalem* (« Unitas Ecclesiae est praecipue propter fidei unitatem, nam Ecclesia nihil est aliud quam aggregatio fidelium ») ; *Com. in Eph.*, c. 4, lect. 2 ; *in 1 Tim.*, c. 6, lect. 4 fi ; *Contra impugn.*, c. 3.; etc.

(37) *IV. Sent.*, d. 20, a. 4, sol. 1.; *De Verit.*, q. 29, a. 4, obj. 8.; *C. Gent.*, IV, 78.; *In Iᵃᵐ Decretalem ; I*ᵃ, q. 117, a. 2, obj. 1.; *Comm. in Hebr.*, c. 3, lect. 1.; *in 1 Tim.*, c. 3, lect. 3.; *in Joan.*, c. 14, lect. 1.; *Comp. Theol.*, I, 147 ; *Contra impugn.*, c. 2, circa fi et c. 3.; *Coll. de symbolo*, a. 9 ; *III*ᵃ, q. 8, a. 4, ad 2. Nous croyons que S. Thomas a joué un rôle décisif pour faire de cette formule la véritable définition de l'Église qu'elle a été, classiquement, jusqu'au xviiᵉ siècle.

Puisque la *firmitas* de l'Église est celle même de la foi, considérons un instant cette *firmitas* de la foi.

Il était traditionnel de lier « fermeté » et « foi » : tantôt sous la forme de l'adjectif accolé au mot *fides*, tantôt, et plus fréquemment, sous la forme de l'adverbe qualifiant le verbe *credere*.

Saint Cyprien : « Veritas et firmitas catholicae regulae » (Ep. 70,1 : Hartel, t. II, p. 767).

Saint Augustin. *Epist.* 82,1,3 (*P. L.*, 32, 277) : « firmissime credere » ; *En. in Ps.* 91.1 (36, 1171) : « ut fides nostra firma sit in illo... ».

Saint Léon rattache à la Confession de Pierre le privilège de la *firmitas fidei*, qui est le fondement de l'Église. *Sermo 3 in anniv. ordin.*, 2 *(P. L.*, 54, 145-146) ; *Sermo 4,* 2 (*Ibid.*, 150) ; *Sermo 51*, 1 (*Ibid.*, 309) ; etc.

Fulgence de Ruspe, disciple d'Augustin, est peut-être celui qui a le plus fait pour accréditer ce vocabulaire. Certains lui attribuent le symbole *Quicumque*, qui se termine par la formule : « Haec est fides catholica, quam nisi quisque fideliter firmiterque crediderit... » (Denzinger, n° 40). En tout cas, à partir du chap. 4e, tous les chapitres de son *De fide ad Petrum*, écrit entre 523 et 532 et souvent attribué à S. Augustin par le Moyen Age, commencent par les mots : « Firmissime tene et nullatenus dubites... ».

Pélage Ier, profession de foi, vers 556 (dans *P. G.*, 84, 535) : « ... Quarum (quatuor synodorum) firmitatem, quia universalis Ecclesiae firmitas est... ».

La collecte de la fête de la Sainte Trinité, qui apparaît dans la série des messes votives composées par Alcuin pour chaque jour de la semaine (38), demande « ut ejusdem fidei firmitate, ab omnibus semper muniamur adversis ». Cette entrée de notre expression dans la liturgie est d'autant plus notable que les sacramentaires anciens semblent l'ignorer (39).

Théodulphe d'Orléans († 821). *Liber de ordine bapt.*, c. 5 (*P. L.*, 105, 226) : « cujus fidei firmitas... ».

Saint Léon IX. Profession de foi envoyée à Pierre d'Antioche, 13 avril 1053 : « Firmiter credo... » (*P. L.*, 143, 771 ; Mansi, 19, 662 ; Denzinger, n° 343).

Innocent II, condamnation d'Abélard, 16 juillet 1141 : « Testante Apostolo, sicut unus Dominus, ita una fides esse dignoscitur (*Eph.*, IV,5), in qua tanquam in immobili fundamento, praeter quod nemo potest aliud ponere, firmitas catholicae Ecclesiae inviolata consistit. Inde est quod beatus Petrus Apostolus princeps, pro eximia hujus fidei confessione, a Domino ac Salvatore nostra audire meruit : *Tu es*, inquit, *Petrus... meam* (*Mat.*, XVI,18) petram utique firmitatem fidei et catholicae unitatis soliditatem manifeste designat » (Mansi, 21,565 ; *P. L.*, 179, 517 ou inter opera Bernardi, 182, 360).

Pierre Comestor († 1178) glose ainsi « super hanc petram » de *Matt.* 16, 18 : « Id est super hanc firmitatem fidei, quam habiturus es, edificabo ecclesiam meam », *In Matt.* (Cité par A. M. LANDGRAF, *Dogmengeschichte der Frühscholastik*, I/1, p. 36).

Innocent III : la foi de Pierre est fondée *supra firmam petram* (*De S. Altaris myst.*, 1, 8 : *P. L.*, 217, 778).

Une profession de foi prononcée par Valdès en 1180, déclare : « Sacrificium, id est panem et vinum, post consecrationem esse corpus et sanguinem Christi, firmiter credimus et simpliciter affirmamus » (40). Cette profession est comme le prototype de

(38) *P. L.*, 101,445. Cf. G. ELLARD, *Master Alcuin liturgist.* Chicago, 1956, pp. 144-159. Si la messe propre de la sainte Trinité date de cette époque, la fête n'a été introduite qu'au XIIe siècle. Une enquête dans l'œuvre d'Alcuin dirait si l'idée de *firmitas fidei* lui était familière et chère.

(39) Du moins ne figure-t-elle pas dans la documentation de G. MANZ, *Ausdrucksformen der lateinischen Liturgiesprache bis ins elfte Jahrhundert*, Beuron, 1941.

(40) Voir A. DONDAINE, *Aux origines du Valdéisme. Une profession de foi de Valdès*, dans *Arch. Fr. Praed.*, 16 (1946) pp. 191-237 (p. 232). Sur la date, ét. des *Anal. Monast.* citée *supra* (n. 12), p. 31-32.

celles qui, après cette date, furent demandées à Durand de Huesca, Bernard Prim et autres convertis des groupes de vie apostolique ; des formules analogues se retrouvent dans toutes : voir Denzinger, n° 424 (trois fois « firmiter credimus »).

Godefroid de Poitiers dans sa *Summa :* « Super hanc petram, id est super hanc firmitatem fidei edificabo, id est constantem et firmam faciam Ecclesiam meam » (Cité par A. M. LANDGRAF, *ibid.*).

C'est le cas encore de la fameuse profession de foi du IVe concile de Latran, qui figure en tête de la collection des Décrétales, qui a été souvent commentée, et par S. Thomas lui-même (41), comme résumé de la foi catholique, voire comme un quatrième symbole. Elle commence par ces mots : « Firmiter credimus et simpliciter confitemur... » (Denzinger, n° 428). Ces mots, dont le rythme s'imposait à l'esprit, sont devenus comme classiques. Saint François enseignait à ses frères, nous dit S. Bonaventure, « fidei quoque veritatem secundum quod sancta Romana tenet et docet Ecclesia, et firmiter credere et simpliciter confiteri » (*Legenda maior S. Francisci*, IV,3 : Opera, éd. Quaracchi, t. 8, p. 513).

Saint Thomas, commentant la Première Décrétale, écrit : « Duplex est actus fidei, scilicet corde credere et ore profiteri, secundum illud *Rom.*, X,10 : *Corde creditur ad justitiam, ore autem confessio fit ad salutem.* Uterque autem actus aliquid requirit ad sui perfectionem. Nam interior actus fidei exigit firmitaem absque omni dubitatione, quae firmitas provenit ex infallibilitate divinae veritatis cui fides innititur » (*Opuscula*, éd. Lethielleux, t. 4, p. 327). Texte important pour notre sujet, et que nous retrouverons. Voir encore, pour la fermeté de la foi : *II*[a]*II*[ae], q. 2, a. 1 ; a. 10, ad 3 ; q. 5, a. 4. Elle doit aussi caractériser sa profession extérieure et unanime : q. 1, a. 10. Voir également *Quodl. XII*,35 : « Facere injuriam Spiritui Sancto, qui creditur firmiter esse in Ecclesia vel in collegiis », de même *In Coloss.*, c. 1, lect. 5 : « Fides : fundamentum cujus firmitate tota firmatur Ecclesiae structura ».

Le concile de Lyon de 1274, durant lequel meurt Bonaventure, et que Thomas d'Aquin ne vit pas, puisqu'il mourut en s'y rendant, proclame aussi : «... firmiter tenet... ». Terminons cette rapide enquête sur le *Decretum pro Jacobitis* du concile de Florence, 1441, en raison de l'influence manifeste de la théologie thomiste dans sa rédaction : il répète une dizaine de fois la formule « firmiter (firmissime) credit ». Cf. Denzinger, n°s 703, 706, 708, 709, 711, 712, 713, 714.

Il n'y a pas de rhétorique chez S. Thomas : il parle toujours formellement, pour dire quelque chose de précis et en donnant aux mots leur valeur exacte. L'attribution qu'il fait de la *firmitas* à la foi est fondée de façon très formelle dans sa théologie de la Révélation et de la foi qui lui répond : le texte déjà cité du commentaire de la Décrétale *Firmiter credimus* est significatif.

On sait avec quelle force S. Thomas définit le caractère théologal de la foi : son objet ou motif formel, dit-il, « nihil est aliud quam Veritas Prima » (42). Saint Thomas s'est expliqué sur ce qu'il entend par cette Vérité Première, dans la première question disputée qu'il a tenue, jeune maître nommé d'hier, au printemps 1256. C'est la Vérité de l'Intelligence divine (*De Verit.*, q. 1, a. 4, ad 5), éternelle et immuable (ad 6 et a. 5). La vérité n'est pas en Dieu, comme en nous, l'adéquation de l'esprit à une réalité extérieure à Lui ; elle est la parfaite et substantielle adéquation, elle est l'identité, de son Intelligence et de son Être (a. 7). Nous nous

---

(41) Cf. *Saint Thomas et les Archidiacres*, dans *Rev. thomiste*, 57 (1957), p. 657-71.
(42) *II*[a] *II*[ae], q. 1, a. 1 ; q. 5, a. 1 ; *De Verit.*, q. 14, a. 2, 3 et 8 ; q. 18, a. 3 ; *Com. in Ev. Joannis*, c. 4, lect. 5, n. 2 ; *III Sent.*, d. 24, a. 1, sol. 1.

exprimons *en attribuant* l'intelligence à Dieu, et la vérité à l'Intelligence divine. Mais ici le prédicat n'est en rien distinct du sujet. Dieu n'*a* pas une intelligence, il est l'Intelligence et la Vérité subsistante. C'est ici le lieu de tout ce que M. Ét. Gilson appelle « la métaphysique de l'Exode », c'est-à-dire celle du « Je suis Celui qui suis ». La Vérité Première, c'est l'Acte absolu d'existence, qui se pose par soi selon tout ce qu'il est, selon tout ce qu'il fait (*Ver.*, q. 2, a. 1, c. et ad 1). C'est le seul point absolument fixe de l'être, la solidité absolue et par Soi. Quand S. Thomas assigne pour motif à la foi la Vérité Première elle-même, il entend que cette foi surnaturelle est qualifiée, en sa vérité et sa certitude de connaissance, de façon *absolue*, car elle l'est de façon divine. Elle est comme une transplantation de la connaissance de Dieu en nous (43), un commencement de la vie éternelle, qui est communion divinisante à la vie de Dieu lui-même (44).

Il faut évidemment que la Vérité Première se soit communiquée à nous, à la fois comme objet ou contenu de connaissance, par la Révélation, et comme puissance d'adhésion, par la grâce de la foi (45). Nous n'avons pas ici-bas de vision directe de la Vérité Première ; nous ne pouvons l'atteindre que par la manifestation qu'elle fait de soi dans quelque signe dont Dieu prend expressément la responsabilité et dont il fait ainsi des expressions authentiques de son mystère et de sa volonté (46). L'objet formel de la foi est ainsi *modalisé*, pour nous, par les conditions de la Révélation de Dieu dans l'histoire terrestre. Il est dès lors « Veritas Prima *secundum quod manifestatur* in Scripturis sacris et in doctrina Ecclesiae quae procedit a Veritate Prima » (47). « Omnibus articulis fidei inhaeret fides propter unum medium, scilicet Veritatem Primam propositam nobis in Scripturis secundum doctrinam Ecclesiae intelligentis sane » (48).

Qui dit Révélation dit libre manifestation de soi (49). La Révélation relève d'une initiative de Dieu, mais pas d'initiatives

(43) *In Boet. de Trin.*, proem. et q. 2, a. 2, sol. (Ed. B. Decker, Leiden 1955, pp. 45-46 et 87).

(44) *De Verit.*, q. 14, a. 2 ; *II*ᵃ *II*ᵃᵉ, q. 4, a. 1 ; *Com. in Ephes.*, c. 3, lect. 4 fl et 5 pr. ; *in Hebr.*, c. 11, lect. 1. Et comp. *supra*, n. 32.

(45) Que S. Thomas appelle « Virtus Primae Veritatis quae interius hominem illuminat et docet » (*Quodl.* II, a. 6, ad 3), « instinctus interior », « vocatio interior ». Cf. *I*ᵃ *II*ᵃᵉ, q. 113, a. 1, ad 3 (comp. q. 109, a. 1 et 6 ; q. 112, a. 4) ; *Com. in Joan.*, c. 1, lect. 6, n. 3 ; c. 6, lect. 5 ; *in Rom.*, c. 8, lect. 6.

(46) Cf. *De Verit.*, q. 18, a. 3. On sait que la vision de Dieu dans le ciel sans aucune *species* (expression) créée, est l'une des thèses de la théologie thomiste.

(47) *II*ᵃ *II*ᵃᵉ, q. 5, a. 3, c.

(48) *Ibid.*, ad 2. Comp. q. 6, a. 1 ; *De carit.*, a. 13, ad 6 ; *III Sent.*, d. 23, q. 3, a. 3, sol. 1 ; d. 25, q. 2, a. 1, sol 4.

(49) « Illud dicitur *apparere* quod in potestate sua habet videri et non videri, et non subest potestati videntis. Unde non dicitur : Lapis apparet mihi, sed Video lapidem... » *In* 1 *Tim.*, c. 3, lect. 3.

220

anarchiques : elle s'adresse à un peuple, elle est constitutive de
l'Église ; elle suit une économie définie, de nature sociale et même,
dans son unicité, de visée universelle (50). Ceci est le biais par
lequel une apostolicité de succession dans les ministères légitimes
s'insère, en théologie thomiste, tout à la fois dans la considération,
incontestablement prépondérante, de l'apostolicité de doctrine,
et dans le cadre plus large d'une doctrine de la Révélation et
de la foi.

Saint Thomas n'a guère développé le chapitre de l'apostolicité
de ministère et, comme nous allons le voir, il a vu celle-ci toute
relative à l'essentielle apostolicité de la Révélation et de la foi. Il
lui a pourtant marqué sa place de façon très forte, et ceci d'autant
plus que son temps connaissait, lui aussi, des sectes qui prétendaient
s'en affranchir. Du fait qu'il n'existe pas, normalement, de Révélation salutaire immédiate, parfaite, toute intérieure et personnelle,
mais une économie unique de communication des manifestations
de la Vérité Première à un peuple et à une Église, la Révélation
est accompagnée de *Mission:* « *Quiconque invoquera le Nom du
Seigneur sera sauvé (Joël,* 3, 5). Comment l'invoquer sans croire en
lui ? Et comment croire sans d'abord l'entendre ? Et comment
entendre sans prédicateur ? Et comment prêcher sans être d'abord
envoyé ?...* » (*Rom.,* 10, 13-15). Il n'y a que deux possibilités :
ou Révélation immédiate, personnelle, ou communication de la
Révélation par un prédicateur envoyé, mandaté (51). Il existe donc
un organisme de mission, qui est le reposoir de la manifestation
que Dieu a faite de lui-même. Cet organisme dérive tout entier
des apôtres : non que l'histoire n'ait largement contribué à en
déterminer certaines formes extérieures : il en dérive quant à
la mission elle-même, quant à *l'autorité publique* en dépendance
de laquelle doit se faire toute prédication légitime (52). C'est selon
cette autorité que les évêques sont les successeurs des apôtres (53)
ou, comme dit encore S. Thomas, « vice apostolorum » (54). Car

---

(50) Pour S. Thomas, et généralement pour le Moyen Age, la catholicité est d'abord
universalité de la foi, et en sous-œuvre universalité de la raison ou de la nature
humaine ; cf. *In Boet de Trin.,* q. 3, a. 3 ; *Coll. de symbolo,* a. 9 ; *Com. in Ephes.,* c. 4,
lect. 2 ; A. D. Sertillanges, *L'Église;* J. D. Labrunie, *Les principes de la Catholicité
d'après S. Thomas,* dans *Rev. Sc. ph. th.,* 17 (1928) pp. 633-658 ; Et. Gilson, *Les méta-
morphoses de la Cité de Dieu.* Louvain-Paris, 1952.

(51) Cf. *III Sent.,* d. 25, q. 2, a. 1, ad 1 ; comp. q. 1, a. 1, qᵃ 4, ad 1 ; *De Verit.,*
q. 10, a. 3 ; *IIᵃ IIᵃᵉ,* q. 5, a. 3 ; q. 6, a. 1. Comp. *IV Sent.,* d. 4, q. 2, a. 2, qᵃ 3, ad 1 ;
C. Gent., III, 154 ; *In Boet. de Trin.,* q. 3, a. 1, ad 4.

(52) Cf. *IV Sent.,* d. 19, q. 2, a. 2, qᵃ2, ad 4 ; *Quodl.* XII, a. 27 ; a. 28, ad 1 ; *Com.
in Rom.,* c. 10, lect. 2. Doctrine évidemment commune.

(53) *IIIᵃ,* q. 67, a. 2, ad 1 ; q. 72, a. 11, c. ; *Quodl.* XII, a. 7 ; *Contra impugn.,* c. 4.

(54) *IIIᵃ,* q. 72, a. 11 ; *De perf. vitae spir.,* c. 16 pr. ; 17 fi ; 26 fl.

la promesse du Seigneur : « Je suis avec vous jusqu'à la consommation du siècle » (*Mat.*, 28, 20), « non intelligitur tantum de apostolis, quia omnes mortui sunt, et adhuc saeculum non est consummatum (55) ». Nous avons vu déjà quelle place S. Thomas fait, dans cet organisme de mission et d'autorité, au successeur de Pierre.

Tout cela est de doctrine commune. Si S. Thomas a ici une originalité, elle réside surtout dans la façon dont il relie l'apostolicité d'autorité à l'apostolicité de foi, et même la lui subordonne. Non seulement, à ses yeux, l'Écriture règle toute la prédication ecclésiastique, mais l'autorité des ministres n'est une règle normative que si elle est elle-même réglée par la foi apostolique :

> Successoribus eorum (= apostolorum) non credimus nisi in quantum nobis annuntiant ea quae illi in scriptis reliquerunt (56).

> Sicut homo debet obedire inferiori potestati in his tantum in quibus non repugnat potestas superior : ita etiam debet homo se Primae Regulae in omnibus se mensurare secundum suum modum ; secundae autem regulae debet se homo commensurare in his in quibus non discordat a Regula Prima, quia in his in quibus discordat, jam non est regula (57).

Saint Thomas n'est pas protestant : l'*Ecclesia (universalis)* — personnifiée et, en ce sens, représentée, dans le concile général et, au-dessus de lui, dans le pape (58) —, est la colonne et l'appui de la vérité, elle ne peut faillir (59). Elle juge de l'authenticité de l'enseignement et des interprétations proposés par les docteurs (60). Il ne faut pourtant pas diminuer la force des textes où S. Thomas parle d'un droit, pour les fidèles, de reprendre leurs prélats, droit corrélatif au devoir qu'ils ont de ne pas les suivre dans

---

(55) *Quodl.* XII, a. 19, sed c.

(56) *De Verit.*, q. 14, a. 10, ad 11.

(57) *III Sent.*, d. 25, q. 2, a. 1, qᵃ4, ad 3. Lire l'objection et comparer *IIᵃ IIᵃᵉ*, q. 2, a. 6, ad 3 avec ce commentaire de Cajetan : « Nota duo. Primo quod humana cognitio non est regula fidei, sed divina doctrina. Ac per hoc, quamvis universalis Ecclesiae cognitio non possit errare, non tamen ipsa est fidei regula, sed doctrina divina cui innititur » (*doctrina* au sens *actif* d'enseignement : le témoignage *de Dieu* qui est le motif de la foi et en lequel celle-ci se « résoud »). Rapprocher : saint Augustin : « Nec catholicis episcopis consentiendum est, sicubi forte falluntur, ut contra canonicas Dei scripturas aliquid sentiant » (*De unitate Eccles.*, 11, 28 : P. L., 43, 410-11) ; saint Anselme : « Sicut enim episcopi servant sibi auctoritatem quandiu concordant Christo, ita ipsi sibi eam adimunt, cum discordant a Christo. Omnis episcopus qui habet vocem Christi, Christus est, *Et oves illum sequuntur, quia sciunt vocem eius* (*Joan.*, X,4) ». *Epist.* 162 : *Opera*, éd. F. S. Schmitt, t. 4, p. 35 : lettre adressée à Walerame, Chantre de Paris, au propos monastique duquel son évêque s'opposait.

(58) Cf. *C. Gent.*, IV, 76 ; *De Pot.*, q. 10, a. 4, ad 13 ; *IIᵃ IIᵃᵉ*, q. 1, a. 10 ; q. 11, a. 2, ad 3 ; *Quodl.* II, a. 16 ; IX, a. 16.

(59) *Comm. in 1 Tim.*, c. 3, lect. 3. L'*Ecclesia universalis* ne peut errer, c'est à elle que les promesses ont été faites : *IIᵃ IIᵃᵉ*, q. 1, a. 9. sed c. ; q. 2, a. 6, ad 3 ; q. 11, a. 2, ad 3 ; *Quodl.* IX, a. 16, sed c. et sol. ; comp. III, a. 10 ; *Suppl.*, q. 25, a. 1, sed c. 2.

(60) *Quodl.* II, a. 7, reproduit dans *IIᵃ IIᵃᵉ*, q. 10, a. 12 (qui serait une ajoute ou une interpolation, d'après les éditeurs du *C. Gent.* Rome, 1918, p. xxiii) ; *Quodl.* IX, a. 16 ; *IIᵃ IIᵃᵉ*, q. 11 a. 2, ad 3 ; comp. Iᵃ, q. 1, a. 8, ad 2.

l'erreur, s'il leur arrivait d'en prêcher une (61). S. Thomas attribue beaucoup au pouvoir qu'a, en nous, la foi, ou du moins le don d'intelligence, de discerner la vérité (62). Il insiste également, comme faisait déjà S. Augustin, sur le caractère de serviteurs subordonnés qu'ont les ministres de l'Église. Les apôtres eux-mêmes étaient des serviteurs, non des maîtres ; ils étaient, en quelque sorte, liés à leur propre apostolicité et n'avaient pas plus le droit de prêcher une autre foi que de fonder une autre Église (63).

*
* *

Nous voudrions, par mode de conclusion, rapprocher l'idée thomiste d'apostolicité de foi, telle que nous l'avons dégagée, et la notion biblique de la foi, considérée dans sa valeur la plus fondamentale.

Un mot revient sans cesse sous la plume de S. Thomas pour définir le rapport de notre foi avec la Vérité Première : le verbe *inniti*, s'appuyer, se fonder sur :

Auctoritas divina, cui fides innititur (*III Sent.*, d. 24, a. 2, q^a 2, ad 3).

Fides innititur Veritati Primae (*III Sent.*, d. 23, q. 2, a. 4, sol. 2 ; d. 24, q. 1, a. 1, q^a 3).

Quae firmitas (fidei) provenit ex infallibilitate divinae veritatis cui fides innititur (*Expos. in I^{am} Decretalem: Opusc.*, éd. Lethielleux, t. 4, p. 327).

Fides infaillibili veritati innititur (*I^a*, q. 1, a. 8, sol.).

Innititur fides nostra revelationi apostolis et prophetis factae, qui canonicos libros scripserunt (*ibid.*, ad 2).

Ipsi veritati divinae innititur tamquam medio (*II^a II^{ae}*, q. 1, a. 1).

Verbo Dei, cui innititur fides (*II^a II^{ae}*, q. 4, a. 8, ad 3).

Fidei certitudo, quae auctoritati sacrae Scripturae innititur (*II^a II^{ae}*, q. 110, a. 3, ad 1).

Fides innititur Primae Veritati (*III^a*, q. 11, a. 8, ad 2).

Per auctoritatem sacrae Scripturae, quae est fidei fundamentum (*III^a*, q. 55, a. 5).

Fides nostra... quae sacris Scripturis innititur (*C. Gent.*, IV,29).

Illud cui (fides) innititur (*In Joan.*, c. 1, lect. 4, n° 5)

(61) Cf. *IV Sent.*, d. 19, q. 2, a. 2, q^{a}3 ; *II^a II^{ae}*, q. 67, a. 1, ad 2 ; comp. q. 33, a. 4.

(62) Voir sur ce point G. H. JOYCE, *La foi qui discerne d'après S. Thomas*, dans *Rech. Sc. relig.*, 6 (1916) pp. 433-455, avec une note de S. HARENT, *ibid.*, pp. 455-467 ; J. DE GUIBERT, *Pour une étude des « loca parallela » de S. Thomas*, dans *Bull. Litt. eccl.* 6 (1914) pp. 458-476 ; ID., *A propos des textes de S. Thomas sur la foi qui discerne*, dans *Rech. Sc. relig.*, 9 (1919) pp. 30-44 ; M. D. KOSTER, *Volk Gottes im Wachstum des Glaubens...* Heidelberg, 1950, pp. 38 s.

(63) « Apostoli et eorum successores sunt vicarii Dei quantum ad regimen Ecclesiae constitutae per fidem et fidei sacramenta. Unde sicut non licet eis constituere aliam Ecclesiam, ita non licet eis tradere aliam fidem neque instituere alia sacramenta » (*III^a*, q. 64, a. 2, ad 3). Comp. *IV Sent.*, a. 7, q. 1, a. 1, q^{a}1, ad 1 (les apôtres ne sont pas proprement législateurs ; le Christ l'est : *in Hebr.*, c. 3, lect. 1) ; d. 17, q. 3, a. 1, sol. 5 ; d. 27, q. 3, a. 3, ad 2. — D. ZÄHRINGER (*Das kirchliche Priestertum nach dem hl. Augustinus*, Paderborn, 1931) a bien dégagé les conséquences de l'idée de pur *ministerium*, affirmée par S. Augustin contre les Donatistes.

Il y a d'autres appuis possibles, qui ont chacun sa solidité propre et communiquent à l'acte de l'esprit qui leur correspond une qualité déterminée. L'esprit peut « inniti rationibus » (cf. par ex. *Quodl.* IV, a. 18) : il obtient des conclusions qui valent ce que valent l'évidence rationnelle dont on part et les raisonnements qui la communiquent. Il pourrait s'appuyer sur des autorités humaines. Dans la foi salutaire, il prend appui sur la Vérité Première, celle qui est vraie par soi-même : c'est un appui d'une solidité absolue, proprement infinie, c'est le Rocher Incréé, celui dont S. Augustin disait : « Et stabo atque solidabor in te, in forma mea, veritate tua » (64).

Il faut souligner la remarquable conformité de cette théologie de la foi, âme de la théologie thomiste de l'apostolicité, avec la notion biblique de foi telle qu'elle est impliquée dans les mots mêmes qui signifient « croire » et « foi » en hébreu. On sait que le mot qui signifie « croire », *he'emîn*, est le mode causatif (hiphil) d'un verbe qui signifie « porter », *'aman* = par exemple, porter un enfant dans ses bras, comme la nourrice, qui s'appelle en hébreu « la porteuse » : ainsi dans *Nomb.*, 11, 11 ; 2 *Sam.*, 4, 4 ; *Ruth*, 4, 16 etc. Le sens est donc : faire porter (son poids ou sa faiblesse) par un autre, s'appuyer sur, et donc, au plan spirituel, faire confiance. L'adjectif correspondant, *ne'eman*, signifie : solide, puis, au plan moral, digne de confiance, fidèle ; enfin, au plan intellectuel, vrai. Le même verbe *'aman*, sous forme d'adverbe ou d'interjection, est notre mot *'amen*, qui signifie : C'est solide ! C'est digne de confiance ! C'est vrai ! Enfin, le substantif correspondant, *'emeth*, signifie, employé au sujet d'une chose, sa solidité, au sujet d'une personne, sa fidélité, au sujet d'une idée ou d'une parole, sa vérité. Le mot *'emûnah* a le même sens : c'est lui qui est le plus employé et qu'on trouve, par exemple, dans *Hab.*, 2, 4, cité *Rom.*, 1, 17 : le juste vivra par sa foi, sa fidélité, c'est-à-dire en prenant appui sur Dieu.

Le fameux texte d'*Is.*, 7, 9, que l'Occident a si souvent lu « Nisi credideritis non intelligetis » et qui est devenu comme la charte de l'*intellectus fidei* (Augustin, Anselme, la Scolastique (65)), signifie exactement : « Si vous ne vous faites pas porter (forme causative du verbe *'aman*), vous ne serez pas solides (forme réfléchie du même verbe) ». On pourrait traduire, pour rendre l'allitération : « Si vous ne vous laissez pas porter, vous ne supporterez pas » ; comp. 2 *Chron.*, 20, 20 : « Prenez appui sur Yahvé votre Dieu, et vous serez solides », et *Is.*, 28, 16. Dans cette perspective, le texte de *Mat.*, 16, 18, prend un sens très fort :

(64) *Conf.*, XI, 30, 40 (*P. L.*, 32, 825).
(65) Voir M. GRABMANN, *Die Geschichte der scholastischen Methode*, 2 vol. Regensburg, 1909-11 ; *Dict. Théol. cath.*, t. 15, col. 351.

224

Pierre, en confessant sa foi au Christ comme Fils du Dieu vivant, a pris la solidité même de Dieu, il est devenu lui-même Roc. Par contre, quand il manquera de foi, il s'effondrera et coulera. *Mat.*, 14, 29-30 (66).

Ces idées sont très précisément celles qui inspirent la théologie thomiste de la foi et de l'apostolicité. Elles sont décisives pour expliquer que S. Thomas ait pu, précis et formel comme il l'était, remplacer la qualification de l'Église comme *apostolica* par celle de *firma*.

Dans cette théologie de l'apostolicité, la valeur « horizontale » de continuité historique n'est nullement sacrifiée : elle est, dans l'économie historique de la Révélation, le moyen par lequel, ou le cadre dans lequel, se réalise la valeur « verticale » d'identité avec la foi des apôtres. Cependant, c'est cette valeur-ci qui domine. Les questions critiques posées en ecclésiologie comme en épistémologie théologique à partir du XIVe siècle — Ockham, puis surtout Wyclif, Jean Hus, le grand schisme d'Occident, le conciliarisme qui en est né, et finalement les Réformes protestantes — obligeront à développer particulièrement la considération de l'autorité visible : tout comme, dans la théologie du Corps mystique et dans la question de l'appartenance à l'Église, on fut amené à préciser la doctrine sous les aspects de visibilité que les hérésies avaient méconnus ou défigurés (67). De tels développements, si nécessaires qu'ils soient, ne vont pas sans un risque d'unilatéralisme, sinon de déséquilibre. C'est pourquoi il est bon de réinterroger la théologie d'avant les ruptures, celle des grands Scolastiques et celle des Pères, comme un homme essaye parfois de retrouver le meilleur de lui-même, au delà des affrontements durs de l'âge adulte, dans l'enfant qu'il fut, et qu'il ne doit jamais cesser d'être

Strasbourg

(66) Comp. S. Augustin, *Sermo* 76,3,4 (*P. L.*, 38, 480) au sujet de Pierre, ou, avec application à la vie spirituelle du chrétien, « quoniam firmamentum et refugium meum es tu, ut fiam firmus ex te (...) firmum te fecit gratia Christi » (*En. in Ps* 70, sermo 1,5 : 36, 378-79) ; « nemo a Deo firmus, nisi se a seipso sentit infirmum » (*Sermo* 76,6 : 38, 481). De même S. Bonaventure : « Ad illud quod obicitur quod nihil pendens ex vertibilitate voluntatis habet certitudinem : dicendum quod verum est si consistat in ipsa voluntate, secundum quod voluntas innititur *sibi ;* sed si consistat in ipsa voluntate in quantum voluntas innititur *Deo,* qui est firmitas nostra, secundum quod dicit Augustinus [= *supra*, n. 64]. Facit enim nos summae firmitati innitendo in ipsa et de ipsa confidere, ac per hoc nobis quandam certitudinem tribuit de assequenda salute » (*III Sent.*, d. 26, a. 1, q. 5, ad 2 : éd. Quar., t. 3, p. 567). Nous citons ces textes au titre de contexte réel des idées et du vocabulaire que nous avons rencontrés chez S. Thomas.

(67) On pense surtout à la théologie de *IIIª*, q. 8, a. 3. Voir *Ecclesia ab Abel*, dans *Abhandlungen über Theologie u. Kirche. Festschr. f. K. Adam*, Düsseldorf, 1952, pp. 79-108.

VIII

SAINT THOMAS AQUINAS AND THE INFALLIBILITY OF THE PAPAL MAGISTERIUM

(*Summa Theol.*, II-II, q. 1, a. 10)

ॐ

1. *How St. Thomas situates the question; special vocabulary*

THE TREATISE on faith, which introduces the II-II, commences with a question " De obiecto fidei." This object is first set in its purest theological character, as we consider the formal object, in all its transcendence and its absolute simplicity: " nihil est aliud quam veritas prima," it is uniquely the First Truth that we contemplate. If we consider faith in its material object, we accept " ipse Deus," God himself, and many other realities, " multa alia," but only in the relation they bear to God, " in ordine ad Deum."

This material object of faith is particularized in a carefully ordered series of truths believed (articles) (a.6), which are drawn together and summarized in a creed or symbol (a.8); and it even takes within its scope the bases of such a formulation of doctrine in a creed.

The present study arises from the concluding questions that St. Thomas sets himself to answer: " Who has the authority to draw up a symbol? " The authentic title of the article is the one given by St. Thomas in the prologue of the first question: " cuius sit constituere symbolum? " The actual titles of the articles in our editions are drawn from the first words of the first objection. The question thus reads: " Utrum ad Summum Pontificem pertineat fidei symbolum ordinare? " *Constituere* here signifies: to fashion, to make an organic whole of a number of elements. As a rule, St. Thomas prefers to use the verb *ordinare* in this context.[1]

---

[1] For one or the other word, cf. J. Defferrari and M. I. Barry, *A Complete Index of the Summa Theologica of St. Thomas Aquinas* (Baltimore, 1935). Better

VIII

82

Since we have begun to discuss vocabulary, we shall explain
St. Thomas's use of certain crucial terms here, before proceeding to discuss the question in depth.
Editio symboli, Edere symbolum, is to publish, to promulgate,
to publicize, to put into circulation. But equally it means to
compose. *Edere symbolum* was a classic expression.[2]
Sententialiter determinare: the Leonine edition favors this expression (cf. Preface, p. xxii s); the other editions often have
" finaliter." According to Du Cange, *sententialiter* is equivalent to " per judicium," the fruit of an act of judgment. Accord-

still. Du Cange and A. Blaise–H. Chirat, *Dictionnaire latin-français des Auteurs
chrétiens* (Strasbourg, 1954). We point out three interesting uses of *ordinare*: Giles
of Rome, who was a student of St. Thomas, *De ecclesiastica potestate*, 1ª pars,
c. 1 (ed. R. Scholz, Weimar, 1929), p. 5: end of 1301: " ad summum pontificem
spectat ordinare fidei symbolum . . . diffinitivam dare sententiam. . . . Sed quid
sententialiter sit tenendum . . . ad solum summum pontificem pertinebit." Jerome
of Ascoli, sent by the pope to Constantinople, in a report addressed to Gregory X,
doubtless in 1273, writes on the subject of the Greeks: " dicunt dominum papam
non habere potestatem ordinandi vel disponendi de statu fidelium vel ecclesiarum
sine consensu IIII patriarcharum Graecorum " (ed. H. Finke, *Konzilienstudien zur
Gesch. des 13, Jahrhunderts. Ergänzungen u. Berichtigungen zu Häfele-Knöpler
" Conziliengeschichte."* Bd V u. VI, Münster, 1891), p. 118. William of Ockham,
Dialogus I, 1, c. 5 (ed. Goldast), p. 403: " Summus pontifex debet sacrarum
litterarum habere notitiam, et in sacris canonibus debet esse peritus, et ideo
symbolum ordinare et articulos fidei recte distinguere spectat ad ipsum."
[2] Thus a baptismal catechism of the 9th century edited by A. Wilmart (*Rév.
Bénédictine,* 1947), p. 197: " sancti apostoli . . . hoc symbolum ediderunt "; St.
Anselm, *De Processione Sancti Spiritus,* c. 22 (*PL* 158, 317 CD on the addition
of the Filioque): " novum edere symbolum "; Gloss on the Sentences of Cod.
lat. 1206 of the library of Troyes, *I Sent.*, d. 11, n. 165: " Quod in missa cantatur,
hoc simbolum in concilio Niceno editum est " (cited by A. Landgraf in *Mediaeval
Studies* 8 [1946], 55). A *Summa* contained in the Cod. Royal British Museum
9 E XII (fol. 150) says: " Ad corroborationem autem veritatis subicimus hic
simbolum fidei, quod adversus errores magistri Gileberti Porete editum est dic-
tante clarissimo Clarevallis abbate Bernardo . . ." (cited by A. Landgraf in
Bernard von Clervaux Mönch und Mystiker, hrsg. v. J. Lortz. [Wiesbaden, 1955],
pp. 56-57; compare Godfrey of Clairvaux, *De condemnatione Gilberti Porret.,* 8:
" providere oportere, cum capitulis illis Gilberti episcopi, suae et fidei symbolum
mitti " (*PL* 185, 591); Simon of Tournai, *Expositio super Simbolum:* " Omnes
vero [apostoli] unitati fidei providentes ne scinderetur, simbolum ediderunt in
quo ea que nobis credenda sunt, id est articuli nostre fidei, proponuntur." (ed.
J. Warichez in *Les Disputationes de Simon de Tournai* [Louvain, 1932], p. 300.
St. Thomas also speaks of " edere articulos fidei " (*IV Sent.*, d. 17, q. 3, a. 1,
qcla. 5; cf. also *III Sent.*, d. 25, q. 1, a. 1, qcla. 3).

ing to Giles of Rome, who heard St. Thomas lecture, and is in thorough agreement with the Leonine reading, the doctors, the theologians, can compose treatises " per viam doctrinae," in their role as teachers, " sed quid sententialiter sit tenendum," but if it is a case of a judgment which states with authority what must be held, " ad solum Summum Pontificem pertinebit." (supra, footnote 1)

St. Thomas himself speaks of the " sententia quam papa in iudicio profert " (*Quodl.* IX, 16). The term *sententialiter,* however, is rather rare in his writings.[3]

Finaliter determinare could have another sense, that of the right to speak the last, definitive word on a subject after the Pope had taken counsel with the bishops and theologians.[4] Applied to the faith of Peter, and eventually of his successor, *finaliter,* set in the context of the prayer of the Savior for Peter: " that your faith may not fail " (Lk. 22:32), had a still further sense: that of *final indefectibility* of a faith that might experience its moments of weakness.[5] Yet there is nothing of this notion in the text of St. Thomas.

---

[3] Among the references which Blaise-Chirat give, the most interesting is Tertullian, *De carne Christi,* 18 (*CSEL* 70, 235): " Et ex quo magis credere congrueret carnem factum verbum nisi ex carne . . .? vel quia ipse dominus sententialiter et definitive pronuntiat: Quod in carne natum est, caro est (Jn. 3: 16)." Hervé Nedellec, a protagonist of thomism, writes in 1319 that he has recourse to the pope to "sententiare qui credendum et quid agendum " (*De potestate papae* [Paris, 1507]), p. 369. Gui Terré, the first true theoretician of pontifical infallibility, before 1328, cites our article with *sententialiter* (*Questio de magisterio* . . . , ed. B.-., Xiberta [Münster, 1926]), p. 10.

[4] It is in this sense that Msgr. Thomas Michael Salzano, O.P., bishop of Tanis, cited our text in the First Vatican Council, 63rd General Congregation, 2 June 1870 (Mansi 52, 409); he next cited the famous passage of St. Antoninus: " utens concilio (or consilio) . . ."

[5] This is what one finds, for example, in St. Albert, *In Lucam* 22: 32: " Ego rogavi pro te, Ioan. XVII, 11, *Pater, serva eos quos dedisti mihi de mundo. Ut non finaliter deficiat fides tua.* Hoc argumentum efficax est pro sede Petri et successore ipsius, quod fides eius non finaliter deficiat " (ed. Borgnet, 23, p. 685), and somewhat further on (p. 686b): " Et quia non finalis fuit Petri casus." Likewise Raphael of Pornaxio, in 1434-1435, to whom P. Creytens (*Arch. Fratrum Praed.* 13 [1943], 108-137) restored a *De Potestate Papae et Concilii Generalis,* edited by J. Friedrich (Innsbruck, 1871) under the name of John of Torquemada, I[a] pars, Concl. II, p. 14: " Firmiter itaque sperare debemus in Christo quod,

84

But if we take, as is done here, the word *finaliter* as it is con-
joined with *determinare*, the sense can be the same as *sententialiter determinare*. This very usage can be found in the works
of Cajetan, that unquestionable defender of papal prerogatives,
who, in his turn, preferred to use *sententialiter*.[6]

Determinare is the term habitually employed by St. Thomas
to signify " define." This latter word was used to designate
juridical decisions.[8] We find it in the profession of faith pro-
claimed by the Emperor Michael Paleologus at the Council of
Lyons in 1274; this statement of belief is very close to the doctrine of article 10. " Likewise, this Roman Church . . . as, above
all the others, it is bound to defend the truth of faith, must
also define, by its judgment, questions which may arise to the
detriment of faith." " Ipsa quoque Romana Ecclesia . . . sicut

quemadmodum hactenus, sic etiam in futurum suae ecclesiae contra quaecumque
finalia pericula providebit (. . .) Non finaliter praevalebunt "; Concl. XII, p. 47:
" Licet enim ad tempus Petrus a fide cediderit, eius tamen fides finaliter non
defecit."

[6] In *De comparatione auctoritatis Papae et Concilii* (1511), c. IX (ed. V. M.
I. Pollet [Rome, 1936], nn. 131, 132), p. 67: " in sententialiter auctoritative
definiendo " . . . " ad ipsum spectat determinare finaliter de fide . . . ut S.
Thomas . . . probat." In *De divina institutione Pontificatus Romani Pontificis*
(1512), (ed. P. Lauchert in *Corpus Catholicorum* 10 [Münster, 1925]), p. 83:
" ut errare non posset sententialiter diffiniendo de fide christiana."

[7] Cf., for example, *Summa Theol.*, II-II, q. 11, a. 2, ad 3: " in quibusdam ad
fidem pertinentibus, quae nondum erant per Ecclesiam determinata. Postquam
autem essent auctoritate universalis Ecclesiae determinata . . ."; *III Sent.*, d. 24,
q. 1, a. 1: " Ea quae pertinent accidentaliter ad fidem non sunt de necessitate
salutis, nisi postquam determinata fuerint per praedicationem et doctrinam ";
de Veritate, q. 14, a. 11, ad 2: " Quousque instruatur per eum cuius est dubia
in fide determinare "; *Contra errores Graecorum*, Pars II, c. 36: " quod ad eum
[Pont. Rom.] pertinet determinare quae sunt fidei " (ed. Leonina, 1967), p. A 102;
de Potentia, q. 10, a. 4, obj. 13: " in praemissa concilii determinatione," and
ad 13: " determinaverunt quod in Christo sunt duae voluntates," " sententiam
Leonis papae, quo determinavit . . . ," " ex determinatione principalium conciliorum," " in determinatione quinti concilii "; *Summa Theol.*, III, q. 19, a. 1,
c. fin.: " in sexto synodo . . . in cuius determinatione dicitur . . ."; q. 78, a. 1,
ad 1: " praedicta verba Innocentii sunt opinative magis dicta quam determinative ";
Quodl. IX, c. 16: " haereticus iudicatur qui sentit contra determinationem conciliorum (. . .) Magis est standum sententiae papae, ad quem pertinet determinare de fide, quam in iudicio profert . . ."; *In Rom.*, c. 14, lect. 3.

[8] Gratian, " in Causis diffiniendis " (dictum before C. 1 D. XX: Friedberg,
col. 65).

prae ceteris tenetur fidei veritatem defendere, sic et si quae de fide subortae fuerint quaestiones, suo debent iudicio definiri." (Mansi, 24,71; *DS* 861)

In the quarrel concerning poverty, which, as Br. Tierney has shown, was the occasion for the first formal affirmations of infallibility, both Pope John XXII and Ockham used " define " in the sense we accept today.[9] *Determinare* was part of the current jargon of the schools in regard to the theological disputations, which the Master brought to a conclusion in *determining* where the truth lay. But undoubtedly there was a more profound reason for St. Thomas's use of the term, a reason closely linked to his theology of Revelation and of the object of faith.

For St. Thomas, faith itself is simple and its object or formal motive is likewise simple, namely, adherence to the Uncreated Truth. The material object of faith is, by nature, *per se,* the teaching on the happiness to which we are called, and, secondarily, everything found in Scripture.[10]

Like all the medieval theologians, St. Thomas discuses, with a great deal of latitude, the distinction, the organization, and the implicit or explicit character of the different " articles " of this material object. It is the domain of successive clarifications, either already clearly seen on the level of Revelation, or that of the *determinationes* these articles receive, in the course

---

[9] Jean XXII, Constitution *Quia vir reprobus* (*Bullar. Francisc.,* t. V), p. 449. Ockham, " *Disc.*: . . . ad quos (ad theologos videlicet vel canonistas) principaliter pertinet definire quae assertio catholica, quae heretica est censenda. MAG: Ad interrogationem tuam propositam respondeo quod hoc verbum definire plures habet significationes de quibus ad propositum duae videntur pertinere. Contingit enim aliquid definire auctoritate officii et sic definire quae est assertio haeretica, quae catholica censenda, ad summum pontificem spectat et concilium generale. Aliquando contingit definire per modum doctrinae quo modo magistri in scholis quaestiones definiunt et determinant . . ." (Dialogus, I, 1, 1, Goldast), p. 399. Yet elsewhere Ockham uses the words *definitio* and *determinare* equivalently: " An princeps pro suo succursu, sc. guerrae, possit recipere bona ecclesiarum, etiam invito papae," c. 6 (in *Opera politica,* t. I [Manchester, 1940], p. 254, l. 25 s.a.).

[10] Cf. *Summa Theol.,* II-II, q. 1, a. 6, ad 1; a. 8; q. 2, a. 4 and a. 7; already in *II Sent.,* d. 12, q. 1, a. 2; *III Sent.,* d. 24, q. 1, a. 1, qcla. 1 and ad 2, qcla. 2, ad 3; *de Veritate,* q. 14, a. 8, resp. to objs.; *Summa Theol.,* I-II, q. 106, a. 4, ad 2.

of the Church's life,[11] from the very necessity of making certain points of belief more precise, or of opposing heresies.

This is the task of the *sancti* (that is, the Fathers), the Councils, the Popes. St. Thomas speaks of this task in the three last articles of the First Question, as well as in numerous parallel places.[12] It is always a case of guarding the *unitas fidei:* a unity that extends through the whole Church, and also in its historic life, going back to the " Fathers " and the Apostles. The very movement of this First Question upon the object of faith is precisely a passage from the simple-transcendent, where all truth is found but implicitly so, to the situations where the truth of this very object is made explicit, by visible human means, under the Providence of God.[13]

2. *Argumentation and Doctrine*

In the tenth article St. Thomas successively presents two arguments, both of which conjoin the data of tradition and of theological reasoning but in such a way that the first argument, which is centered in the *Sed contra*, confines itself to a simple conclusion from historical fact, while in the second argument he sets himself to expose the probative " *ratio* " for his assertion.

A. " SED CONTRA, *the Creed was drawn up by a general council. Now such a council cannot be convoked otherwise than by the Sovereign Pontiff, as stated in the* DECRETALS (dist. XVII, cans. 4,5). *Therefore, it belongs to the authority of the Sovereign Pontiff to draw up a Creed.*"

The question raised was particular: in light of the movement,

---

[11] *III Sent.*, d. 25, q. 2, a. 2, qcla. 1, ad 5: " Sic fides implicita explicatur in articulis fidei *determinatis*. Et haec explicatio completa est per Christum "; cf. *Summa Theol.* II-II, q. 1, a. 7. Compare the *Expositio in Primam Decretalem (Firmiter)*: " cum multi sint articuli fidei . . . , fundamentum tamen totius fidei est prima veritas divinitatis. . . ."

[12] See *IV Cont. Gent.*, c. 76; *de Potentia*, q. 10, a. 4, ad 13; *Summa Theol.*, II-II, q. 11, a. 2, ad 3. Compare in terms of unity of the Church *IV Sent.*, d. 24, q. 3, a. 2, qcla. 3.

[13] Cf. our article, ad 1. This is what St. Thomas calls *sacra doctrina*, cf. our study cited in n. 58 below.

sparked at once by faith and historic circumstances, toward ever more precise determinations of the object of faith, St. Thomas asks: under whose authority does the publication of a (new) Creed come. History shows that it was that of the councils. In the *Decretals* (dist.XV, can 1: Friedberg, 34) Gratian reproduced a text from the *Hispana*, attributed to St. Isidore, in which it is evident that the progressive determination of belief against errors was the task of the councils. A tradition existed whereby every council must proclaim the faith, either before or after the promulgation of disciplinary canons. The councils held in the East formulated their *Horos* (*terminus, definitio*), while accepting the Creeds of Nicea and Constantinople and eventually adding new definitions ὁρίζομεν) and new anathemas.[14] In the West, the preference was for the declaration of the faith to *precede* the formulation of disciplinary canons.[15] Abelard believes that each of the first four

---

[14] Thus the III Council of Constantinople against monothelism (680-681) reproduced the Nicaeo-Constantinopolitan symbol (Actio XVIII in Mansi 11, 633)'. But, as the devil always pursued his machinations, the Council adds anathemas and develops the christology of the Tomos of St. Leo and of the Council of Chalcedon (col. 635 s; cf. *Conciliorum Oecumenicorum Decreta*, ed. J. Alberigo et al., Herder, 1962, p. 100 s.). The II Council of Nicaea, 787, defines ὥριδε by taking up again first the symbol of Nicaeo-Constantinople (in the text given by Mansi, with the Filioque!), then the anathemas of the preceding Councils against the heretics and by adding to them its anathemas against the iconoclasts and by *defining* (ὁρίζομεν) the doctrine on images (Actio VII, in Mansi 13, 373 s; *COD*, p. 110 s.). The IV Council of Constantinople which reestablished the patriarch Photius, 870, gives, as "Ορος (Terminus) an abundant commentary in which the definitions and anathemas of the previous Councils are situated (Actio X in *Mansi* 16, 179 s.; *COD*, p. 136 s., Latin text only). Cf. F. Dvornik, *The Photian Schism, History and Legend* (Cambridge, 1948), p. 195; *Le Schisme de Photius. Histoire et Legende* (Paris, 1950), p. 276.

[15] This seems to us to proceed from the following documents: Pelagius II in 586: "omnes namque novimus, quod in synodo nunquam canones nisi peractis definitionibus fidei, nisi perfectis synodalibus gestis habeantur, ut servato ordine, cum prius synodus ad fidem corda aedificat, tunc per regulas canonum mores ecclesiae actusque componat" (*MGH, Ep.* II, 462, 26s.). The IV Council of Toledo, 633, proemium: "Et quoniam generale concilium agimus, oportet primum nostrae vocis sermonem de Deo esse, ut post professionem fidei sequentia operis Dei nostri vota quasi super fundamentum firmissimum disponantur" (*PL* 84, 364-365; Mansi 10, 615; *Concilios Visigoticos e Hispano-Romanos*, ed. J. Vives (Barcelona-Madrid, 1963), p. 187; XIV Council of Toledo, 684, c. 4 (*PL* 84, 507; *Mansi* 71, 1088; *Concilios*, p. 433).

88

councils had composed a Creed: " cum unumquodque illorum
conciliorum proprium composuerit atque instituerit symbolum." [16]
It was a rather common practice to unite the formulation of
a creed with conciliar action.[17] There also existed at the same
time a canonical tradition according to which it devolved on
the Pope to determine, and to bring to conclusion the questions
touching on the faith.[18] This tradition had very ancient Roman
roots, but it seems to have been re-emphasized among the
canonists by the intervention of Alexander III against those
who rejected the Sacred Humanity of our Lord (Decretal *Cum
Christus*, to the archbishop of Rheims, 1177, *DS* 750).

The IV Council of the Lateran, with its c. *Firmiter* (A. Hauck thinks that
Innocent III wanted to place the Council also in the line of the great ecumenical
councils: " Die Rezeption und Umbildung der allgemeinen Synode im Mittelalter,"
in *Hist. Vierteljahrsschrift* 10 [1907], 465-482, pp. 469-470). St. Thomas begins
his commentary on *Firmiter* by showing why "decenter fidei doctrina praemitti-
tur (. . .) Convenienter ergo Christi Vicarius propositurus mandata pacifice
gubernaturn, titulum de fide praemittit." The Council of Lyons of 1274 will place
also at the head of its constitutions a " De summa Trinitate et fide catholica "
(Mansi 24, 81; *COD*, p. 190).

[16] *Introductio ad theologiam*, lib. II (*PL* 178, 1075 D); *Theologia christiana*,
lib. IV (178, 1301 D). L. Ott has shown that the *Epistola synodica* of St. Cyril
was taken for a symbol of the Council of Ephesus: " Das Konzil von Ephesus
(431) in der Theologie der Frühscholastik," in *Theologie in Geschichte und Gegenwart. Festgabe M. Schmaus*, hrsg. v. J. Auer u. H. Volk (München, 1957),
pp. 279-308. Gratian (C 80 D.II and C 39 D.V de cons.: Friedberg 1346 and
1423) cites equally a symbol of the Council of Ephesus; likewise Roland Bandi-
nelli (*Die Sentenzen Rolands nachmals Papstes Alexander III*, hrsg. A. M. Gietl,
Freiburg i. Br. [1891], p. 34.

[17] This arises, in St. Thomas, from *de Pot.*, q. 10, a. 4, ad 13; *Summa Theol.*,
I, q. 36, a. 2, ad 2 (cf. below n. 23); II-II, q. 1, a. 10. But St. Thomas always
unites pontifical authority to the act of the council.

[18] Thus the *Summa " Et est sciendum "* (1181-1185, region of Sens), ad D.XL
c. 6 (cited by J. M. Moynihan, *Papal Immunity and Liability in the Writings
of the Medieval Canonists* [Rome, 1961], P. 65); Huguccio, *Summa*, ad D.XVII
c. 3 (1188-1190); John the Teuton († 1246), *Glossa ord.* ad C. XXIV q. 1 c. 12,
s.v. *Quoties*; Bernard of Parma († 1266), *Glossa ord.* ad X. 1, 7, 1, s.v. *Instituta*.
Cf. J. A. Watt, *The Theory of Papal Monarchy in the Thirteenth Century* (Fordham, 1965), pp. 75-105; Br. Tierney, *Origins of Papal Infallibility 1150-1350*
(Leiden, 1972), p. 23. This will be a point of the profession of faith pronounced
by Michael Paleologus at Lyons in 1274 (Mansi 24, 71; D. 466; DS 861).

Basically, St. Thomas unites the two data, in placing the councils under pontifical authority.

In the ninth article of this First Question, the *Sed contra* and the reply to the third objection show that St. Thomas is here considering the Nicene-Constantinople Creed. However, we are convinced that he is likewise considering other possible statements of belief, and even that he does not exclude from his consideration a profession of faith such as the canon *Firmiter* of the fourth Lateran Council (1215, *DS* 800-802), which was made the first Decretal of the collection of St. Raymond of Peñafort, published by Gregory IX in 1234. What leads us to this conclusion is, first, the tremendous influence which the Lateran Council exercised during the thirteenth century and thereafter; the Church's life has been strongly marked by it. Second, the fact that the canon *Firmiter* has often been considered to be a fourth official Creed, and even has been called such.[19] Clearly, St. Thomas does not do this but, some time after 1261, at the request of an archdeacon of Todi, Geoffrey of Anagni, he wrote a commentary on this first Decree which served as a basis for the theological "renewal" of priests.[20] It is true that, in the reply to the third objection of

[19] Thusly by Jean the Teuton, *Gloss on the Decretals*: "Istud [Firmiter] potest appellari quartum symbolum et ita sunt modo quatuor Evangelistae" (cited by R. Foreville, "Latran I, II, III et Latran IV" in *Hist. des Conciles*, 6 [Paris, 1965], p. 275 n.); the bishop of Exeter, before 1237 (cf. M. Gibbs and J. Lang, *Bishops and Reform, 1215-1272, with Special Reference to the Lateran Council of 1215* [Oxford, 1934], p. 110; William of Meliton († 1260), *Opusculum super Missam* (ed. W. Lampen, Quaracchi, 1931), p. 35; Bernard Bottoni († 1266) in *Gregorii IX Decretales cum Glossis* (Paris, 1509), fol. IV^v; Benedict of Alignano (cf. M. Grabmann, "Der Franziskanerbischof Benedictus de Alignano († 1268) und seine Summa zum Caput 'Firmiter' des IV. Laterankonzils," in *Kirchengeschichtliche Studien P. M. Biehl . . . dargeboten* [Kolmar, 1941], pp. 50-64; later Duns Scotus, *Ordinatio (Operis Oxoniensis)* IV d. 11 q. 3 n. 15 (ed. Vivès 17, p. 376), a particularly interesting text because it situates *Firmiter* in the sequence of the Athanasium, Nicaea, and the Apostolicum, as a progressive explication.

[20] See our article "Saint Thomas et les Archdiacres," in *Revue Thomiste* 57 (1957), 657-671. The identification of the addressee has been made by A. Dondaine, "Jacques de Tonengo et Giffredus d'Anagni auditeurs de S. Thomas," in *Archivum Fratr. Praedicat.* 29 (1959), 52-72. The commentary of St. Thomas is

VIII

article 10, St. Thomas does not acknowledge the Creed attributed to Athanasius as an official statement of belief and prefers to accept it as an exposition of doctrine " per modum cuiusdam doctrinae"; but elsewhere he calls it a creed and acknowledges its liturgical usage, after the Apostles' Creed and the Nicene.[21]

Third, this dogmatic chapter held further interest in that it was attributed to the Pope: " Innocentius in concilio generali " —thus states the first Decretal, a statement with which St. Thomas's doctrine here is in full agreement. In his commentary on *Firmiter* he writes: " convenienter ergo Christi Vicarius. . . ."

The publication of an official Creed (that of Nicea, eventually of the others) was done in a general council: St. Thomas does not say " by " but rather " in " a council, for such an undertaking has to pass from the council to the Pope. Actually, such a council can be assembled only by the Pope's authority. St. Thomas refers to Gratian, the " Denzinger " of his day (dist. XVII, cans. 4,5, Friedberg, cols. 51-52). The fourth Canon is attributed to Pelagius, but it comes from Pseudo-Isidore (See the annotations of Friedberg here). Evidently, St. Thomas could have called on other authorities.[22] For him, the councils are entirely dependent on the authority of the Pope, for it is he who brings them into being by convoking them.[23]

found in the classic editions, Parma XVI, p. 300 s.; Vivès XXVII, p. 424 s.; Lethielleux, *Opusc.* IV, p. 324 s.; Marietti, *Opusc. theol.* I, p. 417 s.

[21] Cf. *III Sent.*, d. 25, q. 1, a. 1, qcla. 3, ad 2, ad 3, ad 4 (" in Prima dicitur "). In the third objection of our article St. Thomas says " quod in Eccclesia cantatur." As a matter of fact, it had been sung from the 8th century onward on Sundays, and sometimes every day, in certain churches; cf. *Dict. Théol. Cath.* I, col. 2186.

[22] We have cited some from Nicholas I, from Pseudo-Isidore, those anterior to Nicholas I in *L'Ecclésiologie du Haut Moyen-Age* (Paris, 1968), pp. 212-213; see also Gregory VII, *Dictatus Papae* XVI and the texts cited in the note by E. Caspar, *Gregorii VII Registrum*, p. 205. This was the common teaching of the canonists: Huguccio; *Glossa Palatina* (cited by Br. Tierney, *Foundations of the Conciliar Theory*, p. 77), *Summa " Prima primi uxor Ade "* and *Summa Duacensis* (cited by J. M. Moynihan, *op. cit.*, pp. 82 and 86). This point will cause difficulty for the solution of the crisis of the Great Schism by way of council; a reply will be made by recurrence to epicheia.

[23] Cf. *Summa Theol.*, I, p. 36, a. 2, ad 2, where this curious assertion touching the addition of the *Filioque* is found: " In quodam concilio in Occidentalibus

It has been noted elsewhere, on one hand, that the Popes did not convoke the seven ecumenical Councils, which we accept in common with the Eastern Churches; and on the other, it has likewise been noted, in consequence, that the primacy of the Bishop of Rome does not require that the right of convoking councils be reserved to him.[24]

On the basis of the argumentation of the *Sed contra* the impression might be given that St. Thomas reduces the authority of a council to that of the Pope. But where precisely does the truth lie?

First of all, it is certain that St. Thomas does not subordinate the Pope to the Council, that he does not reduce the Pope's authority to that of the Council. The *Summa* article under study already gives certain indications of his views on this subject. But the reply to the 13th objection of the 4th article in Question 10 of the *De Potentia* addresses itself directly to the problem:

Just as a later council has the power of interpreting the Creed published by an earlier one . . ., so also the Roman Pontiff can do this by his own authority; by his authority alone a council can be brought together, and to him appeal can be made from a council. . . . Nor is it necessary for a universal council to be convoked to make such an explanation, since the dislocations of wartime sometimes prevent it from taking place.

He then gives an example showing that, if a *universal council* is manifestly impossible, there might still be a conciliar

---

partibus congregato, expressum fuit auctoritate Romani Pontifice, cuius auctoritate etiam antiqua concilia congregabantur et confirmabantur." This information came from *Contra Graecos* of an anonymous Friar Preacher of Constantinople, edited in 1252 (*PG* 140, 502 BC: cf. A. Dondaine, " 'Contra Graecos,' Premiers écrits polémiques des Dominicains d'Orient," in *Archiv. Fratr. Praedicato* 21 (1951), 320-446, p. 390 s.); *de Pot.*, q. 10, a. 4, ad 13; *Contra impugnantes,* c. 4 (*Opusc.*, ed. Lethielleux, t. IV, p. 56).

[24] Cf. F. X. Funk, "Der römische Stuhl und die allgemeinen Synoden des Christlichen Altertums," in *Kirchengeschichtl. Abhandlungen u. Untersuchungen.* (Paderborn, 1897), t. I, pp. 39-121. Criticism of St. Thomas on this point: J. Hergenröther, in his continuation of the *Conciliengeschichte* of Hefele, t. VIII. Freiburg i. Br., 1887, p. 713; H. Küng, *Strukturen der Kirche,* Freiburg i. Br., 1962, p. 295.

92

assembly. St. Thomas consigns the *editio* of a new official Creed to the Pope's authority but working in concert with a council.[25] The thirteenth century did not set council against Pope; it saw them rather conjoining their authority; that of the Pope had its proper origin, its supreme degree.

From the point of view of inerrancy in the faith, however, this quality is always attributed to the *Ecclesia universalis*. If it is applied to the Pope, it is applied insofar as he is a personification or a figure of the universal Church. This is clear on three counts. First, from the formal statements, which are so common among writers on the subject that it is scarcely necessary to give any particular references. According to them, " nothing false can come under faith," " the universal Church cannot err." [26] It is true that we can also find the assertion that the Roman Church has never erred in the faith, but by this expression " Roman Church " is understood the universal Church, or the Pope and the Cardinals. At the time of St. Thomas, we never find such an affirmation applied directly to the Pope, not, of course, as a private person, but as a hierarchic individual considered apart.

On the contrary, we frequently encounter a very deceptive expression. There was the famous " nisi deprehendatur a fide devius," passed on by Gratian as the view of the martyr St. Boniface.[27] I do not know whether St. Thomas ever cited this

---

[25] Albert the Great, asking himself if one could make new symbols, express new *articuli*, answers: " Si urgeret necessitas adhuc posset Papa convocato concilio peritorum, et invocato Spiritu Sancto, aliquid quod implicite continetur in symbolo Apostolorum, explanare et ponere inter articulos explicitos," *III Sent.*, d. 24, a. 8, ad 7 (Borgnet 28, p. 464). See also our *L'Eglise de S. Augustin a l'époque moderne* (Paris, 1970), p. 217.

[26] References in our *L'Eglise de S. Augustin . . .* , p. 244. St. Thomas, *III Sent.*, d. 25, q. 1, aa. 2 and 4; *IV*, d. 20, q. 1, a. 3, sed c.; *Quodl. IX*, cc. 8 and 16; *Summa Theol.*, II-II, q. 2, a. 6, ad 3; q. 5, a. 3, ad 1; q. 11, a. 2, ad 3; III, a. 83, a. 5: " Ecclesiae consuetudo, quae errare non potest, utpote Spiritu Sancto instructa." For the principle " fides non potest subesse falsum," cf. II-II, q. 1, a. 3; q. 4, a. 5.

[27] C. 6 D. XL (Friedberg 146). The text really comes from Cardinal Humbert of Silva Candida: cf. A. Michel, " Humbert von Silva Candida († 1061) bei Gratian. Eine Zusammenfassung," in *Studia Gratiana* I (Bologna, 1953), pp. 83-117.

text, nor am I aware that Bonaventure did so, or even that St. Thomas ever made any allusion to the case of Pope Anastasius who was considered, after his treatment by Gratian, (dist.XIX, cans.8-9) a classic example of a heretical Pope.

Second, the text of Lk.22:32: "I have prayed for you that your faith may not fail," was cited in favor of the indefectibility of the *universal Church*.[28] But it was also, although rarely, cited in favor of the inerrancy of Peter and his successors (cf. for example, Albert the Great, cited above, fn. 5).

Third, the passage was thus very easy from the inerrancy or the indefectibility *of the Church* to the expression of the Church's faith by the universal and supreme public authority that presides over the Church. It is precisely this kind of passage that is found in St. Thomas.

Thus a Christian cannot be excused from the vice of error if he assents to the opinion of any teacher that is contrary to the manifest testimony of Scripture or is contrary to what is publicly held on the basis of the Church's authority. (*Quodl.* III, 10)

If we consider Divine Providence which directs his Church by the Holy Spirit, so that it may not err, just as Jesus promised in Jn.16:13 . . ., It is certain that for the judgment of the universal Church to err in matters of faith is an impossibility. Hence, we must stand by the decision of the Pope rather than the opinion of other men, even though they be learned in the Scriptures. For he Pope has the right and duty to determine concerning the faith, a determination he indicates by his judgment. (*Quodl.* IX, 16)[29]

[28] Thus Huguccio, ad C. 7 D. XIX, *a soliditate Petri*, and *Summa* ad Dist. XXI ante c. 1; John the Teuton, *Glossa Ordinaria* ad Dist. XIX, c. 7, ad C XXIV q. 1, c. 9 and other decretists cited by Br. Tierney, *Foundations of the Conciliar Theory. The Contribution of Medieval Canonists from Gratian to the Great Schism* (Cambridge, 1955), p. 35, n. 1, and *Origins of Papal Infallibility 1150-1350* . . . (Leiden, 1972), p. 34 s.; Albert the Great, *IV Sent.*, d. 20, a. 17, arg. 4 (Borgnet 29, 850); Bonaventure, *IV Sent.*, d. 20, p. 2, a. 1, q. 2 (ed. Quaracchi, IV, 532) *Comm. in Ev. Lucae* (VII, 227 and 552; Tierney, *op. cit.*, p. 91); St. Thomas, *IV Sent.*, d. 20, q. 1, a. 2, sed. c.; *Summa Theol.*, II-II, q. 2, a. 6, ad 3; *De ratione fidei*, proem. In sequence, Olivi and even Gui Terré, the first to have spoken of inerrancy or infallibility for the papal magisterium (Tierney, *op. cit.*, p. 117 s. and 241, n. 2, and 245, n. 3).

[29] With J. Isaac (*Arch. Hist. doctr. litt. du Moyen Age* 16 [1947-1948], 145-186) and, in spite of P. Glorieux (*Mel. de Science relig.* 3 [1946], 235-268), we hold for the authenticity of *Quodl. IX* attested to very early and firmly by the manuscript tradition.

VIII

The custom of the Church has very great authority and ought always to be jealously observed in all things, since the very doctrine of Catholic doctors derives its authority from the Church. Thus, we ought to abide by the authority of the Church rather than that of Augustine or Jerome or of any other doctor. (*Summa Theol.*, II-II, q. 10, a.12)
Thus some doctors seem to have disagreed either with reference to matters that have no bearing on faith, whether they should be explained thus or so, or they disagreed regarding certain matters of faith which were not then determined by the Church. But, after their determination by the authority of the universal Church, if anyone should pertinaciously call such a decision into question, he would be considered a heretic. This authority resides principally in the Sovereign Pontiff. For we read in the *Decretals* (dist. XXIV, qu. 1, can. 12, Friedberg, 970): " Whenever a question of faith is in dispute. . . ." (*ibid.*, q. 11, a. 2, ad 3$^{um.}$)

Principally can have a very strong sense and signify the source of a quality in which others participate in derived fashion; or it can possess a relative sense, which expresses a greater intensity, a superior degree, or rather, *the* superior degree. It is rather this second sense that we should give to the present text. In any case, both in the *Secunda-Secundae* and in the *Quodlibetum* St. Thomas first indicates the authority *of the Church*, then passes on to that of the Pope as representing the Church's authority in its highest concrete realization. Thus, in proceeding from the views of other contemporary authors, or those younger than he, such as Godfrey of Fontaines, Olivi, etc., is not Cajetan correct in beginning his commentary on article 10 with the question: " Does the author (St. Thomas) identify the authority of the universal Church, a General Council, and the Pope "?

I believe it is necessary, if we are to grasp clearly the fund of ideas implied in this ecclesiological view, to have recourse to the idea of representation such as was current in the time of St. Thomas and which we can excerpt from his writings. There are several good studies available on this subject.[30]

[30] E. Lewis, " *Organic Tendencies in Medieval Political Thought*," in *American Political Science Review* 32 (1938), 849-876 (cf. 866-867); G. de Lagarde, " L'idée

VIII

INFALLIBILITY OF THE PAPAL MAGISTERIUM 95

The term "representation" is susceptible of a number of senses, all of which have in common the notion of some one or some thing standing in place of another person or thing. This may be effected by way of figure or symbol, by way of delegation or mandate. It may likewise be effected under the aegis of the public authority joining together a given community and personifying it.

This last sense is inscribed in the very spirit of Catholicism, with its organic vision of the Church, a reality at the same time sacramental and social. Theologically, the notion of the pope being able, in certain stated cases, to incorporate, to translate personally, the infallibility *of the Church,* implies this sense of things. Yet this sense was vibrant at the time of St. Thomas, who, for his part, has filled it with the substance of communitarian ideas, such as that of the spirit of his own Order's legislation, which was so congenial to these notions.[31]

For St. Thomas, the head of a community, the king with regard to his kingdom, the emperor to his empire, the bishop to his diocese, the Pope to the universal Church, was the *persona publica* of that community.[32] He represented it and

de représentation dans les oeuvres de Guillaume d'Occam," in *Bull. of the Internat. Committee of Historical Sciences* (dec. 1937), pp. 425-451; *id.,* "La structure politique et sociale de l'Europe au XIVᵉ siècle," in *L'Organisation corporative du Moyen Age à la fin de l'Ancien Régime* (Louvain, 1939), pp. 113-117; *La Naissance de l'esprit laïque au déclin du Moyen Age,* t. IV (Paris, 1942), p. 125, s., 147, s.; in the later reprint of the same work, t. V, *Ockham et son temps* (Louvain-Paris, 1963), cf. p. 66 s.; A. Darquennes, *De Juridische Structur van de Kerk volgens S. Thomas van Aquino* (Louvain, 1949), pp. 127-154; "Représentation et Bien commun," in *Etudes présentées a la Commission internat. pour l'Histoire des Assemblées d'Etats,* XI (= IXᵉ Congrès internat. des Sciences histor. Paris, 1950), (Louvain, 1952), pp. 33-51.

[31] On these ideas cf. E. Barker, *The Dominican Order and Convocation. A Study of the Growth of Representation in the Church during the Thirteenth Century* (Oxford, 1913).

[32] Commenting on the "qui tenet nunc teneat donec de medio fiat," he understands it of the Roman Empire and says that it can be understood of Nero, not as to individuality, for he is dead, but "prout est persona publica Imperii Romani" (*II Thess.,* c. 2, lect. 2). The bishop is "persona publica." (*IV Sent.,* d. 20, q. 1, a. 4, sol. 1). For an application to the Pope of the idea of representation one can confer John of Torquemada, faithful disciple of St. Thomas, *Summa de Ecclesia.* II. *De Summo Pontifice,* c. 75.

bound it together: " what the ruler of the state does, the state is said to do;" [33] " the prince dons the person of the multitude." [34] But it is not only of the *ecclesia* or *congregatio fidelium* that the Pope bears the representation *(vices gerit)*; he bears the representation of Christ in his pastoral charge of the universal Church.[35] Basically, the Pope bears a twofold representation, that of the Church and that of Christ.

St. Thomas says this of every priest in the celebration of the Eucharist: [36] he represents the Church, inasmuch as he performs the expression of faith, which is the public cult; he represents Christ, in view of his " power " to consecrate.[37] As we have seen, St. Thomas holds that the Pope personally incorporates the *auctoritas* of the Church; in promulgating a Creed he simply causes the faith *of the Church* to be expressed: " the confession of faith is drawn up in a creed in the person, as it were, of the whole Church, which is united together by faith " (a.9, ad 3). But the Pope does this *with his own authority*, by the title of

[33] *Summa Theol.*, I, q. 75, a. 4, ad 1; cf. *de Malo*, q. 4, a. 1.

[34] Cf. *Summa Theol.*, I-II, q. 90, a. 3 c; q. 97, a. 3, ad 3. To understand this medieval sense of the organic link between a collectivity and its head, a link which is the foundation for the representation-personification, see P. Michaud-Quantin, " Collectivités médiévales et institutions antiques," in *Antike und Orient im Mittelalter (Miscellanea Med.*, 1), hrsg. von P. Wilpert (Berlin, 1962), pp. 239-252; " La conscience d'être membre d'une universitas," in *Beiträge zum Bewusstsein des mittelalterlichen Menschen (Misc. Med.*, 3), (Berlin, 1964), pp. 1-14; *Universitas. Expressions du mouvement communautaire dans le moyen-âge latin (L'Eglise et l'Etat au Moyen Age*, XIII), (Paris, 1970).

[35] " Oportuit ut [Christus] committeret qui loco sui universalis Ecclesiae gereret curam " (*IV Cont. Gent.*, c. 76, § Si quis autem); *Summa Theol.*, II-II, q. 88, a. 9, ad 3: " Geret vices Christi "; q. 39, a. 1; q. 88, a. 12, ad 3.

[36] On the one hand, " potest gerere actus totius Ecclesiae qui consecrat eucharistiam quae est sacramentum universalis Ecclesiae " (*IV Sent.*, d. 24, q. 2, a. 2, ad 2); on the other hand, " in offerendo gerit figuram Christi in Ecclesia " (d. 24, q. 3, a. 2, obj. 3). Compare *Summa Theol.*, III, q. 82, a. 6 and a. 7, ad 3, the priest recites the collect of the Mass " in persona totius Ecclesiae "; q. 80, a. 12, ad 3, he offers the chalice and consumes the blood " in persona omnium "; q. 83, a. 5, ad 12, the server at Masses without a congregation " gerit personam totius populi catholici."

[37] This results from the uses of expression " in persona Christi," " in persona Ecclesiae," which B.-D. Marliangeas has collected in *La Liturgie après Vatican II (Unam Sanctam* 66), (Paris, 1967), pp. 285 and 286.

vices gerens Christi, the one standing in Christ's place. Thus there is bound together in him a double representation, that of the faith of the Church and that of the authority of its head, Christ.

B. *The body of the article.* St. Thomas offers us in the course of a carefully presented discussion the *"ratio,"* according to the *"disputatio magistralis in scholis"* traced out by him, in the *Quodlibetum* IV, 18. This *" ratio "* holds for the necessity of assuring unity of faith in the Church; more precisely, of a faith that bears within itself a definite content of judgments and assertions, which St. Thomas illustrates by St. Paul's exhortation: " all of you speak the same thing " (1 Cor. 1:10). To assure this goal it is necessary that disputed questions that might arise on points of faith be concluded or defined by an authority which is imposed on the entire Church, or rather, as St. Thomas says, " by him who presides over the whole Church," the Sovereign Pontiff. According to the law, " the more important and more difficult questions " are to be referred to the Pope. St. Thomas cites the same section of the *Decretals* that he quoted in the *Sed contra,* namely, a decretal of Pope Pelagius II.[38] This text is in reality a false decretal of Pseudo-Isidore,[39] but it was fabricated from portions of the famous letter of Pope Innocent I to Victricius of Rouen (a. 404; *DS* 211)[40] St. Thomas could have invoked other ancient and authentic testimonies or even the decretal *Maiores ecclesiae causas* of Innocent III (*DS* 780-81), which he never cites, even though it figured in the collection of Gregory IX.[41] But he does

---

[38] D. XVII C. 5 2 (Friedberg 52): " maiores vero et difficiliores questiones (ut sancta synodus statuit et beata consuetudo exigit), ad sedem apostolicam semper deferantur."

[39] Ed. Hinschius, p. 724; *PL* 72, 743 C (Jaffé 1051). Other texts of Pseudo-Isidore on the " causae maiores " in our *Ecclésiologie du Haut Moyen-Age* (Paris, 1968), p. 229, n. 12.

[40] Ep. 2 (*PL* 20, 473). See note a of Coustant. The council invoked is that of Sardica which was confused, at Rome, with Nicea.

[41] C. 3, X, III, 42 (Friedberg II, 644). Cajetan invokes this decretal for the question of the sacramental character (*Com. in IIIam,* q. 63, a. 1, n⁰ II; a. 2, n⁰ VI; q. 68, a. 7, n⁰ VII.

98

quote Lk.22:32: "I have prayed for you . . .," to justify the
canonical disposition reserving to the Pope of Rome the judgment of difficult cases.

The same reasoning is encountered in the *Contra Gentiles*,
IV, c. 76, 3, where, with an additional urgency, he argues from
the fact that Christ could not fail to assure what was necessary
to the Church which he loved, a reason of fittingness which is
frequently employed during the thirteenth century.[42] St.
Thomas's argumentation is reproduced almost to the letter by
Giles of Rome who heard him lecture at Paris.[43] Since Giles,
it has been repeated without end by other writers.

The question whose answer was sought was: " Who has the
right to propose a creed?" St. Thomas has shown that a new
promulgation of a creed was necessary " in order to set aside
the errors that may arise " (a.9, ad 2; a.10c). For him, the
question is settled, since errors are combatted by a " nova
editio symboli," and the Pope has the task of promulgating a
creed, since he possesses the universal and supreme authority
" to decide the truths of faith so that they may be held by all
with unshaken faith," and even, more generally, " all other
matters which concern the whole Church, such as to convoke
a general council and other things of the sort." The idea that
the Pope alone can impose on the entire Church what must be
held by all was current in the West in the thirteenth century.
It is on this basis, for example, that Innocent IV and Hostiensis
justify the reservation to the Pope of the right of canonizing
saints, a right promulgated by Gregory IX in 1234 in the
Decretals.[44]

The kind of subordination of the councils to the authority of
the Sovereign Pontiff, which, as we have seen, the *Sed contra*
effected, was necessary for the effectiveness of the demonstration of the conclusion by reason of the fact that the Creeds,

[42] Cf. J. A. Watt, *The Theory of Papal Monarchy in the Thirteenth Century.
The Contribution of the Canonists* (Fordham, 1965), p. 97.
[43] In the first chapter of his *De ecclesiastica postestate* (fin 1301), ed. R. Scholz
(Weimar, 1929; reprinted 1961), p. 5.
[44] Cf. E. W. Kemp, *Canonization and Authority in the Western Church* (London,
1948), pp. 108-109.

that of Nicea in any case but verified of the others as well, had been promulgated by councils. But St. Thomas does not envisage that the council, independent of the Pope, received subsequently by " the Church," might be precisely this instance thanks to which are realized both the " one faith " and " all of you speak the same thing," which is the position of the Eastern Orthodox Church.

The West unduly ignored this other part of the Church. It lived, moreover, on the conviction and the evidence that *unum corpus* could not exist without *unum caput,* that the reason for the unity of the body is the unicity of the head.[45]

With customary frankness Père Bainvel remarked, a propos of the text of the *Contra Gentiles:* " Actually, this argument, *directly and by itself,* demonstrated only the necessity of a *supreme* authority, not of a monarchic one. St. Thomas felt no need to distinguish between them." [46] But the Greeks did make the distinction; they conceived of a collegial head, made up of the council or of the five Patriarchs, a unity of consensus and of communion.[47]

C. *Is this doctrine of St. Thomas identical with the doctrine of the infallibility of the magisterial acts of the Roman Pontiff?*

The text that we are studying was cited by several Fathers at the First Vatican Council as a testimony of tradition in favor of papal infallibility.[48] This was done by Msgr. Zunnui Casula, bishop of Ales and Terralba, who noted in concluding his remarks: " The Church which depends on the ' *sententia Petri* ' cannot depend on a fallible Peter! " [49] Other bishops com-

---

[45] References in our *L'Eglise de S. Augustin a l'époque moderne* (Paris, 1970), p. 218, n. 15. Cf. St. Thomas, *IV Cont. Gent.,* c. 76; *Summa Theol.,* I, q. 60, a. 1; II-II, q. 39, a. 1 (theology of schism); III, q. 8, a. 4.

[46] J. Bainvel, " L'Idée de l'Eglise au Moyen Age. L'enseignement théologique: saint Thomas," in *La Science catholique,* 13e année, n⁰ 11 (October 1899), pp. 975-988; p. 982, n. 1.

[47] Cf. our work cited above, n. 39: p. 84 s, p. 265, s.

[48] We here profit from the excellent article of P. U. Betti, " Assenza dell'autorità di S. Tommaso nel Decreto Vaticano sull'Infallibilità Pontificia," in *Divinitas* 6 (1962), 407-422.

[49] Mansi 51, 1022 D.

VIII

mented on the *finaliter* reading, which we have noted earlier.⁵⁰ Some bishops adduced the *Quodlibetum* IX, 16, together with article ten here.⁵¹

But the bishops of the Minority also cited the tenth article, or they referred to it to support the idea that the Pope eventually promulgates a definition of faith *in council,* and so conjointly with the episcopate.⁵² Msgr. Monferrato, bishop of Casale, replied to them on June 30, 1870 by citing the text of the *De Potentia.*⁵³

Since the definition of July 18, 1870 St. Thomas has often been presented as a witness for the defined doctrine,⁵⁴ even as one who could be identified as the first responsible for its eventual definition.⁵⁵ But what was lacking in article 10, which,

---

⁵⁰ Thus Msgr. Trucchi of Forlì (21.5.1870) who sets down the equivalencies: *finaliter = inappellabiliter = infallibiliter* (Mansi 52, 181 AC); Msgr. Salzano of Tanis (2.6.1870) (Mansi 52, 409 CD, 410 BC).

⁵¹ Thus Msgr. Legat of Trieste, who cites St. Thomas through Antoninus (23.6.1870), (Mansi 52, 876 with note 5); Msgr. Meurin, titular bishop of Ascalon and vicar apostolic of Bombay, who is the most documented (remarks on ch. IV of the Constitution, Mansi 52, 1146).

⁵² Thus Msgr. Maret (3.6.1870), summarized allusion (Mansi 52, 434 D-435 A); Msgr. Ketteler (25.6.1870), restoring St. Thomas to the famous text of St. Antoninus (Mansi 52, 898 BC); Msgr. Moriarty (28.6.1870), (Mansi 52, 926 AB). Cardinal Guidi (18.6.1870) cited St. Thomas and added, but without imputing it to his master, "facta inquisitione, etc." (Mansi 52, 746 D).

⁵³ Mansi 52, 946 BC.

⁵⁴ We cite especially the quite extensive study of F. K. Leitner, *Der hl. Thomas von Aquis über das unfehlbare Lehramt des Papstes* (Inaugural Diss.), (Freiburg i. Br., 1872), 196 pp.

⁵⁵ *Janus* (Dollinger) was unrelenting in affirming that Thomas had introduced into dogma the teaching of the jurists (?) on the pope and his infallibility by broadening beyond measure the role which the faults contained in the *Libellus* would have played in St. Thomas, about which work Urban IV in 1261 requested his appreciation (*Der Papste und das Concil* [1869]; French translation by A. Giraud-Teulon under the title *La Papauté. Son origine au Moyen Age et son développement jusqu' en 1870* [Paris, 1904], p. 117 s. (reference to our article in n. 399). A. Harnack followed *Janus, Lehrbuch der Dogmengeschichte,* t. III, 1.-2. Aufl. [Freiburg in Br.], p. 397; 4. Aufl. [Tübingen, 1920], p. 462, citation of our article in a note. It is by intention that, save for one reference, we have not had recourse to the *Contra errores Graecorum,* for, from the *de Potentia* (1262?), in any case well before the redaction of our article (1271), St. Thomas ceased to make any appeal to it. It is allowable to think that he conceived doubts about the full authenticity of a certain number of its texts. Critical edition of

when supplied, would enable us to read in it the actually defined doctrine? First of all, the term "infallible": Cardinal
Guidi noted this absence. For he rightly fought against a statement presenting the person of the Pope as infallible; but, with
fifteen other Fathers, he proposed a formula equivalent to the
one eventually adopted.[56]

It was not that the terms *infallibilis, infallibilitas, infallibiliter*, were unknown. St. Thomas uses them, and they appear in
the writings of his contemporaries.[57] For him they always

the *Contra errores Graecorum* and the *Libellus* by Fr. Dondaine (Rome, 1867),
see p. A 9; see also *Bulletin Thomiste*, t. X, p. 79.

[56] Namely, "by divine assistance is preserved from error . . ." (Remarks on
ch. XI of the schema, Mansi 51, 1028).

[57] We note, for example, Gregory IX, letter *Si memoriam beneficiorum*, 23.10.
1236 (*Potthast* 10255), who recalls to the emperor the great examples of the
past " ubi infallibilis solutionis conclusio . . . accipitur "; St. Bonaventure, *Sermo
de Trinitate* (*Opera*, IX, 356ᵇ), who gives as argument in favor of the Church
"infallibilitas oraculorum." A consultation requested of St. Thomas in 1271 by
a "lector of Venice," then to Thomas and to Robert Kilwardby by John of
Vercelli, General of the Order, includes among its questions "An infallibiliter sit
probatum angelos esse motores corporum caelestium apud aliquos? " (letter to
John of Vercelli). The reply of each of the two theologians comprises several
times the words *infallibiliter, infallibilis*. See J. Destrez and M.-D. Chenu in
Mélanges Mandonnet, t. I (*Bibliothèque Thomiste*, XIII), (Paris, 1930), respec-
tively pp. 103-189 and 191-222; *Opera*, ed. Parma XVI, pp. 164 and 169.

Speaking of St. Thomas himself, we note, in the autograph of the *Commentary
on the Sentences*, III, d. 23, q. 2, a. 4, qcla. 1, ad 2, the correction from *immuta-
bilis* to *infallibilis* relative to the "Veritas prima "; cf. B.-D. Dupuy, "Le magistère de l'Eglise, service de la parole," in *L'Infaillibilité de l'Eglise* (Chevetogne,
1963), pp. 53-97 (p. 85, n. 87).

In the *Summa* alone, for which we make use of the Defferrari-Barry *Index*,
one find *infallibilis* 14 times, *infallibilitas* twice, *infallibiliter* 18 times. *Infallibilis*
is applied 4 times to divine truth, twice to Providence, three times to the *regula
fidei* which is the *doctrina Ecclesiae* (II-II, q. 5, a. 3), once to human knowledge
because coming from God, but not to *negotia humana* (once), once to the *ordo*
of the *status innocentiae*. *Infallibilitas* is applied once to the conclusions of the
demonstrative sciences, once to the dispositions put in us under the divine motion.
Infallibiliter three times is said of divine knowledge (or through Revelation) of
future contingents, once of the dispositions of Providence, once of that which the
Holy Spirit works, once of predestination, twice of the fruit of grace or merit,
once of natural knowledge but not of human knowledge of contingent things
(once) nor of the motion of the means toward the end (once) unless . . . (once),
three times to qualify what can render perfect an act on the part of the intellect,
then of the will.

qualify the absolute character of certitude arising either from the uncreated Spirit (the First Truth, God, his Providence, the Holy Spirit) or from what comes from God and is guaranteed by him (through the teaching of the Church, prophecy, natural innate knowledge, order, fruit of grace) or as the conclusion of a rigorous demonstration or of the perfection assured to the act of the intellect or of the will.

The fact that St. Thomas qualifies the teaching of the Church with a *regula infallibilis* shows that perhaps he might have been able to apply the word to the *magisterium* of the councils or of the Pope. But what he does qualify thus is the objective content of truth which proceeds from divine Revelation or from the First Truth: " the First Truth as it is manifested in the Holy Scriptures and the teaching of the Church, which proceeds from the First Truth." [58] This statement sums up the very movement of the First Question of the treatise on faith.

It is a fact that St. Thomas has not spoken of the infallibility of the papal magisterium. Moreover, he was unaware of the use of *magisterium* in its modern sense. Article 10 does not go beyond a theology of the papal function—a theology for which St. Thomas follows the ideas of his day, without pushing them as far as Bonaventure did—but of a criteriology of faith viewed in its objective aspect, the content and the manner of achieving it.

St. Thomas does not even expressly say that the Pope, in his role of supreme interpreter of Christ's teaching, " *non potest errare.*" Perhaps it is possible to deduce that from his teaching, but the reasoning process must be supplied by us. For it is not certain that St. Thomas would have said it; or, if he did, he might well have added a condition to the conclusion.[59]

---

[58] *Summa Theol.*, II-II, q. 5, a. 3, c and ad 1; compare q. 6, a. 1; *Q. disp. de caritate*, a. 13, ad 6: " Formalis ratio objecti in fide est Veritas prima per doctrinam Ecclesiae manifestata." For this entire conception of St. Thomas see our study, " *Traditio und Sacra Doctrina* bei Thomas von Aquin," in *Kirche und Überlieferung (Festschrift J. R. Geiselmann)*, (Freiburg i. Br., 1960), pp. 170-210; French text in *Eglise et Tradition* (Le Puy-Lyon and Paris: Mappus, 1963), pp. 157-194).

[59] What causes us to advance this is the texts where St. Thomas says that

If the Pope has the power " to decide matters of faith authoritatively, so that they may be held by all with unshaken faith," then clearly the dogma of Vatican I necessarily follows. Or at least it would have been necessary to foresee one instance where St. Thomas rejected the Vatican dogma. This is how the Conciliarists, and, to a certain degree, the Gallicans, read St. Thomas; yet he did nothing of the sort.

He even goes so far as to suggest (*Quodl*. IX, 16) the idea of a particular charism proper to the office of the Sovereign Pontiff: " even though Caiphas was an evil man, still, because he was High Priest, ..." (cum Caiphas, quamvis nequam, tamen quia Pontifex. . . ." [60]

Thus, it is legitimate to see, here in article 10, a first statement of what would soon become the theological idea, and, six centuries later, the dogma, of the infallibility of the Pontifical *magisterium*.

D. *A further question must be answered: Does not St. Thomas's reasoning in article 10 succeed only in founding this charism of teaching in the jurisdictional authority of the Pope, or at least in the area of governmental guidance (regimen)?* [61] Is it not to the Pope as the supreme court of judgment (" the more important and more difficult questions that arise in the Church "), as the supreme governor (" who presides over the whole Church "), that St. Thomas attributes an authority of teaching without further recourse?

---

ecclesiastical superiors would no longer have the value of a rule if they themselves departed from the first rule (*III Sent.*, d. 25, q. 2, a. 1, qcla. 4, ad 3; compare *Summa Theol.*, II-II, q. 2, a. 6, ad 3), that one gives credence to the successors of the Apostles " nisi inquantum nobis annuntiant ea quae illi in scriptis reliquerunt " (*de Verit.*, q. 14, a. 10, ad 11), that prelates, finally, are subject to fraternal correction and that the latter will be public if a question of faith is found at stake (*IV Sent.*, d. 19, q. 2, a. 2, qcla. 3, ad 1; *Summa Theol.*, II-II, q. 33, a. 4, ad 2).

[60] Thomas cites this text relative to charisms (*I Cor.*, c. 12, lect. 1) and adds to this occasion the maxim of *Ambrosiaster* (PL 17, 245 B), so often recalled by him and by others in the Middle Ages: " Omne verum a quocumque dicatur, a Spiritu Sancto est."

[61] This is what R. Sohm says, *Kirchenrecht*, t. II (München-Leipzig, 1923), p. 110. The same is to be found in W. Elert, R. Jelke.

VIII

104

This question could just as well be raised on the basis of a
text such as the following, drawn from his Commentary on the
chapter *Firmiter* of the fourth Lateran Council: "Fittingly,
therefore, as the Vicar of Christ is about to propose commands
by which the Church, founded by the preaching of the Apostles,
is governed in peace, it (*Firmiter*) first sets forth a section about
faith." And does not St. Thomas write elsewhere: "Teaching
is directed to the government of the people as to its end."? [62]

It would be wrong to argue from such texts in order to re-
proach St. Thomas for making the function of teaching into
something unreasonably juridical. We must place ourselves in
the perspective of St. Thomas himself, which is at the same time
so formal and rigorous and yet so broad. For him, *gubernatio*
covers the whole activity by which a created or established
reality is maintained in the truth that constitutes it and is
directed to its goal.[63] But the Church is founded by faith, it is
the "*congregatio fidelium*," according to a traditional definition
to which St. Thomas gives a sense that is very precise and very
rich in his synthesis.[64] Thus, the historical realization of this
"effectus gratiae" embraces, under the transcendent and infallible *gubernatio* of God, the First Truth who communicates
himself in revealing himself, all the providentially disposed
mediations of this communication, the prophets, sacred writers,
Christ, the Apostles, and then, dependent on them, the Councils, Popes, doctors . . ., St. Thomas does not make of jurisdiction the basis of the charism of teaching but simply relates the
power of imposing the formula of a new Creed as a universal
rule of belief to the degree of jurisdiction that belongs to the
one "who presides over the whole Church."

[62] We hope to return to this question elsewhere. The commentary on canon
Firmiter says: "Unitas Ecclesiae est praecipue propter fidei unitatem. Nam
Ecclesia nihil est aliud quam aggregatio fidelium." See A. Darquennes, "La
définition de l'Eglise d'après saint Thomas d'Aquin," in *L'organisation corporative
du Moyen Age à la fin de l'Ancien Régime* (Louvain, 1943), pp. 1-53; our *L'Eglise
de S. Augustin a l'époque moderne* (Paris, 1970), p. 232 s.; note 24 of the work
cited above, note 54.
[63] *I Cor.*, c. 12, lect. 3.
[64] See our study cited above, n. 58. One of the most significant texts is *Compendium Theologiae* I, 147.

We may, therefore, state that article 10, and other passages such as *Quodl.* II, 7, whose teaching is reproduced in II-II, q.2, a.6, ad 3, q.10, a.12, and *Quodl.* IX, 16, marks a stage in the movement which replaced the distribution of areas of competence made by Gratian,—the primacy of " those who study the divine Scriptures," for a scientific exposition of the Scriptures and the primacy of the Pontiffs " in matters to be defined," [65]—by the privilege of Papal authority, which even tended to become uniquely competent in matters pertaining to the *articuli fidei.*

It seems certain that the popular heresies of the twelfth century and the organization of their repression have played a role in this process: doctrinal questions have become juridical *cases.* St. Thomas treats the act of defining matters of faith as a judgment which must be made by the Sovereign Pontiff " to whom the more important and more difficult questions that arise in the Church are referred." He joins in the Pope both judicial and doctrinal competence.

This union does not necessarily make of the *magisterium* simply an exercise of the power of jurisdiction; St. Thomas also associates judicial and doctrinal competence with the priesthood, and his conception of the power of the keys is strongly sacramental. But it does grant to the person with supreme jurisdiction the exercise of the *magisterium* inasmuch as it takes the form of a judgment and of an order of supreme public authority.

Le Saulchoir,
  Paris, France

---

[65] Gratian, saying before c. 1 D. XX (Friedberg 65). For the ensemble of the question, cf. Ch. Munier, *Les Sources patristiques du Droit de l'Eglise du VIIIe au XIII siècle* (Mulhouse, 1957), pp. 189-204.

VALEUR ET PORTÉE ŒCUMÉNIQUES DE QUELQUES PRINCIPES HERMÉNEUTIQUES DE SAINT THOMAS D'AQUIN

Je voudrais montrer la valeur, pour une attitude et une pratique œcuméniques, de certaines démarches herméneutiques de S. Thomas en face de certains énoncés des autorités qu'il révérait : Écriture, Aristote et surtout ceux que nous appelons les Pères (il faisait quelques réserves sur ce mot, mais disait les « sancti », « doctores », « expositores fidei »[1]).

Il y avait un principe classique pour interpréter les énoncés fautifs ou pour aplanir les oppositions : « exponere reverenter »[2]. Nous verrons S. Thomas l'invoquer dans la consultation improprement appelée *Contra errores Graecorum*. Il ne faut pas « forcer » les termes moins exacts qu'on peut trouver dans un texte « authentique », qui fait autorité, mais les interpréter « *pie* » : mot qu'il ne faut pas traduire par « pieusement », au sens que ce mot reçoit dans l'usage courant, mais plutôt « selon la *pietas fidei* », c'est-à-dire selon la conformité à la foi, selon l'*analogia fidei* de *Rm* 12,6. Ainsi, rencontrant des énoncés bibliques tels que « qu'ils te con-

---

1. Critique du terme « Patres » : *Contra errores Graecorum*, Épilogue. « Patres » désignait les Pères des conciles. Cf. notre *La Tradition et les traditions* II. Essai théologique. Paris, 1963, p. 191s.

2. Cf. M. D. Chenu, « Authentica et Magistralia. Deux lieux théologiques aux xiie-xiiie siècles », in *Divus Thomas* (Pi) 28 (1925) 257-285 (p. 280 s. ; nombreux exemples p. 282-283) ; *Introduction à l'étude de S. Thomas d'Aquin*. Montréal-Paris, 1950, p. 106-131.

612

naissent toi *le seul* vrai Dieu » (*Jn* 17,3) ou liturgiques tels que
« Toi seul es saint, *Tu solus sanctus* », Thomas remarque : « Non
est extendenda talis locutio, sed pie exponenda sicubi inveniatur
in authentica scriptura » (I^a q.31 a.4 c.). Il énonce la même règle
touchant certains énoncés des « sancti doctores » : I^a q.39 a.5 ad
1um ; III^a q.4 a.3 ad 1um).

Le procédé, il est vrai, pouvait tourner en une harmonisation
à bon compte, plus verbale que réelle. S. Thomas avait trop le
souci de l'exactitude dans l'interprétation des textes, il était trop
habité par ·un idéal de véritable exégèse — ses commentaires sur
S. Paul et sur S. Jean en témoignent ! — pour ne pas chercher
autre chose, à savoir : expliquer un énoncé par son contexte
historique, par l'intention de l'auteur, en fonction du problème
qu'il s'est posé et de l'angle par lequel il a approché la question,
compte tenu des ressources dont il disposait. Suivons donc
S. Thomas dans cette recherche qu'il fait si souvent de l'*intentio*
des auteurs et des textes.

Le terme *intentio* a plusieurs usages techniques dans la philosophie de S. Thomas[3] : il sert à définir la réalité originale de la
motion instrumentale, la présence de la fin comme moteur de
l'appétit, le mode d'être de l'objet connu dans l'esprit. Le sens
moins technique d'« intention d'un auteur, visée d'un texte »,
intentio loquentis[4], se rattache à celui qui désigne le contenu intellectuel qui intervient comme mobile de la volonté.

Nons tenons donc un premier sens de *intentio*, une première
application de la méthode consistant à rechercher ce qu'*a voulu
dire* un auteur, à partir de quoi l'on peut trouver le sens d'un texte.
Cela peut être l'Écriture : son sens littéral — mais, pour traduire
ici le « literalis » de S. Thomas, nous préférons dire « littéraire » —
est « quem auctor intendit »[5]. Et c'est à lui, donc à ce qu'a voulu
dire l'auteur, que s'attache la propriété d'inerrance, conséquence
de l'inspiration[6].

S. Thomas a mis en œuvre une méthode proprement exégétique
dans ses commentaires d'Aristote ou de Denys. Il y emploie souvent

3. Cf. H. D. SIMONIN, « La notion d'' intentio ' dans l'œuvre de saint Thomas
d'Aquin », in *Rev. Sc. ph. th.* 19 (1930) 445-463.
4. « In omni locutione oportet esse aliquod medium per quod intentio loquentis
ad audientem deferatur. » In II Sent. d.11 q.2 a.3 obj. 3.
5. « Sensus literalis est quem auctor intendit » : I^a q.1 a.10 c. « In sacra Scriptura
praeter principalem sensum quem auctor intendit possunt alii sensus non incongrue
aptari. Et sic Hieronymus per adaptationem quandam loquitur, et non secundum
intentionem Apostoli. » In IV Sent. d.21 q.1 a.2 q^a 1 ad 3um.
6. « Sensui literali sacrae Scripturae numquam potest subesse falsum » : I^a q.1
a.10 ad 3um.

les termes « intendit, intentio, intentum »[7] : voilà ce qu'a voulu dire notre auteur.

Parfois, l'explication par l'*intentio* s'applique à un passage précis, à un énoncé particulier. Ainsi, s'agissant encore de Denys, pour préciser que sa théorie de la participation ne s'oppose pas à l'idée biblique d'élection[8], ou à propos de l'existence d'idées en Dieu. On tirait une objection de Denys, d'après lequel Dieu ne connaît pas les réalités selon l'idée. Réponse : « intentio Dionysii est dicere quod ipse non cognoscit per ideam acceptam a rebus... », ce qui est en effet le sens du texte de l'Aréopagite[9]. Plus loin, dans le même article, l'objection est tirée de S. Anselme : dans le Verbe, par lequel tout a été fait, on ne trouve pas d'images des choses, mais la simple essence (divine)... Réponse analogue : « Intentio Anselmi est dicere quod in Verbo non sit similitudo sumpta a rebus ipsis... »[10]. Comparer, encore, pour rectifier une mauvaise interprétation possible, « Cum Augustinus dicit : ' Non hoc corpus quod videtis, manducaturi estis ', non intendit excludere veritatem corporis Christi, sed quod non erat manducandum in hac specie in qua ab eis videbatur »[11]. Ce que Thomas confirme par d'autres passages de S. Augustin.

D'autres fois, pour répondre à une difficulté tirée d'un texte patristique, Thomas fait appel au contexte global, ou bien à quelque autre texte du même auteur, qui rétablit le sens de sa pensée. Ainsi, au cours de la querelle entre Séculiers et Mendiants, en avril 1270, on oppose à S. Thomas des passages où S. Jean Chrysostome met le dévouement pastoral au-dessus de la solitude contemplative des moines[12]. Thomas répond doublement. D'abord par référence à l'*intentio operis :* ces textes sont tirés d'un écrit où Chrysostome se consolait lui-même et consolait son ami Basile de leur promotion à l'épiscopat. Ainsi le contexte global, la visée

---

7. Voir par exemple *Com. in De anima*, lib. III lect. 5 (Marietti n. 637, 638, 651) ; *De unitate intellectus :* « Sed quia ex quibusdam verbis consequentibus Averroes accipere voluit intentionem Aristotelis fuisse quod intellectus non sit anima quae est actus corporis aut pars talis animae, ideo etiam diligentius verba sequentia consideranda sunt » (*Opusc.*, éd. Lethielleux I, p. 38). — Pour Denys, *Com. in lib. De divinis nominibus* c.2 lect. 6 ; c.3 lect. 1 ; c.4 lect. 1 (Parme XV, 289, 290, 294) et la remarque de J. TURBASSI, art. « Denys », in *Dict. de Spiritualité*, t. III, 352.

8. « Dionysius per verba illa [De div. nom., c.4 : P.G. 3,693] non intendit excludere electionem a Deo simpliciter, sed secundum quid : in quantum scilicet non quibusdam solum bonitatem suam communicat, sed omnibus » ; I[a] q.19 a.4 ad 1[um].

9. DENYS, *De divinis nominibus*, c.7 (P.G. 3,869) ; S. THOMAS, *De veritate* q.3 a. 1 ad 6[um].

10. S. THOMAS, *ibid.*, ad 10[um] ; ANSELME, *Monologium*, c.29 (P.L. 158, 183).

11. III[a] q.75 a.1 ad 1[um]. Le texte était de S. AUGUSTIN, *En. in Ps 95,9* (P.L. 37,1265).

12. *Quodl.* III, 17 ; de même, en 1272, II[a] II[ae] q.184 a.8 obj. 1 = Chrysostome, *De sacerdotio* lib. VI (P.G. 48,683).

du traité, expliquent le sens et précisent la portée d'un énoncé qui, pris à part et dans l'abstrait, faisait problème. Autre exemple : dans les problèmes d'anthropologie auxquels il attache une très grande importance, Thomas devait se frayer une route ferme entre l'augustinisme, les averroïstes, l'Aristote génuine, les données scripturaires. Pour lui, la mémoire n'est pas une puissance distincte de l'intelligence. On lui objecte la trinité psychologique augustinienne, mémoire, intelligence, volonté, où Pierre Lombard voyait « tres vires »[13]. Mais, dit S. Thomas, « hoc non est secundum intentionem Augustini » qui, d'après un autre passage du *De Trinitate*, « memoriam accipit pro habituali animae retentione »[14].

S. Thomas en est convaincu : on est mieux à même de répondre aux difficultés que des textes peuvent provoquer quand on sait quelle était la question posée, et pourquoi on en est venu là. C'est ce qu'il déclare au Maître général Jean de Verceil, qui lui avait demandé son avis sur 42 questions[15]. Nous avons un bon exemple d'explication d'un texte gênant par la conjoncture au sein de laquelle il s'explique, dans l'article où Thomas se demande si la nature humaine du Christ a été unie au Verbe de façon accidentelle, non en substance ou en personne[16]. L'idée d'union accidentelle pouvait trouver un appui dans celle de l'humanité-instrument de la divinité (S. Jean de Damas[17]). De fait, il pourrait y avoir une façon de concevoir les choses qui conduirait à cela, celle de Nestorius. C'est exactement pour faire pièce à celui-ci que Cyrille d'Alexandrie a écrit d'une façon qui semble écarter cette situation et ce rôle d'instrument[18]. On sait que S. Thomas admet cette instrumentalité (« instrument conjoint », organe), et qu'il s'appuie pour cela précisément sur Cyrille et sur Jean de Damas.

S. Thomas a « disputé » le *De spiritualibus creaturis* à Paris, en 1269, dans une conjoncture intellectuelle où il devait se démar-

13. S. Augustin, *De Trinitate* lib. X c.10 et 11 (P.L. 42,980-984) ; Pierre Lombard *I Sent.* d.3, c.2 (éd. Quaracchi, 1916, n° 142, p. 35) ; S. Thomas, Iª q.79 a.7, en 1267-1268.
14. Référence à *De Trinitate* lib. XIV c.7, col. 1043-1044. Notons que Richard Klapwell, dominicain oxfordien de nuance augustiniste, en reprenant presque *ad verbum* cet article de S. Thomas, récuse cette solution au nom d'une orthodoxie augustinienne de la trinité psychologique ; cf. M. D. Chenu, « La première diffusion du thomisme à Oxford. Klapwell et ses 'notes' sur les Sentences » ; in *Arch. Hist. Doctr. litt. du Moyen Age* 3 (1928) 185-200 ; cf. p. 186-187 et 194.
15. « Fuisset mihi facilius respondere si vobis scribere placuisset rationes quibus dicti articuli vel asseruntur vel impugnantur. Sic enim potuissem magis ad intentionem dubitantium respondere » : *Declaratio XLII quaestionum*, prol. (Parme XVI, 163 : du 2 avril 1271).
16. IIIª q.2 a.6 obj. 4 et ad 4ᵘᵐ.
17. *De fide orthodoxa* lib. III, c.5 (P.G. 94,1049).
18. *Epist.* 1 (P.G. 77,29).

quer, d'un côté, des disciples de S. Bonaventure, d'un autre côté, des averroïstes. Face à ceux-ci, l'article 10 prend position : « Utrum intellectus agens sit unus omnium hominum ? » On argumente cette fois à partir d'un texte de S. Augustin d'après lequel la connaissance sensible atteignant des réalités qui changent sans cesse, ne peut fonder aucune connaissance certaine[19]. C'est vrai de toute créature. Il faut donc recourir à un intellect actif incréé. S. Thomas répond en montrant que l'argumentation ne porte pas, puis il ajoute : « Sed tamen ut profundius intentionem Augustini scrutemur... », et il fait un tableau des grandes options successives de la pensée philosophique en matière d'épistémologie : Présocratiques ; Socrate ; Platon ; Augustin, « Platonem secutus quantum fides catholica patiebatur »[20] ; enfin Aristote. Ainsi, mieux comprendre une position d'un auteur revient à chercher de quel problème, de quelles données il est parti, bref à le situer dans la conjoncture intellectuelle qui a déterminé sa problématique.

S. Thomas va nous faire faire un pas de plus en reconnaissant qu'une formulation erronée peut coexister avec une pensée réellement orthodoxe. Il traite la question, discutée à l'époque patristique, puis de nouveau, et intensément, dans la première et dans la grande Scolastique, de la qualité à reconnaître au Christ mort et mis au tombeau[21]. Pour S. Thomas, la question christologique prenait toute son acuité du problème anthropologique : si l'on admet de dire qu'un cadavre ou une âme séparée sont un homme, qu'en est-il de la vérité de l'union substantielle de l'âme et du corps ? Or Hugues de Saint-Victor avait, au jugement de Thomas, tenu qu'entre la mort et la résurrection du Christ, celui-ci était un homme parce que l'âme est un homme, la personnalité consistant dans l'âme[22]. Pierre Lombard tenait une position assez sembla-

19. *Liber LXXXIII Quaestionum*, q.9 (P.L. 40,13).

20. Formule fréquente au moyen âge : cf. *Arch. Hist. Doctr. litt. du M.A.* 1 (1926) 125 n. 3.

21. Au ive s. encore (Athanase, Hilaire, Ambroise) cf. J. Lebon, « Une ancienne opinion sur la condition du corps du Christ dans la mort », in *Rev. Hist. eccl.* 23 (1927) 5-43, 209-241 ; A. Grillmeier, « Der Gottessohn im Totenreich », in *Zeitsch. f. Kath. Theol.* 71 (1949) 1-53, 184-203. Grégoire de Nysse a, par contre, établi la thèse qui s'imposera : Le Verbe demeure uni au corps aussi bien qu'à l'âme après leur séparation : J. Daniélou, « L'état du Christ dans la mort d'après Grégoire de Nysse », in *Historisches Jahrbuch* 77 (1958 : Festgabe Altaner) 63-72. Pour la discussion dans la Première Scolastique, cf. R. F. Studeny, *John of Cornwall an Opponent of Nihilianism*. Moedling-Wien, 1939 ; J. Chatillon, « Achard de Saint-Victor et les controverses christologiques du xiie siècle », in *Mélanges Cavallera*. Toulouse, 1948, p. 317-338 ; A. Landgraf, « Das Problem Utrum Christus fuerit homo in triduo mortis in der Frühscholastik », in *Mélanges A. Pelzer*. Louvain, 1947, p. 109-158 (Dogmengesch. d. Frühscholastik II/1, p. 116-137).

22. *De sacramentis* lib. II pars 1 c.11 (P.L. 176, 401-414). La position laborieusement

616

ble[23]. Comme le Victorin, avec plus d'insistance encore que lui, il affirmait une volonté de ne pas traiter la question à la lumière des philosophes mais seulement à celle des témoins de la foi, car le cas du Christ était unique : on peut appeler son cadavre un homme parce que son corps d'une part, son âme d'autre part, quoi qu'ils fussent séparés l'un de l'autre, étaient unis au Verbe, et donc étaient unis de quelque manière entre eux, bien que séparés. Pour S. Thomas, la vérité philosophique sur l'homme était autrement importante ! Il écrit de Hugues « haec positio non potest esse vera » et du Lombard « haec positio non potest stare ». Mais il ajoute, un peu plus loin « et secundum hoc ex opinione Magistri non sequitur aliquod inconveniens secundum rem » et, dans la *Somme*, il prononce : « Quidam tamen confessi sunt Christum in triduo hominem fuisse, dicentes quidem verba erronea, sed sensum erroris non habentes in fide »[24]. Recueillons cette déclaration réfléchie, dont la portée est évidemment grande : une formulation défectueuse, mieux, erronée, peut exprimer une foi qui, dans le sens et la visée qu'elle a dans le sujet, est juste. Nous allons, avec S. Thomas, faire un pas de plus avec un exemple d'une importance beaucoup plus grande encore et d'une actualité toujours très vive.

Depuis qu'il avait reconquis Constantinople en 1261 l'empereur Michel VIII Paléologue poursuivait l'union avec l'Église romaine, espérant écarter par là les attaques dont son empire était l'objet de la part de Venise et des seigneurs latins, ainsi que la menace que la maison d'Anjou faisait peser sur lui. Des tractations menées avec le Siège de Rome aboutirent à l'union proclamée à Lyon le 6 juillet 1274. Thomas était mort le 7 mars en se rendant au concile qui allait s'ouvrir le 7 mai. Nous pouvons nous faire une idée de ce qu'y aurait été son attitude sur la question majeure de la Procession du Saint-Esprit, et cela moins sans doute d'après l'écrit que les catalogues ont intitulé *Contra errores Graecorum* (fin 1263 ou début 1264) que d'après la question 10 du *De Potentia* composée en Italie, non loin de la cour papale, très probablement en 1264 et dans le contexte des tractations entre Michel Paléologue

exposée de Hugues est : après la séparation de l'âme, le corps ne peut être dit « homme » que parce qu'il est uni au Verbe comme l'âme l'est de son côté. Relevons ces formules : « divinitas [Christi] nec ab anima nec a carne separata est » ; « quid magis est homo quam anima ? » (407D) ; « anima in quantum est spiritus rationalis ex se et per se habet esse personam » (409B). — S. Thomas, *III Sent.* d. 22 q.1 a.1 ; III[a] q.50 a.4.

23. *Sent. lib. III* d.22 c.1 s. n. 149 s. (éd. Quaracchi, 1916, p. 650 s.). — S. Thomas, *loc. cit.*, n. préc.

24. On trouve d'autres applications de la même distinction, par exemple : « Aristoteles non objicit hic contra sensum Platonis sed contra Platonicorum verba, ne ab eis aliquis in errorem inducatur » : *Com. in lib. de Coelo* lib. III lect. 6 (éd. Léonine, p. 247).

et Urbain IV[25]. Dans le *Contra errores Graecorum*, Thomas exprime
et met en œuvre des principes herméneutiques de grande valeur
et dont nous ferons notre profit, mais il n'y expose guère sa pensée
pour elle-même. Le pape lui avait demandé son avis sur un recueil
de textes dont un grand nombre étaient apocryphes. Thomas a
travaillé de bonne foi. Il semble cependant qu'il ait très vite
conçu des doutes sur la valeur de ces textes. Il ne les évoque plus
du tout dans la *Somme*, dont le *De Trinitate* est de 1267 et, si le
IVᵉ livre du *Contra Gentiles* (1259-1260) ou notre question *De
Potentia* contiennent encore quelques allusions, celles-ci sont très
réduites et, pour certains textes figurant dans le libellus envoyé
par Urbain IV, Thomas a recouru à d'autres sources[26]. Il est
probable que le Thomas du concile de Lyon eût été le Thomas du
De Potentia q.10, à l'exception des quelques allusions qui restent
là du Libellus de Nicolas de Cotrone et qui n'y ont d'ailleurs qu'une
place minime et accessoire.

Dans le prologue de sa réponse à la demande d'Urbain IV
(Contra errores Graecorum), Thomas exprime deux principes
d'herméneutique des énoncés qui font problème. Premier principe :
la différence entre deux énoncés peut s'expliquer et se justifier
par l'apparition d'une erreur qui a contraint à préciser. Exemple :
S. Augustin avant et après Pélage. C'est ainsi que Thomas répond
à la critique faite par les Grecs de l'introduction du *Filioque* dans
le Symbole[27]. Cette réponse se développe en trois points : 1° Le
Filioque n'est qu'une explication d'affirmations du Symbole de
Nicée-Constantinople. 2° Un concile a le droit d'interpréter un
Symbole antérieur : Constantinople l'a fait pour Nicée. Et si un
concile peut le faire, le pape aussi peut le faire, puisque c'est la
seule autorité qui convoque le concile, le confirme, et qui constitue
l'instance suprême d'appel[28]. 3° On peut trouver dans les principaux
conciles, c'est-à-dire les quatre premiers, des appuis directs ou
indirects pour la doctrine de la procession du Saint-Esprit « ab
utroque ».

Second principe, qui intéresse plus immédiatement notre sujet :
les problèmes de langage. Thomas en développe deux aspects :
1° On rencontre des expressions discutables, impropres ; il faut

25. P. GLORIEUX, « Autour du Contra errores Graecorum. Suggestions chronologiques », in *Autour d'Aristote*. Recueil d'études de Philosophie ancienne et médiévale offert à A. Mansion, Louvain, 1955, p. 497-512.
26. Cf. H. DONDAINE, *Préface* à l'édition critique du *Contra errores Graecorum: Opera omnia*, XL A. Rome, 1967, p. 19, n. 1 et 2.
27. Voir encore *In I Sent.* d.11, Expositio textus ; Iᵃ q.36 a.2 ad 2ᵘᵐ ; *Contra Gentiles* IV, 24.
28. Pour tout cela, voir notre article sur *S. Thomas et l'infaillibilité du Magistère papal (Sum. theol.* IIᵃ IIᵃᵉ q.1 a.10) à paraître dans *The Thomist*, 1974.

618

distinguer en quel sens elles seraient à rejeter, en quel sens on peut les bien entendre. Tous les chapitres de la première partie du *Contra errores* sont intitulés « Quomodo intelligitur quod (cum) dicitur... » Exemple, qu'on retrouve dans le *De Potentia* q.10 a.1 ad 9[um] : on peut qualifier le Père de « principe » du Fils et du Saint-Esprit, d'autant que le terme « principe » est très large et ne suggère pas une différence dans l'essence. Mais on ne saurait dire aussi innocemment que le Fils ou le Saint-Esprit sont « principiés », bien que les Grecs le disent parfois[29]. On peut l'admettre à condition de le bien entendre et d'éviter ce qui semblerait entraîner une infériorité quelconque.

2º Bien des dissemblances, voire d'apparentes discordances entre Grecs et Latins s'expliquent par une différence d'approche qui se traduit dans une différence de problématique, de conceptualisation, et donc d'expression. On en a un bel exemple dans l'usage du terme « cause » que les Grecs emploient pour parler du Père à l'égard du Fils ou de l'Esprit[30]. « Latini doctores raro vel numquam ad significandum originem divinarum personarum, nomine causae utuntur », et ceci en raison de trois graves inconvénients qu'entraînerait un tel usage. « Graeci tamen absolutius in divinis utuntur nomine causae, ex ipso solam originem significantes. » L'important n'est pas le mot comme tel, mais ce qu'on veut dire, le sens dans lequel on l'emploie, bien que, surtout en théologie trinitaire, le « modus significandi » soit particulièrement important[31]. S. Thomas pose un principe d'équivalence d'énoncés apparemment discordants : « aliquid inconvenienter in lingua latina dicitur quod propter proprietatem idiomatis convenienter in lingua graeca dici potest. »

Ce principe d'équivalence, S. Thomas l'applique à la question cruciale de la procession du Saint-Esprit, soit du Père et du Fils (comme d'un seul principe où le Fils, cependant, tient du Père d'être principe avec lui), soit du Père par le Fils : « Si quis recte consideret dicta Graecorum, inveniet quod a nobis magis differunt in verbis quam in sensu »[32]. Notons cette formule que S. Thomas emploie assez souvent pour d'autres sujets[33]. C'est vrai, les Grecs n'admettent pas que l'Esprit procède du Fils ; « concedunt tamen

---

29. Cf. *Contra errores Graec.* I,1.

30. Cf. *De Potentia* q.10 a.1 ad 8[um]. Sur l'équivalence de « cause » et « principe », on se reportera aussi à l'union de Florence : cf. *infra* n. 40.

31. I[a] q.39 a.3 ad 4[um]. Le traité de la *Somme* est largement consacré à chercher ce qu'on peut, ce qu'on ne peut pas dire pour parler exactement.

32. *De Potentia* q.10 a.5c.

33. Dans des questions de cosmologie : I[a] q.68 a.4 c. ; q. 70 a.3 c. fin. Au sujet de l'énumération des chœurs angéliques : q. 108 a.6 ad 4[um]. « Nec de nominibus est curandum » : q.54 a.4 ad 2[um].

Spiritum Sanctum esse Spiritum Filii, et esse a Patre per Filium »[34].
Or ces énoncés impliquent nécessairement un certain rapport au
Fils dans l'ordre de la Procession, comme Anselme s'était déjà
appliqué à le montrer : « Quod non posset dici si processio Spiritus
Sancti omnino esset a Filio absoluta. Unde datur intelligi quod
etiam ipsi Graeci processionem Spiritus Sancti aliquem ordinem
ad Filium habere intelligunt. » S. Thomas conclut un peu vite.
Un dialogue réel avec les Grecs l'aurait mis en présence d'une
distinction entre *proienai* et *ekporeuesthai*, simple Procession et
Procession d'origine première : un nouveau et beau sujet de
réflexion sur la différence des langues et des conceptualisations.
Thomas ajoutait qu'il ne suffit pas de dire que le Fils et l'Esprit
procèdent l'un et l'autre du Père, mais « diverso modo ». Cela est
exact, « est omnino verum ». Mais, dans cette double relation de
Procession, l'Esprit ne peut se distinguer du Fils que par une
relation de Procession reconnue entre lui et le Fils. L'*ad secundum*
de notre article précise en ce sens ce qu'a écrit S. Anselme : « Habet
utique a Patre esse Filius ac Spiritus Sanctus, sed diversimode ;
quia alter nascendo, alter procedendo ut alii per hoc sint ad
invicem »[35]. Notons que cette position était encore tenue par des
contemporains de S. Thomas et le sera encore après sa mort[36].
S. Thomas l'excuse chez S. Anselme par l'*intentio* de celui-ci
(« Est autem intentio Anselmi ») : Anselme disait cela comme
base de discussion avec ceux qui niaient que l'Esprit vienne du
Fils, plutôt que comme formule de la vraie doctrine : « magis
est disputativa suppositio quam veritatis definitio ». Ce qui est
un usage de l'« exponere reverenter ». Dans le cas, telle était bien
l'intention d'Anselme, clairement exprimée dès son Prologue[37].

Nous ne voulons pas attirer S. Thomas dans un contexte qui
n'a pas été le sien. Il nous paraît cependant qu'il a donné un
premier exemple de ce que le Père Pouget appelait la méthode

34. *De Pot.* q.10 a.5 c. ; comp. Iᵃ q.36 a. 2ᵘᵐ. — « Spiritus Filii » : cf. *C. err. Graec.*
II, 1 ; S. JEAN DE DAMAS, *De fide orthod.* I, 12 (P. G. 94, 848-849). La formule de
S. Thomas est déjà dans S. ANSELME, *De processione Spiritus Sancti*, c. 1 et c. 21 : P.L.
158, 286 A et 315. — « Per Filium » : cf. *C. err. Graec.* II, 8 ; Iᵃ q. 36 a.3. — Sur
l'ensemble de la question cf. V. GRUMEL, « S. Thomas et la doctrine des Grecs sur la
Procession du Saint-Esprit », in *Échos d'Orient* 25 (1926) 257-280.
35. S. ANSELME, *De processione Spiritus Sancti*, c. 1 : P.L. 158, 287-288 ; en 1099.
36. Ainsi Henri de Gand, Guillaume de Ware, Jean Duns Scot : cf. J. SLIPYJ,
« Num Spiritus Sanctus a Filio distingueretur si ab eo non procederet ? », in *Bohoslavia* 5
(1927) 2-19 ; 6 (1928) 1-17. D'après A. DONDAINE (« Un catalogue de dissensions
doctrinales entre les Maîtres parisiens de la fin du xiiiᵉ s. », in *Rech. Théol. Anc. Méd.* 10
(1938) 374-394 : p. 388) il faut ajouter Matthieu d'Aquasparta.
37. P.L. 158, 285.

620

du minimum[38] et de ce que le P. Maurice Villain appelle le principe
des équivalences[39]. L'histoire nous fournit, et dans la ligne même
des explications de S. Thomas que nous venons de recueillir, un
exemple solennel et d'importance majeure d'équivalence : la déclaration de la bulle d'union du concile de Florence («Laetentur
coeli » ; 6 juillet 1439) concernant la parité de sens de la formule
latine « Le Saint-Esprit procède éternellement du Père et du
Fils », et de la formule grecque « Du Père par le Fils » entendue
ainsi : « Les saints Docteurs et les Pères ont voulu signifier par là
que le Fils est aussi bien que le Père, la cause — selon les Grecs —
le principe — selon les Latins — de la subsistance du Saint-Esprit»[40].
Depuis S. Thomas et l'union de Florence, cependant, un certain
nombre de grands faits culturels et religieux ont rendu nécessaire
et même urgente une large application des principes qu'ils ont
les premiers reconnus. Ce sont les suivants.

1º Une meilleure connaissance de l'histoire et des conditionne-
ments historiques, à quoi s'ajouteraient des apports de sociologie
de la connaissance. On ne peut plus tenir de façon aussi naïve et
optimiste qu'autrefois (Marin-Sola !) le schéma d'un développement
linéaire continu d'un « implicite » contenu dans les énoncés dogmatiques. C'est vrai : la foi de l'Église reste la même, inspirant une
même vie dans le Christ. Mais l'histoire nous fait assister à une
suite de relectures ; au niveau de la formulation et d'une certaine
systématisation, nous trouvons des structurations successives,
employant des ressources intellectuelles liées à des conjonctures
historiques complexes, d'un donné réel qui a été livré une fois
pour toutes aux fidèles (*Jude*, 3). L'identité n'est pas à chercher
dans le matériel conceptuel mais dans la visée, la signification, bref
l'*intentio*, dans l'intégrité et l'équilibre relatif des éléments ou
valeurs essentielles de la réalité[41]. Newman, sous le nom de
« développement », parlait modestement de « préservation du
type », de « continuité des principes ».

38. Cf. J. GUITTON, *Portrait de M. Pouget*. Paris, 1941, p. 84 s. Il s'agit d'apologétique. S. Thomas professe aussi qu'il faut partir du minimum commun : *Quodl.* IV, 18 ;
C. Gent. I c. 2 fin ; I[a] q. 1, a.8c.
39. *Introduction à l'Œcuménisme*. Casterman, 3e éd. 1961, p. 249 s. ; 4e éd., 1964,
p. 297 s. : ce principe est une pièce ou un moment de toute une « théologie œcuménique ».
40. DENZ.-SCHÖNM. 1300-1301. Le concile de Lyon de 1274 se contentait de la
formule latine, sans allusion à la grecque.
41. Cf. J.-P. JOSSUA, « Immutabilité, progrès ou structurations multiples des doctrines chrétiennes », in *Rev. Sc. ph. th.* 52 (1968) 173-200. Comparer E. SCHILLEBEECKX,
in *Théologie d'aujourd'hui et de demain*. Paris, 1967, p. 126-137 ; R. REFOULÉ, in
L'avenir de la théologie. Paris, 1968, p. 39 ; M. SECKLER, « Der Fortschrittsgedanke
in der Theologie », in *Theologie im Wandel*. Tübingen, 1967, p. 41-67 (surtout p. 62 s.).
On pourrait invoquer *Gaudium et Spes*, nº 62,2.

Évidemment, cette façon de voir l'homogénéité dans la diversité peut s'appliquer aussi bien de façon synchronique aux expressions liturgiques, canoniques, théologiques et même dogmatiques qui se sont produites en diverses Églises en fonction de l'histoire qu'elles ont vécue et de la culture ambiante. Le décret *Unitatis redintegratio* du Concile l'a proclamé de façon générale[42] et avec une insistance particulière au sujet des deux portions orientale et occidentale de l'Église[43]. Fait notable : il rattache ce légitime pluralisme non seulement à la catholicité mais à l'apostolicité. L'équivalence des formules « Filioque » et « Per Filium » reconnue par le concile de Florence est un exemple majeur. L'histoire en apporte d'autres, ceux entre autres, qu'évoquait Paul VI à Constantinople, dans son adresse au Patriarche Athénagoras, le 15 juillet 1967 :

« La charité doit nous aider comme elle a aidé Hilaire et Athanase à reconnaître l'identité de la foi au-delà de la différence de vocabulaire au moment où de graves divergences divisaient l'épiscopat chrétien. S. Basile lui-même, dans sa charité de pasteur, ne défendait-il pas la foi authentique dans le Saint-Esprit en évitant d'employer certains mots qui, si exacts qu'ils fussent, pouvaient être occasion de scandale pour une partie du peuple chrétien ? Et S. Cyrille d'Alexandrie n'acceptait-il pas, en 433, de laisser de côté sa si belle théologie pour faire la paix avec Jean d'Antioche, après qu'il eût été certain qu'au-delà des expressions différentes leur foi était identique ? »[44].

2o Nous sommes passés, par la cohérence des choses, de l'histoire à l'œcuménisme. Dans les confrontations doctrinales auxquelles

42. Ch. 1, n. 4 § 7 : « Conservant l'unité dans ce qui est nécessaire, que tous, dans l'Église, chacun selon la fonction qui lui est départie, gardent la liberté voulue, qu'il s'agisse des formes diverses de la vie spirituelle et de la discipline, de la variété des rites liturgiques, et même de l'élaboration théologique de la vérité révélée ; et qu'en tout ils pratiquent la charité. De la sorte, ils manifesteront toujours plus pleinement la véritable catholicité et apostolicité de l'Église. » Voir G. DEJAIFVE, « Diversité dogmatique et unité de la Révélation », in *Acta Congressus internationalis de Theologia concilii Vaticani II*. Romae 26 sept.-1 oct. 1966. Rome, 1968, p. 712-722.
43. Ch. 3, n. 14 § 3 : « L'héritage transmis par les apôtres a été reçu de manières diverses et, depuis les origines mêmes de l'Église, il a été expliqué de façon différente selon la diversité du génie et les conditions d'existence. » Ch. 3 n. 17 § 1 : « Ce qui a été dit plus haut de la légitime diversité en matière de culte et de discipline doit s'appliquer aussi à la formulation théologique de la doctrine. Effectivement, dans l'effort d'approfondissement de la vérité révélée, les méthodes et les moyens de connaître et d'exprimer les choses divines ont été différents en Orient et en Occident. Il n'est donc pas étonnant que certains aspects du mystère révélé aient été parfois mieux saisis et mieux exposés par l'un que par l'autre, si bien que ces diverses formules théologiques doivent souvent être considérées comme plus complémentaires qu'opposées. »
44. *Tomos Agapis*, Vatican, 1971, n. 172, p. 374 ; *Docum. cathol.*, 1967, col. 1382. Pour les Pères, cela relevait de l'« économie », ou de la « condescendance » : cf. notre étude « Propos en vue d'une théologie de l'' Économie ' dans la tradition latine », in *Irénikon* 45 (1972) 155-206 (exemples et références, p. 176-177).

il ne se réduit pas mais qui en sont un moment nécessaire, l'œcuménisme profite largement d'une meilleure connaissance de l'histoire. L'œcuménisme est le fruit d'une grâce faite par Dieu à notre siècle ; il a sa place dans l'histoire du salut. D'autres époques ont été dominées par le sentiment des différences poussé jusqu'au goût des oppositions maxima : longs siècles d'affrontement polémique entre Orient et Occident, xvie siècle occidental. « Les autres » n'intéressaient pas beaucoup les hommes du moyen âge ni ceux de la Réforme. Ils sont pour nous voisinage, question et même hantise. Jusqu'au xxe siècle, une culture n'avait guère rencontré une autre culture qu'en cherchant à se la soumettre. L'autre comme autre nous intéresse. Jacques Maritain a observé finement qu'autrefois on aimait les autres, chrétiens ou non-chrétiens, pour ce qu'ils pouvaient devenir. On les aime aujourd'hui pour ce qu'ils sont déjà[45]. De plus, nous reconnaissons aujourd'hui qu'aucun n'est arrivé à débouter l'autre de ses convictions. Or on ne vit pas de négations ou d'ignorances. C'est que l'autre avait *aussi* ses raisons, qu'il avait perçu et tenait des aspects de la vérité dont nous ne rendions pas compte : du moins en avait-il le sentiment. L'amour même d'une vérité plus pure et plus pleine, et non quelque mauvais libéralisme ou scepticisme, nous portait dès lors à vouloir recomposer dans l'unité une vérité disjointe, sinon par une synthèse unitaire qui dépasserait nos moyens et pourrait recouvrir une dangereuse entreprise de nivellement, du moins par une communion dont le vieil adage « Non adversi sed diversi » formulait l'utopie.

Ici encore S. Thomas nous indique la voie. Chez lui, note le P. Chenu,

« la rencontre avec un adversaire se présente comme un dialogue où la pensée de l'autre, loin d'être barrée, entre dans la recherche entreprise (...) L'opposant peut à son tour prendre part au dialogue, puisqu'il voit assumer la part de vérité qu'il avait perçue »[46].

C'est conscient chez S. Thomas : « Oportet amare utrosque, scilicet eos quorum opinionem sequimur et eos quorum opinionem repudiamus. Utrique enim studuerunt ad inquirendam veritatem et nos in hoc adjuverunt »[47]. Une vérité ne peut pas être contraire à une autre vérité. Il s'agit donc de reconnaître, où qu'elle se trouve et d'où qu'elle vienne (« Omne verum, a quocumque dicatur, a

---

45. *Le Paysan de la Garonne*. Paris, 1966, p. 101 s.
46. *Op. cit.* (n. 2), p. 164. Nous lui empruntons la plupart des textes cités *infra*. Il renvoie lui-même à P. GLORIEUX, « Un maître polémiste : Thomas d'Aquin », in *Mél. de Science relig.* 5 (1948) 158-174.
47. S. THOMAS, *Comm. in Metaph.* lib. XII lect. 9 (éd. Cathala n. 2566).

Spiritu Sancto est »[48] !), toute parcelle de vérité selon son prorata de vérité : elle doit s'harmoniser avec celle que l'on tient, mais pas nécessairement s'agencer avec elle dans *notre* système conceptuel, comme la pièce d'un puzzle avec les autres pièces. Les grandes synthèses d'idées peuvent être complémentaires, voire convergentes dans leur visée profonde ; elles ne sont pas superposables. Aussi bien, S. Thomas reconnaît-il que, sur tel ou tel point *de théologie*, deux opinions différentes ou opposées ont chacune leur (part de) vérité : ainsi à propos de la structure humaine de la foi[49], à propos du rôle de l'humanité du Christ[50], à propos de l'universalité de l'évangélisation du monde[51]. Pourtant Thomas ne dit pas cela par mauvais libéralisme. Il sait que le spectacle d'enseignements différents de la part d'hommes réputés peut nourrir le scepticisme[52]. Il aime répéter la formule de S. Grégoire : « Veritas non est dimittenda propter scandalum »[53].

Les deux voies par lesquelles on a, en œcuménisme, découvert et reconnu la part de vérité tenue par les autres ont été le dialogue et l'histoire. L'histoire a permis de comprendre *comment* de grands chefs de dissidences en sont venus là où ils sont venus, quels ont été leurs problèmes, *ce qu'ils ont voulu dire*. Cela a été une manière d'appliquer à des hommes réputés hérétiques — et sans doute le sont-ils en effet sur tel ou tel point — un procédé dont nous avons vu S. Thomas user : « Sed tamen ut profundius intentionem Augustini scrutemur... » *Nous* sommes appelés, après la bulle *Exsurge*, le concile de Trente, Bellarmin et quatre siècles de controverse sans effort pour comprendre vraiment ce que Luther a voulu dire, comment il est venu à cela, nous sommes appelés à dire : « Sed tamen ut profondius intentionem Lutheri scrutemur... » C'est une énorme entreprise, mais grâce à Dieu, déjà largement entamée et riche déjà de résultats. C'est nous vouer à essayer d'entrer dans un autre monde spirituel. Et il y en a bien d'autres ! Notre époque est précisément caractérisée par la coexistence de mondes

48. Formule de l'*Ambrosiaster*, P.L. 17,245, très fréquemment citée au moyen âge et par S. Thomas : références dans notre *La Tradition et les traditions* I Essai historique. Paris, 1960, p. 181, n. 25.

49. II[a] II[ae] q. 1 a. 2 c. fin : « Et ideo utrumque vere opinatum fuit apud antiquos et secundum aliquid utrumque est verum. » On pense au principe que Pascal formulera et appliquera : « Tous errent d'autant plus dangereusement qu'ils suivent chacun une vérité. Leur faute n'est pas de suivre une fausseté, mais de ne pas suivre une autre vérité » (frag. 863).

50. III[a] q. 64 a.3 ad obj. : « utraque pars objectionum secundum aliquid vera est. »

51. *Com. in Ep. ad Rom.* c. 10 lect. 3 : « utrumque est aliqualiter verum ».

52. Cf. *C. Gent.* lib. I c. 4 § Tertium inconveniens.

53. S. GRÉGOIRE, *In Ezech.* lib. I hom. 7 (P.L. 76,842) : cité par S. THOMAS, *Quodl.* V, 25 ; III[a] q. 42 a.2 ad 1[um].

spirituels différents et la recherche de ce qui leur est commun.

Bien des signes montrent qu'une telle recherche s'appliquera de plus en plus même aux religions non-chrétiennes, liées à d'autres cultures, d'autres réalisations de l'homme qui, cependant, demeure foncièrement le même et cherche une réponse aux mêmes questions. Et, bien sûr, il y a l'Homme, Jésus-Christ, qui embrasse tout l'univers, tous les hommes, toute l'histoire !

3° Commentant le « principe des équivalences », le P. Maurice Villain écrivait :

« Ne pourrait-on expliquer la Trinité, l'Incarnation, la Grâce, etc. en plusieurs structures de pensée, la base du Credo restant inchangée, et certaines intelligences très éloignées de nos concepts gréco-latins ne le requerront-elles pas un jour, par exemple si des continents de très vieilles civilisations venaient à s'infléchir en masse vers le Christ, avec leurs élites intellectuelles ?[54] ».

La question a été posée souvent. La réponse de principe est évidemment positive. On doit l'accompagner cependant de plusieurs remarques. *a)* L'Église ne peut envisager de refaire certaines expériences dont elle est sortie non sans peine, à savoir celles d'hérésies ou de ruptures. Cela limite la liberté d'innovation. *b)* On peut se demander si certaines déterminations incontestablement liées à des conditions socio-culturelles historiques, n'ont pas pris, par l'institution fondatrice, une valeur irrévocable : par exemple la célébration de l'Eucharistie avec du pain (de froment ?) et du vin. Cependant, il ne faut pas ajouter aux difficultés. A cet égard, l'expression « nos concepts gréco-latins » demanderait critique et précision. Mais la question globalement prise est authentique et, si la conscience de son existence ne date pas d'hier, celle de son urgence, de son étendue et de sa profondeur s'impose depuis peu de façon nouvelle. Par ce côté aussi, le problème des équivalences est posé.

4° Il peut l'être enfin à partir de thèmes anciens en matière de connaissance de foi, éventuellement réactualisés par les apports de la phénoménologie Non seulement la théologie, mais le fait de dogmatisation représente *un effort* pour exprimer la réalité de la foi. S. Thomas a donné pour définition de l'*articulus fidei*, c'est-à-dire du dogme : « Perceptio veritatis tendens in ipsam », une perception de vérité tendant à la Vérité elle-même[55]. C'est une

---

54. *Op. cit.* (n. 39), 4e éd., p. 298.
55. IIa IIae q.1 a.6 sed c. et *In III Sent.* d. 25 q. 1 a.1 qa 1 obj. 4. S. Thomas attribue cette définition à Isidore, comme font aussi Bonaventure et Albert ; elle serait en réalité de Guillaume d'Auxerre, *Summa aurea* lib. III tr. 3 c. 2 q. 1.

formulation animée par une intention, une tendance, une visée. Il existe par conséquent toujours une distance entre le résultat exprimé de cette tendance-tension et la réalité elle-même. De sorte qu'on pourra avoir plusieurs expressions de même tendance, « tendens in ipsam » : par exemple en dépendance des conditions concrètes de notre présence à la réalité de foi, car cette présence est médiatisée par des ressources et des conditions historiques socio-culturelles diverses.

« On peut se trouver en présence d'élaborations théologiques plus ou moins différentes, alors qu'on vise intentionnellement à exprimer la même foi, à penser la même foi ; beaucoup de différences au niveau de la théologie ne sont pas nécessairement des différences au niveau de la foi. C'est intéressant à noter pour la discussion entre théologiens et spécialement entre catholiques et protestants. Il peut y avoir des hérétiques en théologie qui ne sont pas des hérétiques au niveau de leur foi devant Dieu[56] ».

Il peut y avoir des expressions traduisant des visées imparfaites d'une même réalité mais qui communient dans le même « tendens in ipsam ».

Avons-nous dépassé, au point de les trahir, les principes herméneutiques énoncés et mis en œuvre par S. Thomas ? Dépasser est nécessaire, en raison de la nouvelle situation, autrement urgente et large, dont nous venons d'indiquer quatre composantes. Nous espérons avoir montré que le rôle que S. Thomas donne à l'*intentio*, la place qu'il a faite à sa recherche dans des cas de divergences d'opinions et même de formulations dogmatiques, appuient une application des mêmes principes herméneutiques au vaste champ du dialogue œcuménique. Il ne pourra jamais être question de faire coïncider ou de déclarer équivalentes l'affirmation et la négation d'un même point de doctrine. Nous ne ferons pas de S. Thomas le patron d'un impossible concordisme. Il faut cependant reconnaître qu'une méthode polémique atomisant les énoncés de l'adversaire, et donc les retirant à leur contexte et les traitant matériellement en les ramenant à notre propre système de référence et d'expression, a fatalement fait manquer de chercher des rapprochements, voire des équivalences possibles. Cela est particulièrement grave s'il s'agit du dialogue, soit avec l'Orthodoxie, soit avec la Réforme, car, dans des conditions certes très différentes au regard

---

56. Chanoine A. Dondeyne, in *Foi théologale et Phénoménologie*. Supplément théologique et philosophique à *Recherches et Débats*, septembre 1951, p. 36.

626

de la Tradition, l'une et l'autre représentent des interprétations d'ensemble cohérentes de la Réalité chrétienne.

Le Saulchoir-Saint-Jacques
20, rue des Tanneries
75013 Paris

X

Traditio thomistica
in materia ecclesiologica

Res posset diversis modis tractari. Sic procedam: 1) Responsu mafferre conabor huic quaestioni: quare S. Thomas nec tractatum nec vel una mquaestionem de Ecclesia instituit? 2) In mentem revocabo quae et quanta de Ecclesia apud eum inveniuntur. 3) Ostendam quomodo praecipua eius ecclesiologica dicta locum dare poterant, et de facto dederunt, diversis ecclesiologicis expositionibus. 4) Breviter concludam quaerendo quid sit *a nobis* faciendum.

I) QUARE S. THOMAS NEC TRACTATUM NEC VEL UNAM QUAESTIONEM DE ECCLESIA INSTITUIT?

Ut exactius procedamus, notandam est me didactica opera Sancti Thomae considerare, speciatim Summam theologicam, non Scripturistica commentaria.

Oportet primum quasdam rationes allatas removere quae, si non falsae, insufficientes tamen videntur.

Aliqui putant Aquinatem non suspicatum fuisse tractatum de Ecclesia posse vel debere institui (¹). Rem enim modo pure historico considerant. Sic tamen factum tantum stabiliunt quin ullam rationem afferant. Multi, et revera non spernendi, arbitrantur sanctum Thomam quaestionem de Ecclesia

---

(¹) Sic Ph. TORREILLES, *Le mouvement théologique en France depuis ses origines jusqu'à nos jours*. Paris, s.d., p. 172. Comp. J. TURMEL, *Histoire de la Théologie positive du concile de Trente au concile du Vatican*. Paris, 1906, p. XV: « Le problème de l'Eglise auquel, pendant tout le moyen âge, les théologiens n'avaient accordé qu'une attention distraite ».

expresse non movisse, quia non desiderabatur. Hi tractatum de Ecclesia concipiunt ad instar eorum dissertationum ubi duo quaeruntur: 1°) Ubinam et quae sit vera et legitima Christi Ecclesia? 2°) Cuiusmodi sit constitutio vel forma potestatis in ea a Christo instituta? Addunt auctores nostri tales quaestiones nondum tempore Aquinatis ortas esse — quod non est integre verum! — vel, quod ad priorem attinet, potius ad praeambula theologiae pertinere quam ad ipsam theologiam, et quod ad alteram attinet, de ea sparsim dictum fuisse, agendo, exempli gratia, de virtute fidei vel de potestate clavium, vel de Ordinis sacramento (²). Scholastici ergo aurei Aevi nullo modo indigebant specialem tractatum de Ecclesia instituendi: eis enim Ecclesia tam evidens erat ut tractatione opus non erat! J. Comblin idem argumentum modo paululum diverso, scopo et menti proprii sui operis concordante, exponit (³). Saeculo tertio decimo, sic ait, Ecclesia ab hominum integra vita nondum seiuncta erat, nec a temporali societate quacum in sic dicta christianitate unita erat. Nullum alium tractatum de Ecclesia cogitari poterat nisi simplex expositio christianae vitae. Specialem tractatum instituerunt quando Ecclesia et hominum societas sese ab invicem seiunxerunt et sibi invicem opposuerunt...

Hoc est historice verum sed sufficientem rationem non affert, saltem si de Sancto Thoma agitur. Qui fere de omnibus cogitavit atque disputavit, qui in sua Summa plus quam tria millia quaestionum movit, quare non unam expresse de Ecclesia proposuit?

Ecclesiam oblitus est, scripsit Al. Dempf (« die Kirche ist dabei vergessen »), quia historiam, vel potius historicum rerum momentum non curavit (⁴). S. Thomas visionem tan-

---

(²) Sic. L. BILLOT. *De Ecclesia Christi,* Proemium. 3ª ed. Prato, 1909, t. I, p. 21.

(³) *Echec de l'Action catholique?* Paris, 1961, pp. 90-92.

(⁴) *Sacrum Imperium. Geschichts- u. Staatsphilosophie des Mittelalters u. der politischen Renaissance.* München, 1925 (reed. Darmstadt, 1954), pp. 230, 381, 395-396. De increpatione « anhistoricitatis », comp. A. MITTERER, *Geheimnisvoller Leib Christi nach St. Thomas v. Aquin und nach Papst Pius XII.* Wien, 1950, pp. 54 sq.

tum metaphysicam excoluit; gratiam ita quasi extra historiam et supra tempus posuit, ex alia vero parte legem evangelicam tam spiritualiter concepit ut Ecclesiam modo non historico cogitaret (« Enthistorisierung der Kirche »): comprehendit enim Ecclesia non solum homines viatores, sed sanctos glorificatos, iustos veteris Testamenti et etiam angelos...

Observationes clarissimi Dempf acutae sunt et, uti censeo, saltem pro parte, verae. Quaestio tamen remanet: quare Thomas sic res concepit? Salvo meliori iudicio, responsio pendet ab alio responso, ab eo nempe quod dabimus sequenti interrogationi: quid sibi proposuit S. Thomas theologizando? Quomodo concepit laborem sacrae doctrinae investigandae tradendaeque? Rem saepe lateque studi et ad hanc conclusionem veni quam sub tribus sequentibus paragraphis breviter exponam:

1°) Attendendum est, ut ait ipse Doctor communis, non ad ea quae in sacra scientia tractanda sunt, sed ad rationem secundum quam consideranda sunt (⁵). Thomas sibi quaestionem non posuit: quae sint dicenda et quomodo tam amplam atque diversam materiam ordinare? Sed: quomodo omnia haec sic ad Deum referre ut sit Ipse Deus *subiectum* de quo semper agatur? Ne obliviscamur locum ubi verbis S. Hilarii utens, Doctor noster semel in prima persona loquens, intentionem suam theologicam aperit: « Ego hoc vel praecipuum vitae meae officium debere me Deo conscius sum, ut Eum omnis sermo meus et sensus loquatur » (⁶). Haec Doctoris nostri positio in quaestione de subiecto sacrae doctrinae evidenter coniungitur cum eius perceptione de indole plene theologali, imo genuine divina, Fidei, cuius obiectum et motivum nil aliud sunt nisi ipsa Veritas prima, scilicet Deus. Ex hoc tamen quasi heroico et suprahumano proposito S. Thomae quoad theologiam sequitur eiusdem Thomae convictio circa locum contingentium factorum, ergo historiae ipsius, in sacra doctrina. Talia, scribit doctor noster, in hac doctrina non considerantur « nisi secundum quod aliquid Veritatis

---

(⁵) cf. Ia q. 1, a. 7.
(⁶) *C. Gentes*, I, 2 (= Hilarius, *De Trin.*, I, 37 = P.L. 10, 48 C).

Primae adiungitur » ([7]). Unde apud S. Thomam sequentia effata:

Temporalia quae in fide proponuntur non pertinent ad obiectum fidei nisi in ordine ad aliquid aeternum, quod est Veritas prima (II-II, 4, 6, ad 1).

Fides non est de aliquo temporali sicut de obiecto; sed in quantum pertinet ad veritatem aeternam quae est obiectum fidei, sic cadit sub fide, sicut fides credit passionem in quantum Deus est passus (III Sent. d. 23, q. 2, a. 4, q^a 2, ad 1).

Passio et alia huiusmodi quae continentur in symbolo se habet materialiter ad obiectum fidei (d. 24, a. 1, q^a 1, ad 1).

Quia fides principaliter est de his quae videnda speramus in patria..., per se ad fidem pertinent illa quae directe nos ordinant ad vitam aeternam, sicut sunt tres Personae omnipotentis Dei, mysterium incarnationis Christi et alia huiusmodi... Quaedam vero proponuntur in sacra Scriptura ut credenda, non quasi principaliter intenta, sed ad praedictorum manifestationem, sicut quod Abraham habuit duos filios... (II-II, 1, 6, ad 1).

Ex his dictis sequitur facta historica qua talia, secundum Thomam, nec ad fidem nec ad sacram doctrinam per se pertinere; ipsae etiam creaturae ad eam solum pertinent in quantum ad Deum referuntur per viam nempe causalitatis, vel efficientis, vel finalis, vel exemplaris (quae ad formalem causam reducitur). *Economia* totum reducitur ad *theologiam*. Fine finaliter, omnis productio rerum ad extra sicut et omnis reditus rationabilium creaturarum ad Deum, derivatur a Processionibus aeternis divinarum Personarum... ([8]) Temporalitas qua talis rerum ad salutem et beatitudinem hominis gestarum ad theologicam scientiam non pertinet: non quia scientia ista ideam aristotelicam scientiae sequitur, sed quia de Deo loquitur et sub lumine primae Veritatis omnia considerat.

([7]) *De Veritate* q. 14, a. 8, ad. 1. Cf. etiam ad 6, 13 et 14. Quaestionem fusius consideravimus in *Le moment « économique » et le moment « ontologique »* dans *la Sacra doctrina*, in *Mélanges M. D. Chenu*. Paris, 1966.

([8]) Cf. E. BAILLEUX, in *Rev. thomiste*, 1961, pp. 39 s.; 1962, p. 28 s.; M. SECKLER, *Das Heil in der Geschichte. Geschichtstheologisches Denken bei Thomas vom Aquin*. München, 1964, pp. 82-87 et 88 n. 31, 89 n. 35; G. LAFONT, *Structures et méthode dans la Somme théologique de S. Thomas d'Aquin*, [Bruges], 1961, pp. 283 s.

2°) Huic pure *theo*logico proposito respondet intentio S. Thomas manifestandi finem totius Revelationis et divini operis circa nos. Iterum atque iterum asserit S. Thomas fidem (ergo et theologiam) esse directe et per se de his quorum visione in vita aeterna perfruemur et per quae ducimur ad vitam aeternam ([9]). Posteriora (ea *per quae*) evidenter ad priora referuntur vel ordinantur (quorum visione fruemur). Omnia quae in sacra doctrina tractantur divinisationem creaturae respiciunt. *Nostra* sane res agitur, sed omnia ad Ipsum Deum reducuntur (non minus quam apud S. Bonaventuram!). Nunquam poterimus nimis in hoc insistere, scilicet, intentionem S. Thomae in eius *Summa* esse pure et plene *theo*logicam. Intentio haec totum ordinem materiae dictavit et illum nobis perspicuum reddit, sicut bene exposuit Pater Chenu ([10]). Omnia *ad Ipsum Deum* reducuntur sicut ad causas exemplarem et efficientem et causam finalem. Haec intentio lucem aliquam dat satis laboriosae quaestioni de loco Christi in synthesi Summae theologicae. Christus enim, qua Verbum incarnatum, qua pro nobis natus, passus et ressuscitatus, est tantum *via* « per quam ad beatitudinem immortalis vitae resurgendo pervenire possimus » ([11]). Agitur de genuina divinisatione hominis pro' qua Christus via est et medium. Non Christo finaliter conformamur et unimur, sed Ipso *Deo* ([12]).

Haec evidenter ad quaestionem ecclesiologicam spectant. Ecclesiam enim considerare necesse est sub adspectu plene *theo*logico et in ordine ad divinisationem rationalis creaturae. Haec est ratio quare 1°) S. Thomas in Ecclesia et quidem in eadem Ecclesia de qua nos sumus, et angelos et iustos Veteris Testamenti ponit ([13]). Potest Cl. Al. Dempf de « Enthistorisierung » et « Spiritualisierung » gratiae necnon Ecclesiae

---

([9]) II-II, 1, 8 c; 2, 5 c; 7 c; 4, 1 c.

([10]) *Le plan de la Somme*, in *Revue thomiste*, 1939, pp. 95-108 (= *Introduction à l'étude de S. Thomas*. Paris, 1950, pp. 255-276).

([11]) III^a, prol.

([12]) Profectum non parvum habuimus legendo L.B. GILLON, *L'imitation du Christ et la morale de S. Thomas*, in *Angelicum*, 36 (1959) pp. 263-286.

([13]) III, 8, 3 et 4 in innumerabilibus locis. Comp. SECKLER, *op. cit.* (n. 8) p. 220, n. 19.

X

loqui. Intentio tamen S. Thomae clara est et profunda: omnia
sub ratione Ipsius *Dei* considerare et plenam divinisationem
creaturarum rationabilium asserere. Sequitur tamen Ecclesiam substantialiter non in formis temporalibus consistere,
sed in aeterna communione cum Ipso Deo. Christus quidem
locum habet in quantum sua ipsa humanitate subministrat
Causae divinae exemplari, efficienti et finali. Scimus S. Thomam genuinam causalitatem instrumentalem Christi plene
considerasse incipiendo a Q. Disp. de Veritate, q. 27, a. 2 ([14]).
Dubitare non licet Thomam hanc ideam causalitatis ad sacramenta Ecclesiae extendisse et, pro tanto, ad ipsam Ecclesiam
sub ratione instituti salutis. 2°) S. Thomas definitionem hanc
Ecclesiae adhibet: « Congregatio fidelium » (vel coetus, collegium, collectio... fidelium). Validas, ut puto, rationes habeo
existimandi hanc formulam *consulto* a S. Thoma allatam
fuisse, imo in mundum theologorum eius temporis intro-
ductam fuisse. Eam attente studuit P. A. Darquennes ([15]):
bene explanat S. Thomam fidem sumere sub adspectu quo
in ea inchoatur visio qua angeli et beati, « comprehensores »
nempe, gaudent in coelo. *Unam* Ecclesiam cum eis consti-
tuimus, *quia* eidem divino obiecto coniungimur quo iam beati-
ficantur et nos interim vivimus atque in futuro beatifica-
bimur.

3°) Propositum suum sequens omnia considerandi in
ordine ad Ipsum Deum, Veritatem primam aeternamque.
Doctor noster res omnes ad oeconomiam salutarem pertinentes tractare voluit, non secundum seipsas sed in quantum
sunt formae certae vel structurae in quibus vel per quae
Deus operatur ut causa efficiens et finalis beatitudinis
nostrae. Sic Thomas consideravit res creatas, actus et virtu-
tes, legem et gratiam, Christum ipsum et sacramenta ut

([14]) Cf. J. GEISELMANN, *Christus und die Kirche nach Thomas v. Aquin*,
in *Theolog. Quartalsch.*, 107 (1926) pp. 198-222 et 108 (1927) pp. 233-255. Pro
sacramentis (et consequenter pro Ecclesia), cf. III^a, 62, 1 (cf. G. LAFONT, *op.
cit.* n. 8, pp. 466, 482).
([15]) *La définition de l'Eglise d'après S. Thomas*, in *L'organisation corporative du Moyen Age à la fin de l'Acien régime*. Louvain, 1943, pp. 1-53.
Comp. SECKLER, *op. cit.* (n. 8) p. 221.

formas vel structuras huius operationis qua Deus operatur, cooperantibus creaturis sub motione Dei, in exitu creaturarum ab Ipso et in regressu earumdem ad Ipsum, pro earum beatitudine. Possumus insuper admittere, cum Patre A. Patfoort, S. Thomam prius considerasse structuras omnem liberae voluntatis usum praecedentes, postea condiciones secundum quas libertas exercetur (16). Breviter, theologica intentio S. Thomae fuit studendi formales structuras rerum quae ad deificantem beatitudinem nostram spectant, atque nitendi rerum ordinem restituere qualem Scientia Ipsius Dei illum concipit et efficit.

In hoc quasi suprahumano conamine, S. Thomas instituit aliquam novam inquisitionem quotiescumque aliqua nova forma invenitur, distincta ab his de quibus tractandum est pertinentibus ad condiciones, media et structuras reditus nostri ad Deum: sic actum fuit de fide, de caritate, de lege, de gratia, de sacramentis. Quibus positis, quaestio haec erat: utrum Ecclesia sit aliqua forma seu structura nova et propria relate ad illas quas enumeravimus et de quibus suo loco tractatur in *Summa?* Censeo — et in hoc, ni fallor, cum P. A. Patfoort (17), et forsan etiam Dno M. Seckler (18) concors sum — S. Thomam existimasse de omnibus quibus constat Ecclesia se iam in eorum loco proprio sufficienter tractavisse.

Nonne interpretatio haec appropinquat ad experientiam quam omnes ecclesiologae fecerunt, scilicet de Ecclesia tractare non posse quin ab omnibus fere aliis tractatibus elementa mutuari cogamur: anthropologiae, ethicae, christologiae, a tractatibus de baptismo, de ordine, de SS. Eucharistia, etc., etc... Si res ita se habent, ecclesiologia existentiam et constitentiam practicam vel pedagogicam tantum haberet:

---

(16) A. PATFOORT, *L'unité de la Iª pars et le mouvement interne de la Somme théologique de S. Thomas d'Aquin*, in *Rev. Sc. phil. théol.*, 47 (1963) pp. 513-544.

(17) « *Le* » *principe premier de la Mariologie?* in *Rev. Sc. phil. theol.*, 41 (1957) pp. 445-454 (pp. 453-54, note 18).

(18) *Op. cit.* (n. 8) p. 219 sq.

412

est tantum aliqua practica specializatio theologicae scientiae, sicut, exempli gratia, Missiologia ([19]).

Si explicatio nostra vera est, ratio afferetur non tantum absentiae alicuius tractatus vel quaestionis de Ecclesia in *Summa* S. Thomae, sed et praesentiae multorum elementorum ad talem tractatum utilium. Negare enim nequimus apud S. Thomam omnia fere elementa alicuius completi tractatus de Ecclesia inveniri, sicut patet ex multis studiis.

II.- QUAE ET QUANTA DE ECCLESIA APUD S. THOMAM INVENIUNTUR

Non multum valeret aliquem indicem proponere omnium ecclesiologicorum elementorum quae in operibus S. Thomae inveniuntur. De cetero, res in nonnullis studiis iam investigata est ([20]). Omnes nos scimus fere omnia inveniri. Duo ergo tantum hic notare vellem, pro et contra.

Contra. Desunt aliqua: exempli gratia sufficiens theologia episcopatus, idea episcopalis collegialitatis ([21]), theologia missionis (cuius adsunt tantum ultima fundamenta). Notio com-

---

([19]) Comp. F. JETTÉ, *Qu'est-ce que la Missiologie?* Ottawa, 1950, pp. 57 sq. 65, 68.

([20]) E. g. M. GRABMANN, *Die Lehre des hl. Thomas v. Aquin von der Kirche als Gotteswerk*. Regensburg, 1903; GEISELMANN, art. supra cit. (n. 14); Th. M. KAEPPELI, *Zur Lehre des hl. Th. v. A. vom Corpus Christi mysticum*. Fribourg, 1931; Y. M. J. CONGAR, *L'idée de l'Eglise chez S. Thomas d'Aquin*, in *Esquisses du Mystère de l'Eglise*. Paris, 1941, pp. 59-91 (cf. p. 79); A. DARQUENNES, *De Juridische Structuur van de Kerk volgens Sint Thomas van Aquino*. Leuven, 1949; M. Useros CARRETERO, « *Statuta Ecclesiae* » y « *Sacramenta Ecclesiae* » *en la Ecclesiologia de St. Tomàs* (*Anal. Gregor.*, 119). Romae, 1962; M.J. LE GUILLOU, *Le Christ et l'Eglise. Théologie du mystère*. Paris, 1963; A. OSUNA, *La doctrina de los Estadios de la Iglesia en Santo Tomas*, in *Ciencia Tomista*, 88 (1961) pp. 77-135 et 215-266.

([21]) Etsi quid erui possit (cf. J. LÉCUYER, *Le caractère collégial de l'épiscopat selon S. Thomas*, in *Etudes sur la Collégialité épiscopale*. Le Puy et Lyon, 1964, pp. 81-102), fateri debemus ideam hanc in Medio Aevo parum agnitam fuisse: cf. *Notes sur le destin de l'idée de collégialité épiscopale en Occident au moyen âge* (*VIIe - XVIe siècles*), in *La Collégialité épiscopale. Histoire et Théologie* (*Unam Sanctam*, 52). Paris, 1965, pp. 99-129.

munionis Ecclesiarum vix suspicatur et habitudo inter schisma et communionem sacramentorum fere evanescit. Parum dicitur de proprietatibus seu notis Ecclesiae, de ipsa institutione et constitutione Ecclesiae, etc.

Pro. Liceat tantum attentos vos facere indoli mirabiliter evangelicae multorum quae apud Thomam, quae non ita apud alios Scholasticos, inveniuntur. Citemus: sensus eschatologicus et idea condicionis nostrae inter Legem et libertatem Patriae ([22]); notio Populi Dei ut totus consecratus et sacerdotalis; conditio christiana ut conditio libertatis ([23]); originalitas cultus christiani relate ad cultum mosaicum ([24]); locus praedicationis et ministerii verbi, cui competit aliqua quasi autonomia. Nil utilius foret quam haec omnia adamussim studere, exempli gratia ideam « Evangelii » apud S. Thomam. Quae de eius « evangelismo » iam dicta sunt, e.g. a Patre Chenu, avidiores nos faciunt...

III. - ECCLESIOLOGIAM THOMISTICAM DIVERSI DIVERSE EVOLVERUNT ATQUE INTELLEXERUNT

Titulus praesentis dissertationis sic sonat: « traditio nostra thomistica »: haec, ni fallor, includit thomistas, ultra ipsum S. Thomam. Thomistae autem, quibus Dominicanos aequiparare possumus, sat abundanter scripserunt de Ecclesia, parum vero sub adspectu theologico, saepius (saepe

([22]) Cf. *Le sens de l'« Economie » salutaire dans la « théologie » de S. Thomas d'Aquin (Somme théologique)*, in *Festgabe J. Lortz*. Baden-Baden, 1957, t. II, pp. 73-122; P. KÜNZLE, *Thomas v. Aquin und die moderne Eschatologie*, in *Freiburger Zeitsch. f. Phil, u. Theol.*, 8 (1961) pp. 109-120; M. SECKLER, *op. cit.* (*supra*, n. 8), pp. 220 sq., 230 sq.

([23]) I-II, 106, 1 et 2; 108, 2, ad 3; *in Rom.*, c. 8, lect. 1. Cf. S. LYONNET, *Liberté chrétienne et loi de l'Esprit selon S. Paul*, in *Christus*, n. 4 (1954), pp. 6-27 (repr. in *La vie selon l'Esprit, condition du chrétien (Unam Sanctam*, 55). Paris, 1965, pp. 169-195.

([24]) E.g. I-II, 102, 4, ad 3 et ad 9; 108, 3, ad 3; *in Hebr.* c. 3, lect. 1: IIIᵃ 72, 11.

saepius!) sub adspectu controversiali, si non polemico, ad defendendum praesertim privilegia Successoris beati Petri (²⁵). Practice, omnes *pro* certa causa et *contra* certos adversarios scripserunt. Veniendum est ad aetatem nostram ad ecclesiologica opera inveniendum quae simul irenice et theologice procedant.

Cum S. Thomas nullum tractatum de Ecclesia scripsisset, dicta eius de Ecclesia diversi-mode explicata sunt: alius tale thema, tales textus retinuit, alius aliud thema, alios textus.

Ioannes Parisiensis (²⁶) Sancti Thomae immediate discipulus non fuit, quamvis vixit in conventu Sancti Iacobi paulo post annos in quibus vox Aquinatis ibidem resonabat. Textus eius bene cognoscit et tempestive citat, imo principia eius in multis sequitur, praesertim in distinguendis duobus ordinibus, temporali et ecclesiastico. Inter conceptus autem Magistri, unum aliis anteponit, nempe conceptum Ecclesiae ut est congregatio fidelium. Hoc autem fecit in novis condicionibus quoad politicas ideas, quae quasi retro egerunt in campo ecclesiologicarum idearum, ad mentem harum corporativarum conceptionum quae viam Conciliarismo paraverunt.

E contra, maxima pars thomistarum apud Magistrum invenerunt principia, textus et auctoritates quibus aliquem Pontificium Maximalismum ·fulcerunt. Ita iam paulo post praefatum Ioannem Parisiensem, Magister Herveus Natalis. Deinde, tempore, Conciliarismi, Ioannes Turrecremata; postea, contra grassantem Gallicanismum, Thomas de Vio Caietanus. Alii quoque multi, ita ut non sine ratione scriptum est ab historicis Thomam influxum decisivum habuisse in transitum ab ecclesiologia spirituali et Augustiniana ad

---

(²⁵) Elenchum certe non completum, sufficientem tamen, vid. apud A. Bačić, *Opera ecclesiologica FF. Ordinis Praedicatorum*, in *Angelicum*, 6 (1929), pp. 279-324.

(²⁶) Vid. J. Leclercq, *Jean de Paris et l'ecclésiologie du XIIIe siècle*. Paris, 1942; Br. Tierney, *Foundations of the Conciliar Theory. The contribution of the Medieval Canonists from Gratian to the Great Schism*. Cambridge, 1955.

ecclesiologiam papalem et hierarchicam ([27]). Censeo alia facta multum in hunc sensum influxisse: existentia et actio Mendicantium Ordinum, dimicatio eos inter et Clerum saecularem ([28]), influxus thematum Dionysii Pseudo-Areopagiti, praesertim apud Franciscanos, tandem colluctatio inter Papam Bonifatium VIII et Philippum Pulchrum. Certum est praevalentia themata nostrae catholicae ecclesiologiae postmediaevalis principaliter in controversiis formatam fuisse. Thomistae nostri, praesertim Turrecremata ([29]) et Caietanus ([30]) influxum magnum habuerunt in formationem idearum, rationum et argumentorum quibus ecclesiologia evenit fere meram hierarchologiam, et hanc papalem. Propugnatores fuerunt Primatus Romani sed in perspectiva polemica in qua auctoritas papalis ex una parte, episcopatus et concilium ex altera, nimis disiungebantur et opponebantur, ita ut habitudo inter unum et alterum potius concurrentiae quam concordantiae videbatur. Puto multa in horum magnorum scriptorum revi-

---

([27]) Sic Ad. HARNACK, *Dogmengesch.* III, p. 422; F. X. LEITNER, *Der hl. Thomas v. Aquin über das unfehlbare Lehramt des Papstes.* Freiburg i. Br., 1872, p. 101.

([28]) Cf. Y. M.-J. CONGAR, *Aspects ecclésiologiques de la querelle entre mendiants et séculiers dans la seconde moitié du XIIIe siècle et le début du XIVe,* in *Arch. Hist. doctr. litt. du Moyen Age,* 28, année 1961, pp. 35-151; *De la communion des Eglise à une ecclésiologie de l'Eglise universelle,* in *L'Episcopat et l'Eglise universelle (Unam Sanctam, 39).* Paris, 1962, pp. 227-251.

([29]) J. F. STOCKMANN, *Ioannis de Turrecremata vitam eiusque doctrinam de Corpore Christi mystico... tract.* (Thes-Frib.) 1951; K. BINDER, *Wesen und Eigenschaften der Kirche bei Kard. Juan de Torquemada.* Innsbruck, 1955; P. MASSI, *Magistero infallibile del Papa nella teologia di Giovanni da Torquemada.* Torino, 1957. Ipse Turrecremata aliquam synthesim praebet eorum quae durante Medio Aevo de Ecclesia dicta sunt; sanctum Thomam citat *inter alios*; ab ipso potius mutuatur quae potestatem papalem extollunt, nihil earum magnarum perceptionum quibus sanctus Thomas, vel res ecclesiasticas fundabat in profundissima theologia, vel eas illustrabat purissimo lumine Novi Testamenti. Talis modus theologizandi tunc periisse videtur.

([30]) V. M. POLLET, *La doctrine de Cajetan sur l'Eglise,* in *Angelicum,* 11 et 12 (1934 et 1935; extr. 1935); O. DE LA BROSSE, *Le Pape et le Concile. La comparaison de leurs pouvoirs à la veille de la Réforme (Unam Sanctam, 58).* Paris, 1965; J.D. MAES, *Le pouvoir pontifical d'après Cajetan,* in *Eph. Theol. Lovan.,* 12 (1935), pp. 705 sq.

denda esse et, exempli gratia, modum quo Caietanus noster de apostolis relate ad Petrum loquitur, vel de episcopis relate ad papam, revisioni subiciendum esse.

Utilitates controversiae tempore sic dicto Tridentino et post-tridentino, etiam alio modo ecclesiologiam modernam currui thomistico connexerunt. Omnes nos bene cognoscimus decimum articulum primae quaestionis de Fide: « Cuius sit symbolum constituere? » (II-II, 1, 10; comp. 11, 2, ad 3), ubi haec maximi momenti legimus: « Una fides debet esse totius Ecclesiae..., quod servari non potest nisi quaestio fidei exorta determinetur per eum qui toti Ecclesiae praeest: ut sic eius sententia a tota Ecclesia firmiter teneatur. Et ideo ad solam auctoritatem summi pontificis pertinet nova editio symboli, sicut et omnia alia quae pertinent ad totam Ecclesiam, ut congregare synodum generalem et alia huiusmodi ».

Iam suspicamur ecclesiologiam ortum habuisse, ut tractatum specialem et independentem, sub influxu contentionum et disputationum. Unde ecclesiologia fuit ab initio quasi filia irae, seseque constituit *contra* postulata regum, praesertim Philippi Pulchri et Ludovici Bavarici; *contra* Wyclif et Huss; *contra* Conciliarismum; *contra* Graecos; *contra* Gallicanismum; tandem *contra* reformatores protestanticos. Haec diversa *contra* ecclesiologicas cogitationes ad eumdem sensum flexerunt, nempe ad asseverationem *visibilitatis, iuridici elementi, papalis auctoritatis.*

Protestantismus quaestionem auctoritatis magisterii urgebat. Omnes enim quaestiones aut negationes Protestantium hanc quaestionem supponebant aut movebant: quanam auctoritate controversiae dirimi possint ac debeant? ([31]) Ad hanc vero interrogationem iam responderat articulus noster decimus primae quaestionis de Fide. Unde factum ecclesiologicum novum: tractatio de Ecclesia inseritur per modum plus minusve ampli commentarii huius articuli decimi. Sic integra

---

([31]) Cf. A. LANG, *Die loci theologici des Melchior Cano u. die Methode des dogmatischen Beweises...* München, 1925; J. RANFT, *op. cit.* (n. sq.), pp. 94 sq., 100, 116 sq. Typicus est titulus operis Adami TANNER, *De verbo Dei scripto et non scripto et de indice controversiarum,* 1599.

ecclesiologica quaestio aggreditur sub adspectu tantum auctoritatis ad quam pertinet controversias de fide dirimere, et solutio in magisterio Romani Pontificis quasi integre quaeritur. Hoc historiae ecclesiologiae caput dignum esset debita consideratione. Nil aliud, nil plus facere possum nisi viam indicare.

Quantum scio (³²), hoc novum ecclesiologiae caput in Schola Salmenticensi exordium sumpsit, ubi iam annis 1526-1527 Franciscus de Vitoria II^{am} II^{ae} commentabat. Verum est commentarium eius commentariaque Scholae Salmenticensis dominicanae in initio potius puncta peculiaria ad criteriologiam theologicam pertinentia tractare et nondum argumentationem in tractatum de Ecclesia evolvere. Notatu dignum est quomodo pontificium magisterium non tam absolutum asseritur ab his auctoribus sicut eveniet postea: apud eos, Ecclesia universalis retinet locum et momentum suum. Magisterium pontificium non est incondicionatum: « Si Papa non fecerit quod in se est ad definiendam veritatem, potest errare definiendo », scribit Vitoria.

Ni fallor, primus qui aliquem tractatum completum de Ecclesia in hac Summae quaestione collocavit fuit Dominicus Bañez, a. D. 1584. Ipse scribit: « Articulus hic decimus solemnissimus est inter scholasticos Doctores nostri temporis, atque in eius explicatione plus nimio in scolasticis quotidianisque lectionibus immorantur ». Ut ergo ipse magis et quantum volebat morari possit, duo commentaria scripsit, unum brevius, scholasticum, alterum fusius, quod genuinum tracta-

(³²) Usi sumus praesertim sequentibus operibus: M. Grabmann, *Die Lehre des hl. Thomas v. Aquin von der Kirche als Gotteswerk...* Regensburg, 1903, p. 63; J. Ranft, *Die Stellung der Lehre von der Kirche im dogmatischen System.* Aschaffenburg, 1927; C. Pozo, *La Teoria del Progreso dogmático en los Teólogos de la Escuela de Salamanca.* Madrid, 1959; Id., *Una Teoria en el siglo XVI sobre la relación entre infalibilidad pontificia y conciliar,* in *Arch. Theol. Granad.,* 25 (1962), pp. 257-324 (p. 278 et sq., editio textuum e Fr. Vitoria, Dom. de Soto, Barth. Carranza, Melch. Cano, Diego de Chaves, Petri de Sotomayor, Mancio de Corpore Christi); W. Casper, *Die Lehre von der Tradition in der Römischen Schule.* Freiburg, 1962; G. Thils, *L'infaillibilité du peuple chrétien « in credendo ». Notes de théologie posttridentine (Bibl. Ephem. Theol. Lovan.,* XXI). Paris et Louvain 1963.

tum de Ecclesia, et hunc completum, nuncupari possumus ([33]). De quibus vero rebus agitur? De his, et tantum de his: de Ecclesiae constitutione, de eius natura, membris et proprietatibus, de eius monarchica atque hierarchica auctoritate: quibus addita est quaestio tunc disputata de apostolicis traditionibus.

Similia, circa eosdem annos, inveniremus apud Petrum Aragonensem, Ord. S. Augustini (Salamancae, 1583), apud Toletum, cuis commentaria tantum in decimo nono saeculo edita sunt ([34]), vel apud Gregorium de Valencia, cuius commentarium in II^am II^ae apparuit anno 1595 ([35]). Deinde apud Adam Tanner ([36]) et Franciscum Suarez, Societatis Iesu ([37]), apud Nicolaum Vigerium (Wiggers), Ordinis Minorum ([38]); et sic deveniremus ad magnos thomistas decimi septimi saeculi, Ioannem a Sto Thoma et Carmelitas Salmenticenses. Ioannes suo commentario articuli decimi titulum imponit; *Tractatus de auctoritate Summi Pontificis* ([39]). Sub nomine Salmenticensium intelligi debet, pro tractatu de virtutibus theologicis, Ioannes ab Annunciatione († 1701), qui scribebat

---

([33]) Ed. Venetiis, 1602, col. 92; ed. Duaci 1614-1615, t. III. Cf. M. MIDALI, *Corpus Christi mysticum apud Dominicum Bañez, eiusque fontes (Anal. Gregor.,* 116). Romae, 1962, pp. 23 sq., ubi duo commentaria comparantur. Cl. Auctor censet Bañezium completum tractatum de Ecclesia praebere intendisse.

([34]) *In Summam Theologiae S. Thomae Aq. Enarratio (IIa IIae).* Romae, 1860, I, pp. 40-73. Cf. J. UDVARDY, *Doctrina Francisi Toledo de Corpore Christi mystico.* Colaczae, 1939.

([35]) *Commentaria theologica,* t. III complectens materias IIae IIae. D. Thomae. Ingolstadt, 1603, col. 131 sq., 226-286 (De R. Pontif.). Prima editio: 1595.

([36]) *Disputationum theologicarum libri IV,* 1618 (ordinem Summae sequens), t. III, disp. 1, q. 4; reimpr. apud ROCABERTI, *Bibliotheca maxima Pontificia,* t. I. Romae, 1698.

([37]) *De fide,* disp. IX (*Opera, ed. Vives.* Paris, 1858, t. XII, p. 244 sq.), ubi unitas Ecclesiae simul internam esse et externam seu socialem ostenditur. Cf. THILS, *op. cit.,* p. 24 sq.

([38]) Cf. GRABMANN, *op. cit.,* p. 11. De spiritu huius Vigerii tractatus et de simili tractatu Malderi (Antverpii, 1616); cf. R. GUELLUY, *L'évolution des méthodes théologiques à Louvain d'Erasme à Jansenius,* in *R.H.E.,* 37 (1941), pp. 31-144 (p. 106 sq.).

([39]) Videri etiam potest M. PEÑA, *Relaciones entre el Papa y la Iglesia. Comentario a un texto de Juan de Sto Tomàs,* in *Ciencia Tomista,* 1945, pp. 91-113.

anno 1676 ([40]). Intentionem suam declarat controversias relinquendi et in solis scholasticis dubiis standi, quae ad haec duo reducit: quaestio de infallibilitate seu de regula fidei; utrum de fide sit talem esse Papam? Haec ultima quaestio est velut propria et quasi typica hujus temporis, quamvis iam a Turrecremata responsio affirmativa ad catholicas veritates appropinquare dicebatur.

Magnis iam citatis thomistis septimi decimi saeculi alios, et hos dominicanos, adiungere possumus: Ioannem Baptistam Gonet, circa 1660 ([41]), Petrum Labat ([42]), Vincentium Ferre ([43]); deinde, saeculo octavo decimo, famosum Renatum Billuart, qui sat amplam dissertationem de Ecclesia addit sicut appendicem commentario suo de Fide ([44]). Omnes isti tractatum de Ecclesia inserunt in commentario suo de Fide. Qui modus procedendi ab aliis quoque secutus est, saeculis octavo decimo et etiam nono decimo. Sic de Ecclesia tractatur in sic dicta Theologia fundamentali et praecipue sub adspectu regulae fidei. Haec vero regula maxime et fere exclusive in supremo Romani Pontificis magisterio collocatur ([45]).

Sic autem faciendo, periculum instabat ne pretiosissima elementa seu valores ecclesiologicae doctrinae ipsius S. Tho-

---

([40]) Ed. Paris, 1879, t. XI, p. 247.

([41]) *Clypeus theologiae thomisticae.* Burdigalae, 1659-1669: tr. de fide, disp. 3 (de Ecclesia); disp. 4 (de S. Pontifice): reimpr. apud ROCABERTI, *op. cit.*, t. XIV, p. 1-35.

([42]) *Theologia scolastica secundum illibatam S. Thomae doctrinam.* Tolosae, 1658-1661. In tract. de fide (t. IV) duas evolvit quaestiones: Utrum solus Papa sit infallibilis in quaestionibus fidei? Utrum Papa sit supra concilium? - Reimpr. in ROCABERTI, *op. cit.*, t. XVIII, pp. 46-61.

([43]) *In IIam IIae de fide, spe et charitate et vitiis oppositis.* Romae, 1669. In tractatu de fide, evolvit quaestiones de supremo Ecclesiae capite, de infallibilitate eiusdem in definiendis rebus fidei, morum, canonisatione sanctorum et approbatione religiosorum Ordinum, eiusque supra concilia potestate. Cf. ROCABERTI, *op. cit.*, t. XX, pp. 358-462. Comparari posset THOMAM DE FRANCISCIS (✝ 1656), *Tract. de fide, spe et caritate et de Romano Pontifice, ad IIam IIae S. Thomae.*

([44]) *Summa S. Thomae,* IIa IIae, q. 1-46: Diss. de Ecclesia. In t. XIV editionis, 19 vol. complectentis, Lodii, 1746-1759.

([45]) Vid., ex. gr. IIa IIae, 1, 9, sed c. et 10; 2, 6, ad 3; 11, 2, ad. 3.

mae obliviscerentur aut tacerent. Liceat mihi praecipua, meo saltem iudicio, indicare. Sunt generatim elementa traditionalia quae doctor noster a sanctis Patribus haereditaverat, maxime a S. Augustino, vel quae ipsas Sacras Litteras legendo meditandoque, suae theologicae synthesi organice incorporaverat.

1°) Certum est ideam thomisticam Ecclesiae pro excellentissima parte sua quaeri debere in tractatu de Christo Redemptore, praesertim in his quae ibi dicuntur de gratia Capitis et de mystico corpore. Discipuli sane S. Thomae hanc doctrinam non praetermiserunt. Sic Turrecremata Ecclesiam ut Corpus Christi mysticum considerat (cf. supra, n. 29, J. F. Stockmann); similiter Bañez (cf. supra, n. 33: M. Midali), Gonet (⁴⁶), Billuart (⁴⁷). Alii specialiter, si non unice, de Ecclesia in christologico contextu III^{ae} partis tractaverunt (⁴⁸); alii speciatim quaestionem de Christo ut Ecclesiae subsistentia mystica corporis Ecclesiae aggressi sunt et introspexerunt: primum, licet paucis verbis, Caietanus, deinde Nazarius, Naclantus et, seculo septimo decimo, Ludovicus Chardon (⁴⁹).

Periculum certe aderat sumendi articulos octavae quaestionis tertiae Partis ut basim alicuius ecclesiologiae. Interrogando enim « Utrum Christus sit caput Ecclesiae? Utrum sit caput omnium hominum? Utrum sit caput angelorum? », S. Thomas quaestiones *ad christologiam et soteriologiam* pertinentes movebat, nec intendebat tractatum de Ecclesia proponere. Tentatio tamen imminebat ut theologi haec enunciata christologica S. Thomae talia qualia in enunciata ecclesiologica, nempe in tractatum de Christi mystico corpore, transponerent. Quid enim sequeretur? Corpus Christi mysticum conciperetur tantum sicut spatium gratiae Eiusdem, complectens

---

(⁴⁶) Cf. *Dict. Théol. Cath.*, t. XV, col. 2201.

(⁴⁷) Cf. in III^{am} q. 8, op. et ed. laud. (n. 44), t. XIV, pp. 326 sq.

(⁴⁸) Videndum esset (non vidi) opus Didaci Nuño Cabezudo, *Commentarii et Disputationes in III Part. Summ. theol. D. Thomae.* Pinciæ, 1601; pro diebus nostris, opera E. MERSCH (cf. infra, n. 64).

(⁴⁹) Cf. Introductionem Fr. FLORAND, O. P., ad novam ed. L. CHARDON, *La Croix de Jésus...* Paris, 1937. De Naclanto, cf. insuper A. PIOLANTI, in *Euntes Docete*, 1957, pp. 236-243.

omnes iustos, ab Abel usque ad ultimum electum et etiam
angelos et comprehensores omnes. Certum est ipsum S. Thomam ita de corpore mystico loqui: de quo eum vehementer
increpat Cl. A. Mitterer (⁵⁰). Pro S. Thoma — et pro omnibus
aliis Scholasticis, quia in hoc omnes concordant —, « corpus »,
in sensu sociali seu « mystico », dicit tantum « aliquam multitudinem ordinatam » (⁵¹), non necessario visibilitatem neque
condicionem existentiae historicae terrestris. Unde criticae
ab aliquibus motae contra, sic aiunt, conceptum nimis spiri-
tualizatum gratiae, quem S. Thomas a beato Augustino haere-
ditavit (⁵²). Certum est S. Thomam conceptum spiritualem
habuisse gratiae. Rationem cognoscimus: egebat aliquo vere
*Theo*logali et quasi eschatologico conceptu gratiae! Nescio
utrum S. Thomas acceptasset definitionem Ecclesiae hodie
satis vulgatam: *forma gratiae historica*, cum nullam obiectio-
nem habuisset contra: mediatio historica, locus terrestris gratiae.

Secundum P. Seb. Tromp, thomistica notio Corporis
mystici ansam praebebat erroribus Ioannis Wyclif et Ioannis
Huss, qui Ecclesiam definiebant congregationem sanctorum,
et ab ea notam formalis visibilitatis auferebant. Quare P.
Tromp attentionem ecclesiologarum a IIIᵃ Parte Summae
avertebat et ad tutiora thomistica pascua dirigebat, ad hos
locos nempe ubi S. Doctor de Ecclesia loquitur ut est societas
organizata secundum diversitatem officiorum et statuum (⁵³).

(⁵⁰) *Geheimnisvoller Leib Christi nach St Thomas v. Aquin und nach
Papst Pius XII*. Wien, 1950.

(⁵¹) IIIᵃ, 8, 1, ad 2. Cf. D. M. NOTHOMB, *L'Eglise et le Corps mystique
du Christ*, in *Irénikon*, 25 (1952), pp. 226-248; A. DARQUENNES, *op. supra laud.*
(n. 15). M. D. KOSTER (*Ekklesiologie im Werden*, p. 57) scribit « non-corpo-
reitatem » Ecclesiae esse praecise id quod Augustinus sublineat in expres-
sione « Corpus Christi »...

(⁵²) Cf. *supra*, n. 4, Al. DEMPF; comp. F. MALMBERG, *Ein Leib - ein Geist.*
Freiburg, 1960, pp. 207 sq.; J. WITTE, *Die Katholizität der Kirche. Eine neue
Interpretation nach alter Tradition*, in *Gregorianum*, 42 (1961), pp. 193-241
(p. 229 sq., 234 n. 64).

(⁵³) IIa IIae, 183, 2. Cf. Seb. TROMP, *Corpus Christi quod est Ecclesia*,
t. I, 2ᵃ ed. Romae, 1946, qui p. 144, de hoc articulo dicit: « ubi habes fundamentum proprium ecclesiologiae Angelici ». Comp. animadversiones no-

Iam in Concilio Vaticano primo, quando Patres acceperunt
schema a Schrader exaratum, cuius primum caput sic sonabat
« Ecclesia est Corpus Christi mysticum », vehementer contra-
dixerunt: dicentes: « Hoc est vagum, poeticum, obscurum, imo
periculosum... Hoc sapit protestantismum, vel jansenismum.
Volumus definitionem Ecclesiae *ab externis*... » ([54]). Omnes
noscunt quomodo Pater E. Przywara anno 1940 articulum
edidit ubi, periculis alludens a Patre Tromp iam indicatis,
concludebat dicendo: Non debemus Ecclesiam secundum
Corpus mysticum (sc. augustino-thomisticum) concipere, sed
e contra Corpus mysticum secundum Ecclesiam, scilicet visi-
bile, organizatum modo sociali ([55]). Eodem anno, Pater M. D.
Koster, O. P., opusculum suum ederat, *Ekklesiologie im
Werden* (Paderborn, 1940), ubi proponebat substituere con-
ceptui vago et « prescientifico » Corporis mystici, conceptum
exactiorem Populi Dei, pro quo sine magno labore patroci-
nium S. Thomae invocare poterat. Sic e diversis ergo partibus, critica quaestio movebatur. Litterae encyclicae Pie XII,
Mystici Corporis Christi (29.VI.1943) causam finierunt, donec
Concilium Vaticanum secundum rem nove repeteret et doctrinam modo spiritui thomistico magis conformi formularet.

Patet tamen S. Thomae discipulis officium incumbere
ostendendi quomodo unientur adspectus interior et spiritualis
gratiae et adspectus exteriorior, visibilis et socialis ([56]); quomodo Ecclesia sit insimul populus vel congregatio fidelium
et Corpus Christi...

2°) Ecclesiologia qualis tractatur in libris theologiae
fundamentalis, perdidit multa profunda quae sine dubio per-

---

stras in opus P. Mersch: *Bulletin thomiste*, 3 (1932-33), p. 953 (*Sainte Eglise.*
Paris, 1963, p. 471), A. Osuna, *art. cit.* (n. 20).

([54]) Vid. animadversiones Patrum, ex. gr. n. 28 (Episc. Magnosco:
Mansi, LI, col. 738-39), n. 43 (Ramadié, col. 741), n. 63 (Ketteler, col. 745),
n. 95 (Fauli, col. 751), n. 132 (Dupanloup, col. 760), n. 140 (Idèo, col. 763),
et cf. J. Beumer, *Das für der erste Vatikanische Konzil entworfene Schema
de Ecclesia in Urteil der Konzilsväter*, in *Scholastik*, 38 (1963), pp. 392-401.

([55]) E. Przywara, *Corpus Christi mysticum - Eine Bilanz*, in *Zeitsch. f.
Aszese u. Mystik*, 15 (1940), pp. 197-215.

([56]) Ut exemplum laboris perficiendi, cf. L. Fazokas, *De identitate Corporis Christi mystici cum Ecclesia visibili in doctrina Dionysiaca S. Thomae
de « Regeneratione » spirituali*, in *Angelicum*, 31 (1954), pp. 113-138.

tinent ad thomisticam ecclesiologiam. Verum est Thomam
ab Augustino accepisse sensum eximii loci qui virtutibus theologicis debetur, fidei scilicet, spei et charitatis. His enim virtutibus, praeeunte gratia, ordinamur in Deum. Thomas ergo
totam vitam ethicam et religiosam concipit sicut theologice
ordinatam et sicut cultus interior exteriorque; interior autem
cultus consistit in fide, spe et charitate (⁵⁷) quae exterius pro-
testantur in sacramentis et religionis operibus (⁵⁸). Cum ergo
S. Thomas explanando verba Symboli « Credo *unam*... Ecclesiam » dicit unitatem Ecclesiae causari ex unitate fidei, spei
et charitatis, eo ipso ostendit se totam secundam partem
Summae theologicae assumere in ecclesiologia sua, sicut nu-
per ostendere conatus sum (⁵⁹). Totus « reditus creaturae rationalis in Deum », qui fit in hominibus salus in Spiritu
Sancto per Christum, cuius salutiferae passioni sacramentis
coniungimur, ad S. Thomae ecclesiologiam pertinet et in eam
cadit. Eo autem modo, tota anthropologia dynamica secundae
partis in ecclesiologia versatur. Angelicus Doctor sanctos
Patres secutus est, pro quibus ecclesiologia anthropologiam
hominis christiani complectitur (⁶⁰). Hoc autem quasi totaliter
evanescit in nova ecclesiologia, pure iuridica et hierarcho-
logica, quae paulatim iam a quartodecimo saeculo et praesertim post Bellarminum, tractatus nostros occupavit...

3⁰) Michael Seckler et Pater M.-J. Le Guillou (op. laud.
supra n. 20) probant Sanctum Thomam Ecclesiam sic vidisse:
praesentia et donum bonorum eschatologicorum (communionem scilicet cum Tribus divinis Personis) modo viae congruo,
nempe secundum quod nobis communicantur in Christo Redemptore. Ita aliqua tensio seu dialectica invenitur in christia-

---

(⁵⁷) Iᵃ IIᵃᵉ, 103, 3; 101, 2, Q. *disp. de spirit. creat.*, a. 8, ad 11; *Compend.
Theol.* I, 1. Comp. S. Augustinum, *Enchiridion; De doctr. christ.*, I, 39 et 40.

(⁵⁸) II II, 101, 3, ad 1; 124, 5. Litterae encyclicae *Mediator Dei* assu-
munt ideam cultus qua professio theologicarum virtutum, cf. éd. Roguet,
n. 44; ed. QLP, n. 46.

(⁵⁹) Loc. cit. *supra*, n. 20. Comp. M. Seckler, *op. ibid. laud.*, pp. 219 sq.

(⁶⁰) Hoc in diversis studiis ostendere conatus sum: ex. gr. in Praefa-
tionibus ad K. Delahaye, *Ecclesia Mater* (Paris, 1964), ad I. de la Potterie
et S. Lyonnet, *La vie selon l'Esprit, condition du chrétien* (Paris, 1965); in
art. *Eglise* (histor.) in *Encyclopédie de la Foi*, I (Paris, Cerf, 1965).

na religione, in quantum duo elementa in ipsa coniunguntur:
bonum definitivum seu eschatologicum et medium ad temporalem eius dispensationem pertinens. Haec vero dialectica
seu tensio ita in S. Thomae theologia sublineatur ut fiat quasi
fundamentalis categoria eiusdem ecclesiologiae. In mente
habeo articulos de nova lege tractantes, ubi Doctor noster
distinguit inter id quod est potissimum in novo Testamento
et in quo tota eius virtus consistit, gratia scilicet Spiritus
Sancti, et ea quae sunt dispositiva ad gratiam Spiritus Sancti
et ad usum hujus gratiae pertinentia, quae sunt quasi secundaria in lege nova. Haec distinctio multis in locis invenitur ([61]).
Saepenumero quaesivi quaenam essent notiones, qui textus,
quae categoriae, e quibus Doctor noster eruisset principia
fundamentalia, si tractatum de Ecclesia ordinare decrevisset?
Nullus sine aliqua temeritate respondere posset. Si tamen
liceat responsum tentare, dicam: 1°) in quantum Ecclesia est societas fidelium (Ecclesia congregata), idea iam exposita partici-
pationis vitae divinae, qua completur reditus rationalis creaturae in Deum; 2°) in quantum Ecclesia est institutum seu-
medium (Ecclesia congregans), idea super memorata seu
dialectica vel tensio inter *rem et sacramenta* vel quasi sacramenta ad rem consequendam dispositiva. Sistere ergo non
possumus in visione iuridica Ecclesiae quâ instituti. Omnia
instituti huius elementa referre debemus ad bonum divini-
sationis hominum cuius idea — puto hoc nos satis monstrasse
— Summam theologicam eiusque integram ordinationem
inspirat.

IV. - CONCLUSIO. QUID FACIENDUM?

Patet nos debere statum vere miserum posttridentinae
ecclesiologiae superare, ad minus qualis in Manualibus repe-
ritur: in Manualibus, dico, quia auctores acris ingenii ultra

([61]) Ia IIae 106, 1 et 2; 107, 1, ad 2 et 3; *De Ver.* 17, 5; IIIa 26, 1; 63,
1, ad 1 et 3; 63, 3; *in Hebr.* c. 8, lect. 3; etc...

semper progressi sunt, sicut Möhler, Newman, Scheeben, Franzelin. Nobis onus incumbit profundissima S. Thomae cogitata, et haec vere *theo*-logica, mysterium Ecclesiae spectantia, ecclesiologiae incorporari. De cetero, bene conscii sumus, vel saltem esse debemus, S. Thomam, quantum magnus sit, nec fontem primum nec regulam vel mensuram esse fidei nostrae ac doctrinae. Legendarie tantum nobis incredibile factum traditum est scilicet Summam theologicam cum Sacra Biblia super altare Tridentini Concilii repositam fuisse (⁶²). S. Thomas aestimari debet ut momentum privilegiatum ecclesiasticae et doctrinalis traditionis, inducens nos in profundum mysteriorum: nec vult nec debet viam praecludere vel SS. Patrum, vel S. Scripturae. Nos ultra pergere debemus in via quam ipse secutus est, qui assidue Sacras Litteras legit et novas editiones Patrum, novasque translationes exquisivit. Credibile est Thomam, si hodie sciberet tractatum de legibus veteri et nova, ante oculos « Kittel » habere vel alios huiusmodi libros. Ad fontes investigandos ipse nos exemplo suo invitat.

Praeterea, ad profundiora melius attingenda, oportet textum S. Thomae, non dialectice tantum studere, ad instar eorum quae sunt apud nos classicorum eius interpretum, sed historice et critice, sicut fecit, exempli gratia, M. Seckler, in opere cuius titulus est: *Das Heil in der Geschichte. Geschichtstheologisches Denken bei Thomas von Aquin.* Interpretes nominavi. Eos magni facio. Attamen critice legi et ponderari debent, tam sub adspectu interpretationis suae S. Thomae quam sub adspectu eorum quae ad evolvendam ipsam ecclesiologiam contulerunt. In mente habeo, exempli gratia, Turrecremata et praesertim Caietanum. Scripserunt *contra* conciliarismum et gallicanismum. Practice ignoravit Caietanus episcopalem collegialitatem, evolvit interpretationem textuum ad Petrinum primatum spectantium, erga quam iam Dominicus Bañez criticam movit (⁶³) et quam critice perpendere omnino debemus.

(⁶²) Cf. A. Walz, *Domenicani al Concilio di Trento.* Romae, 1961, p. 314.
(⁶³) Cf. M. Midali, *op. cit.* (n. 33), p. 32.

X

Agitur nunc opus integrationis et synthesis. Componere oportet summam exegeticarum, patristicarum et historicarum investigationum et profundiores perceptiones, tam philosophicas quam theologicas. Opus est haec elementa theologica tam profunda ecclesiologicae synthesi incorporari, quae Doctor noster, unumquodque in eius proprio loco, per Summam theologicam disseminavit, uti sunt: doctrina divinarum missionum et earum ad divinas Processiones habitudinis; anthropologia II^{ae} Partis; doctrina de donis Spiritus Sancti et de beatudinibus evangelicis; tractatus (renovandus in sensu historiae salutis et plene utendo modernis exegeticis studiis) de legibus veteri et nova; doctrina de habitudine nostra ad Deum sicut ad obiectum vivum et divinizans, per gratiam; christologica doctrina, quin articulos de gratia Christi in ecclesiologiam incaute convertamus, sicut P. E. Mersch nimis fecisse videtur[64]; doctrina de sacramentis, de eorum tripli habitudine ad Pascha Christi, ad praesentem gratiam, ad eschatologicam consummationem, necnon de participatione nostra Christi sacerdotii; etc., etc. Iam talis integrationis exemplum habemus in opere Cardinalis Journet, *L'Eglise du Verbe incarné.* Hoc tamen ipsum opus perficere oporteret meliori perceptione eschatologiae, dialecticae condicionis Ecclesiae in statu eius peregrinationis, et insuper sub lumine conciliaris ecclesiologiae de Populo Dei, de tribus Christi muneribus, de collegialitate, etc.

Haec dicendo, solutam arbitratus sum praeviam quaestionem quam per modum conclusionis movere necesse est: utrum tractatus specialis de Ecclesia institui debeat?[65]

[64] *Le Corps mystique du Christ. Etudes de théologie historique.* Louvain, 2 vol. 1933 (t. I, p. 450 = « C'est un véritable traité sur l'Eglise que les Scolastiques ont produit en écrivant sur la grâce de chef. C'est même le seul traité sur l'Eglise que contiennent leurs ouvrages »); *La théologie du Corps mystique.* 2 vol., Paris-Bruxelles, 1944. Cf. nostras animadversiones (ann. 1932 et 1946) in *Sainte Eglise.* Paris, 1963, pp. 471 et 533.

[65] De hac quaestione bene disserit E. LAMIRANDE, O.M.I., *L'ecclésiologie peut-elle constituer un traité spécial?*, in *Revue de l'Université d'Ottawa*, 1964, pp. 209-230. R. X. REDMOND, *How should « De Ecclesia » be treated* in *Scientific Theology*, in *The Catholic Theological Society of America, Proceed-*

Verum est S. Thomam hunc non instituisse et hoc, probabi-
liter, consulto. Vix tamen responsio negativa nostris diebus
sustineri posset. Fac enim talem tractatum per se stricte non
iustificari, quia conflaretur ex elementis quorum locus pro-
prius alibi iam adest in theologia, eiusdem tamen necessitas
ex tribus sequentibus rationibus satis fluere videtur: 1°) ex
paedagogica utilitate, praesertim alicuius syntheticae visionis
utilitatis causa. 2°) quia multa tale momentum incrementum-
que talem acceperunt ut vix congruenter tractari possent in
suis nativis locis, ubi nonnisi radicitus iustificari et indicari
possunt: cogitemus, exempli gratia, de primatu papali, de
proprietatibus vel notis Ecclesiae, de oecumenismo, etc. 3°)
Scimus nos aliquam mysteriorum intelligentiam, eamque
fructuosissimam, assequi « e mysteriorum ipsorum nexu inter
se et cum fine hominis ultimo » ([66]). Magnum ergo theologicum profectum habemus synthetica ordinatione tot elementorum ac thesium quae revera in opere salutis nostrae ab
ipso Dei coniunguntur, in mysterio scilicet Christi et Ecclesiae.

Ultima quaestio: ubi sit talis tractatus de Ecclesia collo-
candus, praesertim si ordinem disciplinae Summae sequimur?
Diversa sunt, ut omnes sciunt, responsa. Iam eliminare possumus collocationem per modum commentarii quaestionis
8ae tertiae partis, vel articuli decimi primae quaestionis de
fide. Omnes puto, conveniunt in necessitate distinguendi inter
tractatum apologeticum (theologia fundamentalis) et vere
theologicum seu dogmaticum: tantum de distributione materiae inter haec duo aliqua disceptatio fieri posset. Agitur
ergo tractatus dogmaticus de Ecclesia. Maior, si dicere non
deberemus sanior pars auctorum ponunt tractatum theoreticum
nostrum inter tractatum de Christo Redemptore et tractatum
de sacramentis ([67]). Notandum tamen est M. J. Scheeben

---

lings of the 17th Annual Convention 1962, pp. 139-149, vix ultra brevem historiam ecclesiologiae ad theoreticam quaestionem accedit.

([66]) Conc. Vatic. I, sess. III, c. 4: Denz. 1796 (3016).

([67]) Sic iam H. Tournély; E. Dublanchy, art. Dogmatique, in D.T.C., t.
IV, col. 1544; A. Gardeil (cf. Rev. thomiste, 1905, p. 641); R. Garrigou-Lagrange;
L. Billot, De Ecclesia Christi. 3ª ed. Prato, t. I, p. 19-24; M. Lahitton, Theses
Theologiae Dogmaticae, t. III. De Ecclesia, Sponsa Verbi Incarnati, p. 97;

X

428

voluisse ut prius de SS. Eucharistia, deinde de Ecclesia, tandem de aliis sacramentis sermo fiat, quia unitas mystici Corporis fructus est SS. Eucharistiae. M. Schmaus tractatum de gratia postponit tractatui de Ecclesia, quem continuo ponit post tractatum de Christo Redemptore ([68]). K. Rahner autem collocat tractatum de Ecclesia inter christologiam et anthropologiam hominis redempti ([69]). Mihi valde arrideret tractatum de homine christiano instituere post christologiam et in connexione cum doctrina de Ecclesia et de Sacramentis. Alii vero, considerantes sacramenta esse Ecclesiae, libenter de sacramentis in ampla de Ecclesia consideratione tractarent. In omni casu, Missiologia et Oecumenismus ad tractatum de Ecclesia de jure pertinent. De B. Virgine Maria convenienter disseritur in « De Ecclesia » (cf. Card. Journet), quin possibile sit de ea in tali loco adaequate tractare.

Ch. JOURNET, *L'Eglise du Verbe incarné*, II, p. 676 n., etc...: quibus accedere videtur J. RANF (*op. cit.*, p. 152) et S. JAKI, *Les tendances nouvelles de l'ecclésiologie*. Roma, 1957, p. 253). Hic modus procedendi aliquod oecumenicum momentum habet, cum ex una parte Protestantes (cf. J. RANFT, *op. cit.*, p. 152, n. 4) et ex altera parte multi Orthodoxi (cf. M. JUGIE, *Theologia dogmatica Christianorum Orientalium*, t. IV. Paris, 1931, p. 207) ita procedant. Quidam tamen Orthodoxi ecclesiologiam post tractatum de sacramentis et ante tractatum de novissimis ponunt; Macarius BULGAROV, inter soteriologiam et tractatum de gratia. Apud nos, B. BARTMANN sequitur ordinem: munera Christi, de sanctificatione, de gratia, Ecclesia, sacramenta (*Lehrbuch der Dogmatik*. Freiburg, 1917-18).

([68]) *Katholische Dogmatik* III/1: *Die Lehre von der Kirche*. 3-5 ed. München, 1958.

([69]) *Schriften zur Theologie*. Einsiedeln, t. I (1954), pp. 41-44; t. III (1956), pp. 111-112; art. *Dogmatik*, in *Lexikon für Theol. u. Kirche*, 2ª ed., t. III, col. 449-451.

XI

LE SAINT ESPRIT
DANS LA THÉOLOGIE THOMISTE
DE L'AGIR MORAL

Je présenterai d'abord le rôle du Saint-Esprit dans l'agir moral d'après
S. Thomas en m'attachant de préférence à l'exposé achevé de la *Somme*;
nous nous demanderons ensuite ce que ces positions peuvent apporter à
certains problèmes de notre temps en ce domaine.

Ce thème est très important. La II pars, surtout la II, II, nous présente
un idéal moral si équilibré, si raisonnable, si nourri de catégories d'origine
aristotélicienne ou stoïcienne, qu'on peut se demander si cet humanisme
satisfait aux requêtes de l'Évangile. Certes, Thomas a introduit dans sa
vision des structures de l'être moral les vertus théologales (I, II q. 62),
les conseils, vus strictement au service de la charité (q. 108 a. 4; II, II,
q. 184 a. 3), les dons du Saint-Esprit (I, II, q. 68), les béatitudes vues
comme acte suprême et parfait des vertus et des dons (q. 69), les fruits
du Saint-Esprit en nous (q. 70), les charismes (q. 171 prol.; q. 183 a. 2),
considérés, à vrai dire, de façon excessivement organisée et systématique.
A quoi il faut ajouter des évocations du thème de l'*imitatio* ou de la
Sequela Christi, assez peu développés à vrai dire: nous verrons plus loin
pourquoi [1]. S'agissant du rôle du Saint-Esprit dans l'agir moral du chrétien

---

[1] Evocation d'*imitatio Christi*: le Christ est « via tendendi in Deum » (III prol.;
q. 40 a. 1), les traités de la I et de la II pars ont leur achèvement dans la III: ainsi I
q. 93 dans III q. 8; I, II q. 109 suiv. dans III q. 7 et 8; II, II q. 81 suiv. dans
III q. 25; etc. Le Christ est cause exemplaire et efficiente-instrumentale de la grâce,
la grâce est grâce *du Christ*: I, II q. 108 a. 1; q. 112 a. 1 et 2; *In Eph.* c. 4 lect. 4 fin.
Il y a enfin l'imitation de la croix du Christ: cf. *III Sent.* d. 18 q. 1 a. 4 sol. 2;
C. Gent. III, 55 vers la fin; *De Malo* q. 4 a. 6 ad 7; I, II q. 85 a. 5 ad 2; III q. 69
a. 3 et parall.

— et non d'autres domaines qui appelleraient des développements propres, comme la connaissance, les sacrements, l'ecclésiologie... —, nous parlerons successivement des dons du Saint Esprit et de la loi nouvelle. Mais il faut d'abord préciser le cadre général dans lequel Thomas situe tout l'agir moral et tout rôle du Saint-Esprit.

C'est dans le cadre du mouvement par lequel les créatures sont mues et se meuvent vers leur fin. S. Thomas entend mouvement dans l'acception la plus large du terme comme tout changement ou passage d'un état à un autre. Il s'agit ici du *motus hominis ad Deum.* Dieu en est le principe et le terme: Dieu en sa vie proprement divine selon qu'elle est communicable et qu'elle est de fait communiquée par la grâce; ce qui est approprié au Saint-Esprit [2]. Certes, Dieu a d'abord, comme créateur, donné à chaque nature les principes d'une opération qui soit vraiment *la sienne.* S'il s'agit de l'homme, il l'a fait libre. Cela signifie non seulement que l'homme se détermine lui-même, qu'il est « causa sui », qu'il se construit et s'achève par ses actes et ses *habitus,* mais aussi que si Dieu le meut, il le meut dans sa liberté même et pour qu'il agisse librement [3]. Ainsi, de par Dieu, l'homme a d'abord en lui-même, le principe de son mouvement: facultés, actes, habitus, vertus (ou vices!). Mais il existe aussi des moteurs d'agir moral extérieurs à l'homme lui-même, que S. Thomas distingue selon que leur influence s'exerce par information ou suggestion ou par efficience [4]. Le démon agit sur nos libertés par suggestion; c'est la tentation. Dieu agit pour notre retour à lui « per instructionem et per operationem »[5]; d'où cet énoncé, qui nous introduit directement dans notre sujet: « Principium exterius

---

[2] Cf. *C. Gent.* IV, 21 et 22; *Comp. Theol.* I, 147, que voici: « Hic est secundus Dei effectus, gubernatio rerum, et specialiter creaturarum rationalium, quibus et gratiam tribuit et peccata remittit: qui quidem effectus in Symbolo fidei tangitur, et quantum ad hoc quod omnia in finem divinae bonitatis ordinantur per hoc quod Spiritum Sanctum profitemur Deum, nam Deo est proprium ad finem suos subditos ordinare; et quantum ad hoc quod omnia movet, per hoc quod dicit "Et vivificantem". Sicut enim motus qui est ab anima in corpus est vita corporis, ita motus quo universum movetur a Deo est quasi vita universi. Et quia tota ratio divinae gubernationis a bonitate divina sumitur, quae Spiritui Sancto appropriatur, qui procedit ut amor, convenienter effectus divinae providentiae circa personam Spiritus Sancti ponuntur. Quantum autem ad effectus supernaturalis cognitionis quam per fidem in hominibus Deus facit, dicitur: "Sanctam Ecclesiam catholicam", nam Ecclesia congregatio fidelium est. Quantum vero ad gratiam quam hominibus communicat, dicitur "Peccatorum remissionem" ».

[3] Cf. I, II, q. 9, a. 4 et 6; q. 68 a. 3 ad 2; II, II, q. 23 a. 2 c.; q. 52 a. 1 ad 3.

[4] Sur cette distinction, que S. Thomas met souvent en oeuvre, cf. notre étude *Traditio und Sacra doctrina bei Thomas von Aquin,* in « Kirche und Ueberlieferung », Festschrift J. R. Geiselmann, Freiburg, 1968, p. 170-210: texte français: *Tradition et sacra doctrina chez S. Thomas d'Aquin,* in « Église et Tradition », Le Puy et Lyon, 1963, p. 157-194.

[5] Cf. *I Sent.* d. 16 q. 1 a. 3; I, II q. 108 a. 1.

movens ad bonum est Deus, qui et nos instruit per legem et iuvat per gratiam »[6].

Les dons du Saint-Esprit, « Per gratiam »: pas seulement le secours des grâces actuelles mais ces dons habituels: *la grâce,* les vertus et les dons. La distinction des vertus et des dons était une acquisition récente de la théologie[7]. S. Thomas qui, dans les *Sentences* (III d. 34 q. 1 a. 1; comp. Comm. in Isaiam c. XI) se contentait de dire que, par les dons, le fidèle agit « ultra modum humanum », précise, dans la *Somme* que cela tient au fait que « movetur ab altiori principio » (I, II, q. 68 a. 2). S. Thomas rattache toute sa théologie des dons du Saint-Esprit au texte d'Isaïe 11, 1-2, cité d'après la Vulgate (qui ajoute la « piété » à la crainte de Yahvé). Or Isaïe parle non, de façon vague, de « dons », mais très précisément d'esprits, « *spiritus* sapientiae », etc., c'est-à-dire d'une motion par inspiration: I, II q. 68 a. 1. Or S. Thomas dispose, depuis 1259 ou 1260, d'un confirmatur inattendu (il dit par deux fois « *et etiam* Philosophus »), dans le *De bona fortuna,* un opuscule composé de deux chapitres d'Aristote empruntés, l'un à l'Ethique à Eudème, l'autre au IIème livre des Grandes morales. Aristote parlait de l'*hormè,* inclination ou impulsion de l'appétit supérieur. S. Thomas applique cette notion à l'impulsion divine dépassant l'usage de la raison[8]: une application évidemment étrangère au philosophe grec... Les dons, comme réalités permanentes distinctes des vertus, sont ces dispositions qui rendent le chrétien « prompte mobilis ab inspiratione divina » ou « a Spiritu Sancto »[9]. Ils ne sont eux-mêmes qu'une disposition permanente, mais qui, précisément, de façon permanente, ouvrent le chrétien à faire normer son action, au-delà des vertus, au-delà de sa raison habitée par la foi, au-delà de sa prudence surnaturelle, par un Autre, infiniment supérieur et souverainement libre, l'Esprit-Saint, la troisième Personne à laquelle sont appropriées les opérations d'amour et de don.

On est loin d'un agir moral purement raisonnable, seulement humaniste. On est même loin d'une position qu'on impute parfois à S. Thomas,

---

[6] I, II q. 90 prol.; q. 109 prol.

[7] Cf. A. GARDEIL, art. *Dons du Saint-Esprit,* in *Diction. de Théol. cath.,* t. IV/2, col. 1728-1781 (1911); J. DE BLIC, *Pour l'histoire de la théologie des dons avant S. Thomas,* in *Rev. d'Ascétique et de Mystique* 22 (1946) 117-179; O. LOTTIN, *Psychologie et Morale aux XIIe et XIIIe siècles,* Louvain, 1949 s. t. III, p. 329-433; t. IV, p. 667-736; *Diction. de Spiritualité,* t. III (1957), col. 1579-1587 (chez les Pères, par G. Bardy) col. 1587-1603 (au Moyen Age, par F. Vandenbroucke); col. 1610-1635 (chez S. Thomas, par M. Labourdette). Les Pères parlent de dons de l'Esprit dans un sens général; le premier à les distinguer des vertus fut Philippe le Chancelier, v. 1235. Vandenbroucke ne parle pas d'Alexandre de Halès, alors qu'A. Gardeil lui attribue une première systématisation dans un sens que devaient reprendre Albert le Grand et Thomas.

[8] Cf. TH. DEMAN, *Le « Liber de Bona Fortuna »,* in *Rev. Sciences philos. théol.* 17 (1928) 38-58.

[9] I, II q. 68 a. 1 et 8; q. 69 a. 1; II, II q. 52 a. 1; q. 121 a. 1; etc.

celle d'une régulation par une nature des choses rigoureusement et intemporellement fixée. Non seulement S. Thomas reconnaît une certaine historicité à la nature humaine, au « droit naturel »[10], mais il fait place ici à l'*événement* de l'Esprit: son cosmos éthique est un cosmos de la volonté salutaire et sanctifiante de Dieu, selon des mesures qui dépassent toute rationalité, même surnaturelle. Un autre nous mène: non pas sans nous, non pas violemment (supra n. 3) mais tout de même au-delà de nos vues et de nos prévisions. Et non seulement au-delà de celles de notre raison charnelle mais au-delà de nos vues et prévisions procédant de la foi. Ce n'est pas que les dons du Saint-Esprit soient au-dessus des vertus *théologales*: celles-ci, nous unissant *à Dieu lui-même,* n'ont rien au-dessus d'elles; les dons sont au service de leur exercice parfait[11]. Mais précisément, Dieu seul, en personne, peut donner sa plénitude à l'exercice des vertus théologales, lui seul peut consommer l'agir d'un enfant de Dieu. C'est vrai de toute la vie de grâce et de la présence à Dieu qu'elle fonde comme objet de connaissance et d'amour[12]. Aussi bien S. Thomas s'applique-t-il à préciser que les dons demeurent même dans la béatitude.

A plus forte raison s'applique-t-il à établir leur rôle dans l'exercice des vertus théologales ou morales. Et comme Thomas voit les béatitudes comme l'acte parfait des vertus et surtout des dons, il s'applique aussi à faire correspondre à chacune de ces vertus un don particulier de l'Esprit et une des béatitudes. Il s'est même appliqué à attribuer à chaque vertu, avec son don et sa ou ses béatitudes correspondantes, l'un ou l'autre des « fruits » de l'Eprit dont parle S. Paul et auxquels il a consacré une question particulière en insistant sur l'aspect de combat spirituel contre la « chair »[13]. Bien sûr, on trouve toujours une raison pour justifier de telles correspondances. Il ne faut donc ni leur attribuer trop de valeur, ni ne leur en reconnaître a priori aucune, car une tradition de grande spiritualité s'exprime aussi de cette façon. Ainsi l'action de l'Esprit par le don d'intelligence parfait la foi pour un « sanus intellectus », pour une certaine pénétration intérieure dont le sommet est de portée apophatique, par un sens aigu de la transcendance de Dieu. La béatitude correspondante est celle des purs de cœur (II, II q. 8). Mais l'activité de la foi est aussi portée à une plus grande perfection par le don de science, auquel Thomas

[10] Cf. *Historicité de l'homme selon Thomas d'Aquin,* in *Doctor Communis* 22 (1969) 297-304.

[11] Cf. I, II, q. 68, a. 8, c et ad 1; II, II, q. 9, a. 1 ad 3.

[12] Point dégagé par JEAN DE SAINT-THOMAS (*Cursus theologicus*; in I q. 43, disp. 17, a. 3) et par le Carme JOSEPH DU SAINT-ESPRIT. Cf. A. GARDEIL, *La structure de l'âme et l'expérience mystique,* 2e éd. Paris, 1927, t. II, p. 232 s.; J. MARITAIN, *Les degrés du savoir,* 4e éd. Desclée de Brouwer, 1946, ch. VI § 15.

[13] I, II, q. 70, avec référence à *Gal.* 5, 22-23. La grâce du Saint-Esprit, qui est le principal de la loi nouvelle, inspire dans l'*affectus,* le « contemptus mundi »: q. 106, a. 1 ad 1.

attribue le bénéfice d'un « certum iudicium », non discursif, mais simple et comme instinctif, « discernendo credenda a non credendis »: Thomas lui fait correspondre la béatitude des larmes [14]. A l'espérance, qui attend le secours de Dieu, correspond le don de crainte par lequel on est « subditus Deo », et la béatitude des pauvres en esprit (II, II q. 19). A la charité, reine des vertus, correspond le don de sagesse, qui assure la « rectitudo iudicii circa divina conspicienda et consulenda », et la béatitude des artisans de paix (II, II, q. 45). La prudence est évidemment achevée par le don de conseil auquel correspond la béatitude des miséricordieux (II, II q. 52). La justice, qui rend à chacun son dû est dépassée lorsqu'il s'agit de ce que nous devons à ceux de qui nous tenons l'être même; elle est soutenue, complétée par le don de piété qui « exhibet patri (et Deo ut Patri) officium et cultum »; S. Thomas lui attribue la béatitude des doux (II, II q. 121). Le don de force vient évidemment en aide à la vertu de force, avec la béatitude de ceux qui ont faim et soif de justice (II, II, q. 139). Reste la tempérance, à laquelle S. Thomas semble embarrassé d'attribuer un don et une béatitude: ce serait finalement la crainte et soit le « beati pauperes », soit le « qui esuriunt et sitiunt iustitiam ». On sent bien qu'il y a, dans ces correspondances un certain arbitraire, pour ne rien dire du sens biblique ou exégétique des béatitudes et du texte d'Isaïe.

Mais il est intéressant de noter cette présence des dons du Saint-Esprit dans la trame même des vertus minutieusement analysées tout au long de la II, II. En effet, on a l'impression, en suivant ces analyses où Aristote et Cicéron ont si souvent un rôle de guide, que l'agir moral est livré à suivre des structures de nature, certes posées par Dieu, mais reconnues par la raison: morale instituée! On est heureux de se dire que l'institution appelle l'événement du Saint-Esprit. Sans quoi on ne verrait pas comment la sainteté telle que nous la font connaître les saints est la forme la plus achevée de la vie chrétienne. Elle est faite de perpétuels dépassements des mesures surnaturelles, mais humaines, par « inspirations » généreusement écoutées par des libertés toutes données.

La loi nouvelle. Les questions 106 à 108 de la I, II sont le fruit le plus remarquable porté, dans la théologie de S. Thomas, par son évangélisme [15]. Ce n'est pas le lieu de rechercher dans quelle mesure Thomas a eu

---

[14] II, II, q. 9. Comp. q. 1 a. 4 ad 3; q. 2 a. 3 ad 3; III Sent., d. 24 q. 1 a. 3, q. 2 ad 3. Il y a plusieurs études, voir par exemple G. H. JOYCE et S. HARENT, La foi qui discerne, in Rech. de Science relig. 6 (1916) 433-467.

[15] On peut voir F. P. ABERT, Das Wesen des Christentums nach Thomas von Aquin. Festrede zur Feier des 319 Bestehens der Königl. Julius-Maximilians-Universität Würzburg gehalten an 11. Mai 1901. Würzburg 1901; A. M. D. MONDA, La legge nuova della libertà secondo S. Tommaso, Napoli 1954; S. LYONNET, Liberté chrétienne et loi de l'Esprit selon S. Paul, in Christus n. 4, 1954, p. 6-27 (repr. in La vie selon l'Esprit, condition du chrétien, Paris, 1965, p. 169-195; en trad. anglaise, St. Paul,

des devanciers, des sources. Il ne semble pas qu'il en ait eu en dehors du *De spiritu et littera* de S. Augustin et, de façon plus décisive encore, de S. Paul. Ces questions n'ont guère de parallèle, dans l'œuvre de Thomas lui-même, que dans ses commentaires des épîtres de l'Apôtre. La position de S. Thomas est simple: la loi nouvelle ou loi évangélique consiste principalement dans la grâce intérieure du Saint-Esprit qui produit la foi, elle-même active par l'amour. Cela déjà implique que ce dynamisme intérieur d'action ait ses effets hors de nous. Mais la logique d'Incarnation, expressément formulée I, II, q. 108 a. 1, veut que la grâce nous parvienne par des moyens extérieurs sensibles et que la grâce intérieure, qui soumet le corps à l'esprit, produise hors de nous des œuvres également sensibles. C'est pourquoi la loi évangélique comporte, à titre second, 1) des moyens de grâce, « inducentia ad gratiam Spiritus Sancti »: ce sont les « documenta fidei », parmi eux les Écritures (« quaelibet scriptura extra homines existens ») et les sacrements; 2) les « praecepta ordinantia affectum humanum et humanos actus », préceptes qui sont formulés également dans ces écrits et dont les uns ont un rapport nécessaire, positif ou négatif, avec la foi opérant par la charité, par exemple confesser la foi; les autres n'ont pas un tel rapport nécessaire, au positif ou au négatif, avec la foi opérant par la charité: ils sont laissés à chacun pour sa propre conduite ou aux autorités ecclésiastiques ou temporelles pour régler la vie des communautés dans l'ordre.

Quand, après avoir lu ces énoncés étonnants, on étudie la II, II ou le traité des sacrements, on a parfois l'impression que tout y est tellement, précisé et réglé que le « secundario », les « pertinentia ad », ont étouffé et fait oublier le « principaliter lex nova est ipsa gratia Spiritus Sancti ». Du reste, si les hommes spirituels sont libres à l'égard des règles qui s'opposeraient à la conduite du Saint-Esprit, « tamen hoc ipsum est de ductu Spiritus sancti quod legibus humanis subdantur »[16]. Le droit canon, ou

---

Liberty and Law. Rome, 1962: brochure); M.-D. CHENU, *La théologie de la loi ancienne selon S. Thomas*, in *Rev. Thomiste* 61 (1961) 485-497; G. SOEHNGEN, *Gesetz und Evangelium, ihre analoge Einheit, theologisch, philosophisch,* Staatsbürgerlich Freiburg-München, 1957; U. KÜHN, *Via caritatis. Theologie des Gesetzes bei Thomas von Aquin.* Göttingen, 1965 (sur quoi cf. FROIDURE, *La théologie protestante de la Loi nouvelle peut-elle se réclamer de S. Thomas?*; in *Rev. Sciences philos. théol.* 51 [1967] 53-61); PH. DELHAYE, *L'Esprit et la vie morale du chrétien d'après Lumen Gentium,* in « Ecclesia a Spiritu Sancto edocta », Mélanges Gérard Philips, Louvain, 1970, p. 432-443; Y. CONGAR, *Variations sur le thème « Loi-Grâce »,* in *Revue Thomiste* 71 (1971 = Mélanges Cardinal Journet) 420-438 (p. 426 n. 28, indication des passages parallèles); Fr. D'AGOSTINO, *Lex indita e lex scripta: La dottrina della legge divina positiva (lex nova) secondo S. Tommaso d'Aquino,* in *Atti del Congresso internaz. di Diritto canonico. La Chiesa dopo il Concilio,* Roma, 14-19.1.1970, Milano, 1972, t. II, p. 401-415.
[16] I II q. 96 a. 5 ad 2. On peut voir G. SALET, *La loi dans nos coeurs,* in *Nouv. Rev. théol.* 79 (1957) 449-462 et 561-578.

plutôt ce que S. Thomas appelle les « Statuta Ecclesiae », « Statuta patrum », « in conciliis episcoporum statuta » va rentrer par là... [17]. N'est-ce pas ce qui, sauf exception, est arrivé dans l'histoire?

Peut-être. Mais ce n'est pas la doctrine de S. Thomas. Il voit tout ce qui est règle extérieure, et même la lettre de l'Écriture (I, II q. 106 a. 2), entièrement pris sous la grâce, entièrement référé à la relation de foi et d'amour, entièrement mesuré par l'amour [18]. Sa thèse sur la charité-forme des vertus n'est pas une théorie creuse. Les sacrements, l'Écriture, les dogmes, les canons et les lois ne rentrent dans la loi évangélique ou nouvelle (« pertinent ad... ») qu'en vertu de leur référence à la « gratia Spiritus sancti quae manifestatur in fide per dilectionem operante ». C'est à cette condition que la loi évangélique ou nouvelle peut être dite « loi de liberté » parce qu'elle laisse un large domaine à la libre détermination de l'homme et qu'elle n'impose rien par contrainte, mais par appel et par conviction personnelle (I, II q. 108 a. 1 c. et ad. 2; a. 4; *In Galat.* c. 5 lect. 6), celui qui aime est libre, car « qui amat ex se movetur » (*In Gal.* c. 4, lect. 8); « Loi de la foi » (q. 106 a. 1 et 2; q. 107 a. 1 ad 3); « loi de vérité » (q. 107 a. 2); « loi de l'Evangile » (q. 106 a. 2 sed c.). L'homme spirituel, faisant spontanément ce que Dieu commande, n'est pas sous la loi; le Saint-Esprit n'est pas sous la loi! (cf. I, II q. 93 a. 6 ad 1 avec citation de *Gal* 5, 18 et 2 *Cor* 3,17). De là aussi l'invocation fréquente que fait S. Thomas d'un canon attribué à Urbain II « dignior est lex privata (Spiritus sancti) quam publica (lex canonum) » [19]. Il y a là un trait, à la fois, de personnalisme et de pneumatologie, les deux allant évidemment ensemble.

Comme nous l'avons déjà indiqué, l'aspect christologique n'est pas absent. L'Esprit n'est-il pas l'Esprit du Christ? S. Thomas ne le voit-il pas, comme tel, gardant l'Eglise *soumise au Christ* [20]? Il écrit « lex nova non solum est Christi sed etiam Spiritus sancti » (I, II q. 106 a. 4 ad 3); il aurait aussi bien pu dire « non solum Spiritus sancti sed etiam Christi ». Cette « gratia Spiritus sancti », qui en est la « principalitas », est la grâce du Christ. Finalement, la « lex nova (evangelica) » nous fait suivre le

---

[17] Cf. II, II, q. 147, a. 3 ad 3. Voir M. Useros Carretero, « *Statuta Ecclesiae* », « *Sacramenta Ecclesiae* » *en la eclesiología de Santo Tomás de Aquino* (Anal. Gregor. 119). Rome, 1962, surtout p. 54 s. et 330 s.

[18] Ce qui est paulinien: *Gal.* 5, 14; *Rom.* 13, 8-10; *1 Cor.* 13, 4-7: cf. S. Lyonnet, *ét. citée.* Ce qui rejoindrait une position protestante telle que l'élabore, par exemple, G. Siegwalt, *La loi, chemin du salut* (Bibl. théolog.), Neuchâtel et Paris, 1972.

[19] Cf. Mansi XX, 714; cité par Gratien c. 1 C. XIX q. 2 (Friedberg I, 839-840). S. Thomas, *De perfect. vitae spirit.* cc. 23 et 25; *C. retrahentes* c. 11; I II q. 96 a. 5 obj. 2; II II q. 184 a. 8 sed. c.; q. 189 a. 7 sed c. et 8 sed c.; *Quodl.* III, 17. Voir I. Eschmann, *A Thomistic Glossary on the principle of the preeminence of a common good,* in *Mediaeval Studies* 5 (1943); M. Duquesne, *S. Thomas et le canon attribué à Urbain II,* in *Studia Gratiana,* t. I, Bologna, 1953, p. 417-434.

[20] Cf. le traité improprement appelé *Contra errores Graecorum* I, 32.

Christ comme voie, « via nova », nouvelle et définitive, comme l'alliance; et S. Thomas de citer *Heb.* 10,19-20 [21]. Il y a donc place pour une *imitatio Christi* (cf. supra n. 1), en tout cas pour une *sequela Christi,* dans la morale évangélique de S. Thomas. Si celui-ci n'a pas christologisé davantage la vie de la grâce, c'est pour lui garder son plein caractère divin et divinisant, en maintenant au Christ, comme Verbe fait homme, son rôle de « voie »[22].

Qu'est-ce que cette théologie thomiste du rôle du Saint-Esprit dans notre agir moral peut apporter aux problèmes fondamentaux de notre temps en ce domaine? Sans préjuger d'autres suggestions dont notre Congrès pourra être l'occasion, nous signalerons trois points.

1) Une contribution à la Pneumatologie dont le désir s'exprime un peu partout. Par « pneumatologie » il faut entendre autre chose qu'une théologie de la troisième Personne dans le cadre du *De Deo Trino.* La « pneumatologie » est l'impact de la libre et souveraine action de la troisième Personne (action « appropriée », sans qu'on soit capable de rendre compte de tout le réalisme de cette appropriation) en tout ce qui, dans l'Eglise, est une activité de vie qui déborde l'« Establishment »[23]. La pneumatologie est donc une certaine dimension de l'ecclésiologie en tant que celle-ci appelle et assume une certaine anthropologie. On ne peut faire une Eglise du Christ et de la Pentecôte avec n'importe quel type d'homme. S. Thomas, qui n'a pas composé de traité *de Ecclesia,* mais qui offre pour cela de riches éléments, a une anthropologie spirituelle, c'est-à-dire une anthropologie pneumatologique.

Elle s'affirme dans sa théologie de la loi nouvelle (cf. infra, § 2) et aussi dans sa théologie des dons et charismes. Sans doute tout ne peut pas être gardé tel quel du détail de la théologie thomiste des dons; même la valeur donnée à chacun d'eux devrait être revue à la lumière de l'exégèse biblique. Mais l'idée d'un registre d'agir moral livré aux initiatives métarationnelles de Dieu, que, nous l'avons vu, Thomas inscrit jusque dans le Droit, est une donnée précieuse. Avec elle, la façon dont S. Thomas rapporte les dons aux vertus comme leur perfection au-delà d'elles-mêmes s'il s'agit des vertus morales, comme à son service, s'il s'agit de la charité.

---

[21] I II q. 106 a. 4, dirigé contre l'idée joachimite d'un nouveau *status* à venir; q. 108 a. 1, qui prépare la q. 8 de la III pars; III prol.: « Quia Salvator noster Dominus Iesus Christus (...) viam veritatis nobis in seipso demonstravit... ».

[22] Cf. L. B. GILLON, *L'imitation du Christ et la morale de S. Thomas,* in *Angelicum* 36 (1959) 263-286.

[23] Le théologien Orthodoxe *Nikos Nissiotis* écrit: « Une vraie pneumatologie est celle qui décrit et commente la vie dans la liberté de l'Esprit et dans la communion concrète de l'Eglise historique dont l'essence n'est pas en elle-même ni en ses institutions » (in *Le Saint-Esprit,* Genève, 1963, p. 91). Nous avons touché la question en sept ou huit publications.

Quant aux charismes, il faut avouer qu'un excès de rationalisation et de systématisation les a fait traiter d'une manière étroite et raide (cf. II, II q. 171 prol.; q. 176 s.; q. 183). Mais leur place de principe est largement et valablement faite, en particulier dans le thème, qui revient fréquemment chez S. Thomas, de la « subministratio ad invicem », ces services mutuels que les chrétiens se rendent en se constituant serviteurs les uns des autres [24]. Simplement, ce que S. Thomas interprète et distribue selon l'idéal d'une société stable et fixe, hiérarchisée et « gradualiste », articulée en « états » et en dignités bien distinguées, il nous faut le concevoir de façon plus libre, plus dynamique, plus mêlée, dans le cadre d'Eglises particulières en communion dans la *Catholica*.

2) S. Thomas nous offre, non une morale de la loi mais une éthique de l'usage personnel de notre liberté sous la grâce. Cela répond beaucoup mieux, non seulement à la vérité du christianisme mais à la situation de la réflexion philosophique moderne et aux requêtes actuelles. Ce n'est pas que tout doive être accepté sans critique de cette réflexion et de ces requêtes. Le caractère théologal et théonomique de la morale de S. Thomas s'oppose à ce qu'on la réduise à une pure anthropologie ou à une « morale sans péché ». Il mène à un « humanisme théologal », dont J. Maritain a bien traité et à une conception du péché « coram Deo », à l'égard de la loi de l'alliance, c'est-à-dire des exigences de la grâce (le « *Prix de la grâce* » dont parle D. Bonhoeffer) et des appels de l'Esprit.

Evidemment une telle morale aura toujours quelque chose d'inachevé, de non réglé d'avance, d'ouvert. Elle répond plus à la morale et à la religion par aspiration qu'à la morale et religion par pression, au sens de H. Bergson dans *Les deux sources de la morale et de la religion* (1932). Cette grandeur est aussi une source de faiblesse. Je m'en suis personnellement mieux rendu compte en fréquentant des Juifs religieux. J'ai été frappé par la force, la certitude, l'absence de doute sur soi-même que leur donne le fait d'être liés, soumis, assimilés à une loi et à des traditions fixes. En face de cela, la situation des catholiques m'apparaissait pleine d'incertitude, du moins telle que nous la connaissons aujourd'hui. Il faut faire la part du goût de mise en question de tout et d'incertitude qui est un des traits des générations actuelles en dessous de 45 ans. Mais il faut reconnaître aussi qu'une morale comme celle de S. Thomas, une morale du Christ-voie et du Saint-Esprit inspirant nos actes et mouvant nos volontés sans les contraindre, est une morale *ouverte,* où la détermination normative de l'agir n'est pas entièrement donnée dans des préceptes. Il y a encore des lois pour le chrétien, mais c'est une loi *de la grâce,* une loi

---

[24] Ce thème est exprimé ainsi à propos de situations traduisant les charismes; « diversitas statuum et officiorum non impedit Ecclesiae unitatem, quae perficitur per unitatem fidei, et charitatis et mutuae subministrationis, secundum illud Apostoli

de l'alliance de grâce: toute valide, nécessaire et bienfaisante qu'elle soit, elle est toujours débordée par la grâce.

3) Elle est aussi mesurée par elle. Notre troisième point, très important, concerne la critique, non du droit, mais du juridisme et la vraie situation du droit dans l'Eglise. Il y a juridisme, disait le cardinal Cushing, quand, au lieu d'affirmer: « La fin de la loi, c'est la charité », on tient que la fin de la loi est la loi elle-même [25]. Bref, quand l'homme est fait pour le sabbat. Le droit et la loi ont leur place. S. Thomas la précise: ils rentrent dans les « secundaria » qui relèvent de la loi nouvelle au titre de leur référence à la grâce du Saint-Esprit, soit comme disposant à cette grâce, soit comme dirigeant l'usage qu'il faut en faire (I, II q. 106 a. 1; q. 108 a. 1). Ce fait que le rapport à la grâce du Saint-Esprit fonde, et aussi mesure l'existence de lois juridiques nous semble avoir son intérêt aussi pour un problème que nous avons rencontré plus d'une fois ces dernières années et qui est très délicat: ne doit-on pas faire intervenir la façon dont *la fin* du pouvoir et de la loi, la façon dont *le bien* des fidèles et des hommes sont assurés, dans la reconnaissance du pouvoir ou la « réception » des lois? Il y a bien quelque chose de cela dans la tradition canonique médiévale [26]. Cela ne doit justifier ni l'anarchie ni la contestation permanente, mais cela pourrait mettre en question une inconditionnalité de la forme juridique en soi. Après tout, la doctrine unanimement professée est qu'une loi mauvaise n'est pas une loi et n'oblige pas...

S. Thomas est très respectueux des « Statuta Ecclesiae (vel Patrum ») , de la « consuetudo » ou de l'« usus Ecclesiae »: on le voit en particulier dans son traité des sacrements. Faute d'une meilleure information historique, il n'a pas appliqué lui-même ce qu'il dit au plan des principes sur la relativité et l'historicité de ces déterminations, obligations et interdictions [27]. C'est une végétation qui a, depuis, tout envahi jusqu'à ce que le Concile et le réformisme actuel aient ouvert une ère de révisions et de

---

(*Ep.* 4, 16); *Ex quo totum corpus (...) per omnem iuncturam subministrationis,* dum scilicet unus alii servit » (II II q. 183 a. 2 ad 1); « in corpore Ecclesiae conservatur pax diversorum membrorum virtute Spiritus sancti qui corpus Ecclesiae vivificat... » (ad 3). Sur la « subministratio ad invicem », cf. *IV Sent.* d. 19 q. 2 a. 2 sol. 1; *De verit.* q. 29 a. 4; *C. impugn.* c. 8; I II q. 112 a. 4 c.; II II q. 183 a. 2 ad 1; *Com. in Symb.,* 9; *In Rom.* c. 12 lect. 1; *1 Cor.* c. 12, lect. 1 et 3; *Ephes.* c. 4 lect. 5; *Col.* c. 2, lect. 4. S. Thomas applique cette notion à l'idée de « populus » (*In Hebr.* c. 8 lect. 3; I II q. 100 a. 5) et à l'unité de l'Eglise (*C. impugn.* c. 8; I II q. 112 a. 4; II II q. 183 a. 2 ad 1 et 3).

[25] Discours au Congrès de Droit canonique tenu à Boston, 12-13 oct. 1954; cfr. Herder-Korrespondenz, décembre 1954, p. 110-111.

[26] Cf. L. BUISSON, *Potestas und Caritas. Die Päpstliche Gewalt im Spätmittelalter,* Köln-Graz, 1958.

[27] Cf. I II q. 107 a. 4 avec la citation de la fameuse lettre de *S. Augustin* à Januarius (Epist. *55,* 19, *35;* PL. 33, 221); q. 108, a. 1 et 2; *Quodl.* IV, 13.

simplifications, qui ne va évidemment pas sans abus, mais qui est en elle-même évangélique et heureuse. Reste à élaborer une conception satisfaisante du droit (de la loi) et de son statut dans l'Eglise de l'incarnation et de la Pentecôte [28]. S. Thomas n'a pas tout dit mais, par ce qu'il a dit déjà, il est encore notre maître pour une telle entreprise.

Commissione Teologica Internazionale
Parigi

---

[28] Outre l'intéressant ouvrage de M. Useros Carretero cité supra (n. 17), renvoyons aux études de Hoffmann, de E. Corecco et de A. M. Rouco-Varela citées dans notre article *Rudolph Sohm nous interroge encore*, in *Rev. Sciences phil. théol.* 57 (1973) 201-234.

XII

Le traité de la force dans la "Somme Théologique" de S. Thomas d'Aquin

Parmi les grands Scolastiques, et même dans l'ensemble de la littérature théologique et spirituelle chrétienne, Thomas d'Aquin est celui qui a traité de la force avec le plus d'ampleur. Il y a introduit des valeurs et une densité de contenu qui lui sont propres. On pourrait chercher l'explication de ce fait en différentes directions. Contentons-nous de signaler trois points :

1) la II pars de la *Somme* en est peut-être la partie la plus originale. Non seulement parce que Thomas y a exprimé la perception extrêmement vive qu'il a eue de la personne spirituelle déterminant librement son propre visage, mais parce qu'il a fait un effort sans précédent d'analyse et d'organisation des aspects si variés de l'agir humain et chrétien. Bien souvent, ce qui était tâtonnements et ébauches trouve chez lui des principes précis d'analyse et d'organisation. Tel est le cas, par exemple, de l'analyse des parties des vertus en subjectives, intégrantes, potentielles ([1]);

2) quelles que soient les corrections que Thomas ait apportées au Stagirite, Thomas est aristotélicien. Aristote est ici sa cource principale. Certes il utilise et cite Cicéron et même Sénèque, mais il marque lui-même expressément son opposition au Stoïcisme, à son idéal d'*ataraxia* et d'*apatheia* ([2]).

([1]) Cf. O. Lottin, *Psychologie et Morale aux XIIe et XIIIe siècles*, t. III. Louvain et Gembloux, 1949, pp. 186 s.

([2]) Q. 123 a. 10 c.: il s'agit de la valeur morale de la colère. Thomas

3) Ce que Thomas lui-même nous dit des dispositions naturelles héritées ou acquises nous autorise à prendre en considération ses antécédents familiaux et son milieu culturel naturel. Thomas était de famille noble, apparentée à l'empereur Frédéric II au service duquel se trouvèrent un moment son frère Raynald, comme poète de cour (Frédéric devait le faire tuer en 1246) et sans doute trois des autres frères de Thomas, comme chevaliers : Aymon, Philippe et Adénolphe ([3]). Thomas a dû être touché par les idées de grandeur et d'honneur qui était courantes dans le milieux de chevalerie et dont avait rêvé, dans les premières années du siècle, François, le fils du marchand d'Assise Pierre Bernardone. Il nous reste, de ces sentiments, un témoignage que l'historien de Thomas, le P. Pierre Mandonnet, considère comme authentique : un sonnet sur l'objet de l'honneur véritable, sonnet composé dans la langue qu'on parlait alors dans le royaume des deux Siciles ([4]). L'inspiration de l'éthique thomiste s'y révèle clairement : c'est l'objet vers lequel

en parle ailleurs, soit dans son traité des passions (I II q. 46 et cf. q. 59 a. 5), soit à propos de la tempérance (II II q. 158). Voir encore *De malo*, q. 12, a. 1 ad 4. Plus généralement on peut consulter J. STELZENBERGER, *Die Beziehungen der frühscholastischen Sittenlehre zur Ethik der Stoa*. München, 1933; S. PFÜRTNER, *Triebleben und sittliche Vollendung. Eine moralpsychologische Untersuchung nach Thomas von Aquin*. Fribourg (S.), 1958.

([3]) Sur la famille de Thomas, voir F. SCANDONE, *La vita, la famiglia e la patria di S. Tommaso*, in *S. Tommaso d'Aquino, Miscellanea storico-artistica*. Roma, 1924.

([4]) Voir F. SCANDONE, *op. cit.*; P. MANDONNET, *Thomas d'Aquin novice prêcheur, 1244-1246*, in *Rev. Thomiste*, 1924-1925 (1925, pp. 236-245), qui date cette pièce de l'époque de la captivité du jeune Thomas, qui avait 20 ans. Voici le texte de cette pièce (MANDONNET, p. 241):

Tanto ha virtù ziascun, quanto ha intelletto;
E a valor quanto in virtù si stende;
E tanto ha'llhor di ben, quanto l'intende,
E quanto ha d'honor gentil diletto.
E il diletto gentil, quanto ha l'effetto,
Adorna il bel piacer, che nel chor scende;
Il quale adorna tanto, quanto splende.
Per somiglianza del proprio subietto.

se portent notre amour et notre désir qui nous qualifie en valeur et détermine la qualité de l'honneur dont nous sommes
dignes. On retrouvera, vingt-cinq ans plus tard, dans la *Somme*,
un intérêt semblable porté à l'honneur (³) et, bien sûr, une inspiration objective et, pour autant, intellectualiste, dont la source
était déjà l'Ethique d'Aristote.

Le traité de la force, dans la *Somme* (II-II, qq. 123-140) a
été rédigé très probablement en 1272, en Italie, tout comme
Thomas y avait sans doute commenté l'*Ethique à Nicomaque*
vers 1266-1267. C'est le texte d'Aristote qui, dès les *Sentences*,
était la source majeure de S. Thomas pour la question de la
force. Cette question avait été peu traitée, même par Thomas.
Bien de ses éléments sont neufs, dans la *Somme*, sans parallèles dans les oeuvres antérieures du Maître, du moins les oeuvres systématiques (⁶). On ne peut guère signaler que des questions générales sur les vertus cardinales (*III Sent.*, d. 33 q. 2 et
Q. disp. de virtutibus cardinalibus, disputée probablement peu
avant la partie correspondante de la I-II)(⁷) et sur les parties
de la vertu de force (*III Sent.*, d. 33, q. 4). Le seul véritable antécédent systématique de notre traité reste le commentaire des

> Dunque chi vol veder, quanto d'honore
> Altrui è degno e di laude perfecta
> Miri in qual disìo amante ha il core.
>   Però ch'esser felice ogni uomo affecta:
> Massimamente quel che per l'onore
> Verace adopra, tal corona aspetta.

(³) Cf. Iᵃ IIᵃᵉ, q. 2, a. 2; IIᵃ IIᵃᵉ, q. 103; A. GAY, *L'honneur. Sa place
dans la morale*. Fribourg (S.), 1913; R. EGENTER, *Von christlicher Ehren-
haftigkeit*. München, 1937; O. SCHILLING, *Die Ehre nach christlicher
Auffassung*, in *Theol. Quartalsch.* 119 (1938) 153-167.

(⁶) Ainsi les questions sur le martyre (touchée *III Sent.*, d. 26, q. 1,
a. 4), l'absence de toute crainte, l'audace, pour une part celle sur la
magnanimité (touchée *II Sent.*, d. 42, q. 2, a. 4), sur la présomption,
l'ambition, la pusillanimité, la magnificence et son contraire, enfin le
précepte de la force.

(⁷) Cette question avait été élaborée surtout par Philippe le Chancelier, vers les années 1230-35, mais Thomas ne le suit pas: il est disciple d'Aristote. Cf. O. LOTTIN, *op. cit.*, pp. 166 s., 184 s.

livres II, III et IV de *l'Ethique à Nicomaque*. L'influence de cet
écrit que Thomas avait entendu son maître Albert commenter
à Cologne (la *reportatio* du cours d'Albert est de la main de
Thomas!) était déjà sensible, voire décisive, dans le commentaire de Thomas sur le IIIe livre des *Sentences*.

A) *Grandes options et idées majeures du traité.*

Il ne s'agit absolument pas, pour nous, de *commenter* les
18 questions du traité, mais seulement d'attirer l'attention sur
quelques uns de ses aspects majeurs.

Le premier trait qui frappe le lecteur caractérise, en vérité,
toute l'éthique de S. Thomas : c'est la primauté, on peut dire
la souveraineté, attribuée à la raison, principe d'ordre et de
mise en ordre. Sans cesse on rencontre les termes : *ordinatio,
ordinate, inordinatio, secundum rationem, modus, usus debitus.*
Nous reviendrons sur la question que cette dominante raisonnable peut poser pour le caractère pleinement *chrétien* de la
vision thomiste de la vertu de force. La vie vertueuse est une
vie selon la raison : non que celle-ci soit la norme suprême. La
norme suprême est Dieu, la loi éternelle, la Raison absolue, et
S. Thomas fait, dans sa morale, une place à l'imitation du Christ
et aux dons du Saint-Esprit, dispositions permanentes à nous
laisser conduire par l'Esprit, au-delà de nos vues et de nos prévisions. Mais ces normes proprement chrétiennes sont reconnues comme telles par une raison chrétienne, éclairée et élargie
ou surélevée par la Foi. Dans l'ordre vertueux, la raison, faculté
de reconnaissance de la vérité et de l'ordre, est le moyen par
lequel notre agir, dans la complexité des données qu'il engage,
se règle selon la vérité et l'ordre.

On a parfois jugé que cela mettait l'éthique thomiste sous
l'emprise d'un intellectualisme excessif. Le premier vers du sonnet de jeunesse que nous avons cité illustrerait bien ce danger :
« Autant a de vertu chacun qu'il a d'intelligence ». Reconnaissons qu'il y a un danger et peut-être même, dans l'esprit de

Thomas, une inclination en ce sens. Mais sa doctrine morale est exempte d'un tel simplisme. Intelligence et appétit (volonté, appétit sensible) sont deux fonctions d'un tout vivant. Le choix moral n'est pas le simple terme d'un processus de connaissance: il relève de l'ordre pratique, dans lequel les *fins* poursuivies jouent le rôle de principe, l'inclination appétitive (ce que j'aime) et l'éclairage rationnel se conditionnant mutuellement. Le choix final ne procède pas sans plus du jugement de conscience, mais du jugement prudentiel, conditionné par les dispositions affectives de l'appétit rationnel et sensible ([8]). Ceux qui *jugent* sainement sont le sage ou le saint, c'est-à-dire les hommes dont les amours et les inclinations sont pleinement rectifiées.

S'agissant de la force, cette structure raisonnable de la vie morale permet tout à la fois d'assumer ce qu'elle peut comporter de dispositions naturelles, voire physiques, et de passion, et cependant de la poser comme une véritable vertu, au-delà de telles dispositions. Nous avons déjà dit comment Thomas suit Aristote, non les stoïciens, et fait leur place positive aux passions, à la colère par exemple, dans la moralité. Il fait de même une place positive aux complaisances de la sensibilité dans la vertu de tempérance. Selon lui, ces deux vertus ont leur siège dans les puissances émotives elles-mêmes de l'appétit sensible. Le mot de Patmore pèche sans doute par exclusivisme (le « que » est de trop!), mais Thomas en aurait accueilli le positif : « Les vertus ne sont que des passions ordonnées et les vices ne sont que des passions en désordre » ([9]).

On peut donc faire leur place, dans la *vertu* de force, à des dispositions naturelles de tempérament ou même de constitution physique. Les charismes dont parle S. Paul ont aussi souvent, à leur racine, des dons de nature qui sont psychiques et physiques. La force vertueuse est une disposition qui permet

---

([8]) La question a été abordée par O. Lottin, *op. cit.*, pp. 537-575 et 651-666. Mais il faut lire A.D. Sertillanges, *La Philosophie de S. Thomas*, livre VI (nouv. éd. Paris, Aubier, 1940, t. II, pp. 175-262).

([9]) Cité par M. Zundel, *Morale et Mystique*. Desclée de Brouwer, 1962, p. 86.

XII

d'accomplir son devoir sans défaillance, sans se laisser abattre ou détourner par les difficultés, fussent-elles extrêmes. La force corporelle, la santé, un tempérament musclé peuvent servir ce vaste programme. S. Thomas le reconnaît (123, 1 ad 3). Aussi bien avons-nous un devoir de cultiver convenablement notre santé et notre corps, d'assurer l'hygiène de nos nerfs. Mais la vertu de force est autre chose qu'une question d'hormones ou de muscles. De pures dispositions physico-psychiques pourraient mimer des comportements de force, mais de façon surtout apparente et non sans prêter à des excès qui, comme tels, sortent du programme vertueux: qu'on pense, par exemple, au conducteur d'auto qui, pour exprimer son dynamisme, devient un danger public! On peut en effet, dit Thomas (123, 1 ad 2), avoir un comportement extérieur qui ressemble à celui de la vertu de force, ou même qui assure une partie de son programme: soit qu'on affronte une grande difficulté sans l'estimer telle: par ignorance du péril, mû par un vif espoir de la vaincre, ou dans la conscience d'avoir les moyens d'en venir à bout; soit par une impulsivité non dominée, celle des passionnés, des fougueux, des aventuriers irréfléchis ([10]); soit enfin que les réticences de la peur soient dominées par des préoccupations plus efficaces telles que la réputation (ne pas passer pour un faible), le plaisir (c'est « sportif »!), le gain (l'enjeu en vaut la peine!), le désir d'éviter reproches ou moqueries, ou encore les désavantages d'une conduite sans risques.

Ce ne sont pas toujours les plus musclés qui sont vraiment des forts: Samson a beau être un athlète, et même un bagarreur (cf. Jug 14, 4; 15, 3 s.; 16, 28), il est faible de caractère (16, 15-16), faible surtout devant les femmes qui le possèdent à tout coup (14, 15 s.; 16, 1, 4, 6-18). Il ne faut pas confondre force et brutalité, ou force et exercice de la contrainte qui met les autres à notre discrétion, et donc ne connaît ni la justice ni l'amour ([11]).

([10]) Voir encore, à leur sujet, S. THOMAS, Com. in Ethic. VI, lect. 11; Q. disp. de virt. in comm., a. 6 ad 4; De virt. cardin. a. 2; Iᵃ IIᵃᵉ, q. 58, a. 4 ad 3.
([11]) Le mot « force » est ambigu. Il peut recouvrir la pure réalité physique (en allemand: Kraft) et le courage (en allemand: Tapferkeit).

XII

La vertu est une réalité morale. Un homme physiquement faible peut exercer plus de force en manifestant dans les faits moins d'énergie ou de résistance ([12]). La non-violence est une forme de résistance qui suppose éventuellement plus de véritable force que l'attaque ou la résistance violentes ([13]). Elle mérité une mention particulière très précisément *dans le chapitre de la force!*

Thomas distingue, dans les actes de la force par laquelle nous surmontons les difficultés qui nous retiendraient de faire le bien, le *sustinere* et l'*aggredi*, la capacité de résistance et l'esprit d'attaque (123, 6 et 11). Il donne la primauté au *sustinere* (126, 6 ad 1; 128, 1) car la vertu de force vise plus à dominer les peurs qu'à modérer les ardeurs ou les pétulances. Plus loin dans le traité, quand S. Thomas étudie les parties intégrantes de la vertu de force, après celles qui visent ces requêtes de grandeur, il parle de la patience (q. 136) et de la persévérance (q. 137 et 138). C'est là un des traits par lequels la force prend cette valeur générale qui lui mérite le tire de vertu cardinale. Car les difficultés qui s'opposent à ce que nous fassions le bien sont multiples et diverses. Chacun a les siennes. Mais il est une difficulté qui est commune à tous, c'est de durer. Tenir est plus difficile qu'attaquer. Celui qui attaque choisit son heure et ses moyens, il a le présupposé de la plus grande puissance, il jouit du soutien de la gloire, de l'initiative. Tenir dans l'obscurité, dans l'ignorance de ce que durera l'épreuve, ne pas perdre coeur si elle se prolonge, vaincre l'usure: c'est en cela que s'affirme au maximum la vertu de force et qu'elle se montre comme valeur générale de l'existence morale ([14]).

([12]) Cf. S. Thomas, *III Sent.*, d. 34, q. 1, a. 2 (éd. Moos, n. 69): « secundum quantitatem suarum virium ».
([13]) Quelques pages sur ce sujet dans G. Gusdorf, *La vertu de force*. Paris, 1957, pp. 85 s. (qui s'attarde pourtant trop, dans ce petit livre, aux conditions ou aux signes externes: santé, vigueur, etc.), mais surtout, et de façon excellente, dans P. Régamey, *Non-violence et conscience chrétienne*. Paris, 1958, pp. 190, 212, 267 s.
([14]) On pourrait faire une application particulière de tout cela à la marche dans les voies de la vie spirituelle: beaucoup sont arrêtés par

Elle a pourtant des applications ou des actes qui lui sont plus propres parce qu'elle s'y réalise au suprême degré. Puisqu'elle consiste à affronter les plus graves difficultés et les plus grands périls pour ne pas cesser de bien agir, elle trouve son acte suprême dans l'affrontement du péril de mort. Ne sont tout à fait sérieuses que les convictions ou les raisons de vivre pour lesquelles on mourrait. C'est pourquoi la mort est si souvent l'issue des conflits qui opposent les hommes, ou de leur volonté de liberté et d'amour. Pour les hommes de tous les temps le courage de mourir a été le terme et la mesure du courage de vivre. A l'époque de S. Thomas, ce courage était celui des pèlerins, qui devaient affronter tant de fatigues et de dangers, il prenait aussi volontiers la forme guerrière du chevalier ou du croisé : l'article 5 vient préciser en ce sens l'article 4 de la question 123 ; voir également a. 5 ad 3 et q. 58 a. 12 ad 3. A notre époque c'est le type du Résistant qui domine, ou celui du révolutionnaire, voire du « guerillero », mais aussi celui du non-violent comme Gandhi ou Martin Luther King, c'est-à-dire de l'homme qui mène jusqu'au bout la lutte *pour l'homme* et sa libération, pour la justice, la fraternité, la paix. A toutes les époques, au point de vue spécifiquement religieux, l'acte suprême de la vertu de force a été le martyre. C'est pourquoi, après avoir traité de la vertu elle-même (q. 123), Thomas traite « de actu praecipuo ejus, scilicet de martyrio » (q. 124) : une question qui n'a ni antécédent ni parallèle dans les autres oeuvres du Maître. A sa façon sereine et raisonnable, qui cherche dans les réalités les plus émouvantes et les plus sublimes des raisons formelles, Thomas retrouve même la conviction traditionnelle de l'Eglise ancienne, selon laquelle le martyre est l'acte le plus haut d'assimilation au Christ, et donc de perfection chrétienne ([15]).

l'inconnu du monde spirituel, des exigences et des voies de Dieu. Comparer I^a II^{ae}, q. 51, a. 5. Un modèle : Thérèse de Lisieux. Mais c'est l'histoire de tous les saints.

([15]) Q. 124, a. 3. Voir, sur la tradition, M. VILLER, *Martyre et perfection*, in *Rev. Ascét. et Myst.* 6 (1925) 5-25 ; *Enciclopedia cattolica*, VIII,

Il n'est pas aisé d'exercer la force d'une manière qui réponde vraiment à l'exercice de *la vertu* de force. Il y a eu des Résistants par intérêt ou entraînés presque malgré eux par les circonstances. Il y a eu des « martyrs » par présomption, gloriole ou entêtement : les auteurs anciens en témoignent ! S. Thomas note à plusieurs reprises le caractère ambigu des expressions de la force (123, a. 1 ad 2; 125 a. 2 obj. 2). Tout notre agir dans l'ordre des moyens est, selon lui, soumis à cette vertu de prudence dont le langage moderne a fait presque un synonyme de médiocrité mais qui, chez S. Thomas, est la royale servante de la vie dans la vérité. Même la formule, qui revient souvent dans notre traité, selon laquelle la vertu se situe « in medio »([16]) signifie, un idéal, non de médiocrieté mais de difficile et onéreuse vérité. Plus les questions sont difficiles — c'est bien le cas de la force s'exerçant dans les « magna pericula » —, plus l'homme vertueux manque de modèles tout faits et doit se frayer son chemin de vérité en exerçant sa prudence de façon personnelle et responsable. C'est sur cette remarque que S. Thomas termine son traité de la vertu de force, q. 140, a. 2 ad 3.

B) L'humanisme de S. Thomas et l'idéal chrétien

Nous n'avons pas encore parlé de deux vertus qui font partie de celle de force, qui répondent plus précisément à son aspect d'entreprise généreuse et d'attaque, *aggredi*, la magnanimité à laquelle Thomas consacre cinq questions (q. 129 à 133) et la magnificence, à laquelle il en consacre deux (q. 134 et 135). Mais ces mots eux-mêmes n'évoquent-ils pas plutôt un contexte de la Renaissance, si ce n'est même un contexte païen ? Ne caractérisent-ils pas le héros grec plutôt que le saint chrétien ? ([17]).

233-244; *Lex. f. Theol. u. Kirche²* VII, 129 et 132; enfin les explications de la Deutsche Thomas-Ausgabe, par J.F. GRONER, O.P. (vol. 21. Heidelberg et Graz, 1964, pp. 477-490).

([16]) Cf. q. 126, a. 2, obj. 3 et c.; q. 129, a. 3, obj. 1; q. 138, a. 2.

([17]) Voir A.J. FESTUGIÈRE, *La sainteté*. Paris, 1942, le chapitre sur le

Porphyre ne reprochait-il pas à Jésus de ne pas avoir montré l'héroïsme d'un surhomme dans sa Passion? ([18]). Les textes de Nietzsche sont dans toutes les mémoires. Or l'idéal que propose S. Thomas, sans être, bien sûr, celui du surhomme nietzsschéen ni même celui d'Henry de Montherlant ([19]), est un idéal de grandeur humaine, d'entreprise terrestre, d'estime du créé.

Thomas d'Aquin, dont la première formation fut monastique et qui conserva tant de valeurs de cette formation, rompt avec une tendance issue de la tradition monastique, celle que les historiens (surtout R. Bultot) étudient sous le titre de *fuga mundi*. Il est incontestable que le monachisme avait produit de beaux fruits de culture, mais dans des domaines et d'une manière assez strictement et directement mesurés par le service de Dieu et sa louange. C'était normal au point de vue monastique, mais imposer de telles normes à la cité terestre serait revenu à la garder dans un état de non-développement. Déjà le XII siècle occidental avait été marqué par une (re)découverte de la nature et une appréciation plus positive des réalités de ce monde ([20]). La franche adoption d'Aristote comme maître de philosophie a conduit Thomas à reconnaître une autonomie et une valeur des réalités créées *en elles-mêmes*, et singulièrement de l'homme et de ses entreprises. Le P. R.-A. Gauthier a magistralement montré que tel est l'enjeu réel des questions sur la magnanimité, introduites pour la première fois par Thomas dans une synthèse théologique ([21]). En effet, la magnanimité en-

héros grec et son idéal de virilité, de fierté et d'honneur, en particulier de fierté hautaine devant la mort.

([18]) Cf. P. DE LABRIOLLE, *La réaction païenne...*, Paris, 1934, pp. 270-271.

([19]) Ainsi dans *Les Olympiques*, 1932; *L'équinoxe de septembre*, 1938; *La vie en forme de proue* (recueil de textes caractéristiques); *Le solstice de juin*, 1941, où on lit, par exemple, ceci parmi d'autres propos plutôt scandaleux: « A ces garçons qu'aurais-je vanté? L'adhésion aux « valeurs chrétiennes »? Je crois, jusqu'à l'angoisse, au mal qu'elles ont fait à la France » (pp. 276-277).

([20]) Cf. M.-D. CHENU, *La théologie au douzième siècle*. Paris, 1957: Ière partie, ch. 1: La nature et l'homme. La Renaissance du XIIe siècle.

([21]) *Magnanimité. L'idéal de la grandeur dans la philosophie païenne et dans la théologie chrétienne* (*Bibl. thomiste*, 28). Paris, 1951.

globe une grandeur de l'espoir humain, un esprit d'entreprise qui ne craint pas d'innover ni de risquer, une réalisation par l'homme des énergies qu'il sent en lui. Le P. Gauthier pouvait conclure son étude particulièrement lucide et précise en écrivant :

> en restituant, à la suite d'Aristote, à la nature et en particulier à la nature de l'homme, sa consistance et sa valeur propre, saint Thomas a, en effet, posé le principe constitutif de la société moderne, dont tout le processus historique, qui, à partir de la fin de XIIIᵉ siècle, a rendu aux structures profanes leur autonomie n'est que la traduction dans les faits. Au monde nouveau qui, ainsi, s'élabore, la doctrine thomiste de la magnanimité apportait la spiritualité qu'il réclame. Certes, nous y avons insité, saint Thomas n'a rien renié de la doctrine spirituelle des Pères. Sa doctrine des vertus théologales, de l'espérance chrétienne en l'occurrence, non seulement en a sauvegardé toute la richesse religieuse, mais l'a exprimée avec une clarté et une vigueur qu'elle n'avait pas chez les Pères eux-mêmes. Mais, et c'est son oeuvre propre, saint Thomas a *réassumé*, en montrant comment elle peut se concilier avec la spiritualité « *diviniste* » des Pères, une spiritualité *humaniste*. C'est là tout le sens de sa doctrine de la magnanimité. Par là-même, il a rendu possible, à côté de la spiritualité monastique, faite pour les hommes qui ont renoncé au monde et caractérisée par le règne en quelque sorte exclusif des vertus théologales qui nous ordonnent *immédiatement* à Dieu, la constitution d'une spiritualité typiquement laïque, faite pour des hommes qui restent engagés dans le monde — et dans un monde rendu à sa profanité — et caractérisée par la place qu'elle fait aux vertus qui, sans doute, animées qu'elles sont, comme toutes les vertus chrétiennes, par les vertus théologales, cherchent Dieu, mais le cherchent, non plus *immédiatement*, mais à travers autre chose que lui, à travers l'homme et à travers le monde, qui sont leur objet propre. Or de ces vertus, la première, et celle qui commande toutes les autres, c'est, au plan de la vie individuelle, la magnanimité, comme c'est, ua plan de la vie communautaire, la justice sociale (p. 496).

Malgré l'affirmation de fidélité aux valeurs théologales, affirmation à laquelle nous souscrivons avec conviction, on ne peut éviter de se poser des questions sur le caractère *chrétien* de cette doctrine de la magnanimité et, d'une façon plus générale, du traité thomiste de la force. Celui-ci n'est-il pas inspiré d'Aristote ou de Cicéron et du Pseudo-Andronicus plus que des Ecritures, du moins celles du Nouveau Testament? L'Ecriture intervient dans le traité, mais aussi bien en objection qu'en argument et sur le même rang que d'autres « autorités » indifféremment païennes ou chrétiennes... Ne trouve-t-on pas, comme première *objection* du premier article du traité le texte le plus caractéristique de la spiritualité paulinienne « [Ma grâce te suffit] Ma puissance se déploie dans la faiblesse » (2 Cor 12, 9)? Mais il y a, dans S. Paul, dix autres textes semblables! ([22]). C'est la folie de la croix. En face de cela, le traité de Thomas n'est-il pas excessivement raisonnable, désespérément raisonnable? Nous avons déjà noté le retour constant de termes comme *ordinate, ordinatio, inordinate,* « secundum rationem », *modeste, usus debitus...* Il s'agit de rendre l'homme bon. Or le bien de l'homme consiste à exister selon la raison... (123, a. 1). Même le martyre est ramené à cette norme par le fait que « le bien de la raison consiste dans la vérité » (124 a. 1). Enfin, pour compléter la liste des charges, on s'étonne que pour répondre à l'objection qu'il s'est faite avec le texte de S. Paul, « virtus in infirmitate perficitur », Thomas avance cette explication : l'Apôtre parlait de la faiblesse de la chair, non de celle de l'esprit (123 a. 1 ad 1)! Il prend donc « chair » au sens de : sensibilité. Il introduit ainsi une distinction qui n'est nullement dans le texte et qui fait craindre un contresens sur l'expression biblique, et surtout paulinienne de « chair » ([23]).

Et pourtant nous pensons que la doctrine de S. Thomas

([22]) Voir par exemple Phil. 4, 13; 1 Cor 1, 25 et 27; 4, 7; Eph. 1, 18-19; 6, 10. C'est la parole qui est puissante: Rm 1, 16; Act 19, 20.

([23]) « Chair » signifie en effet, pour S. Paul, la condition fragile de la créature: elle ne s'oppose pas à l'esprit mais elle « désigne tout l'homme tel que le péché l'a fait » (F. PRAT). Le contresens de II^a II^ae, q. 123, a. 1 ad 1 est encore plus net en I^a II^ae, q. 55 a. 3 ad 3. Dans son commentaire (*In 2 ad Cor.,* c. 12 lect. 2). Thomas se montre dérouté par le texte de S. Paul: « Mirus modus loquendi: *Virtus in infirmitate perficitur.* Ignis in aqua crescit. Intelligi vero potest... »; suit un commentaire raisonnable mais médiocrement paulinien. Pourtant, les commentaires de S. Thomas sur S. Paul et sur S. Jean sont généralement remarquables.

est chrétienne et qu'elle l'est dans ce traité même de la force. Avant de la montrer par des remarques particulières, il convient de rappeler quel a été le projet théologique, quelle a été l'option épistémologique ou scientifique de S. Thomas ([24]). Ce fut non de décrire sous leurs aspects historiques les situations existentielles qu'a connues le christianisme et que vivent les chrétiens, mais d'analyser méthodiquement les éléments *formels*, c'est-à-dire essentiels, engagés dans toutes ces situations. Thomas définit le *quid*, le *ce que* des choses. Les éléments ainsi distingués et classés doivent être ensuite recomposés dans la vision concrète de ce qui est arrivé et de ce qui existe : démarche que les thomistes ont malheureusement trop souvent manqué de faire.

Une remarque générale encore. Les textes de S. Paul, dont beaucoup visent particulièrement la condition du travail apostolique, ne disent pas tout ce qui concerne la vie du chrétien, en particulier sa vie sociale et politique dans la société terrestre. A cet égard il est nécessaire d'interroger également les témoins de l'ordre temporel, et aussi l'Ancien Testament dont on remet aujourd'hui en valeur l'indispensable apport ([25]). On trouverait, dans celui-ci, bien des exemples de force dans l'oeuvre à accomplir sur cette terre, et même des exemples spécifiques de ce que S. Thomas traite sous le nom de magnanimité : voir par exemple Néhémie 6, 8 à 13, sans compter les prophètes (cf. Ez 2, 6) et les Frères Maccabées.

Ceci dit, on doit reconnaître bien des traits authentiquement bibliques et même chrétiens dans le traité de S. Thomas. Et d'abord le fait qu'il donne le martyre comme l'acte suprême de la vertu de force. Cette question, qui vient en tête du traité,

---

([24]) Voir Y. Congar, *La Fede e la Teologia* (*Il mistero Cristiano*). Rome, 1967, pp. 217-220; *Le moment « économique » et le moment « ontologique » dans la Sacra doctrina* (*Révélation, théologie, Somme théologique*), in *Mélanges offerts à M.-D. Chenu* (*Bibl. Thomiste*, XXXVII). Paris, 1967, pp. 135-187.

([25]) Voir, par exemple, Hans Ruedi Weber, *Les laïcs dans la perspective de l'Ancien Testament*, in *Vatican II. L'Apostolat des laïcs*, sous dir. Y. Congar (*Unam Sanctam*, 75). Paris, 1970, pp. 193-202.

est originale. Par elle, Thomas se situe dans le courant de la Tradition. La référence au Christ, le « propter Christum », y est souvent exprimée ([26]). L'idée d'*imitation* du Christ affleure sans être vraiment explicitée. Elle est d'ailleurs peu fréquente dans la *Somme*, bien qu'elle n'en soit pas absente ([27]).

La patience ou l'endurance est un des thèmes les plus fréquents dans l'Ecriture et S. Thomas l'a souvent rencontré dans ses commentaires de S. Paul ([28]). S. Thomas en fait une partie de la force et lui consacre la q. 136. Il y voit un fruit de la grâce, procédant de la charité. Ailleurs, très discrètement à vrai dire, il lui donne pour modèle, règle et mesure la patience du Seigneur lui-même (voir II^a II^{ae}, q. 72, a. 3 c.; q. 108 a. 1 obj. 4).

Thomas distingue la persévérance de la patience ou de l'endurance, car elle concerne une difficulté particulière, qui est de tenir *jusqu'au bout*. Combien de fois, en effet, n'a-t-on pas vu un homme qui avait montré jusque là de la force, abandonner tout près de toucher au but : le fameux « dernier quart d'heure »! Thomas consacre une question spéciale, la 137ème, à la vertu de persévérance et, dans cette question, un article spécial, le 4ème, à la nécessité de la grâce, c'est-à dire d'une prévenance particulière de Dieu, pour persévérer *jusqu'à la mort* qui doit consommer notre vie et fixer notre destin. C'est un point de théologie de la grâce qui lui tient à coeur (cf. I^a II^{ae}, q. 109, a. 10 et parallèles).

Il faut reconnaître que le genre d'analyse formelle de la *Somme* et le plan que S. Thomas y a suivi ne se prêtent guère à exprimer la richesse globale de l'existence chrétienne. On relèvera avec d'autant plus de joie un texte comme celui de la q. 124

([26]) Q. 124, a. 1 ad 1; a. 2 ad 2; a. 4 ad 4; a. 5 c. et ad 1.

([27]) Cf. L.-B. GILLON, *L'imitation du Christ et la morale de S. Thomas*, in *Angelicum* 36 (1959) 263-286.

([28]) Le P. J.F. GRONER, dans la Deutsche Thomas-Ausgabe, t. 21, p. 524, donne les références suivantes: *In Rom.* c. 2 lect. 2 (éd. Marietti n. 196); 5 lect. 1 (388); 8 lect. 5 (685); 15 lect. 1 (1148 s.); *in 2 Cor.*, c. 1 lect. 3 (n. 22); 6 lect. 1 (212-214); 12 lect. 4 (490); *in Col.*, c. 1 lect. 3 (n. 22); *in 1 Tim.*, c. 6 lect. 2 (256); *in 2 Tim.*, c. 3 lect. 2 (115); *in Tit.*, c. 2 lect. 1 (52); *in Hebr.*, c. 10 lect. 4 (543).

a. 5 ad 1 où Thomas parle de l'homme chrétien. Il existe d'autres textes aussi beaux et d'un ton aussi biblique à d'autres endroits de la *Somme* ([29]).

C) *Actualité du traité de la vertu de force*

On a reproché au christianisme de produire des hommes timides, conformistes, ayant besoin de s'appuyer sur l'autorité d'un autre, ne s'engageant pas à fond et donc compagnons de lutte peu sûrs. Nietzsche a construit une opposition entre les valeurs nobles et les valeurs chrétiennes ([30]). Le nazisme a repris ses accusations et, matériellement au moins, ses ambitions : voir, dans le *Mythus* d'Alfred Rosenberg, l'idée d'un ordre masculin, viril. Chez Henry de Montherlant il s'agit essentiellement d'une recherche du « ton », de la hauteur, d'un refus de tout conformisme : tout cela confinant à un certain cynisme et à un narcissisme non vulgaire, certes, mais finalement assez vain (cf. *supra* n. 19). Venant d'un tout autre horizon, l'incroyance d'un Albert Camus ou, pour partie, d'un J.P. Sartre, se motive par la volonté d'assumer pleinement et dans des engagements anticonformistes le risque de sa liberté, sans faux recours à des sécurités d'en haut.

De fait, il y a un problème, même si l'on prend le christianisme en sa forme la plus authentique. Il est humilité, dépossession et effacement de soi. *Beati pauperes spiritu. Beati mites!* La force, elle, veut qu'on s'affirme, qu'on se pose, qu'on se défende. Le chrétien aime savourer la paix intérieure. La force dit agressivité, initiative, hardiesse. Le chrétien doit pardonner, être satisfait de son sort, cultiver l'abandon à la Providence. La force est intransigeante, elle veut réduire à rien les ennemis et que les mauvais soient châtiés. Le chrétien cherche à tenir compte des possibilités et des intentions de chacun,

([29]) Citons, par exemple, I^a II^{ae}, q. 102, a. 4 ad 3 et ad 9; q. 106; III^a, q. 72, a. 11.
([30]) Voir les textes cités par H. DE LUBAC, *Le drame de l'Humanisme athée*. Paris, 1944, pp. 120 s. (= Ière partie, ch. III, § 1).

« la charité excuse tout ». La force est pour le commandement dur, plus efficace, elle sait traiter les adversaires en adversaires.

A ces difficultés inhérentes au christianisme lui-même, l'époque moderne — il faut bien, ici, mettre en question surtout le XIXe siècle et les premières décennies du XXème — a surajouté le poids d'une masse de productions d'une affligeante fadeur : art platement sentimental du genre « Saint-Sulpice » et « Kitsch », hagiographie infantile, irréalisme et enflures creuses de tant de cantiques et de prières... Il n'est pas jusqu'à l'inflation verbale des affirmations sublimes de notre Foi et de notre idéal moral qui ne présente le risque de sonner faux et creux, comparée à nos comportements réels... Quel contraste avec la virilité de la Bible et des prières qu'elle nous transmet : qu'on relise, par exemple, celle des apôtres et de l'*ekklèsia* au milieu des épreuves virilement affrontées, Actes 4, 24-30. Et tout S. Paul! La Bible est virilisante, elle est « adultisante »!

Grâce à Dieu, nous avons connu une saine réaction ([31]). Les papes, de Pie XI a Paul VI, ont invité les chrétiens à entrer résolument dans les luttes du monde ([32]). Bien sûr, ils doivent

([31]) Pour nous en tenir à des références françaises qui nous sont familières : en plein XIXe siècle, le P. Lacordaire et son oeuvre d'éducateur, son sermon du 10 février 1853 sur la virilité. De nos jours (je cite en vrac) : l'oeuvre d'un P. Doncoeur ; G. HÉBERT, *La culture virile par l'action physique. Etude des qualités maîtresses du caractère...* 3e éd. Paris, 1941 ; J. D'ARNOUX, *Paroles d'un revenant* et *Les sept colonnes de l'héroïsme* ; B. D'ASTORG, *La morale de notre honneur.* Uriage, 1942 ; surtout E. MOUNIER, *L'affrontement chrétien* (*Les Cahiers du Rhône*). Neuchâtel, avril 1945 (malgré un peu d'inflation verbale, un texte décisif contre le moralisme et la religion bourgeoise du XIXe siècle. Il cite le traité de la force de S. Thomas, pp. 92 s. et 100). En matière d'art sacré, l'oeuvre des PP. Couturier et Régamey, la revue *L'art sacré.* Dans son carême de 1920, le P. Janvier avait donné un beau commentaire du traité de S. Thomas.

([32]) J'ai donné un choix de ces textes dans l'Appendice II qui suit le chapitre VIIIe de *Jalons pour une théologie du laïcat* (1953). Dans son discours du 30 juillet 1941 aux jeunes époux, PIE XII dénonçait comme caractéristique des sociétés païennes ou paganisantes (le nazisme!) « l'incapacité de demeurer énergiques et forts tout en conservant un coeur vraiment humain, capable d'une affection pure, d'une vraie piété ».

y entrer en chrétiens et c'est ici que la doctrine de S. Thomas s'offre à eux, avec une valeur augmentée par son actualité. Elle ouvre les voies d'une synthèse où tous les éléments sont mis à leur place, depuis les nécessaires passions jusqu'aux dons du Saint-Esprit. La force n'y apparaît pas comme pure affirmation inconditionnée de soi qui, à la limite, serait un fait biologique ou un comportement de cynisme. Elle est située dans une morale du Bien, dont la raison, c'est-à-dire la faculté réaliste de la vérité et de l'ordre, est la servante au dedans de chacun. L'humanisme chrétien de S. Thomas se construit en référence à deux pôles : la charité, vertu de la fin, la prudence, vertu des moyens. Celle-ci est tout autre chose qu'une fade disposition au « ne quid nimis » : c'est l'ordonnancement efficace de nos moyens et de nos décisions dans les circonstances concrètes et singulières de l'action. La force fait qu'on ne mollit pas dans l'exercice du devoir malgré les difficultés et les oppositions.

Cet exercice de la vertu de force nous semble devoir trouver, de nos jours, trois applications privilégiées : 1) Demeurer « forts dans la Foi » (cf. 1 Pierre, 5, 9), prêts à cette « épreuve décisive » dont H.U. von Balthasar parle dans sa *Cordula;* 2) Résister aux entraînements des slogans, du flot envahissant des images et du bruit, de la publicité, des « mass media », qui visent à nous conditionner au bénéfice d'ignobles exploitations commerciales. Garder dans une âme armée de solides convictions un coin d'inviolable résistance à l'ambiance païenne d'un monde voué à la facilité, au sexe, à la mode, à la jouissance. Un psychologue américain voyait là un motif, pour lui, de « revenir à la religion » ([33]). C'est, par surcroît, un des plus grands services que les chrétiens puissent rendre aujourd'hui au monde; 3) Ce n'est pas le seul. Depuis une trentaine ou une quarantaine d'années, les catholiques ont mieux compris les exigences

([33]) HENRY C. LINK, *The Return to Religion.* 37ᵉ éd. New York, 1943: cf. p. 19 et p. 16 où on lit: « I see religion as an aggressive mode of life, by which the individual becomes the master of his environment, not its complacent victim ».

sociales et politiques de leur Foi. Ils savent qu'ils doivent s'engager efficacement et onéreusement pour la justice et pour la paix, contre le racisme, le sous-développement, l'impérialisme, la guerre et tant d'aliénations dont souffrent les hommes. Le programme donné dans la Constitution pastorale du Concile, *Gaudium et Spes* implique tout cela ([34]). De ce fait, les chrétiens sont appelés au courage et à faire confiance à la possibilité de se sanctifier par un exercice de la justice et de la force, que la charité commande. Il y a là des formes d'obéissance et de communion à la Volonté de Dieu, et donc des formes de sainteté qui risquent de ne pas apparaître telles parce qu'on ne ressent pas, à les exercer, ce « chaud au coeur » qu'on éprouve en exerçant la bonté ou le pardon. C'est pourtant par cette voie qu'un Louis IX, contemporain de Thomas, s'est sanctifié. C'est un programme plus difficile à réussir que celui de la bienfaisance ou de l'apostolat à l'état pur. Il ne nous paraît pas douteux que l'Esprit souffle en ce sens et que la vertu de force, telle qu'en parle S. Thomas, doit retrouver sa juste place dans l'armure du chrétien.

Car « ce n'est pas un esprit de crainte que Dieu nous a donné, mais un Esprit de force, d'amour et de maîtrise de soi ». (2 Tim 1, 7).

Couvent Saint-Jacques,
Paris, France

([34]) Le Concile n'a guère parlé explicitement de la vertu de force. Il l'a cependant mentionnée dans les dispositions requises des évêques (*Lumen Gentium*, 41), des prêtres (*Presbyterorum Ordinis*, 3), des séminaristes (*Optatam totius*, 11), des religieux (*Perfectae caritatis*, 5), des missionnaires (*Ad Gentes*, 24): simple mention. Il ne semble pas que le Concile en ait spécialement parlé pour les fidèles...

XIII

LE MOMENT « ÉCONOMIQUE » ET LE MOMENT
« ONTOLOGIQUE » DANS LA SACRA DOCTRINA
(RÉVÉLATION, THÉOLOGIE, SOMME THÉOLOGIQUE)

Précisons d'abord le sens des termes employés dans le titre qu'on vient de lire et dans l'étude qu'il annonce.

S. Thomas appelle « Sacra Doctrina » l'enseignement venant de la Révélation gratuite et surnaturelle de Dieu en vue de notre salut [1]. L'expression englobe la Révélation, dont la Sainte Ecriture est le témoignage inspiré, et tout l'exposé ecclésiastique de cet enseignement : magistère ordinaire et extraordinaire (conciles), prédication, théologie de forme scientifique, y compris sa fonction d'illustration et de défense. La *Sacra Doctrina* est inclusive par rapport aux vérités connues par la raison, comme l'Eglise et la grâce sont inclusives par rapport au monde.

Ontologie. Le mot a été créé par A. Calovius en 1613, une époque où l'on a créé beaucoup de mots en « logie ». Ch. Wolff l'a vulgarisé en distinguant, de la métaphysique comme discipline spécifique, une métaphysique générale qu'il appelait « ontologie ». Laissant à son auteur cette construction discutable, et dépassant aussi le sens purement étymologique de « discours sur l'être », nous entendons ici par ontologie ce qui concerne la nature d'une réalité en elle-même : le *ce que* d'une réalité [2].

(1) Voir *Bull. Thom.*, oct. 1938, p. 490-506 ; art. *Théologie*, in DTC, XV, 379 s. ; Préface à G. F. Van Ackeren, *Sacra Doctrina. The Subject of the First Question of the Sum. theol. of St Thomas Aquinas*, Rome, 1952 ; *Tradition et « Sacra Doctrina »* chez S. Thomas d'A., in *Eglise et Tradition. Le Puy et Lyon, 1963*, p. 157-194 (texte allemand in *Kirche u. Ueberlieferung. Festgabe J. R. Geiselmann. Freiburg, 1960*, p. 170-210) ; Et. Ménard, *La Tradition, Révélation, Ecriture, Eglise selon S. Thomas d'A.* (*Studia*, 18). Paris, 1964. Comp. *infra*, n. 103 (R. Gagnebet).
(2) Comp. P. Tillich : « Que veut-on dire quand on dit que quelque chose *est* ? Pour désigner cette recherche, j'emploie volontiers le terme d' « ontologie » qui dérive de *logos* (« la parole ») et de *on* (« être »). L'ontologie c'est donc la parole de l'être, la parole qui s'empare de l'être, dévoile sa nature, l'amène à divulguer son secret à la lumière de la connaissance. L'ontologie est le centre de toute philosophie. Elle est, comme Aristote l'a dit, la « philosophie première » ou, comme on l'a malheureusement aussi nommée, la métaphysique, ce qui suit les livres de physique dans la collection des livres aristo-

Ontologique est l'adjectif correspondant ; il désigne *ce qu'est* une réalité en elle-même, interprété en termes d'être. Notons que certains l'emploient au sens de : réel, objectif, qui s'est vraiment réalisé ou produit (existence effective ou objective).

« *Ontique* » relève, originairement, du vocabulaire heideggerien où il s'oppose à l'ontologique existential. Nous l'employons pour désigner une ontologie de *choses,* distinguée de la nature propre de l'existence personnelle et des rapports (inter) personnels.

Economie désigne l'ordre historique de ce que Dieu a opéré pour notre salut. Souvent, nous nous référerons à la distinction des Pères grecs entre la « théologie », qui concerne le mystère nécessaire de Dieu en lui-même, celui des trois Personnes, et l' « économie », qui concerne le mystère libre de la Révélation et du salut, consommé dans celui de l'Incarnation rédemptrice.

Economique est l'adjectif correspondant. On parlera de « Révélation économique » au sens de dévoilement du mystère de Dieu et de son propos de grâce comme liée à l'Economie, dans et par l'Economie, dans le cadre et les limites de ce qui intéresse notre salut. Ceci par distinction d'avec une révélation absolue du mystère de Dieu en lui-même, indépendamment de ce qui en est engagé dans ce qu'il opère pour notre salut [3].

Fonctionnel signifie : relatif à..., par opposition à *absolu* et *en soi.* Une révélation ou une théologie « fonctionnelle » sont une révélation ou une théologie conditionnées, mesurées par leur rapport à notre salut, en opposition à une révélation ou une théologie de la réalité en soi.

Système, systématique désigneront éventuellement l'organisation rationnelle selon l'*ordo disciplinae* [4].

I

Nous avons assisté, depuis une soixantaine d'années surtout, à une mise en question, voire à une mise en accusation de la théologie scolastique, principalement de celle de S. Thomas d'Aquin, au nom de l'originalité et de l'authenticité de la Révélation biblique et chrétienne. Les questions et accusations formulées naguère par Harnack dans un climat de libéralisme, par le Père Lucien Laberthonnière en liaison avec sa propre philosophie de l'esprit

téliciens. Cette expression a été et demeure malheureuse, car elle suggère l'illusion que l'ontologie décrit les réalités transempiriques, un monde derrière ce monde qui n'existerait que dans l'imagination spéculative. » (*Religion biblique et Ontologie,* in *Rev. Hist. Phil. rel.,* 39, (1959), p. 215.)

(3) Ainsi O. CULLMANN, *Christologie du N. T.,* Neuchâtel et Paris, 1958, p. 11, n. 1.

(4) Comp. G. MARTELET, art. cité *infra* (n. 103), in *Gott in Welt,* t. II, p. 9, n. 25.

humain et de la connaissance [5], sont aujourd'hui reprises, de telle manière qu'elles s'imposent à notre attention, à partir de trois grands faits qui marquent la situation intellectuelle et spirituelle de notre temps : le ressourcement biblique, la philosophie d'inspiration existentielle et personnaliste, le dialogue œcuménique et l'inévitable affrontement avec la Réforme.

1. *Le ressourcement biblique* nous a fait découvrir ou redécouvrir le fait que la Révélation, et le christianisme lui-même, sont essentiellement une histoire. Le sens même de l'Histoire et de la dimension historique peut être considéré comme une acquisition moderne, si l'on entend par là, au-delà d'une connaissance matérielle des faits du passé et de leur chronologie, la conviction que toute réalité terrestre concrète doit être comprise comme située, non seulement entre un avant et un après, mais entre un commencement et un avenir. Ainsi l'aspect historique des choses est-il devenu un principe de leur intelligibilité : la connaissance des genèses, des séquences et des enchaînements, est devenue une voie de la compréhension des réalités. Chrétiennement parlant, il ne s'agit plus d'être sauvé du temps et de la temporalité, comme c'était le cas pour S. Augustin ou dans une vision platonicienne des choses, il ne s'agit pas même d'un salut opéré *dans le cadre* du temps : il s'agit du temps comme salut, ou du salut comme histoire. Le salut et la Révélation — les deux ont d'étroits rapports mais ne se superposent pas exactement — ont des conditions d'existence historiques. La Révélation s'est déroulée, non seulement dans une suite historique de paroles, mais par le moyen d'une suite de faits historiques. Le salut s'est opéré, et continue à s'appliquer, par des faits d'histoire dont l'ensemble forme précisément ce qu'on appelle l'Histoire (révélée ou connue) du Salut.

La Révélation est toute finalisée par le salut. Elle a été faite selon ce que requiert notre salut et dans la trame des actes qui, dans l'Histoire du Salut, sont constitutifs du Peuple de Dieu. Ce que Dieu nous a communiqué de lui-même et de son dessein, il ne nous l'a pas communiqué dans une vision directe de lui-même, comme il le fera dans la condition eschatologique et céleste, mais d'une façon mesurée par l'utilité du salut sur la base de la foi, et dans la trame même des événements par lesquels il s'est constitué un Peuple qui fût à lui. C'est ce qu'on entend en disant que la Révélation est « économique ». On dit également « fonctionnelle », entendant par là que Dieu s'y est révélé, au moins immédiatement, non dans son en soi, mais selon ce qu'il fait, veut être et est pour nous. Nous voudrions prendre conscience de ce fait en évoquant quatre articles majeurs de la Révélation :

a) *Ego sum qui sum*, Ex. 3, 14. On sait quel rôle cette « métaphysique de l'Exode » (Et. Gilson) a joué dans la pensée chrétienne.

(5) *Le réalisme chrétien et l'idéalisme grec.* Paris, 1904,

S. Thomas d'Aquin avait bien le droit d'y voir la formule révélée répondant à ce que l'effort suprême de la raison lui permettait de conclure touchant la nature de Dieu, *Ipsum esse subsistens*, Dieu qui EST l'Acte absolu, qui EST, dans la simplicité d'un pur acte, tous les attributs qu'on peut affirmer en lui... Sans le moindre doute, cette métaphysique est contenue dans l'énoncé révélé, dont la formule célèbre est une traduction valable. Elle a l'appui de la Septante. On s'accorde pourtant généralement aujourd'hui pour reconnaître qu'une préoccupation ontologique est étrangère à l'A. T. juif [6]. D'autres traductions sont possibles, et peut-être même sont-elles plus fondées encore, soit dans la lettre du texte, soit dans le contexte général des Ecritures de l'Ancien Testament. On pourrait traduire l'*eyeh asher eyeh* de l'hébreu : « je suis qui je suis » [7]. Dieu ne donnerait pas son nom : à Moïse, qui le lui a demandé, il répondrait en réservant totalement le mystère de ce qu'Il est. D'autre part, certains, considérant que le verbe est au mode causatif, pensent qu'il faut tenir compte de ce fait et traduisent : « Je suis (je serai) celui qui fait être » [8]. On reviendrait ainsi, d'une certaine façon, à « la métaphysique de l'Exode », mais l'accent serait moins mis sur ce qu'est Dieu en lui-même, et davantage sur son action au bénéfice du monde et de l'homme ; l'en soi perdrait au bénéfice du fonctionnel.

Cependant, une quatrième traduction est possible, qui recueille nos préférences. Le verbe qu'on traduit par « je suis » est en effet au futur, exactement comme deux versets plus haut (v. 12), où personne n'hésite à traduire : « Je serai avec toi ». On devrait donc écrire : « Je serai qui (ou : ce que) je serai ». Enoncé un peu étrange. Est-ce là une réponse ? Moïse a interrogé : Si l'on me demande Ton nom, que répondrai-je ? — Mon nom ? Je ne le donne pas dans une formule. Mon nom, c'est moi-même. Qui suis-je ? Vous le verrez à mes actes. Je serai celui qui vous fera sortir d'Egypte et traverser la mer ; je serai celui qui vous mènera au Sinaï, qui vous y donnera la Loi, y conclura alliance avec vous, celui qui

(6) Ce qui ne veut pas dire qu'il n'y ait pas d'ontologie dans la Bible : affirmation que E. KÄSEMANN, à la Conférence de Foi et Constitution, à Montréal (juillet 1963) croyait pouvoir tirer du fait qu'ici, précisément, la Bible ne dit pas : *Dieu est*, mais : *Il sera*. La conséquence ne suit pas. On doit simplement conclure que, selon la Bible, Dieu a *son* ontologie propre, *cette ontologie* d'Ex 3,14 (Je serai qui je serai) et d'Ap. 1,4 (« Je suis, j'étais, je viens »).

(7) Ainsi, parmi les catholiques, A. M. DUBARLE, *La signification du nom de Jahweh*, in RSPT, 34 (1951), p. 3-21, approuvé par G. LAMBERT, *Que signifie le nom de YHWH ?* in *Nouv. Rev. theol.*, 74 (1952), p. 897-915. Voir aussi C.R.A. CUNLIFFE, *The Divine Name of Yahweh*, in *Scripture*, 6 (1954), p. 112-115 ; M. ALLARD, *Note sur la formule 'Ehyeh aser ehyeh*, in *Rech. Sc. rel.*, 45 (1957), p. 79-86 ; A. M. BESNARD, *op. cit. infra* (n. 10), p. 32 s. Historique et classement des interprétations dans M. REISEL, *The Mysterious Name of YHWH*. Assen, 1957 ; R. R. MAYER, *Der Gottesname Jahwe im Lichte der neuesten Forschung*, in *Bibl. Zeitsch.*, 2 (1958), pp. 35-53.

(8) A. BARROIS, *Manuel d'Archéologie biblique*, t. II, Paris, 1953, p. 404. E. DHORME, *Le nom du Dieu d'Israël*, in *Rev. Hist. Religions*, 141 (janv. 1952), p. 5-18) nie le sens causatif. Il admet le sens : « il existe ». Comp. L. KOEHLER, *Theologie des A. T.*, 3e éd., Tubingue, 1953, p. 25 (Celui qui est, qui vit).

fera de vous un peuple, Mon peuple ; je serai celui qui vous nour-
rira au désert, qui vous fera entrer dans la terre que je vous ai
promise. Je serai celui qui habitera dans le Temple, qui vous parlera par les prophètes ; je serai celui qui vous donnera des ministres
de Ma volonté ; je serai celui qui viendra sans cesse vers vous...
De fait, au terme de la Révélation biblique, l'Apocalypse donne au
Seigneur, qui va y opérer son suprême « dévoilement » pour cette
terre, ce titre composé qu'il faut considérer comme représentant
une seul nom : « Il est, Il était et Il vient » (1, 4, 8 ; 4, 8 ; comp.
11, 17 ; 16, 5). Ce nom répond à celui de l'Exode. Ici et là, Dieu
se désigne comme le sujet souverain de l'Histoire Sainte, dont la
« nature » se dévoile dans et par ce qu'il fait pour nous. L'énoncé
le plus métaphysique, peut-être, le plus ontologique, de la Révélation, renverrait à l'Economie comme au seul lieu où l'on pourrait
le comprendre [9].

A cette interprétation se ramène celle des très nombreux
biblistes qui, s'appuyant sur le rapprochement entre le verset 14
et le verset 12, insistent moins sur la valeur de futur et davantage
sur l'idée d'être là, avec et pour Son peuple : Je suis celui qui est
là, constamment présent près de vous, le Dieu de l'alliance [10].

b) S'agissant de la Bible juive, un bibliste israélite a écrit :
« La Bible n'est pas une théologie pour l'homme, elle est une
anthropologie pour Dieu » [11]. Nous pourrons dans la suite de cette
étude, apprécier la vérité de ce jugement. Acceptons-le, pour le
moment, au moins pour l'Ancien Testament. Il y est parlé moins
de Dieu en lui-même que de ce qu'il veut que nous soyons pour
lui et, en vue de cela même, de ce qu'il veut être et de ce qu'il est
pour nous. Cette « anthropologie » est bien une anthropologie pour
Dieu, une anthropologie relationnelle. On nous dit ce que l'homme
est et devient selon le rapport où il est avec Dieu. On ne nous dit
guère ce qu'il est en lui-même, du moins au plan où se situerait
une anthropologie scientifique, voire philosophique, ou bien la
sociologie moderne, ni quelles sont les facultés de l'homme, ni de
quoi il se compose. On le dit, mais du point de vue de Dieu et
donc à ce niveau où l'homme est ce qu'il est en raison d'une certaine
relation avec Dieu, précisée, ici, en termes d' « être à l'image ». Si
l'on demande à la Bible une anthropologie, une psychologie, de
type scientifique, on est déçu, car on s'aperçoit bientôt qu'il n'y

(9) Dans ce sens, M. Reisel, Observations on 'Ehyeh aser Ehyeh (Ex. III,
14), H W'H' (D.S.D., VIII, 13) and sm hmpwrs. Athènes, 1957 (cf Eph. Theol.
Lovan., 1958, p. 553) ; M. Allard, art. cité n. 7.
(10) Voir par exemple W. Eichrodt, Theologie des A. T., t. I, Leipzig,
1933, p. 93 ; Martin Buber, Königtum Gottes. 3e éd. Heidelberg, 1956, p. 69 ;
id., Moïse, trad. A. Kohn, Paris, 1957, p. 59 s. ; E. Jacob, Théologie de l'A. T.,
Neuchâtel et Paris, 1956, p. 40-52 ; R. Abba, The Divine Name Yahveh, in
Journal of Biblical Literature, 80 (1961), 320-328 ; G. von Rad, Théologie de
l'A. T. Trad. E. de Peyer, t. I, Genève, 1963, p. 160, et, au fond, A. M. Besnard,
Le mystère du Nom (Lectio divina, 35), Paris, 1962, p. 32 s., 189 s.
(11) Abraham Heschel, cité par A. Lacocque, in Rev. Hist. Philos. rel., 40
(1960), p. 2. L'original est un peu différent : Man is not alone. New-York, 1951,
p. 129.

en a pas une bien cohérente ou bien élaborée. Mais si on lui demande une anthropologie dans la ligne relationnelle ou dans celle des rapports interpersonnels, surtout une anthropologie de ce que devient l'homme selon la double et unique relation qu'il réalise avec Dieu et avec ses frères, on est comblé : on atteint d'emblée le plus profond de ce que la psychologie des profondeurs et l'ontologie intersubjective contemporaines ont retrouvé, de leur côté et à leur manière. L'anthropologie biblique est donc également « économique ».

Le Dieu biblique ne va pas sans l'homme ni sans un monde. La Bible commence par une explication des commencements du monde et de l'homme. Elle comporte une cosmologie aussi bien qu'une anthropologie [12]. Mais de nouveau et plus que jamais une cosmologie de type, non point scientifique et ontologique, mais économique. De tous côtés, aujourd'hui, on nous dit que le récit de la création (Gn 1-3) n'est, dans la Bible, que le premier chapitre de l'histoire du salut ou de la sotériologie, toute dominées par le Christ [13]. Le monde est posé comme créé pour être racheté et ramené à Dieu dans la gloire des fils de Dieu. Dans le Nouveau Testament également, il est toujours considéré dans son rapport au dessein de Dieu, à partir de la prédestination des hommes *in Christo*, jamais dans sa pure dimension naturelle, sociale ou cosmique [14]. Donc, une fois de plus, cosmologie « économique ».

c) On sait que la révélation suprême et propre du N. T. concerne le dévoilement du mystère intime du Dieu Vivant qui est Père, Fils et Saint-Esprit. Entrerions-nous, avec le Nouveau Testament, dans une révélation et une connaissance de Dieu *en soi*, indépendamment de son engagement dans l'Economie ? Il est certain que, si la Foi était, dans l'Ancien Testament, essentiellement une confiance et une obéissance, elle ajoute à ces valeurs, dans le Nouveau Testament, un aspect très positif de *connaissance* [15]. S. Thomas dit bien que la révélation de la Trinité est propre à l'alliance de

(12) Voir *Le thème de Dieu-Créateur et les explications de l'Hexaméron dans la tradition chrétienne*, in *L'homme devant Dieu*. Mél. H. de Lubac, t. I (*Théologie*, 56), Paris, 1964, p. 189-222.
(13) Remarque très souvent faite : E. Escoula, *Le Verbe sauveur et illuminateur chez S. Irénée*, in *Nouv. Rev. théol.*, 66 (1939), p. 551-556 ; G. Lambert, *La création dans la Bible*, ibid., 1953, p. 252-282 ; A. Gelin, *Le monothéisme d'Israël*, in *Lum. et Vie*, n° 29 (1956), p. 585-602 (p. 598) ; E. Jacob, *op. cit.* ; G. von Rad, *Das erste Buch Mose* (*Neues Göttinger Bibelwerk*, 11/4), 5ᵉ éd. Göttingen, 1958, p. 15 s. ; J. Daniélou, *Le mystère de l'Histoire*, Paris, 1953, p. 134-35, 137 ; W. Vischer, *Le « kérygme » de l'A. T.*, in *Etudes théol. et relig.*, 30 (1955), p. 24-28 ; id., *Quand et pourquoi Dieu a-t-il révélé à Israël qu'il est le Dieu créateur ?* in *Foi et Vie*, mai-août 1959, p. 3-17 ; E. Beaucamp, *La Bible et le sens religieux de l'univers* (*Lectio divina*, 23), Paris, 1959 ; P. Biard, *La Puissance de Dieu*, Paris, 1960, ch. II ; J. Comblin, *Théologie de la Paix*. Paris, 1960, p. 114-145, etc...
(14) Cf Ep. 12-10 ; Col. 1,15-20 ; R. Völki, *Christ und Welt nach dem N. T.* Wurtzbourg, 1961.
(15) Cf I. Alfaro, *Fides in terminologia biblica*, in *Gregor.*, 42 (1961), p. 463-505 ; P. Grelot, *Sens chrétien de l'A. T.*, Tournai, 1962, p. 142-145 ; R. Latourelle, *Théologie de la Révélation* (*Studia*, 15), Paris, 1963, p. 39.

grâce. Déjà cependant J. B. Hirscher soulignait le caractère économique de cette révélation chrétienne de la Trinité [16] : idée reprise
de nos jours par plus d'un auteur catholique [17]. Il est certain que
cette révélation est toute suspendue au fait de Jésus-Christ, elle
n'intervient pas sous la forme que prendront les dogmes de Nicée
et de Chalcédoine, mais par référence à l'œuvre salutaire accomplie
par le Christ, qui vient du Père et envoie ou prie le Père d'envoyer
l'Esprit. Le mystère des trois Personnes nous est dévoilé comme
contenu dans celui de l'Incarnation, elle-même portée à notre
connaissance dans l'affirmation de ce que Dieu a fait pour nous.

   d) S'agit-il de la christologie ? Les exégètes catholiques reconnaissent le caractère *économique* de la révélation du Logos [18]. Certains énoncés johanniques faits, semble-t-il, en termes d'ontologie,
et assez généralement interprétés, en effet, au moins depuis les hérésies trinitaires et christologiques, dans le sens ontologique, semblent
devoir s'entendre et pouvoir mieux se comprendre, dans la perspective de l'histoire du salut qui est celle du Nouveau Testament. Ainsi
un énoncé comme « Le Père est plus grand que moi » [19] ou, à l'inverse, « Le Père et moi nous sommes un » [20]. Même les fameuses formules du Christ, en S. Jean, *Egô eimi*, « Je suis », qui pourraient sem-
bler relever d'affirmations d'ontologie, introduisent en réalité des
attributions sotériologiques ou économiques [21]. Il est vrai que la vérité de telles attributions suppose une situation tout à fait privilégiée, voire unique et transcendante, du Christ au point de vue de sa
relation avec Dieu, mais ceci ne doit pas faire méconnaître leur
moment économique. Il en va de même pour un titre aussi important que celui de « Fils de Dieu » et de l'usage que fait le Nouveau
Testament du Psaume 2,7, « [Yahvé] m'a dit : Tu es mon fils,
moi, aujourd'hui, je t'ai engendré » [22]. On a interprété ce texte,
soit de la génération éternelle, dont l'*aujourd'hui* indique l'actua-

---

   (16) *Ueber das Verhältnis des Evangeliums zur theologischen Scholastik
der Neuzeit im kathol. Deutschland.* 1823, cité par J. Hessen, *Griechische oder
biblische Theologie ? Das Problem der Hellenisierung des Christentums in
neuer Beleuchtung*, Leipzig, 1956, p. 167.
   (17) H. Rahner, *Eine Theologie der Verkündigung*, 2ᵉ éd., Freiburg, 1939,
p. 56, avec invocation de S. Thomas, IIa IIæ, q. 2, a. 8 c. ; Divo Barsotti, *Vie
mystique et mystère liturgique*, Paris, 1954, p. 273 s. ; Ch. de Moré Pontgi-
baud, *Du fini à l'Infini (Théologie, 26)*, Paris, 1957, chap. V. et VI.
   (18) Voir J. Dupont, *Essais sur la christologie de S. Jean*, Bruges, 1951,
p. 58 ; M. E. Boismard, *Le prologue de S. Jean (Lectio divina, 11)*, Paris, 1953,
p. 122.
   (19) Jn 14,28. Cf R. Schnackenburg, *Zur dogmatischen Auswertung des
N. T.*, in *Exegese und Dogmatik*, hrsg v. H. Vorgrimmler, Mayence, 1962,
p. 122-123 (cf R. Marlé, *Le problème théologique de l'Herméneutique*, Paris,
1963, p. 134).
   (20) Jn 10,30. J. Hessen, *op. cit.* (n. 16), p. 152, l'entend dans la perspective
active. Il en rapproche Jn 14,8, puis 2 Co. 5,19 et Col. 2,9 : unité d'opération. Le
Père est dans le Fils et agit en lui.
   (21) Cf A. Feuillet, *Thèmes bibliques dans le chap. VI de S. Jean*, in *Nouv.
Rev. théol.*, 82, 1960, p. 924-925.
   (22) Cf Ac. 13,33 ; Hb. 1,5 ; 5,5 ; comp. la théophanie lors du baptême de
Jésus : Mt 3,17 ; Mc 1,11 ; Lc 3,22.

lité supratemporelle, soit de l'Incarnation temporelle [23]. On ne peut pas exclure la génération du Fils au sens du concile de Nicée, des textes du Nouveau Testament qui appliquent à Jésus le titre de Fils de Dieu. On ne peut non plus méconnaître leur sens fonctionnel et messianique. Dans le Nouveau Testament, la qualité de « Fils de Dieu » recouvre autre chose qu'une réalité ontologique statique ; elle implique l'acquisition de la *condition* divine, laquelle suit la résurrection et la glorification, c'est-à-dire des moments de l'Economie [24]. Il n'y a d'ailleurs rien là que la théologie la plus classique ne puisse assumer.

Sur la base des quatre articles qui viennent d'être évoqués au simple titre d'échantillons représentatifs, on peut conclure que la Révélation telle que les Saintes Ecritures en sont le témoignage ou le mémorial, n'est pas un ensemble de propositions dogmatiques portant sur l'en soi de Dieu, du Christ, du monde et de l'homme, mais qu'elle nous dévoile le mystère de Dieu dans son action en vue de notre salut, c'est-à-dire visant à nous unir à Soi malgré le péché. Ceci est généralement reconnu aujourd'hui, non seulement par les protestants, qui insistent sur ce point [25], mais par les catholiques [26].

(23) Ainsi S. Thomas, *In Hebr.* c. 1, lec. 1 (éd. Cai, Marietti, n° 15) et lec. 3 (n°ˢ 49-50) ; *In Mat.* c. 3 (éd. Cai, n° 302) ; Io, q. 27, a. 2 sed c.
(24) Voir J. Dupont, « *Filius meus es tu* », *l'interprétation du Ps. II,7 dans le N. T.*, in *Rech. Sc. rel.*, 35 (1948), p. 522-543 ; P. Michalon, *L'Eglise Corps mystique du Christ glorieux*, in *Nouv. Rev. théol.*, juill. 1952, p. 673-687 ; M. E. Boismard, *Constitué Fils de Dieu (Rom. 1,4)*, in *Rev. biblique*, 60 (1953), p. 5-17.
(25) O. Cullmann écrit : « Toute théologie chrétienne est, dans son essence intime, une histoire biblique ». « C'est sur une ligne droite tracée au sein du temps ordinaire que Dieu se révèle et c'est de là qu'il dirige, non seulement l'histoire dans son ensemble, mais encore tous les événements de la nature : il n'y a pas de place ici pour des spéculations sur Dieu qui se voudraient indépendantes du temps et de l'histoire. » *Christ et le temps*, Neuchâtel et Paris, 1947, p. 16 et 17.
(26) Par exemple Dom J. Dupont écrit : « Disant que le Père a la vie en lui et qu'il a donné au Fils d'avoir pareillement la vie en lui, Jésus ne fait pas une révélation sur les relations intra-trinitaires ni sur l'origine du Fils par rapport au Père » (*Essais sur la Christologie de S. Jean*, Bruges, 1951, p. 196) ; K. Rahner, *Marie, Mère du Seigneur*, Paris, 1960, p. 69 : « L'essentiel de l'enseignement du N. T. n'est pas une ontologie des propriétés de Dieu, ce n'est pas une théorie, mais la relation de l'histoire des expériences qu'ont été pour les hommes les rapports entretenus par Dieu avec lui » ; J. Ratzinger, *Christozentrik in der Verkündigung*, in *Trier. Theol. Zeitsch.*, 70 (1961), p. 10, « Die Verkündigung hat es nicht mit ontologischen Aussagen zu tun, sondern ihr Zentrum ist die Botschaft von der Heilsgeschichte Gottes mit dem Menschen » ; P. Grelot, *op. cit.* (n. 15), p. 425 : « Dieu, dans sa révélation surnaturelle, ne nous enseigne rien qui ne concerne notre salut » ; P. Benoit, C.-R. de Cullmann (*Christol.*) in *Rev. Bibl.*, 65 (1958), p. 274 : « Leur (les écrits du N. T.) point de vue est fonctionnel, et non ontologique. Ils ne spéculent pas sur l'être de Dieu en lui-même et sur les rapports de nature ou de substance qui unissent le Fils au Père ; ils perçoivent la personne de Jésus dans son rôle de révélateur et de rédempteur, qui le suppose à la fois identique à Dieu et distinct de lui. C'est une problématique différente de celle qui commandera les discussions patristiques et scolastiques. Cullmann revient souvent sur cette observation capitale et on ne peut que lui donner raison. La théologie spéculative poursuit sur son plan conceptuel d'inspiration gréco-latine une recherche qui est légitime ; mais elle doit garder conscience de la différence des points de vue, sous peine d'exploiter l'Ecriture de façon injustifiée, voire de ne pas l'exploiter dans ce qu'elle a de plus vital. »

Nous même avons proposé de voir, dans ce caractère de la Révélation, l'explication d'un fait qui embarrasse, plus qu'il ne les avantage, ceux qui voudraient lire les Saintes Ecritures comme une métaphysique révélée. Ce fait est que la Révélation ait été si largement faite en images. Une interprétation de tendance très ontologique voit dans un tel emploi d'images plutôt un obstacle à la visée intellectuelle de la connaissance : même saint Thomas sent les choses ainsi [27]. Quel peut être le statut épistémologique d'une révélation si largement faite en images ? On explique bien qu'il y a là un procédé pédagogique adapté à notre condition charnelle. C'est vrai, mais n'y a-t-il rien d'autre à dire ? On note que les métaphores exploitent une forme d'analogie qu'on qualifie d'impropre parce qu'elle ne s'applique pas, directement, à une similitude dans l'être, mais seulement à une similitude d'*effets* [28]. Ces énoncés en image — Je suis ton rocher ; Je suis la vigne ; Le Christ est chef de son corps... — se prêtent donc très précisément à exprimer, moins l'être intime de Dieu, son *en soi*, que ce qu'il fait et veut être pour nous : une vérité économique et fonctionnelle qui, évidemment, suppose bien quelque chose au niveau de l'ontologie...

2. *Le climat actuel de réflexion sur les rapports interpersonnels.* Si la Sainte Ecriture parle de Dieu dans la relation qu'il suscite entre les hommes ou le monde et lui, et de l'homme dans le rapport d'alliance où l'acte accompli par Dieu à son bénéfice lui propose de se situer, il est normal que le climat biblique soit profondément personnaliste. La foi, qui est le cœur de la relation dont parlent les Ecritures, est l'ouverture d'une personne à une autre personne dans la confiance : elle fait exister l'une pour l'autre les deux personnes qu'elle réunit. Ce sens personnaliste de la foi, reconnu et honoré par la tradition théologique, se trouve aujourd'hui exalté. Il y a eu les philosophes du personnalisme : la personne vue comme catégorie suprême (Renouvier) ; S. Thomas, lui, pensait qu'elle représente la forme la plus haute de l'être [29], mais il la situait ainsi dans la série des choses, au point de vue ontologique, tout en l'élevant au-dessus de toutes les choses de la nature, par la liberté. Kierkegaard a critiqué toute considération des choses en général, il a affirmé les différences qualitatives, les ruptures, qui caractérisent l'existence personnelle ; il a revendiqué l'originalité du christianisme, non comme *Lehre,* mais comme décision

---

(27) Cf. Ia q. 1, a. 9. Mais S. Thomas n'aurait pas suivi S. Pierre Damien, qui attribuait au péché la nécessité de recourir à des comparaisons corporelles : *Opusc.* XIII, 9 (P.L., 144, 305 A.).

(28) Cf. Ia, q. 1, a. 10, ad 3 ; M. T. L. Penido, *Le rôle de l'analogie en théologie dogmatique (Bibl. thomiste,* 15), Paris, 1931, p. 42 s., 99 s., 107 ; notre *La Foi et la Théologie,* Paris, 1962, p. 30-33.

(29) *C. Gent.* IV, 11, mis en valeur sous cet aspect par J. B. Metz, *Christliche Anthropozentrik. Ueber die Denkform des Thomas v. Aquin,* Munich, 1962, p. 52 s. Comparer infra, n. 151.

personnelle. On a redécouvert sa philosophie au moment où s'imposaient à l'attention le courant phénoménologique issu de Max Scheler et l'analyse existentielle de Martin Heidegger : celle-ci est de visée et de portée proprement métaphysique, mais la saisie de l'être à laquelle elle s'efforce passe par l'analyse du *Dasein*, de l'existence de l'homme dans le monde.

Ces courants d'idées ont formé le climat dans lequel des penseurs religieux ont développé l'aspect interpersonnel du rapport religieux de la Foi éveillée par la Parole de Dieu. Les catégories « je » et « tu » proposées par Martin Buber [30] ont été souvent utilisées pour définir la foi comme rapport personnel. Chez les protestants, Emil Brunner montre la Parole et l'appel qu'elle comporte, suscitant, créant la personne comme faculté de décision, de réponse, et constituée par le rapport ainsi posé [31]. Telle est aussi la ligne suivie par M. Roger Mehl [32] et, à son plan, par M. Georges Gusdorf. Parmi les théologiens catholiques, l'interprétation personnaliste porte ses fruits, soit dans l'étude de la psychologie de la Foi, de l'amour, de l'expérience religieuse (M. Nédoncelle ; M. Zundel ; J. Mouroux ; R. Guardini ; A. Dondeyne), soit dans la théologie des sacrements et, en général, de l'Eglise, comme lieu de la rencontre entre l'homme et Dieu dans le Christ (E. Schillebeeckx ; J. Semmelroth, *Rencontre de Dieu*. Paris, Tours, 1964).

On arrive ainsi à distinguer et même à opposer deux ordres de l'appréhension de la réalité : selon une ontologie ontique, qui répond à leur aspect de *choses*, et selon une ontologie personnelle ou intersubjective, qui seule rend compte de ce qui est propre aux *personnes*. Chez les penseurs catholiques en particulier, la distinction est faite sans que le niveau personnel ou intersubjectif soit affirmé comme exclusif du niveau ontologique général, proportionnellement commun à tout ce qui est, à tout ce qui relève d'affirmations en termes d'être. En effet, tout le réel relève de l'idée d'être : c'est ce qui a autorisé S. Thomas, par exemple, à proposer une interprétation métaphysique de la liberté elle-même et de l'amour, cette dernière étudiée naguère par le P. H.-D. Simonin. Mais parfois, les deux ordres ou niveaux sont posés et opposés de telle manière qu'on soit mis en demeure de choisir l'un à l'exclusion de l'autre lorsqu'il s'agit de penser et d'exprimer les réalités chrétiennes. C'est ce que nous voyons par exemple chez un H. Scholz estimant qu'il y a incompatibilité entre la preuve de l'existence de Dieu comme Premier Moteur, telle que S. Thomas la propose,

(30) Voir *Ich und Du*, 1923, trad. frse *Je et Tu*, Paris, Aubier, 1938 ; *Die Schriften über das dialogischen Prinzip*, Heidelberg, 1954 ; *La vie en dialogue*, Paris, 1959.
(31) *Wahrheit als Begegnung*, Berlin, 1938, position qui a donné l'ecclésiologie de *Das Missverständnis der Kirche*. Zurich, 1951 (reprise dans *Dogmatik*, t. III. *Die Lehre v. d. Kirche, vom Glauben u. v. d. Vollendung*, Zurich, 1960). On peut voir B. LANGEMEYER, *Der dialektische Personalismus in der evangelischen u. kathol. Theologie der Gegenwart*, Paderborn, 1963.
(32) Voir par exemple *La Rencontre d'autrui. Remarques sur le problème de la communication*. Neuchâtel et Paris, 1955.

et l'affirmation chrétienne de Dieu comme *Agapè*[33]. Ou bien chez
un J. Hessen voyant une opposition analogue entre une notion de
la foi insistant sur l'aspect intellectuel, notion dont il pense trouver la formule chez S. Thomas d'Aquin («credere est actus intellectus secundum quod movetur a voluntate ad assentiendum » : II^a
II^æ, 4, 2), et une notion « personnaliste » de la foi comme rencontre
entre deux personnes[34]. J. Hessen, comme jadis le P. Laberthonnière dont il retrouve certains thèmes, mais surtout comme E.
Brunner dont il cite volontiers les textes, oppose la connaissance
d'une réalité, éventuellement d'une autre personne appréhendée
comme un *objet*, à la connaissance qu'on en a quand on la *rencontre*
comme un *sujet*, il oppose le fait de parler de Dieu à la seconde
personne, *Tu es*, et celui de parler de Dieu à la troisième personne :
Dieu est. Dieu ne s'objective pas, il se dévoile comme notre partenaire actif[35]. La Révélation de Dieu ne se pose pas devant nous
comme un objet, elle est l'acte d'un sujet et le début du don qu'il
nous fait de soi. Il ne faut pas parler de Dieu en cédant à l'esprit
grec, en termes de *Sosein*, par une recherche de *ce qu'*il est, mais,
comme la Bible, en termes de *Dasein*, par affirmations d'existence
et d'initiatives personnelles[36]. Le Nouveau Testament connaît un
Dieu actif, un Dieu « économique », pas de Dieu métaphysique.
C'est le virus de l'esprit grec qui a porté les théologiens à passer
d'un Dieu *pour nous* à un Dieu *en soi*[37].

3. *L'affrontement inévitable avec la Réforme.* Hessen aime
citer, avec une entière approbation, des auteurs protestants. Il est
vrai que plusieurs des idées que nous avons rencontrées se retrouvent au cœur de la Réforme. Ce n'est pas en vain que celle-ci a voulu être, radicalement, une critique de la Scolastique médiévale.
D'autre part, il ne semble pas douteux que le commerce assez
intense que les catholiques entretiennent avec la pensée protestante
ait contribué à susciter les questions dont nous voulons nous
occuper ici.

Luther a commencé par une critique de la Scolastique. Sa

(33) *Eros und Caritas*, Halle, 1929, p. 62 s.
(34) *Op. cit.* (n. 16), p. 133 s.
(35) Notons à ce propos l'utile remarque du P. S. PINKAERS, *Le rôle de la
fin dans l'action morale selon S. Thomas*, in RSPT, 45 (1961), p. 393-421 :
« Dans la langue de S. Thomas, le mot « objet » et l'adjectif « objectif »
qu'on en fait dériver, ne s'opposent pas à « personne » et à « personnel »
comme dans le langage moderne courant. La personne peut elle-même être
nommée objet par S. Thomas sans aucunement déchoir de sa dignité propre ;
on veut simplement dire par là qu'une personne se présente à une faculté
humaine comme un principe d'actualisation. La volonté, qui est la faculté
humaine personnelle au premier chef, dont l'acte propre est l'amour, ne
pourra justement trouver son objet adéquat que dans une autre personne,
aimée d'amitié : et quand S. Thomas affirmera que Dieu est la fin ultime
authentique de l'homme et le seul objet adéquat à son désir naturel, il ne
le considérera pas, quoi qu'on en puisse penser, comme une grande Idée ou
un énorme bloc d'être, mais comme une Personne, comme une Trinité de
Personnes, le Dieu de la Révélation » (p. 416).
(36) J. HESSEN, *op. cit.* (n. 16), p. 85 s., 100 s.
(37) *Ibid.*, p. 147-148.

Disputatio contra theologiam scolasticam, 1517, est aussi révéla-
trice de ses mobiles intellectuels et spirituels que son commentaire
de l'Epitre aux Romains. Un an plus tard, dans la Dispute de
Heidelberg, Luther opposait une *theologia crucis* seule valable, à
une *theologia gloriae* [38]. La *theologia gloriae* est celle que recherche et procure la raison naturelle. Celle-ci pose des questions de
quid, de *quomodo*, elle prétend définir les choses et les connaître
selon *ce qu*'elles sont en soi. Or ce n'est pas de cela que parle,
ce n'est pas à cela que s'intéresse la Parole de Dieu : elle fait connaître Dieu comme Dieu - qui - justifie, Dieu sauveur en Jésus-
Christ, et l'homme comme pécheur pardonné en Jésus-Christ :
c'est cela la *theologia crucis*. Dans son commentaire sur l'Epître
aux Romains, Luther opposait, dans un texte saisissant, la façon
de « philosopher » de l'Ecriture et celle des métaphysiciens :

Aliter Apostolus de rebus philosophatur et sapit quam philosophi et
metaphysici. Quia philosophi oculum ita in praesentiam rerum immergunt,
ut solum quidditates et qualitates eorum speculentur. Apostolus autem
oculos nostros revocat ab intuitu rerum praesentium, ab essentia et acci-
dentibus earum et dirigit in eas secundum quod futurae sunt. Non enim
dicit « essentia » vel « operatio » creaturae, seu « passio » et « motus »,
sed novo et miro vocabulo, et theologico, dicit, « exspectatio creaturae », ut eo ipso, cum animus audit creaturam exspectare, non ipsam
creaturam amplius, sed quid creatura exspectat, intendat et quaerat... [39]

La Parole de Dieu, en vérité, c'est Jésus-Christ : il n'y en a
point d'autre. Dieu ne nous est accessible et connaissable que dans
le Christ [40]. Et le Christ lui-même est « Christ » en ce qu'il est
et a fait *pour nous* et que nous nous approprions réellement par la
foi [41]. D'où les textes célèbres de Luther :

(38) Disput. Heidelb., th. 21 : éd. Weimar, I, p. 354 et 362 ; C. STANGE,
Die ältesten ethischen Disputationen Luthers, Leipzig, 1932, p. 54 et 69 ; cf
W. VON LOEWENICH, *Luthers Theologia crucis*, Munich, 1929 ; K. E. SKYDSGAARD,
Metafysik og Tro, Copenhague, 1937, p. 31, « La theologia crucis au sens de
Luther est celle qui vit uniquement de la foi et connaît Dieu uniquement
comme le Dieu qui justifie, et l'homme en tant que pécheur. Cette théologie
rejette toute sorte d'explication métaphysique de l'homme et de l'existence
comme base et condition d'une pensée chrétienne ». On le voit, tout repose sur
une certaine conception de la foi, comme référée seulement à la justification.
Le P. Olivier, A. A., achève un travail sur la *th. crucis* de la Dispute de Heidelberg. Th. PREISS (*La vie en Christ*, Neuchâtel-Paris, 1951, p. 86 n.) cite ce mot
de LUTHER : « Tu ama Deum de creaturis, non vult ut eum amas in maiestate ».
(39) LUTHER, *Vorlesung über den Römerbrief*, 1515-1516, éd. FICKER, t. II,
p. 198-99 ; éd. Weimar, t. LVI, p. 371-372.
(40) LUTHER au colloque de Marbourg sur la présence eucharistique,
Weimar, XXX/3, p. 132, l. 23 s. ; E. VOGELSANG, *Die Anfänge von Luthers Christologie...*, Berlin-Leipzig, 1929, p. 160 s.
(41) Selon Luther, la foi n'est pas donnée pour qu'on *connaisse* Jésus-
Christ et sa mort — le démon connaît cela aussi bien que nous —, elle est
le moyen par lequel nous nous approprions la justice de Jésus-Christ en prenant *pour nous* Jésus-Christ et sa mort. Luther se réfère souvent à S. BERNARD,
Sermo in festo Annuntiationis, 1, 3 (P.L., 183, 383) : cf SCHEEL, *Dokumente zu
Luthers Entwicklung*, nn. 532, 826 ; voir aussi A. N. BERTRAND, *Protestantisme*,
4e éd., p. 142 ; E. BRUNNER, *op. cit.* (n. 31), 1951, p. 116 s. ; SKYDSGAARD, cité
supra, n. 38 ; *infra*, n. 44.

Christ a deux natures. En quoi est-ce que cela me regarde ? S'il
porte ce nom de Christ, magnifique et consolant, c'est à cause du ministère et de la tâche qu'il a pris sur lui : c'est cela qui lui donne son
nom. Qu'il soit par nature homme et Dieu, cela, c'est pour lui-même.
Mais qu'il ait consacré son ministère, mais qu'il ait épanché son amour
pour devenir mon Sauveur et mon Rédempteur, c'est où je trouve ma
consolation et mon bien (...). Croire au Christ, cela ne veut pas dire
que Christ est une personne qui est homme et Dieu, ce qui ne sert de
rien à personne ; cela signifie que cette personne est Christ, c'est-à-dire
que, pour nous il est sorti de Dieu et venu dans le monde : c'est de cet
office qu'il tient son nom [42].

Discamus tantum hoc verbum « Me, pro me », ut possimus certa
fide concipere et non dubitare, « pro me » [43].

Aureis litteris haec verba sunt scribenda : Nostrum, Nos, Nobis.
Qui haec non credit, non est christianus [44].

A ces textes fait écho celui de Mélanchton, cent fois cité, mais
qui sent la formule d'école et n'a plus l'accent des lignes de
Luther. « Hoc est Christum cognoscere, beneficia ejus cognoscere » [45].

Ces textes expriment, à leur plan, le fond même de la protestation de la Réforme contre le catholicisme médiéval. A-t-elle raison, a-t-elle tort ? La Réforme a eu et a encore conscience de
s'opposer au catholicisme comme une conception dramatique de
l'acte souverain du Dieu Sauveur, qu'on s'approprie dans la foi,
s'opposerait à une conception sapientielle où la foi met en face de
Dieu comme devant un objet connaissable par une activité où la
raison s'unit à cette foi et s'harmonise avec elle. Nous pensons,
bien sûr, que ce serait trahir le catholicisme que de le réduire à
cela. C'est pourtant contre cela que la Réforme a pris position de
protestation. K. Barth a résumé cette position en disant : Dieu
n'est jamais *objet,* mais toujours *sujet.* Et non seulement il l'est,
mais il veut être reconnu comme tel. Parler de lui « ontologique-

---

(42) *Predigten über das 2. Buch Moses.* Allegoria des 12. Kapitels : éd.
Weimar, XVI, 217. Nombreux textes de même sens (cf Elert, *Morphologie des
Luthertum,* t. I, Munich, 1931, p. 61), par exemple celui-ci, du Comm. sur
les Galates : « Nous ne devons pas nous représenter le Christ comme une personne privée innocente — ainsi que les scolastiques, Jérôme et d'autres l'ont
fait —, personne qui en elle-même serait sainte et juste. Il est vrai que
Jésus-Christ est une personne très pure, mais il ne faut pas s'arrêter là :
tu n'as pas encore compris le Christ, même si tu sais qu'il et Dieu et homme.
Mais tu le comprendras véritablement si tu crois que cette personne très pure
et très innocente t'a été donnée par le Père pour être Pontife et Sauveur, ou
plutôt pour être ton esclave qui, se dépouillant de son innocence et de sa
sainteté, revêt ta personne pécheresse, porte ton péché, ta mort et ta malé-
diction, devient pour toi victime et maudit, afin de te délivrer de la malé-
diction de la Loi » (Weimar, LX/1, p. 448). On comparera E. Brunner, *Dogmatik,*
t. I (analysée par G. Rabeau, *Rev. Sc. rel.,* 1948, p. 309 s.).
(43) Comm. sur l'Ep. aux Galates, 1535 : Weimar, XL/1, p. 299, l. 9.
(44) Weimar, XXXI/2, p. 432, l. 17.
(45) *Loci,* éd. C.R., t. XXI, p. 85 ; comp. *Apologia Confessionis Augustanae,*
IV (*Die Bekenntnisschriften d. evang.-luther. Kirche,* 2e éd., 1952, Göttingen
p. 181). Une fois de plus, on pourrait évoquer un texte de S. Bernard : « Quid
est ergo Deus ? Quo ad universum spectat, finis ? Quo ad electionem, salus ;
quod in se est, ipse novit. » (*De Consider.,* V, 11,24 : P.L., 182, 802 B).

ment » entraînerait à le traiter comme un objet sur lequel on
pût avoir prise, ou comme une chose de notre monde matériel,
quantitatif et spatial. On risquerait même de le réduire à du statique, alors qu'il est Acte [46]. Le christianisme lui-même ne peut
donc pas être conçu comme un *donné* du type d'un monde de
quiddités ou de choses, même surnaturelles et posées par Dieu,
qu'une humanité blessée et affaiblie, mais encore valide, pourrait
manipuler [47]. Il est toujours à voir comme le rapport dramatique
et paradoxal créé par l'acte et le don de Dieu entre *mon* salut,
qui est Jésus-Christ, et moi pécheur, à qui la Foi, opérée en moi
par Dieu, approprie ce salut.

La Réforme veut éviter de poser même des dons qui ne se
réduiraient pas à une relation créée par Dieu comme Acte et Evé-
nement. D'où son « antisubstantialisme » qui est un refus du
statique, du général et de l'ontologique sous cette forme [48]. Il faut
toujours garder au salut son caractère d'événement suscité par
l'acte actuel et gracieux de Dieu. Les théologiens protestants les
plus radicaux cherchent à concevoir tout *don* de Dieu comme un
pur *acte* de Dieu, sans constitution d'une réalité nouvelle stable
au niveau de l'ontologie [49].

C'est à ces positions que se rattache la phobie protestante de
la « mystique », où l'on voit un danger de sortir de la pure relation actuelle de la foi, en faveur d'une possession et d'une union
de type ontologique. Le chanoine J. Mouroux a justement relié
cette attitude à une conception toute fonctionnelle de la Révélation [50].

On ne peut évidemment pas ranger sous une même accolade
des penseurs aussi différents, parfois même opposés entre eux,
que, par exemple, A. Ritschl, R. Bultmann, K. Barth, O. Cullmann,
ce dernier n'étant nullement un systématicien, mais un pur exégète

(46) Cf G. STAMMLER, *Ontologie in der Theologie ?* in *Kerygma u. Dogma*,
4 (1958), p. 143-175. La position de l'auteur n'est finalement pas négative.
Cf *Infra*.
(47) Cf Fr. HÜBNER, *Die Prinzipien der römischen Lehre von der Kirche*,
in *Viva vox Evangelii*. Festgabe f. H. Meiser, Munich, 1951, p. 348-65.
(48) Quelques références significatives : R. MEHL, *Ecclesia quoad substantiam*, in *Rev. Hist. Philos. rel.*, 1956, p. 317-328, surtout p. 323-324 ; J. HESSEN,
op. cit., p. 105. Applications, par exemple, aux rapports entre l'Eglise et la
Mission (cf M. J. LE GUILLOU, *Mission et Unité*, Paris, 1960, t. I,, p. 92 s.), à la
façon de concevoir la présence eucharistique du Christ (cf N. EGENDER, in
Irénikon, 1959, p. 165-177).
(49) Sur l'opposition entre Protestantisme et Catholicisme comme entre
« personnel » et « ontique », cf J. HESSEN, *Platonismus und Prophetismus...*,
Munich, 1939, p. 178 s. ; U. MANN, *Ethisches u. Ontologisches in Luthers Theologie*, in *Kerygma u. Dogma*, 3 (1957), p. 171-207 ; Th. SARTORY, *Die ökumenische
Bewegung und die Einheit der Kirche*. Meitingen, 1955, p. 194 s. ; H. THIELICKE,
in *Irénikon*, 1961, p. 252 ; notre *La Tradition et les traditions. I. Essai historique*, Paris, 1961, p. 78.
(50) *Le mystère du temps. Approche théologique* (Théologie, 50), Paris,
1962, p. 248, n. 5 : « En réalité les oppositions « chrétiennes » à la mystique
impliquent comme arrière-fond un très grave présupposé doctrinal. Elles
supposent que le N. T. ne comporte, concernant Dieu et le Christ, qu'une
« théologie fonctionnelle » et que, par suite, la participation aux biens du
Royaume n'est elle-même que « fonctionnelle » et non pas ontologique et
existentielle... ».

qui, cependant, se prononce parfois dans des matières proprement théologiques. On constate cependant chez ces théologiens une commune répugnance à concevoir la Révélation comme une notification de vérités sur Dieu ou de vérités dites par Dieu : la Révélation est un acte de Dieu qui vient vers l'homme ou l'interpelle : elle est une rencontre personnelle [51]. On a pu, à cet égard, caractériser l'effort de Bultmann comme une tentation pour libérer la théologie de la problématique sujet-objet, de la « bonne vieille philosophie de l'homme naturel », pour présenter les rapports entre l'homme et Dieu, non selon le type de l'objectivité rationnelle et scientifique, mais selon celui de l'objectivité de la rencontre existentielle [52]. On retrouve évidemment chez Bultmann, l'affirmation que les Evangiles nous disent ce que Jésus est *pour nous*, non ce qu'il est *en lui-même* [53]. Mais cette affirmation, qui pourrait être simplement une constatation et qu'en un sens nous pourrions admettre, est systématisée dans une ligne existentielle centrée sur l'homme, et finalement on peut se demander si l'on ne parle pas de la Révélation dans des termes qui conviendraient plutôt à l'acte de foi ? A la limite, on se passerait d'un apport objectif intelligible comme tel, il n'y aurait que le pur fait de la rencontre, éprouvé comme tel par l'homme. C'est effectivement ce que nous lisions chez un converti de Bultmann, A. Malet : le kérygme serait un pur *que*, sans aucun *ce que* [54]. Répétons notre question : ne confond-on pas la condition de la Révélation et celle de la foi, n'applique-t-on pas à la Révélation et à son contenu ce qui est vrai de la foi, acte personnel ?

Au terme de cette première section, qui nous a introduits dans une certaine situation intellectuelle contemporaine, nous pouvons faire un bilan des questions que nous avons rencontrées :

1. « L'objet de la Bible », écrit O. Cullmann, « n'est pas le problème de Dieu envisagé indépendamment de son action à l'égard de la création. L'opposition n'est pas au fond entre « agir » et « être » : car Dieu « est » aussi en agissant. En réalité la distinction qui m'importe est entre l' « être » du Dieu qui se communique au monde et l' « être » de Dieu en soi, c'est-à-dire en dehors de sa relation avec le monde. Le but de la Bible est de nous parler du premier (...) » [55].

(51) Voir R. Latourelle, *op. cit.* (n. 15), p. 224 s., 401.
(52) R. Refoulé, *La vague bultmannienne*, in RSPT, 48 (1964), p. 253-254.
(53) Voir R. Bultmann, *Der Begriff der Offenbarung im N. T.*, Tubingue, 1929, p. 40 s. ; *Das Evangelium des Johannes*, 1941 ; *Theologie des N. T.*, 1948 ; *Das christologische Bekenntnis des Oekumenischen Rates*, in *Glauben u. Verstehen*, t. II, Tubingue, 1951-52, p. 246 (trad. frse dans *L'interprétation du N. T.*, Paris, 1955, p. 205 s.), etc...
(54) *Le problème des concepts et du langage* et *L'avenir de l'interprétation scripturaire*, in *Foi et Vie*, respectivement mars-avril 1959, p. 25-37, et janv.-fév. 1960, p. 22-43 ; *Recherches d'une théologie*, in *Le Semeur*, déc. 1958 ; *Mythos et logos. La pensée de R. Bultmann*, Genève, 1963.
(55) Dans *Choisir* (Genève), nᵒˢ 9-10, juil.-août 1960, p. 20.

XIII

150

Peut-on se risquer à tenter une théologie de Dieu ou du Christ *en lui-même* ?

2. Le peut-on sans introduire une philosophie, une ontologie rationnelle ? Mais peut-on, tout simplement, penser et même articuler une affirmation quelconque sans employer des moyens de représentation objective et parler en termes d'être ? On l'admet, on note que, du côté protestant, Barth aussi bien que Tillich a pensé sa théologie dans les termes de *son* ontologie[56]. Il est vrai qu'il y a ontologie et ontologie, conception de l'être et conception de l'être. G. Stammler, dans une étude que nous avons déjà citée (supra, n. 46), distingue et caractérise quatre types d'ontologie, et nous ne reconnaissons l'être analogique tel que S. Thomas et les thomistes contemporains le présentent, dans aucun de ces quatre types. La vraie notion thomiste de l'analogie, ainsi que le statut de son usage en théologie, semblent ignorés des théologiens protestants qui les critiquent et les rejettent. Mais sans doute avons-nous les uns et les autres, des points de départ différents : il est purement christologique chez Barth, avec un refus de considérer l'œuvre du *Verbe* dans la création du monde et l'illumination des intelligences, indépendamment de la révélation du *Christ*. Nous ne traiterons pas ici pour elle-même la question de l'utilisation analogique et critique de nos connaissances rationnelles en théologie chrétienne.

3. Peut-on construire une vue d'ensemble ordonnée et, en ce sens, un système, selon la perspective de l'en soi, ou doit-on demeurer dans le cadre de l'Economie et d'énoncés fonctionnels ? Comment apprécier, à cet égard, l'effort des Pères, de la Scolastique et singulièrement de S. Thomas d'Aquin dans la *Somme* ? Il ne s'agit plus ici seulement de passer éventuellement, pour tel ou tel article, de ce que Dieu et le Christ sont *pour nous* à des affirmations touchant leur être *en soi*, mais de construire la matière d'une Révélation économique selon un ordre ontologique, non économique. Est-ce possible ? Est-ce sain ?

II

Le passage du fonctionnel à l'ontologique, du *pour nous* à l'*en soi*, est nécessaire. L'Ecriture ignore ou dépasse l'opposition des deux, et certains de ses énoncés fonctionnels débouchent dans

(56) Cf H. Baintker, *Ontologie und Theologie* (rapport au Theologentag protestant allemand de 1960) in *Theolog. Literaturzeitung*, 85 (1960), col. 863-866 ; G. Rödding, *Das Seinsproblem in der Schöpfungslehre Karl Barths*, in *Kerygma u. Dogma*, 10 (1964), p. 1-47. Barth lui-même reconnaît que nul ne peut éviter d'user d'une certaine philosophie : *Kirchliche Dogmatik*, 1/2, Zurich, 4ᵉ éd., 1948, p. 813 s. ; *Rudolf Bultmann. Ein Versuch ihn zu verstehen*, Zurich, 1953, p. 45. Pour P. Tillich, voir sa *Systematische Theologie*, t. I, 1956, et II, 1958.

l'ontologique. Même si elle ne nous parle de Dieu que pour nous amener à nous situer exactement à son égard, elle attribue à Dieu des qualificatifs qui le concernent en lui-même : Dieu est éternel, invisible ou spirituel, immortel, heureux, bon, sage, etc... [57]. Or, il est bien vrai que de tels énoncés sont, dans les Ecritures inspirées de la Révélation, autrement riches de contenu qu'ils ne peuvent l'être dans la plus haute recherche métaphysique [58]. Il est vrai que, dans l'Ecriture, ils doivent cette richesse surtout au fait qu'ils interviennent dans des témoignages rapportant l'action salutaire de Dieu. De tels énoncés, tout en les dépassant en contenu et en assurance, n'en coïncident pas moins avec ceux d'une « théologie naturelle » si légèrement décriée et si injustement méprisée du côté protestant et quelquefois même par certains catholiques.

On a, ces derniers temps, donné une attention particulière aux formules doxologiques, relativement fréquentes dans les Saintes Ecritures [59]. Il est vrai que souvent ces formules partent des *magnalia* de Dieu pour les lui rapporter en louange, mais, faisant cela, elles le qualifient en lui-même. Elles rapportent ces actions à leur sujet transcendant qui est ainsi atteint en ce qu'il est. Les noms donnés à Dieu dans l'invocation et la louange révèlent à la Foi quelque chose de ce qu'il est [60]. Une des premières formes de « théologie » a été aussi l'attention donnée aux noms par lesquels Dieu ou le Christ ont été appelés [61] et qui, au-delà d'une simple désignation du sujet de l'action, qualifient ce sujet, le font connaître.

Au fond, séparer l'être et les actions, et davantage encore les opposer, n'aurait pas plus de sens dans la perspective biblique qu'en

(57) La liste pourrait être complétée. Références pour le N. T. dans L. Malevez, *Nouveau Testament et Théologie fonctionnelle*, in *Rech. Sc. relig.*, 48 (1960), p. 258-290 ; p. 279.
(58) Voir K. Rahner, *Theos*, in *Ecrits théologiques*, t. I, Paris, 1959, p. 13-111, surtout p. 61-69.
(59) Voir E. Stauffer, *Die Theologie des N.T.*, 3ᵉ éd., Stuttgart, 1947, p. 212-234 ; H. Schlier, *Die Verkündigung im Gottesdienst der Kirche*, dans *Die Zeit der Kirche*, 1956, p. 244-264, trad. frse dans *Le temps de l'Eglise*, Tournai-Paris, 1961, p. 249-268 ; R. Schneider, *Die Tradierung der ntlen Heilswahrheiten in den Anaphoren der alten Kirche*, in *Una Sancta*, avril 1957, p. 29-36 ; Ed. Schlink. *Die Struktur der dogmatischen Aussage als oekumenisches Problem*, in *Kerygma u. Dogma*, 3 (1957), p. 251-306 ; id., *Wandlungen in protestantischer Verständnis der Ostkirche*, in *Oekumen. Rundschau*, nov. 1957, p. 153-170 (trad. dans *Ecumenical Review*, juil. 1958, p. 22-69) ; id., *La christologie de Chalcédoine dans le dialogue œcuménique*, in *Verbum caro*, n° 45 (1958), p. 23-30 (ces études de Schlink ont été réunies dans le recueil *Der kommende Christus und die kirchlichen Traditionen*, Göttingen, 1961). Voir ausi notre étude citée *supra*, n. 12. Sur la théologie trinitaire des textes doxologiques de S. Paul, cf Y. Trémel, *Remarques sur l'expression de la foi trinitaire dans l'Eglise apostolique*, in *Lumière et Vie*, n° 29 (1956), p. 41-66.
(60) Voir A. M. Besnard, *op. cit.* (n. 10), p. 78 : « Le nom apparaît ainsi... le substitut noétique de la personnalité divine elle-même. A ce titre le nom de Yahvé remplit à l'égard de la foi une fonction de révélation ».
(61) Ainsi fait S. Hippolyte pour l'Eglise, Méliton de Sardes et Origène pour le Christ, Grégoire le thaumaturge (*Exposition de la Foi*) pour Dieu... S. Thomas lui-même a écrit : « Desistemus a perscrutatione divinorum secundum rationem nostram, et inhaereamus sacrae Scripturae, in qua traduntur nobis nomina divina, per quae manifestantur nobis dona Dei et donorum principium » : *In Dion. De divinis Nominibus*, c. I, lect. 2 (éd. Pera, p. 16, n° 45).

152

perspective philosophique. Dieu est actif et il se dévoile dans son action, « son existence est l'exposé vivant de son essence » [62]. Si, comme le dit O. Cullmann, « l'être du Logos est essentiellement son action » [63], pourquoi n'y aurait-il pas un passage noétique possible de l'action à l'être ?

Or il semble incontestable que certains énoncés faits, comme en passant, dans un contexte fonctionnel, engagent des affirmations d'être. Comment dire que Dieu a envoyé son Fils, puis l'esprit de son Fils (Ga. 4, 4 et 6), comment dire que le Christ est la puissance de Dieu (1 Co. 1,24) sans être amené à la vérité de son être ? C'est vrai, S. Paul parle du Christ existant en condition de Dieu (Phil 2,6) dans le cadre du mouvement total de l'Economie, mais cette condition l'égalait à Dieu : quel sens cela pourrait-il avoir si quelque chose d'ontologique ne répondait à l'économique ? De même « par qui tout existe et par qui nous sommes » (1 Co. 8,6 ; comp. Col. 1,16), et tant de formules johanniques : « Le Verbe était auprès de Dieu », il était Dieu, « Monogène » (1,18), existant avant Abraham (8,56), un avec le Père, dans le Père (10,30 et 38), énoncé que les auditeurs juifs de Jésus ont compris comme une affirmation d'égalité avec Dieu (5,18 ; 19,7), etc, etc. Le contexte est bien celui de la communication salutaire de Dieu. Il reste, et M. Cullmann l'admet, que cette communication est fondée dans l'être de Dieu et que l'Ecriture donne des indications sur cet être, même si elles ne sont pas exploitées en concepts de forme métaphysique. M. O. Cullmann reconnaît qu'action et être se correspondent et que, de l'œuvre, on peut aller à la personne : on ne peut pas davantage parler de l'œuvre en faisant abstraction de la personne qu'on ne peut parler de celle-ci en la séparant de l'œuvre [64]. M. Cullmann admet que certaines précisions qu'il appelle « philosophiques » [65], aient pu devenir nécessaires du fait des hérésies, et

(62) H. Urs von Balthasar, dans *Dieu vivant*, n° 12, p. 18 (il s'agit du Christ). Le problème d'une opposition entre *acte* et *être* se trouve au fond de la recherche, extrêmement abstruse, de Dietrich Bonhoeffer (*Akt und Sein. Transzendental-philosophie u. Ontologie in der systematischen Theologie*. Thèse de 1931 rééditée dans la *Theolog. Bücherei*, n° 5, Munich, 1956). L'opposition nous semble posée au départ de façon bien discutable (par ex. « Akt soll seinsfremd als die reine Intentionalität gedacht werden », p. 9). Si je le comprends bien, B. pense trouver la solution dans la réalité concrète de l'Eglise où, dans le Christ, les personnes réalisent un être pour les autres, avec les autres. Dans ce réalisme chrétien d'une authentique relation aux autres, qui est en même temps accomplissement des personnes, on retrouverait une ontologie authentique, active et concrète, où être et acte se réconcilieraient.
(63) *Christologie du N. T.*, p. 230.
(64) *Christologie*, p. 285 ; art. de *Choisir*, n°s 9-10 (juil.-août 1960), p. 21 : « Bien sûr, le Verbe révèle le Père, parce qu'il est dans le sein du Père et non vice versa. Mais il n'en reste pas moins que le Nouveau Testament ne nous décrit pas l'être de celui qui est « dans le sein du Père » par une explication de sa nature, mais par l'initiation du Fils dans la connaissance intégrale du Père en vue de son plan du salut. C'est dire qu'il affirme l'être divin et la personnalité divine du Verbe sans les expliquer autrement que par la fonction divine tout à fait unique *dans laquelle ils se manifestent* et que des titres tels que « Verbe », « Kyrios », etc..., expriment. »
(65) Cf *Christologie*, p. 255, n. 6 et 286 ; art. de *Choisir*, p. 20, 2e col. L'expression nous semble inadéquate. Elle pourrait laisser entendre que les

même qu'il était légitime de les apporter indépendamment de ces
hérésies [66]. Cependant il insiste, non seulement sur la nécessité de
garder toute spéculation de ce genre en étroit contact avec les énoncés
purement économiques ou fonctionnels du Nouveau Testament, mais
sur le fait que ces problèmes d'ontologie sont *étrangers* au Nouveau
Testament lui-même, pris dans son cadre propre. « C'est seulement
à la limite extrême que nous voyons tout au plus surgir » [67], dans
l'Ecriture, le problème de l'en soi du Christ et de Dieu.

Comme exégète, M. Cullmann s'arrête là. On ne le lui repro-
cherait pas, encore que d'autres exégètes iraient plus loin en récu-
sant plus résolument toute coupure entre le fonctionnel et l'ontologique [68]. Mais les études de l'exégète ont mené M. Cullmann à
des conclusions proprement théologiques, sinon dogmatiques.
Lui-même [69] rattache à ses positions sur la question Ecriture-Tra-
dition son refus « de poser aux textes du Nouveau Testament les
questions qui s'imposent lorsqu'on part des dogmes ultérieurs ».
C'est toute la question du développement qui se trouve engagée
ici. Mais cette question suppose elle-même des préalables au niveau
d'une théologie des rapports entre la nature et la grâce, la raison
naturelle et les apports de la foi. C'est ce que le très cher et regretté
Père Chifflot, animateur de l'entreprise de la « Bible de Jérusalem », notait à propos de *Christ et le temps* et de l'arrêt marqué par
M. Cullmann devant la notion d'éternité de Dieu. Il distinguait
deux attitudes possibles : « s'arrêter devant le mystère » ou « prendre conscience du mystère » [70]. Et il écrivait :

S'arrêter devant le mystère c'est, l'ayant rencontré, l'accepter dans
les termes mêmes où il s'est affirmé : ici, juxtaposer l'insertion de Dieu

affirmations d'ontologie sont étrangères à la Parole de Dieu ou à la Révélation elle-même, et relèvent d'une spéculation toute humaine, non de l'*intellectus fidei*.
  (66) Cf *Christologie*, p. 11, p. 234, n. 1 ; art. de *Choisir*, p. 22, n° 5.
  (67) *Choisir*, p. 20, 2e col.
  (68) Ainsi Th. DE KRUIJF, *Der Sohn des lebendigen Gottes. Ein Beitrag
zur Christologie des Matthäusevangeliums*, Rome, 1962 (cf RSPT, 1964, p. 319), à
propos, non seulement de Mat 16,16, mais de Mat 28,19. S. THOMAS D'AQUIN
prenait évidemment Jn 20,28 au sens théologique fort ; il écrit candidement
« statim factus est Thomas bonus theologus » (*In Joan.* c. 20, lec. 6). Comp.
J. GIBLET, *La sainte Trinité selon l'évangile de S. Jean*, in *Lumière et Vie*,
n° 29 (1956), p. 95-126 : « Pourquoi s'accrocher à cette fameuse distinction
entre « être » et « agir », entre « théologie métaphysique » et « théologie
fonctionnelle » ? Une telle distinction relève d'une mentalité étrangère à la
tradition biblique et à S. Jean. Pour lui, les deux aspects sont atteints conjointement et saisis ensemble : la puissance salvifique du Christ vient de ce
qu'il est le Fils de Dieu fait homme et agissant au sein de l'humanité »
(p. 97) ; D. MOLLAT, *La divinité du Christ d'après S. Jean*, in *Jésus, le Fils
de Dieu*, dans *Lum. et Vie*, n° 9 (1953), p. 123-128 ; J. GIBLET, *Jésus et « le
Père » dans le IVe Evangile*, in *L'Evangile de Jean* (Rech. bibl., 3), Louvain,
1958, p. 113-130 ; F. M. BRAUN, *Jean le Théologien*, t. II, Paris, 1964, p. 110-112 ;
C. J. PINTO DE OLIVEIRA, *Le verbe didonai comme expression des rapports du
Père et du Fils dans le IVe Evangile*, in *Rev. Sc. phil. théol.* 49 (1965), p. 81-104.
  (69) *Choisir*, p. 22-23, 6.
  (70) Th. G. CHIFFLOT, *Le Christ et le temps. Réflexions sur un livre récent*,
in *La Maison-Dieu*, n° 13 (1948/1), p. 26-49 (p. 44 s.), reprod. dans *Approches
d'une Théologie de l'Histoire*, Paris, 1960.

dans notre temps et le règne de Dieu sur ce temps ; et refuser à la pensée tout progrès dans sa connaissance : ici, toute spéculation sur la durée propre de Dieu. Prendre conscience du mystère, c'est non pas certes l'expliquer, non pas certes le ramener aux catégories d'une philosophie, mais, l'ayant accepté par la foi, le regarder pour l'exprimer. *Fides quaerens intellectum.* Ici, ce regard croit devoir chercher dans la durée même *de Dieu* le secret de son intervention dans *notre* durée.

(...) Il s'agit au fond de savoir si la sotériologie, essentielle à la foi, si l'adhésion au salut qui vient de Dieu exclut, autorise ou exige un acte de connaissance tourné vers Dieu lui-même ; en d'autres termes si l'oikonomia exclut, autorise ou exige, une theologia. Nous reconnaissons, certes, le danger d'une théologie qui croirait pouvoir trouver le moyen de connaître Dieu ailleurs que dans l'économie concrète de sa Révélation. La crainte de cette « theologia gloriae » est le commencement d'une théologie fidèle. Mais nous croyons aussi que Dieu se révèle en intervenant dans notre histoire pour en faire l'histoire du salut, et qu'il n'est pas de *vraie* « theologia crucis » qui ne soit, au plein sens du mot, « théologie » [71].

De même, on l'a dit très justement, que « l'homme ne serait pas historien s'il était purement historique, de même qu'il ne serait pas économiste s'il était purement économique » (J. Lacroix), de même faut-il dépasser le temps pour fonder le temps lui-même : la souveraineté de Dieu sur le temps — affirmation biblique de type économique — suppose une qualité supra et extratemporelle de la durée propre à Dieu, que nous appelons « éternité » : affirmation de type ontologique. Les réflexions du chanoine J. Mouroux (*Le mystère du Temps. Approche théologique.* Paris, 1962) conjuguent en ce sens les lumières de la raison philosophique et celles de la Révélation. Ainsi encore est-on amené, s'agissant des faits salutaires accomplis par le Christ une fois dans l'histoire, à fonder leur valeur fonctionnelle et le fait même qu'ils *me* concernent, qu'ils commandent le présent et l'avenir, dans une christologie qui pose, au sujet du Christ, certaines affirmations ontologiques [72].

Il était fatal, il était normal que, dans le temps de l'Eglise, la foi donnée une fois pour toutes aux saints (Jude 3) se formulât plus explicitement. Cela devait se faire par deux voies, toutes deux appelées par l'existence même et par la mission de l'Eglise : la voie de la réflexion des esprits les plus exigeants, en liaison avec leur culture humaine et en recherche d'une unité dans le domaine du vrai : c'était chercher à « prendre conscience du mystère » pleinement ; la voie d'une défense et illustration de la croyance transmise depuis les Apôtres contre des interprétations et des for-

---

(71) *Maison-Dieu*, p. 44-46.

(72) Renvoyons encore au P. CHIFFLOT, *S. Thomas et l'Histoire* (*Vie intell.*, juill. 1951), reprod. dans *Approches...*, p. 73-104 (cf p. 83 s.).

mulations qui en mettaient en péril le sens et le contenu [73]. il était normal, parce que c'est la loi de l'esprit tel que Dieu l'a fait et qu'il l'appelle à croire, qu'on interprétât en termes d'être les énoncés scripturaires. On ne peut éviter les questions d'être, parce qu'on ne peut éviter de penser *ce que* sont les réalités au sujet desquelles la Parole de Dieu pose certaines affirmations. Paul Tillich a justement rappelé cette nécessité, à l'usage de ses collègues protestants [74].

La première voie, on peut le noter, avait été suivie déjà par les premiers disciples, mais sans qu'ils usassent de moyens rationnels techniques d'élaboration. Les Ecritures du Nouveau Testament ont incorporé une part de ce travail d'interprétation et d'approfondissement, quant à leur sens, des simples faits et dits de l'histoire primitive [75]. Dès la seconde génération après les Apôtres, les penseurs chrétiens sont partis, précisément, des formules économiques de l'Ecriture insuffisamment expliquées au plan ontologique, mais ils ont été amenés ainsi à une expression insatisfaisante des affirmations d'être enveloppées ou engagées dans ces formules. Chez S. Justin, par exemple, la génération du Verbe, affirmée par l'Ecriture, semble identifiée à l'acte par lequel Dieu émet un Verbe *pour créer* [76]. Tertullien voit dans le Fils et l'Esprit des *gradus* d'une substance unique, répondant à la volonté créatrice et salvifique de Dieu et au déroulement dynamique du plan divin [77]. Origène, formulant sa théologie trinitaire à partir des missions économiques, arrive à une conception assez subordinatienne du mystère [78]. On sait quelles difficultés les théologies anténicéennes de la Trinité ont causé à Petau. Il est bien vrai que c'est l'usage de concepts ou d'inspirations philosophiques platoniciens, stoïciens et philoniens, qui a occasionné ces déviations et amené de grands esprits à concevoir le Logos comme un intermédiaire entre le Père

---

(73) Voir notre art. *Théologie*, in DTC, XV, col. 346 s. ; A. Grillmeier, *Vom Symbolum zur Summa...* in *Kirche und Ueberlieferung*, hrsg v. J. Betz u. H. Fries, Freiburg, 1960, p. 119-169 (trad. frse, *Du Symbolum à la Summa*, in *Eglise et Tradition*, Le Puy et Lyon, 1963, p. 105-156 : nous citerons cette trad.).

(74) *Biblical Religion and the search for Ultimate Reality*. Univ. of Chicago Press, 1955 : trad. frse, *Religion biblique et Ontologie*, in *Rev. Hist. Phil. rel.*, 39 (1959), p. 209-234 et 338-360 et en cahier, PUF, 1960.

(75) Cf F. Mussner, *Der historische Jesus u. der Christus des Glaubens*, in *Bibl. Zeitsch.*, 1 (1957), p. 224-252 ; B. Rigaux, *L'historicité de Jésus devant l'exégèse récente*, in *Rev. biblique*, 65 (1958), p. 481-522 ; R. Schnackenburg, *Jesusforschung u. Christusglaube*, in *Catholica*, 13 (1959), p. 1-17 ; P. Althaus, *Das sogenannte Kerygma u. der historische Jesus*, Gütersloh, 1958 ; A. Grillmeier, in *Scholastik*, 33 (1958), p. 532 et ét. citée n. 73, p. 108. Dans cette réflexion sur le contenu de la foi primitive, on a été des actes à l'être : cf par ex. L. Legrand, *L'arrière-plan néotestamentaire de Lc I, 35*, in *Rev. biblique*, 1963, p. 161-192.

(76) Cf G. Aeby, *Les Missions divines de S. Justin à Origène*, Fribourg, 1958, p. 14.

(77) Voir K. Wölfi, *Das Heilswirken Gottes durch den Sohn nach Tertullian* (*Anal. Gregor.*, 112), Rome, 1960 ; W. Bender, *Die Lehre über den Hl. Geist bei Tertullian* (*Münch. Theol. Studien*, II Syst. Abt., 18), Munich, 1961.

(78) Cf Grillmeier, cité n. 73 : p. 113 s.

transcendant et la création ou la révélation [79] : les Pères ne cessent de dénoncer l'usage intempérant des philosophes à la racine des grandes hérésies [80]. Or il y allait de la vérité de l'affirmation essentielle de la divinité du Christ, laquelle n'est pas seulement affirmée ou supposée par des assertions formelles de l'Ecriture, mais exigée par la pleine vérité de l'œuvre qu'il a faite à notre bénéfice. C'est pour sauver cette vérité contre la Gnose que S. Irénée posait la double affirmation qui inspire sa théologie touchant la vérité de notre union divinisante avec Dieu, fondée dans la pleine vérité de la divinité du Christ, et la vérité de notre union avec Jésus-Christ, garantie par l'authenticité de la succession apostolique de doctrine et de ministère. Il y allait aussi bien de la souveraineté et de la liberté de Dieu, que ne pouvait finalement pas sauvegarder la notion d'un Logos qui, pour exister comme tel, devait agir, démiurge de création et médiateur de révélation [81].

Ces questions et difficultés de théologie trinitaire se sont répercutées en christologie. La révélation économique montrait, soit entre le Christ comme « Fils » et Dieu le Père, soit entre l'homme Jésus et le Fils de Dieu qu'il disait être, une unité d'activités. Il fallait bien, pour harmoniser cette donnée essentielle et l'affirmation des distinctions nécessaires, penser correctement unité et distinction. Nestorius se contentait d'une union vague d'activités, semblable à celle que Porphyre reconnaissait entre des êtres incorporels [82]. On ne pouvait penser correctement les affirmations économiques sur l'activité par laquelle le Christ nous a sauvés, qu'en poussant la réflexion jusqu'au niveau de l'en soi. Le dernier avatar manifestant l'insuffisance de formules uniquement fonctionnelles en cette matière devait apparaître au VIe siècle avec le monothélisme.

On sait comment, dans les grandes querelles trinitaires et christologiques des IVe et Ve siècles, les Pères ont fondé une affirmation correcte touchant l'en soi de Dieu, sur la vérité de l'Economie prise synthétiquement. Elle se résume, en effet, dans la formule incessamment répétée sous cette forme ou sous des formes ana-

(79) Voir R. ARNOU, art. *Platonisme des Pères*, in DTC, XII, col. 2307, 2319-20 et surtout 2322.
(80) EUSÈBE le note, *H. E.*, V, 28,13. Voir, outre R. ARNOU, *loc. cit.*, J. DE GHELLINCK, *Un aspect de l'opposition entre Hellénisme et Christianisme. L'attitude vis-à-vis de la dialectique dans les débats trinitaires*, in *Patristique et Moyen Age*, t. III, Bruxelles-Paris, 1948, p. 245-310 ; G. BARDY, « *Philosophie* » *et* « *Philosophie* » *dans le vocabulaire chrétien des premiers siècles*, in *Rev. Asc. Myst.*, 25 (1949), p. 97-108 ; P. HADOT, *La Philosophie comme hérésie trinitaire*, in *Rev. Hist. Philos. relig.*, 37 (1957), p. 236-251.
(81) Cette logique pourrait être illustrée par quelques formules d'O. Cullmann discutées par L. MALEVEZ, *art. cité* (n. 57), p. 265, et dans la note des pp. 267-268. Pour la dernière considération, comp. S. THOMAS, I[a], q. 32, a. 1, ad 3, « cognitio divinarum personarum necessaria nobis fuit... ad recte sentiendum de creatione rerum » : que Dieu crée par son Verbe, cela nous apprend que Dieu ne produit pas les choses par nécessité de nature ; qu'il y ait en lui procession d'amour, cela nous apprend qu'il crée par amour de sa bonté...
(82) Cf R. ARNOU, *Nestorianisme et Néoplatonisme. L'unité du Christ et l'union des* « *intelligibles* », in *Gregor.*, 17 (1936), p. 115-131.

logues : Il est devenu ce que nous sommes afin de nous faire ce qu'il est [83] : formule qui, dans les querelles christologiques, a été complétée par cette autre, un peu plus technique mais où s'unissent également Economie et ontologie : Ce qui n'est pas assumé n'est pas sauvé... [84]. Dieu est comme sorti de son en soi, sans le quitter pour autant, il est entré dans notre monde et notre histoire (Economie) pour nous rendre participants de *sa* vie, de *sa* joie, de *son* immortalité, de *sa* gloire. Mais cette visée économique, l'engagement, la manifestation et les opérations fonctionnelles qu'elle suppose, exige, pour être vraie, la pleine vérité de l'en soi du Christ et de Dieu, pour autant que nous puissions en parler à partir de la Révélation. S. Athanase, S. Hilaire, S. Cyrille d'Alexandrie, ne se lassent pas d'argumenter à partir de l' « Economie » pour la vérité de la « théologie » : Si le Christ n'est pas vrai Dieu et vrai homme, nous ne sommes pas divinisés... Le Christ ne *fait* ce qu'il fait pour nous que s'il *est* ce qu'il est en lui-même. C'est parce que le Christ est Dieu que son humanité est rédemptrice et sanctificatrice [85].

(83) S. Irénée, *A. H.*, III, 10,2 et 19,1 (P. G., 7, 874 et 939 ; éd. Sagnard, *Sources chr.*, 34, Paris, 1952, p. 166-67 et 332-33) ; IV, 20,4 et V praef. (P.G., 7, 1034 et 1120 B) ; S. Athanase, *Orat. I c. Arianos*, 39, *Orat. II*, 70, *Orat. III*, 34 (P. G., 26, 92, 296, 397) ; *Ep. I ad Serap.* (26,585) ; *Ep. de Synodis* (26,784) ; *Ad Adelphum*, 4 (26,1077) ; *De Inc. Verbi*, 54 (25, 192 B) ; Amphiloque d'Iconium, *Oratio in Christi Natalem*, 4 (P.G., 39, 41 A) ; S. Grégoire de Nazianze, *Ep.* 101 ad Cledonium (P.G., 37,181) ; *Orat.* II, 22 et XL, 45 (35, 432 et 36, 424) ; S. Grégoire de Nysse, *Disc. catéch.*, 25, 27 et 37 (45, 65 D, 69 et 97 B) ; S. Jean Chrysostome, *In Joan*, I, 14 (P.G., 59, 79) ; S. Ambroise, *In Luc* V, n. 46 (P.L., 15, 1648) ; S. Augustin, *Epist.* 140, 4, 10 et 187, 20 (P.L., 33, 541 et 839-40) ; *Sermo* 125, 5 ; 127, 9 ; 166, 4 ; 184, 3 ; 186, 2 ; 192, 1 ; 194, 3 (P.L., 38,680 ; 710 ; 909 ; 999 ; 1012 ; 1016) ; *De Civ. Dei*, IX, 15,2 (41,269) ; XXI, 15 (729) ; *En. in Ps.* 34,21 (36,507) ; Ps. Augustin, inter op. Aug. *sermo* 128,1 (P. L., 39, 1997 ; cité par S. Thomas, IIIa, q. 1, a. 2) ; S. Fulgence, *De Incarn.* (Bibl. Max Vet. Patrum, IX, 310) ; S. Léon, *Sermo* 23,4 et 25,2 (trad. R. Dolle, *Sources chr.*, 22. Paris, 1947, p. 94 et 155) ; Théophylacte, *Enarr. in Ev. Joan.*, c. 1 (P. G., 123, 1156) ; S. Maxime le Confesseur, cf. J. Loosen, *Logos und Pneuma in begnadeten Menschen nach Maximus Confessor*, Munster, 1941 ; M. J. Le Guillou, *Le Christ et l'Eglise*, Paris, 1963, p. 93 ; S. Syméon le Nouveau Théologien, *Hymne* XLVI (trad. frse in *Vie spirit.*, 27 (1931), p. 208) ; S. Jean de Damas, cf K. Bornhäuser, *Die Vergottungslehre des Athanasius u. Johannes Damascenus*, 1903 ; Le Guillou, op. cit., p. 96-97. Sur le sens de cette théologie, cf *infra*, n. 87.

(84) Les principaux témoignages sont cités par E. Mersch, *Le Corps mystique du Christ. Etudes de théol. histor.* (2e éd., DDB, 1936), voir Tables, s. v. Argument sotériologique. Citons : S. Irénée, *A.H.*, III, 18,7 et 19,1 et 3 ; V, 1,1-3 (P. G., 7,937, 938-41, 1121 s.) ; S. Athanase, *Orat. II c. Arianos*, 70 (P.G., 26,296) ; *Epist. ad Epictetum*, 7 (col. 1060) ; *De Incarn. Verbi*, 7 (25,109) et 54 (192) ; S. Cyrille de Jér., *Catech.* 4,9 (P. G., 33,465) ; Marius Victorinus, *Adv. Arian*, 3,3 (P.L., 8,1101) ; S. Basile, *Epist.* 261,2 (P.G., 32,969) ; S. Grégoire de Naz., *Epist.* 101 (P.G., 37,181) ; *Orat.* XL, 45 (36,424) ; S. Grégoire de Nysse, *Grande Catéch.*, 77 (P. G., 45,69) ; *Antirrheticus adv. Apollin.*, 16 et 17 (45,1153 et 1156) ; S. Ambroise, *Epist.* 48,5 (P.L., 16,1153) ; S. Augustin, *In Ioann. Ev.* tr. XXIII, 6 (P.L., 35,1585) ; S. Cyrille d'Alex., *In Ioann.* VII-VIII (P.G., 74,89) ; *Adv. Nestor.*, I, 1 (76,20) ; S. Fulgence, *Epist.* 17,3,5 (P.L., 65,454) ; *Ad Trasimundum*, III, 21 (65,284, au sujet de la tristesse et de la peur).

(85) Cf A. Spindeler, *Cur Verbum caro factum ?...* Paderborn, 1930, qui se tient étroitement au point de vue du motif de l'Incarnation. Voir par exemple S. Cyrille Al., *De recta fide ad reginas*, VII (P. G., 76,1208) : si le Christ n'était pas Dieu, à qui servirait sa mort ? Texte où l'on mesure bien la différence d'avec le point de vue de Luther.

158

Démarche étrangère au Nouveau Testament, dit O. Cullmann [86].
Peut-être pas : S. Paul ne fonde-t-il pas *notre* caractère filial dans
celui, tout à fait éminent et singulier, du Christ (Cf. Ga 4, 4 s. ;
Rm 8.14 s.) ? Cette théologie patristique n'est-elle pas une traduction des notions de « Fils de l'Homme » dans les Synoptiques et
de Second Adam ou Adam céleste dans S. Paul ? [87] Fait-elle autre
chose que rattacher le plein *rôle* sotériologique du Christ à ce qu'il
est ? L'argument des Pères, en tout cas, était de soi valable. Il le
demeure en face des tentations modernes de s'en tenir aux affirmations économiques de l'Ecriture et de récuser tout dépassement
dans le sens d'affirmations ontologiques *in divinis*. Si, d'un côté,
en effet, la venue et la révélation de Jésus-Christ posent nécessairement la question de sa relation au Père [88], on a montré, d'un autre
côté, comment Jésus ne peut, au plan de l'Economie salutaire, réaliser le plan de Dieu sur le monde que parce qu'il *est* Fils de Dieu,
Verbe incarné, vrai Dieu et vrai homme, selon le dogme de Chalcédoine [89].

Les Pères ont appliqué un raisonnement analogue pour fonder
l'affirmation de la divinité du Saint-Esprit [90]. S'il s'agit du dogme
trinitaire, il est bien certain que les Pères l'ont pensé à partir de
l'Economie, c'est-à-dire des Missions divines. Sans cesse ils reprennent l'enchaînement : du Père (et au Père) par le Fils dans le
Saint-Esprit [91], formule qui, notons-le en passant, a retrouvé une
large place dans la constitution dogmatique *De Ecclesia* de Vatican II. Mais déjà les champions de la Foi de Nicée et d'Ephèse,
S. Athanase et S. Cyrille d'Alexandrie, passaient du plan économique au plan ontologique pour interpréter l'ordre que les Saintes

(86) *Christologie*, p. 12. L. CERFAUX note que, malgré quelques approches
de S. Paul dans le sens de l'adage patristique, il reste cette différence que
Paul n'a pas une théologie de l'Incarnation comme telle, mais de la Rédemption par la mort et la résurrection du Christ : *Le Christ dans la théol. de
S. Paul*, Paris, 1951, p. 130 s.
(87) Voir à ce sujet L. BOUYER, *La notion christologique du Fils de
l'Homme a-t-elle disparu dans la patristique grecque ?* in *Mél. bibliques A.
Robert*, Paris, 1957, p. 519-530.
(88) Cf G. Ph. WIDMER, *Gloire au Père, au Fils, au Saint-Esprit. Essai sur
le dogme trinitaire*, Neuchâtel et Paris, 1963 ; F. M. BRAUN, cité *supra*, n. 68.
(89) Voir J. DANIÉLOU, *Essai sur le mystère de l'Histoire*, Paris, 1953,
P. 182 s. ; ID. *Christologie et Eschatologie*, in *Das Konzil von Chalkedon. Gesch.
u. Gegenwart*, t. III, Wurtzbourg, 1954, p. 269-281. Comp. Ch. JOURNET, *Primauté de Pierre dans la perspective catholique et la perspective protestante*,
Paris, 1953, p. 46 ; G. MARTELET, ét. citée *infra* (n. 103), p. 22-23 ; E. M. BOIS-
MARD, I. cit. *supra*, n. 18.
(90) Cf MÖHLER, *Die Einheit*. Ed. VIERNEISEL, Mayence, 1925, p. 182 s. ;
S. ATHANASE, *Ire lettre à Sérapion*, 22 s. (P.G., 26,584 s.) ; S. AUGUSTIN, *Epist.*
238,21 (P.L., 33,1046) ; S. Cyrille Al., cf N. CHARLIER, *La doctrine sur le Saint-
Esprit dans le « Thesaurus » de S. Cyr d'Al.*, in *Studia Patrist.*, II, p. 187 s.
Pour l'ensemble, P. GALTIER, *Le Saint-Esprit en nous d'après les Pères grecs*
(*Anal. Gregor.*, 25), Rome, 1946.
(91) Cf. Ephés. 1,18 (KITTEL, *Th. Wb. z. N. T.*, I, p. 133 s.) ; S. JUSTIN,
I Apol., LXI, 3 et LXVI, 4 ; S. IRÉNÉE, *Epideixis*, 7 (*Sources chr.*, 42, p. 41) ;
S. ATHANASE, *Ad Serap.* I, 28 (*Sources chr.*, p. 134) ; S. CYRILLE AL., *In Ioan.
Ev.*, Lib. X, c. 1 (P. G., 74,333 D et s., 336 A) ; Lib. XI, c. 10 (541 D) ; *In Ep.
1 ad Cor.* (sur 12,3-4 P. G., 74,885 A). Voir J. A. JUNGMANN, *Die Stellung
Christi im liturgischen Gebet*, Munster, 1925, p. 178-182 ; *Gewordene Liturgie*,
p. 193-194 ; J. PASCHER, *Eucharistia*, Munster-Munich, 1947, p. 135-161, 243-254.

Ecritures mettent entre les Personnes divines [92]. Le passage semble
légitime. Si on ne l'avait pas fait, il n'y aurait pas eu de dogme de
Nicée.

La méditation de S. Augustin a poursuivi dans cette ligne en
ce qui concerne la relation éternelle ou ontologique entre la Personne du Saint-Esprit et celles du Père et du Fils. Après lui, après
S. Anselme, saint Thomas d'Aquin interprète au plan de l'ontologie un texte économique tel que Jean 16,14 : « Il me glorifiera,
car c'est de mon bien qu'il prendra » [93]. On sait que la théologie
grecque n'a pas procédé aux mêmes élaborations, malgré l'exemple,
cité plus haut, de ses grands docteurs. Les Orthodoxes reprochent
aux démarches des théologiens latins d'être rationnelles, de répondre à un désir, auxquel eux-mêmes professent vouloir résister, de
construire intellectuellement un mystère qui devrait demeurer
enveloppé d'un voile de respectueuse inconnaissance. Mais les exégètes occidentaux, dans leur ensemble, admettent que l'élaboration
qui se formule dans le Filioque répond bien aux insinuations ou
aux indications scripturaires [94].

III

La nécessité de répondre aux hérétiques, la poussée normale
du désir de pénétrer, autant qu'il est possible, dans la connaissance
du mystère, le besoin enfin d'harmoniser tout ce que l'esprit tient
de vérité : tout cela a provoqué le développement d'une théologie
(cf. supra, n. 73). Les convenances de l'enseignement ont poussé à
chercher une systématisation, c'est à dire un ordre satisfaisant de

(92) ATHANASE s'appuie sur ce que l'Ecriture dit de l'action de l'Esprit
pour dire : « Il possède le même ordre et la même nature à l'égard du Fils
que le Fils à l'égard du Père » (Ad Serap. 1,20 ; P.G., 26,580 B) ; « L'Esprit
est uni au Fils comme le Fils l'est au Père » (id. op., III, 4, col. 632 A). S
CYRILLE argumente de l'opération de renouvellement de l'image divine en nous,
pour montrer que les trois Personnes sont également divines (De SS. Trinitate,
dial III : P.G., 75,808 B suiv. ; dial. VII, col. 1089 A) ; « L'Esprit procède
substantiellement des deux, c'est-à-dire du Père par le Fils » (De adoratione
in spir. et ver., lib. I : P.G., 68,148 A). Et cf GRILLMEIER, ét. citée (n. 73),
p. 113 s.
(93) Ia, q. 36, a. 2, ad 1.
(94) Voir le colloque de janvier 1950 entre théologiens Orthodoxes et
catholiques sur la question du Filioque, in Russie et Chrétienté, 1950, n° 3/4,
p. 123-244. Citons ici ce résumé du dialogue (p. 220) : « J. Meyendorff : Cependant, les Pères ne parlent des relations éternelles que dans la mesure où
elles intéressent notre salut. — L. Bouyer : D'accord. Mais ces relations éternelles, si elles n'apparaissent qu'à l'occasion de notre salut, sont cependant
éternelles. Tout ce qui dans le N.T. nous est révélé sur Dieu est donné dans
une révélation sotériologique mais a une portée ontologique — c'est pour cela
que l'arianisme a été rejeté ; les ariens étaient prêts à admettre que pour
nous le Christ, dans le domaine du salut, était comme s'il était Dieu, mais pour
eux cela n'engageait pas son rapport ontologique à Dieu. On ne peut admettre
une liaison entre plan sotériologique et plan ontologique pour la Deuxième
Personne, si on ne l'admet pas pour la Troisième Personne. Ce sont les Cappadociens qui établissent la distinction entre les deux plans, théologie trinitaire
in se et théologie trinitaire sotériologique, mais ils ne les séparent pas. La
séparation est moderne, elle est venue du protestantisme libéral. »

160

l'ensemble de la matière de cette théologie. Les questions que nous avons posées à la fin de la première section de cette étude se sont posées d'une manière nouvelle et plus urgente quand le travail et l'enseignement théologiques ont reçu un statut scolaire, puis universitaire, ce qui a provoqué le fait de la « Scolastique ». La troisième des questions que nous avons posées s'est présentée alors, sinon purement et simplement pour la première fois dans l'histoire de la pensée chrétienne, du moins pour la première fois avec cette urgence : quel ordre systématique allait-on suivre pour un exposé, qui fût pédagogiquement valable, de l'ensemble de la doctrine ? L'utilité scolaire s'ajoutait à la recherche d'intelligibilité pour porter les maîtres à élaborer un plan sytématique.

Nous ne retracerons pas en détail l'histoire des solutions proposées. Cette histoire a été assez bien esquissée déjà, en particulier par le P. Chenu lui-même [95].

L'option de principe à prendre était bien formulée par Hugues de Saint-Victor lorsqu'il distinguait l'*ordo temporis*, que suit l'histoire, et l'*ordo cognitionis* que suit l'*allegoria* [96]. En réalité, aucune œuvre de la Scolatisque ne suit l'un des deux ordres à l'exclusion de l'autre. Le classement des écrits a donc quelque chose de relatif. On distingue assez communément : *a*) les œuvres qui suivent un ordre historique ; *b*) celles qui suivent un ordre idéologique ; *c*) celles qui essaient de combiner les deux.

a) Le XIIᵉ siècle n'héritait pas seulement de la grande tradition biblique catholique, il avait des raisons propres pour s'intéresser à l'Economie du Salut. La discussion entre juifs et chrétiens était alors fort active et il en résultait, tout comme de la lecture très intense de S. Augustin, un intérêt pour les différences entre économie ancienne et économie nouvelle. Le schème augustinien « ante legem, sub lege, sub gratia » se retrouve alors un peu partout. Aussi voyons-nous l'école d'Anselme de Laon (*Sententiae divinae Paginae, Sententiae Anselmi*) adopter un ordre historique d'exposition : Dieu en soi, Dieu et la création des anges et des hommes, le péché originel, les remèdes au péché dans le *status legis naturae* et dans celui de l'ancienne alliance ; le Christ dans l'Incarnation, la Rédemption et les moyens de salut (sacrements de l'initiation). Ordre historique très reconstruit par comparaison avec ce que serait une théologie fonctionnelle suivant exactement la Révélation économique... On connaît le programme suivi par Hugues de Saint-Victor : de la création à l'Incarnation ; de l'Incarnation à l'eschatologie. C'est bien un ordre historique, mais c'est aussi un ordre d'intelligibilité : les « opera restaurationis » se comprennent mieux si

(95) Voir M. D. CHENU, *Conscience de l'histoire et théologie au XIIᵉ siècle*, in *Arch. Hist. Doctr. litt. MA*, 21 (1954), p. 107-133 : *La Théologie au XIIᵉ siècle*, Paris, 1957, p. 342 s., M. GRABMANN, *Geschichte d. Scholastischen Methode*, 2 vol, Freiburg, 1900 et 1911 ; Z. ALSZEGHY, *Einteilung des Textes in mittelalterlichen Summen*, in *Gregor.*, 27 (1946), p. 25-62 (p. 51 s.) ; H. CLOÈS, *La systématisation théologique pendant la seconde moitié du XIIᵉ siècle*, in *Eph. Theol. Lovan.*, 34 (1958), p. 277-329 ; A. M. LANDGRAF, *Zum Werden der Theologie des 12. Jahrhunderts*, in *Zeitsch. f. kath. Theol.*, 79 (1957), p. 417-433 (p. 424 s.) ; A. GRILLMEIER cité n. 73.
(96) *Didascal.* VI, 6 (P. L., 176,505 C).

l'on connaît les « opera creationis ». De plus, à l'intérieur de chaque partie, on cherche un ordre logique : on parle de Dieu avant de parler de la création [97]. Pierre Lombard, Robert Pulleyn, suivent aussi un ordre historique, Pierre de Poitiers également (Trinité, chute, réparation par les vertus, Incarnation, sacrements), davantage encore Robert de Melun [98], et encore Prévostin.

b) Au fond, tous ces ouvrages étaient une étude du salut. C'est encore le cas chez Abélard et ceux qui l'ont suivi, mais selon une ligne beaucoup plus systématique, abstraite, et aussi d'une façon davantage centrée sur l'homme. Abélard (*Theologia Scholarium* : voir P.L., 128, 191 C) distribue la matière théologique selon la division bien connue : *fides, caritas, sacramentum* [99]. Au fond, c'est une analyse des structures du salut considéré dans son application aux personnes. On retrouve sa distribution des choses chez les disciples d'Abélard, chez l'auteur de l'*Epitome Theologiae Christianae*, dans les *Sententiae Floriacenses*, les *Sententiae Parisienses*, etc...

c) Bien des ouvrages s'efforcent de combiner ordre historique et ordre idéologique. C'est le cas de la *Summa Sententiarum*, qui ajoute un ordre historique à l'ordre abélardien de la *fides*. Les *Sententiae divinitatis* suivent l'ordre : Création, péché, Incarnation, sacrements, et terminent par Dieu et la Trinité. L'*Ysagoge in theologiam* unit à l'ordre historique un ordre logique de perfection croissante : homme (chute et salut), la nature angélique, la Divinité. Au fond, Hugues de Saint-Victor unissait également histoire et analyse spéculative. On sait enfin quelle solution avait prévalu pour les études de théologie : on ajoutait un commentaire scolastique des *Sentences* du Lombard à une explication de l'*Historia scolastica* de Pierre le Mangeur et à un commentaire biblique auquel on réservait la première heure du matin.

Au fond, aucun de ces ordres n'était purement historique ou économique, aucun ne suivait totalement les enchaînements ontologiques selon l'ordre de l'en soi tel que Dieu lui-même le voit. Mais au XIIIe siècle on devait s'éveiller à une telle ambition, disposant pour cela d'instruments intellectuels, en particulier dans l'analyse et la recherche des causes.

Il y aurait un grand intérêt à étudier historiquement l'introduction progressive et les applications de l'idée de *cause* dans la Première Scolastique. On trouverait à l'origine, principalement, Aristote, déjà connu dans son œuvre de logicien. Cependant, avant que son œuvre de physicien, de métaphysicien, de moraliste et de politique ne fût connue en Occident, son influence s'exerçait indirectement en Occident, par exemple à travers S. Jean de Damas, traduit partiellement avant 1145 par Cerbanus, puis entièrement, en

---

(97) *De sacramentis christianae fidei* : P.L., 176,174. Cf LANDGRAF, *art. cité,* p. 429 s.
(98) Voir M. GRABMANN, *op. cit.*, t. II, p. 333.
(99) La *fides* donne lieu à la subdivision en *circa divinitatem, circa beneficia*. Dans les *Sententiae Parisienses*, cette division est exprimée en ces termes : « quae pertinent ad theologiam, quae pertinent ad beneficia » : la christologie est ramenée à la « théologie »... : LANDGRAF, p. 427-28 ; GRILLMEIER, *art. cité,* p. 133, 136-38, 145, n. 102.

1153-54, par Burgundio de Pise. Pourtant, dans la Première Scolastique, l'usage technique de la philosophie de la causalité en théologie n'a été que partiel et occasionnel. Petit à petit, cette philosophie de la causalité est devenue l'un des grands instruments rationnels de l'élaboration théologique [100]. S. Thomas en use constamment. Il y voit le moyen d'exprimer le rapport entre le créé, tout le créé, et Dieu lui-même. Cela allait de soi mais, chez lui, cette idée est suivie avec une cohérence et une rigueur exceptionnelles. La *Sacra doctrina*, dit-il, parle *de Dieu* et, si elle parle aussi de réalités créées, elle ne considère celles-ci que dans le rapport qu'elles ont avec Dieu come leur cause efficiente et finale [101]. Après A. Hayen, P. E. Persson voit dans cette idée le principe même du plan de la *Somme*. Il s'agirait de manifester le rapport de tout à Dieu comme un rapport de causalité : Dieu cause efficiente (Iᵃ pars), Dieu cause finale (IIᵃ pars) [102]. En cela, ajoute Persson, S. Thomas aurait coulé la matière de la Révélation dans des catégories empruntées à la philosophie grecque ; il aurait demandé à la *ratio* le principe d'intelligibilité de la (matière de la) *Revelatio*. Mais Persson ne confond-il pas ici la perception intellectuelle (théologique) avec son instrument technique d'analyse et d'expression ? Ce rapport de dépendance causale absolue, où S. Thomas trouve son médium scientifique d'élaboration, n'est-il pas lui-même révélé ? En toute hypothèse, nous sommes ainsi amenés à nous interroger sur la nature exacte du projet théologique de S. Thomas tel qu'il l'a réalisé dans la *Somme*.

*
* *

D'excellentes études publiées depuis une trentaine d'années, parmi lesquelles plusieurs du P. Chenu lui-même, ont commencé de nous restituer une intelligence plus exacte et plus précise de la conception que S. Thomas a eue de la théologie ou, plus largement,

---

(100) Pierre Lombard applique le mot *causa* aux sacrements, pourtant il manque d'une philosophie de la causalité (J. Schupp, *Die Gnadenlehre des Petrus Lombardus*, Freiburg, 1932, p. 172), et Philippe le Chancelier résoudra précisément les difficultés de sa théorie du Saint-Esprit - charité en distinguant cause formelle et cause efficiente, distinction déjà apportée par Simon de Tournai (*ibid.*, p. 181, n. 64). L'application de la philosophie de la causalité aux sacrements, commencée par Pierre Lombard plus au niveau du mot qu'à celui de l'explication formelle, s'est lentement poursuivie, jusqu'à S. Thomas, qui l'a poussée jusqu'à un usage résolu de la notion de cause instrumentale (cf H. Dondaine, in *Rev. Thomiste*, 1951, p. 441-453) : notion qu'il a appliquée aussi, de façon conséquente, à l'humanité du Christ. Voir aussi M. D. Chenu, *La théol. au XIIᵉ s.*, p. 309 s., 314.

(101) Ia, q. 1, a. 7, ad 2 ; q. 2, prol.

(102) Per Erik Persson, *Le plan de la Somme théologique et le rapport « ratio-revelatio »*, in *Rev. philos. de Louvain*, 56 (1958), p. 545-572 (cf p 562 s.) : interprétation critiquée par G. Lafont, *op. cit.* n. suiv. ; cf aussi A. Patfoort, cité *ib.* (p. 516).

de la *Sacra doctrina* [103]. Beaucoup des études les plus récentes reflètent la préoccupation de mieux comprendre l'intention, le plan et le genre épistémologique de la *Somme théologique*.

On sait en effet, en gros, quelle option décidée S. Thomas a prise dans sa *Somme*. On sait quelles critiques le genre qu'il a adopté et suivi, continue de soulever. Le plan n'est pas historique ; en conséquence, le Christ n'y a pas une place qui permette de manifester le caractère essentiellement *chrétien* de la grâce et de toute l'éthique. L'étude de Dieu n'est pas entièrement trinitaire, comme elle l'est dans le Symbole et chez les Pères, mais elle débute, dit-on, par un traité de métaphysique. Du reste, tout est très philosophique : on cherche sans cesse à définir le *quid* des choses : ce faisant, on n'évite pas toujours une introduction discutable de catégories aristotéliciennes et l'usage d'une ontologie particulière. Enfin, s'il est vrai que S. Thomas s'efforce de retrouver les enchaînements en soi et l'architecture même de la Sagesse divine — à partir, certes, de la Révélation, mais par un effort rationnel à l'intérieur de la Foi —, ne verse-t-il pas dans une impossible ambition de « theologia gloriae » ?

Quel a été exactement le projet théologique de S. Thomas dans sa *Somme ?*

Il a été d'abord pédagogique : il suffit de lire le Prologue pour le savoir [104]. S. Thomas, qui a, toute sa vie, commenté les Saintes

---

(103) M. D. Chenu, *Position de la Théologie*, in RSPT, 24 (1935), p. 232-257 (reprod. in *La Parole de Dieu. I. La Foi dans l'intelligence*, Paris, 1964, p. 115-138) ; *Le plan de la Somme*, in *Rev. thomiste*, 1939, p. 95-108 (reprod. in *Introduction à l'étude de S. Thomas*, Paris, 1950, p. 255-276) ; *S. Thomas d'A. et la Théologie* (« Les Maîtres spirituels »), Paris, 1959 ; R. Gagnebet, *La nature de la théologie spéculative*, in *Rev. thomiste*, 44 (1938), p. 1-39, 213-255, 645-674 ; *De natura theologiae eiusque methodo juxta S. Thomam*. 2 fasc., Rome, 1958 ; *La théologie de S. Thomas, science aristotélicienne de Dieu*, in *Acta Acad. Pont. S. Thomas Aq.*, 11 (1946), p. 203-228) ; Y. M.-J. Congar, cf *supra*, n. 1, ajouter *Le sens de l' « Economie » salutaire dans la « théologie » de S. Thomas d'A.* (Somme théol.), in *Festgabe J. Lortz*, Baden-Baden, 1957, t. II, p. 73-122 ; A. Hayen, *S. Thomas et la vie de l'Eglise*, Louvain-Paris, 1952 ; *La structure de la Somme théologique et Jésus*, in *Sciences ecclésiast.*, 12 (1961), p. 59-82 ; R. Guindon, *La théologie de S. Thomas dans le rayonnement du Prologue de S. Jean*, in *Rev. de l'Univ. d'Ottawa*, 29 (1959), p. 5-23 et 121-142 (n'envisage pas le plan de la Somme) ; P. E. Persson, *Sacra doctrina. En studie till förhallandet mellan ratio och revelatio i Thomas'av Aquino teologi*, Lund, 1957 ; *Le plan... (supra*, n. 102)) ; G. Lafont, *Structures et méthode dans la Somme théologique de S. Thomas d'Aquin*, Paris, 1961 ; Th. A. Audet, *Approches historiques de la Summa Theologiae*, in *Etudes Hist. litt. et doctr.*, 17 (1962), p. 7-29 (n'avons pu lire cet art.) ; M. J. Le Guillou, *Le Christ et l'Eglise. Théologie du Mystère*, Paris, 1963 ; A. Patfoort, *L'unité de la Ia pars et le mouvement interne de la Somme théologique de S. Thomas d'A.*, in RSPT, 47 (1963), p. 513-544 ; G. Martelet, *Theologie und Heisökonomie in der Christologie der « Tertia Pars »*, in *Gott in Welt*. Festgabe K. Rahner, Freiburg, 1964, t. III, p. 3-42. Plusieurs autres études ont éclairé aussi la question : de Et. Gilson, L. B. Geiger, du P. C. Dumont (cf *infra*, n. 126), de U. Horst, H. Rondet, M. Seckler (cf n. 112).

(104) Commentaire historique par M. Grabmann, *Einführung in die Summa theol. des hl. Thomas v. A.*, Freiburg, 1919 (trad. frse). On comparera le motif pédagogique de S. Thomas et celui de Hugues de Saint-Victor, *Summa de sacramentis*, I, prol. : « Hanc enim quasi brevem quamdam summam omnium in unam seriem compegi, ut animus aliquid certum haberet, cui intentionem affigere et conformare valeret, ne per varia scripturarum volumina et lectionum divortia, sine ordine et directione raperetur « (P.L., 176,183).

164

Ecritures dans la première leçon matinale de chaque jour, a constaté qu'un enseignement purement biblique, suivant l'*Histoire*, amenait à ne traiter les questions doctrinales qu'occasionnellement, quand le texte appelait l'une ou l'autre, et que ces questions venaient ainsi sans suivre un ordre logique ou pédagogique convenable. Il n'a pas imaginé qu'il pût exister une forme de théologie « historique et concrète » dans la ligne chère au P. Féret : voir en ce volume même. Il a voulu faire une *Summa* où toute la matière de la *Sacra doctrina* fût exposée d'une manière qui en fît saisir les enchaînements logiques, et donc explicatifs, selon un *ordo disciplinae* qui corresponde, finalement, à l'*ordo rerum*.

Il a certainement, en ceci, poursuivi l'idéal aristotélicien de la science, qui cherche à trouver le « propter quid » des affirmations posées [105] en rattachant ce qui est second à ce qui est premier, comme des propriétés à une essence ou des effets à leur cause. C'était une option lourde d'implications quant à la nature même du travail théologique.

Le P. Le Guillou, dans une très importante contribution à l'intelligence du projet de S. Thomas, écrit : « Le propos théologique du Docteur commun nous apparaît désormais clairement dans sa visée essentielle : fonder la *Sacra Doctrina* sur la Révélation divine (c'est-à-dire sur l'acte par lequel Dieu se fait connaître à l'homme dans son Verbe pour le faire entrer dans sa gloire) et dégager *la Logique du Mystère*, ce que nous appellerions plus volontiers *les catégories structurantes de la Parole de Dieu* (...). Il essaie de faire ressortir les *catégories structurantes de la révélation divine et de l'expérience chrétienne...* » [106]. La *Somme* proposerait, en quelque sorte, une interprétation, au plan de l' « *existential* », des mystères et de l'existence chrétienne. C'est exact, mais outre que le mot « catégorie » n'est peut-être pas le plus heureux, ce n'est pas assez précis. En effet, cette définition du propos de S. Thomas pourrait s'appliquer très formellement au type de théologie historique exposé par le P. Féret. L'idée de « dégager les catégories structurantes de la révélation divine et de l'expérience chrétienne » pourrait même, à un autre plan, s'appliquer à une Philosophie de la Religion du type de celle de H. Duméry : ce serait tout autre chose. Le P. Le Guillou pense, et il croit avoir établi, que S. Thomas n'aurait fait, dans la *Somme*, que reprendre, au niveau d'une étude formelle et systématique, la matière même et le plan de la synthèse biblique, très christologique, que nous révèlent le « Principium » biblique, les prologues des *Sentences* et les pas-

(105) « Quaedam vero disputatio est magistralis in scholis, non ad removendum errorem, sed ad instruendum auditores ut inducantur ad intellectum veritatis quam intendit : et tunc oportet rationibus inniti investigantibus veritatis radicem, et facientibus scire quomodo sit verum quod dicitur : alioquin, si nudis auctoritatibus magister quaestionem determinet, certificabitur quidem auditor quod ita est, sed nihil scientiae vel intellectus acquiret et vacuus abscedet » *Quodl. IV*, 18.
(106) *Op. cit.* (n. 103), p. 281 et 286.

sages les plus caractéristiques des commentaires bibliques de notre maître. Mais ceci n'est pas prouvé. La *Somme* est autre chose, elle suit un autre plan, que les textes cités par le P. Le Guillou pp. 135-150, si intéressants et révélateurs que soient ces textes, si éloquents pour montrer S. Thomas dans la continuité de la tradition paulinienne et patristique. Le passage de ces textes et de la synthèse qu'ils expriment, à la *Somme*, est plus affirmé que vraiment prouvé.

Il demeure cependant — et ici nous sommes entièrement d'accord avec le P. Le Guillou — que les commentaires bibliques de S. Thomas (son enseignement ordinaire) et la synthèse christologique exprimée tant dans ces textes que dans divers prologues programmatiques, sont vraiment à la base de toute la pensée théologique de S. Thomas et de l'effort systématique même qu'il a poursuivi dans la *Somme*. Il demeure que la *Somme* ne prend tout son sens que si l'on voit en elle une élaboration technique originale du contenu qu'expriment les prologues et les commentaires bibliques étudiés par le P. Le Guillou, ainsi qu'il le dit lui-même (p. 150). Cependant, la différence reste considérable et il faut en rendre compte. La *Somme* n'est pas simplement un exposé des « catégories structurantes de la révélation divine et de l'expérience chrétienne ». Quelle conception de la théologie a-t-elle tenté de mettre en œuvre ?

Pas seulement un idéal pédagogique, mais un idéal de science ; pédagogique *parce que* scientifique. S. Thomas a essayé de refléter, dans une science humainement élaborée à partir de la Foi, la science que Dieu lui-même a des choses [107]. Cette science est causatrice : l'ordre d'explication répond à l'ordre des choses et il suit l'ordre des causalités. C'est pour cela qu'il est explicatif. Il ne s'agit évidemment pas de la science des choses du monde physique en tant que tel, parce que la Foi ne la communique pas, mais la science des choses mises en œuvre dans l'ordre du salut, ces choses elles-mêmes étant considérées dans leur structure formelle. Oui, même la fin et l'usage, les moyens et le mouvement qui permettent d'atteindre la fin, sont considérés selon leurs lois ou leur structure formelles. On étudie leur nature, on tâche d'expliquer leur enchaînement selon une hiérarchie de principe à conséquence ou application.

C'est possible sur la base de deux convictions qui sont les grands préalables en dehors desquels le projet de S. Thomas serait insensé : 1° la validité de la raison humaine qui participe à l'intelligence divine, car l'homme a été fait à l'image de Dieu, « Signatum est super nos lumen vultus tui, Domine » [108] ; 2° la nature de la foi comme germe de la Vision et participation surnaturelle à la connaissance que Dieu a de lui-même et que les Bienheureux

(107) Voir les études du P. R. Gagnebet et les nôtres, citées *supra*, nn. 1 et 103. On peut lire le prologue du Comm. sur les *Sent.*, lib. I et lib. II.
(108) Ps 4,7, cité par S. Thomas quand il parle du reflet de la Raison divine (loi éternelle) dans la raison humaine : Io IIæ, q. 19, a. 4 c. ; q. 91, a. 2 c Notons ici que, quelle que soit la position théorique que l'on prenne, tout le monde, K. Barth autant que S. Thomas, use de sa raison avec confiance.

ont de Dieu dans la vision face à face. C'est sur ce second présupposé que nous insisterons ici en explicitant deux de ses implications : *a*) le caractère théologal de la Foi ; *b*) le caractère eschatologique de l'effort théologique.

a) Il faut réaliser toute la force, l'extraordinaire hardiesse, l'héroïsme en quelque sorte, de la tranquille affirmation de S. Thomas : le motif ou objet formel *quo* de la Foi n'est rien d'autre que la Vérité Première elle-même [109]. Nous ne croyons, non au plan des raisons qui peuvent nous permettre de croire, mais dans l'acte de Foi lui-même, pour aucun autre motif que la Vérité incréée, absolue et souveraine qui transplante en nous la semence fragile et sublime de sa propre connaissance par le double acte de sa Parole, dans la révélation publique faite par les prophètes, le Christ et les Apôtres au dehors, et, au dedans, d'une communication d'énergie ou de « lumière » surnaturelle : « Celui qui croit a le témoignage de Dieu en soi » (1 Jn 5,10). Tant du côté de l'énergie que du côté des objets, la Foi nous permet de connaître selon la connaissance que Dieu a de soi-même et de toutes choses en soi-même. Certes elle est, dans cette ligne, une connaissance extrêmement ténue : elle connaît en partie, de loin et dans des signes affectés d'obscurité : elle est pourtant le germe de la vision directe, elle participe à son caractère divin et divinisant, c'est-à-dire, encore une fois, à la connaissance de Dieu lui-même [110].

S. Thomas a poussé très loin l'idée d'une correspondance rigoureuse entre l'objet formel *quo* et l'objet formel *quod,* le motif et le contenu de la connaissance [111]. Si le motif formel de la Foi est la Vérité Première, c'est-à-dire la vérité dont Dieu est vrai lui-même, son objet ou son contenu sera l'objet ou le contenu de la connaissance de Dieu. Or Dieu se connaît d'abord lui-même ; il connaît les choses, lesquelles n'ont de réalité qu'en vertu de sa libre décision, à partir de lui-même, dans son Verbe, et en référence à lui-même. Ceci est décisif pour la notion de théologie chez S. Thomas, pour l'exercice qu'il en a fait dans la *Somme,* enfin pour la place de l'historique comme tel dans cette théologie. Le

(109) Cf *In III Sent.,* d. 24, a. 1, sol. 1 ; d. 25, q. 1 a. 1, qᵃ 1, ad 4 ; *De Veritate,* q. 14, a. 1 obj. 6, a. 2 et 8 ; q. 18, a. 3 ; IIa IIæ, q. 1, a. 1 ; q. 5, a. 3 et a. 4 ad 1 ; q. 11, a. 1 ; *In Joan.,* c. 4, lect. 5, n. 2. Doctrine illustrée par le P. CHENU, *Pro fidei supernaturalitate illustranda,* in *Xenia Thomistica,* Rome, 1925, t. III, p. 297-307 et *La Parole de Dieu.* I. *La Foi dans l'intelligence.* Paris, 1964, passim.
(110) Cf. *In III Sent.,* d. 23, q. 2, a. 1, ad 4, « praelibatio futurae visionis » ; *De verit.,* q : 14, a. 2, sol. et ad 9 ; *Compend. theol.,* I, c 1 et 2 (« praelibatio quaedam illius cognitionis quae nos in fututdo beatos facit ») ; *In Boet. de Trin.,* proem., « Deus... suam notitiam per fidem mentibus hominum infundens » ; q. 2, a. 2, « fit nobis in statu viae quaedam illius cognitionis participatio et assimilatio ad cognitionem divinam... », IIa IIæ, q. 2, a. 3 ; q. 4, a. 1 ; Ia IIæ q. 62, a. 1 et 3 ; *In Hebr.,* c. 1, lect. 1.
(111) Il ne suffit pas qu'une chose soit *dite par Dieu* pour qu'elle soit objet de la Foi théologale, du moins pour qu'elle le soit *per se et primario.* Il faut qu'elle soit relative à DIEU lui-même : De verit., q. 14, a. 8, ad 2 et notre article sur *La crédibilité des révélations privées,* in *Vie spir.,* Suppl. 1ᵉʳ oct. 1937, p. 29-48 (reprod. in *Sainte Eglise,* Paris, 1964, p. 375-392).

secret de la position de S. Thomas en théologie et du plan de la *Somme* n'est à chercher, pour le fond, ni dans son souci, d'ailleurs si réel et si efficace, d'ordre pédagogique, — ni dans son adhésion, d'ailleurs réelle, à la philosophie d'Aristote —, ni dans une victoire d'Aristote sur Jésus-Christ, dans l'invasion du christianisme par l'hellénisme —, ni dans un soi-disant manque de sens historique et d'intérêt pour les faits et les textes : ce que tout contredit dans son œuvre et dans sa vie [112] : nous verrons plus loin quelle place les données de l'Economie occupent dans la théologie de S. Thomas ; nous pouvons dès maintenant affirmer qu'il a assumé, d'une autre manière, il est vrai, autant de données d'Economie que les Pères ou les théologiens qui ont suivi un plan dit historique. Le secret de la position de S. Thomas en théologie se trouve dans sa notion de la Foi et dans son sens de Dieu comme Dieu Vivant. Nous voudrions le montrer en expliquant brièvement : 1° quelle place il reconnaît, dans sa théologie, aux faits historiques comme tels ; 2° sa notion de Dieu comme *sujet* de la théologie.

1° A qui ne connaîtrait S. Thomas que superficiellement et n'aurait jeté qu'un regard de touriste sur ses écrits systématiques, la place qu'il attribue aux faits de l'Histoire Sainte pourrait paraître scandaleusement insuffisante. Selon S. Thomas, en effet, l'histoire d'Abraham, d'Isaac et de Jacob, par exemple, rentre dans la *Sacra doctrina* seulement « in exemplum vitae, sicut in scientiis moralibus » [113] : les énoncés historiques de ce genre n'intéressent la Révélation que « per concomitantiam », « ad manifesta-

---

(112) Voir sur ce point : L. BAUR, *Die Form der wissenschaftlichen Kritik bei Thomas v. A.* (*Beitr..* Sppl. Bd. II : Festgabe M. Grabmann), Munster, 1935, p. 688-709 ; G. GEENEN, *S. Thomas et les Pères*, in DTC, t. XV, col. 738-761 ; U. HORST, *Ueber die Frage einer heilsökonomischen Theologie bei Thomas v. A.*, in *Münchener Theol. Zeitsch.*, 11 (1961), p. 87-111 (cf p. 98-99) ; M. SECKLER, *Das Heil in der Geschichte. Geschichtstheologisches Denken bei Thomas v. A.*, Munich, 1964, p. 21 s. Ce dernier ouvrage, dont on annonce une traduction aux Ed. du Cerf, est paru après la rédaction du présent article. Nous en avons pris connaissance avec un grand profit, sans pouvoir introduire ici plus que quelques allusions. L'A. traite un sujet différent du nôtre, et il le fait avec infiniment plus de profondeur et de précision. Il n'aborde pas la question du plan de la *Somme*, bien qu'il l'éclaire par tout ce qu'il établit, principalement sur ces trois points majeurs : 1° Fondement du grand schème *egressus-regressus* dans la philosophie de la causalité et surtout la correspondance entre la fin et l'efficience. 2° Fondement de l'historicité du monde et de l'agir humain, et fondement d'une valeur positive du Temps, dans le lien qui unit la production des choses à la vie interne du Dieu vivant : idée de « bewegte Ewigkeit ». 3° Insertion de l'Incarnation rédemptrice et de l'histoire *du salut* dans la même logique. Mais l'A. ne touche ni le problème « fonctionnel-ontologique », qui nous intéresse ici, ni la question de la place des faits particuliers comme tels dans la Foi et la *Sacra doctrina* : il ne cite pas les textes que nous invoquons ici à ce sujet. A plusieurs reprises l'A. passe de l'exégèse de S. Thomas en profondeur, à une réflexion personnelle, faite au contact d'auteurs contemporains, protestants et catholiques, réflexion qui dépasse évidemment les catégories et la pensée de S. Thomas lui-même.

(113) Iᵃ, q. 1, a. 2, ad 2 ; comp. *In III sent.*, d. 24, a. 1, ad 2, les « gesta Patrum ».

tionem aliorum » [114]. De tels énoncés sont d'autant plus inquiétants qu'ils interviennent dans un article où S. Thomas reconnaît à la *Sacra doctrina* le caractère de « science ». L'idée aristotélicienne de science l'a-t-elle contaminé à ce point que, n'admettant de science que du général, elle exclurait de la *Sacra doctrina* les faits singuliers comme tels ? [115] Mais Aristote n'était pas ici la seule source des Scolastiques : S. Augustin considérait l'histoire de ce qui se passe dans le temps comme comportant moins d'intelligibilité que l'ordre des vérités intemporelles et éternelles [116].

Un article du *De Veritate* (q. 14, a. 8) nous met sur la voie de mieux comprendre. Il nous oriente, non vers la question du caractère scientifique de la théologie, mais vers celle de l'objet formel de la Foi, qui est, nous le savons, la Vérité Première. La théologie, science dans la Foi et qui procède de la Foi, suit et imite la connaissance *de Dieu*. Or Dieu connaît en premier lieu Soi-même. Il est même son seul objet essentiel de connaissance. Les créatures ne le sont que secondairement et par le biais du rapport qu'elles ont avec Dieu. Il suit de là que la Foi, et après elle la théologie, visent d'abord Dieu lui-même comme leur objet, et des créatures, essentiellement, en second lieu et dans leur rapport à Dieu [117]. Il faut même reconnaître qu'au point de vue *de Dieu,* la création, l'Incarnation et les différentes circonstances de l'Histoire du Salut ou de l'Economie sont des accidents, c'est-à-dire quelque chose de non essentiel mais de libre [118]. Et S. Thomas de dire : les articles de foi qui parlent des créatures et, dans ces articles, les circonstances que rapporte l'histoire (sainte) ne sont objets de la Foi « nisi secun-

(114) Ainsi, qu'Abraham ait eu deux fils (IIa IIæ, q. 1, a. 6, ad 1 ; q. 2, a. 5 c. ; comp. S. BONAVENTURE, *Coll. in Hexameron,* X, 4 ; *Opera,* éd. Quaracchi, V, 377 s.) ; que Samuel fût fils d'Elcana (Ia, q. 32,4) ; que David fût fils d'Esaïe (II a IIæ 2,5 c.) ; qu'un mort ressuscita à l'attouchement des ossements d'Elie (IIa IIæ 1,6, ad. 1) ; enfin « multa historica » (*III Sent.,* d. 12, q. 1, a. 2), « omnia quae in S. Scriptura continentur » (IIa IIæ 8,2).

(115) Pas de science du singulier, selon ARISTOTE, *Metaph.* A, 1, 981 a 17 s. ; K, 8, 1065 a. 4-6 ; *Anal. Post.* 1, 30, 87 b 22-25 ; S. THOMAS, Ia, q. 86, a. 1 et, pour la *sac. doctr.,* Ia, q. 1, a. 2 ad 2 et a. 7. « S'il est une discipline que la classification aristotélicienne exclut de son orbite, c'est bien l'histoire » (M. D. CHENU, *Introd. à l'ét.,* p. 260). Notons que S. Bonaventure (?) admet le même principe, mais il donne une réponse de compromis : cf G. H. TAVARD, St *Bonaventure's Disputed Question* « *De theologia* » in *Rech. Théol. anc. méd.,* 17 (1950), p. 187-236 (p. 213 : « In Scriptura particularia non accipiuntur particulariter, sed magis universaliter ; licet enim Abraham sit nomen personae, tamen persona Abraham figurat omnem virum perfectum... »).

(116) S. AUGUSTIN, *De vera relig.,* 50, 99 : « Et quae sit stabilis fides, sive historica et temporalis, sive spiritualis et aeterna, ad quam omnis interpretatio auctoritatis dirigenda est » (P. L., 34,166) ; *Lib. de div. Quaest. LXXXIII,* q. 48 : « Alia sunt quae semper creduntur et numquam intelliguntur, sicut est omnis historia temporalia et humana gesta percurrens » (40,31). Comp. J. RATZINGER, *Die Geschichtstheologie des hl. Bonaventura,* Munich, 1959, p. 79-80.

(117) « In his quae per fidem cognoscimus, nostra cognitio Veritati primae innititur. Unde oportet quod a prima veritate, quae est Deus, in ea quae ab ipso sunt procedamus, ad similitudinem cognitionis quam sancti in Verbo habebunt, ubi et Verbum et res plene cognoscent : cuius cognitionis nos participes faciet ipsum Verbum Dei Filius, qui hanc cognitionem in nobis per fidem initiavit... » Epilogue de *I. Sent.*

(118) *De veritate,* q. 14, a. 8, obj. 2.

dum quod eis aliquid Veritatis Primae adjungitur » (14,8, ad 1).
La Passion elle-même ne tombe sous la Foi que dans la mesure
où nous y croyons engagée la vertu divine [119] : autrement elle ne
serait, comme dit R. Bultmann dans un tout autre contexte, que
« la fin tragique d'un noble cœur ». De même pour la résurrection
de la chair « et autres choses semblables »... (ad 6) : autrement,
ce ne serait qu'un fait physique. Au fond, il faut que la crucifixion
soit *de Dieu,* que la reviviscence d'une chair morte soit *de Dieu.*
Il faut qu'il y ait, en tout cela, quelque chose d'éternel, une valeur
de vérité *absolue.* De tels faits, en eux-mêmes contingents, ont
quelque chose d'éternel et une vérité, si l'on peut dire, immobile,
en tant qu'ils sont visés par la décision et la connaissance de Dieu
(« science de vision ») et produits par sa vertu. Cela est nécessaire,
selon S. Thomas, à l'objet de la Foi (sol., ad 13, ad 14).

Cette position du *De Veritate* est déconcertante pour l'historien, elle l'est même pour nous tous, qui voyons la Foi essentiellement liée à la communication historique de la Parole de Dieu dont
les Ecritures sont le témoignage. Elle risque d'introduire un sérieux
décalage entre les commentaires bibliques, qui suivent cette Economie, et la théologie faite selon une logique systématique. Mais
c'est la position de S. Thomas, celle aussi d'autres grands Scolastiques et en particulier de son maître S. Albert [120]. Il faut essayer
de la comprendre selon sa perspective propre.

Cette position se rattache à une vue dont S. Augustin surtout
avait été le docteur, touchant la nature même de la Foi et *son unité*
à travers les étapes de la « temporalis dispensatio » de la Révélation (le mot est de S. Augustin. *De vera relig.,* 7 : P.L., 34, 128).
Les énoncés de la Foi avaient varié de forme, la Foi était restée
la même. Les justes de l'Ancienne Disposition croyaient au Christ
à venir, nous croyons au Christ *advenu :* eux et nous avaient vécu
de *la même* Foi et, ainsi, appartenaient à *la même* Eglise, à laquelle
appartiennent aussi ceux qui, dans la Patrie, *voient* simplement
ce que les Patriarches ont cru et que nous-mêmes croyons [121]. Mais

(119) *In III Sent.,* d. 23, q. 2, a. 4, qa 2, ad 1 (cf infra, n. 122) ; d. 24,
a. 1, q. 1, ad 3 ; *De ver.,* q. 14 a. 8, ad 1.
(120) Pour Albert, voir H. FRIES, *Zum theologischen Beweis der Hochscholastik,* in *Schrift und Tradition.* Essen, 1962, p. 107-190, pages 134 s. Voir
ALBERT, *In III Sent.,* d. 24, a. 1, sol. 3 ; a. 5, ad 2 et 3 ; d. 25. Ce propos éclai-
rerait sans doute l'ecclésiologie des grands Scolastiques ou leur absence de
traité séparé de l'Eglise. Albert écrit, à propos de l'article « Credo sanctam
Ecclesiam » : « Quia omnis articulus fundatur in divina et aeterna veritate ..
iste articulus sic resolvendus est ad proprium opus Spiritus Sancti, hoc est :
Credo in Spiritum Sanctum, non tantum secundum se, sicut dicit praecedens
articulus, sed etiam in eum credo secundum proprium opus ejus, quod est,
quod sanctificat Ecclesiam... » (*De sacrificio missae,* II, 9, art. 9 : Borgnet,
t. 38, p. 64-65). Ainsi, pour S. Thomas également, tout effet historique de
l'Economie doit être ramené à la *théologie,* les missions temporelles de grâce,
et la création elle-même, doivent être ramenées aux Processions éternelles
intra-trinitaires.
(121) S. AUGUSTIN, *Epist.* 110,5-6 (P.L., 33,858) et nombreux autres textes ;
PIERRE LOMBARD, *Sent.,* lib. III, d. 25, c. 1 (éd. Quaracchi, p. 665) ; ALBERT LE
GRAND, *In III Sent.,* d. 25 (BORGNET, t. 28, p. 473-481) ; S. THOMAS, Iᵃ IIᵃᵉ,
q. 103, a. 4 ; q. 107, a. 1, ad 1 ; IIa IIæ, q. 1, a. 2 et 7 ; q. 4, a. 6, ad 2 ; *De ver.,*

ceci engageait une épistémologie de la Foi que S. Thomas formule de la façon suivante :

Il faut distinguer, dans la Foi, ce qui lui donne son être absolu et spécifique, à savoir son objet formel, et sa matière ou objet matériel [122]. L'objet formel de la Foi est la Vérité Première : il est en lui-même simple et intemporel : croire, c'est d'abord et essentiellement adhérer à la Vérité Première par la vertu de la communication qu'elle nous fait d'elle-même. On ne croit donc pas à la parole créée de Dieu comme telle, celle qui se produit dans le temps et en porte les stigmates, on ne croit pas d'abord et essentiellement à la Révélation : on croit à *Dieu*, qui est, de soi, éternel et simple. Cette Foi s'explicite dans un certain contenu, dans des affirmations et des jugements (« aliquid complexum, per modum enuntiabilis »), en lesquels elle se diversifie. Elle se diversifie dans le temps, qui en affecte les énoncés (« Le Christ viendra », « Le Christ est venu »), elle se diversifie dans les différents articles ou dogmes qui se précisent au cours du temps : ceux du symbole,

---

q. 14, a. 12, « alias non esset una Ecclesia ». Et voir M. D. CHENU, *Contribution à l'histoire du traité de la foi. Comment. historique de IIᵃ IIæ, q. 1, a. 2*, in *Mélanges thomistes.* Kain, 1923, p. 123-140 ; A. DARQUENNES, *La définition de l'Eglise d'après S. Thomas d'A.*, in *L'organisation corporative du Moyen Age à la fin de l'Ancien Régime.* Louvain, 1943, p. 1-53 ; Y. M.-J. CONGAR, *Ecclesia ab Abel,* in *Abhandlungen über Theologie u. Kirche.* Festgabe K. Adam. Dusseldorf, 1952, p. 79-108 ; R. GAGNEBET, *De Theologia...*, t. II, p. 103 s.

(122) Pour cela et pour ce qui suit, cf : *In III Sent.*, d. 23, q. 2, a. 4, qᵃ 2, ad 1 : « Fides non est de aliquo temporali sicut de objecto ; sed in quantum pertinet ad veritatem aeternam quae est objectum fidei, sic cadit sub fide, sicut fides credit passionem in quantum Deus est passus ».

Dist. 24, a. 1, qᵃ 1, ad 1 : « Passio et alia hujusmodi quae continentur in symbolo se habent materialiter ad objectum fidei ».

Dist. 24, q. 1, a. 1, qᵃ 2, ad 4 : « Tempus est determinatum de his quae accidentaliter se habent ad fidem, sicut etiam se habent accidentaliter ad praedicatum et subjectum, quae componit ac dividit intellectus. Ea autem quae se habent accidentaliter ad fidem non sunt de necessitate salutis, nisi postquam determinata sint per praedicationem et doctrinam. »

De veritate, q. 14, a. 8, ad 2 : « Quamvis divino testimonio sit de omnibus credendum, tamen divinum testimonium, sicut et cognitio, primo et principaliter est de seipso, et consequenter de aliis. Jn 14,8, *Ego testimonium perhibeo de meipso.* Unde fides est principaliter de Deo, consequenter de aliis. »

Ibid., ad 7 : « Omnia credibilia, ex hoc quod a Deo sunt testificata, oportet principaliter esse de veritate prima, et secundario de rebus creatis... »

Ibid., ad 13 : « Quamvis prophetia pro materia habeat res creatas et temporales, tamen pro fine habet rem increatam ; ad hoc enim omnes prophetiae revelationes ordinantur, etiam illae quae de rebus creatis fiunt, ut Deus cognoscatur a nobis. Et ideo prophetia induit ad fidem sicut ad finem ; nec oportet quod sit idem prophetiae et fidei objectum vel materia, sed si aliquando sit de eodem fides et prophetia, non tamen secundum idem : sicut de passione Christi fuit prophetia antiquorum et fides ; sed prophetia quantum ad id quod erat in ea temporale, fides autem quantum ad id quod erat in ea aeternum. »

IIa IIæ q. 1, a. 1 c.

Ibid., a. 6, ad 1 : « Quia fides principaliter est de his quae videnda speramus in patria... per se ad fidem pertinent illa quae directe nos ordinant ad vitam aeternam, sicut sunt tres Personae omnipotentis Dei, mysterium Incarnationis Christi et alia hujusmodi... Quaedam vero proponuntur in sacra Scriptura ut credenda, non quasi principaliter intenta, sed ad praedictorum manifestationem, sicut quod Abraham habuit duos filios... »

Ibid., q. 4, a. 6, ad 1 : « Temporalia quae in fide proponuntur non pertinent ad objectum fidei nisi in ordine ad aliquid aeternum, quod est veritas prima ».

ceux des conciles et ceux qui ont pu s'ajouter depuis ou pourront s'ajouter encore.

A l'égard de telles précisions, les Médiévaux n'ont absolument ni les exigences ni l'intérêt que nous avons. Certes, on ne trouverait pas chez S. Thomas le relativisme qu'on rencontre chez un Herbert de Bosham, par exemple : cet ami de Thomas Becket ne va-t-il pas jusqu'à dire que si l'on croyait au Christ comme déjà venu alors qu'il ne le fût pas, cela n'aurait pas grande importance [123]. Ce n'est là pourtant, sous une forme paradoxale extrême, qu'une transcription de l'idée de « Eadem est fides antiquorum et modernorum » : car Herbert de Bosham suppose certainement le décret divin de l'Incarnation. Mais la liberté avec laquelle les Scolastiques parlent de l'implicite de la Foi relève des mêmes présupposés et de ce que nous venons d'expliquer [124]. Si, finalement, tout le dogme leur paraît contenu dans le « quia Deus est et inquirentibus se remunerator sit » d'Hebr. 11,6, c'est que l'essentiel de la Foi est acquis avec l'adhésion à Dieu, Vérité Première, et que le reste dépend d'explicitations temporelles qui sont accidentelles par rapport à cela. Ce reste appartient cependant à la Foi après qu'il a été explicité par un moyen dont Dieu garantit la valeur et qui, ainsi, se réduit à la Vérité Première elle-même : Ecrits des prophètes et des Apôtres, Magistère de l'Eglise, des conciles et du Pape... [125]

Ce n'est donc pas d'Aristote que S. Thomas tient sa position à l'égard des faits de l'Histoire Sainte comme tels, même s'il a parfois exprimé cette position en termes empruntés à l'épistémologie aristotélicienne. Pour lui, le temporel comme tel de l'objet de la Foi est accidentel à la Foi elle-même : les faits n'intéressent celle-ci qu'en raison du rapport qu'ils ont avec la Vérité Première : un rapport plus interne ou direct que le simple fait d'être « dit par Dieu » ; un rapport tel que la Vérité Première, Dieu, soit engagée (voir plusieurs des textes cités n. 122).

Ce que nous venons de dire intéresse la conception de la théologie ; peut-être cela pourrait-il éclairer quelque chose dans le plan de la Somme. Le P. A. Patfoort, cité supra n. 103, a apporté des arguments fort intéressants tendant à établir que S. Thomas aurait d'abord traité des structures antérieures à tout usage de la volonté libre par l'homme, ensuite des conditions dans lesquelles s'exerce cette liberté. Cette distinction ne recouvre pas celle entre le nécessaire et le contingent, car il existe des choses contingentes avant l'exercice de sa liberté par l'homme. Il y aurait cependant, au total, dans la Somme, un passage du nécessaire au libre, de

(123) Cf B. Smalley, A Commentary on the Hebraica, by Herbert of Bosham, in Rech. Théol. anc. méd., 18 (1951), p. 29-65 (p. 62).
(124) Cf R. M. Schultes, Fides implicita. Geschichte der Lehre von der fides implicita und explicita in der kathol. Theologie. I. Von Hugo v. St-Viktor zum Konzil v. Trient. Ratisbonne, 1920. La théorie est née de l'idée augustinienne « eadem est fides antiquorum et modernorum » (p. 21).
(125) Voir les deux dernières études citées supra, n. 1, et La Foi et la Théologie. Paris, 1962, p. 45, n. 2.

172

l'Absolu en lui-même et dans son éternité à tout le domaine libre
dans lequel il est engagé comme principe, modèle et fin. Ce schème
de pensée ne rend évidemment pas compte du détail de l'architecture de la *Somme* ; il nous semble qu'il ne lui est pas étranger.

2) Pour apprécier la grandeur du projet théologique de S. Thomas, il faut aussi, en liaison avec ce qui précède, s'efforcer de comprendre sa thèse sur le *sujet* de la *Sacra doctrina* (I⁰, q. 1, a. 7).
C'est là un des articles les plus hauts, mais, hélas, les plus oubliés,
de l'épistémologie théologique du Docteur commun [126]. La théologie
est un discours sur Dieu. Elle comporte un certain nombre de propositions portant sur une multitude de réalités : le monde, les
anges, et leurs opérations, l'homme, ses actes bons et mauvais,
ses vertus et ses vices, la grâce, la sanctification de l'homme, le
Christ, sa Mère, les actes du Christ, ses opérations salutaires, les
sacrements de l'Eglise, les réalités finales, etc. Sur tout cela, la
théologie établit des propositions vraies qu'elle prouve à partir de
la Révélation et dont elle recherche les enchaînements. C'est son
objet. Mais S. Thomas dit que le *sujet* dont on parle vraiment est
Dieu.

Le sujet d'une science est l'être dont on démontre des propriétés et que l'on apprend ainsi à connaître : « Subjectum de quo
probantur proprietates et differentiae » [127]. S'il s'agit de Dieu nous
ne pouvons pas, ici-bas, ne connaissant pas son essence, lui attribuer des propriétés que cette essence justifierait : cela n'aurait pas
de sens puisqu'Il EST identiquement tout ce qu'on peut dire en
vérité de lui. Nous ne l'atteignons ici-bas que comme le sujet d'attribution, inconnu en lui-même, des effets de grâce saisis dans la Foi
et que la Révélation permet de lui attribuer [128]. De sorte que notre
théologie de l'*en soi* de Dieu est entièrement dépendante de l'action
de Dieu *ad extra*, c'est-à-dire de l'Economie. Pour S. Thomas comme
pour Moïse dans la scène du buisson ardent, Dieu se révèle dans ce
qu'il fait, on le connaît par ses actes, sans réduire ceux-ci aux
mirabilia du Salut. Mais le discours théologique est vraiment un
discours *sur Dieu*. Il s'agit de *Dieu* créant et gouvernant le monde,
Dieu attirant les hommes, *Dieu* opérant leur divinisation, *Dieu*
se révélant en Jésus-Christ, *Dieu* opérant dans les sacrements,
Dieu faisant toutes choses nouvelles...

Ce Dieu est le Dieu vivant, l'Absolu, l'Immuable, l'Eternel,
qui est Acte pur. C'est l'*Ipsum Esse subsistens* qui s'est révélé à
Moïse comme « Je suis qui je suis », « Je serai qui je serai ».
Vous verrez qui je suis à mes actes. De fait, on le connaît à ses
actes. Mais de cette Générosité absolue d'être et d'acte, nous savons,

(126) Touché de façon éclairante par M. D. CHENU, *Le plan...* (cf n. 103)
et par le P. C. DUMONT, *La réflexion sur la méthode théologique*, in *Nouv. Rev.
théol.*, 83 (1961), p. 1034-1050 et 84 (1962), p. 17-35.
(127) ALBERT LE GRAND, *In I Sent.*, d. 1, a. 2, cité DUMONT, p. 1036.
(128) Cf *In Boet. de Trin.*, q. 2, a. 2, ad 2 ; Ia, q. 1, a. 7, ad 1 ; IIa IIæ, q. 2,
a. 9, ad 3 ; DUMONT, *art. cité*, p. 32.

par l'Incarnation du Verbe, par la révélation de Jésus-Christ et la mission du Saint-Esprit, qu'il est Trois Personnes, Père, Fils et Saint-Esprit, et qu'il est engagé comme tel dans toutes ses actions *ad extra* et dans les effets de nature ou de grâce par lesquels nous le connaissons.

On a accusé S. Thomas. On a mis en cause son traité *De Deo uno* et la place de ce traité avant celui de la trinité des Personnes [129]. En réponse à cette critique on a justement fait remarquer, tout d'abord que l'ordre suivi peut se réclamer de celui de la Révélation, qui commence dans l'Ancien Testament, par un dévoilement de Dieu, non comme Personne mais comme l'Etre absolu, vivant et actif, et que le Christ lui-même s'est révélé comme Kyrios, non par référence immédiatement à la *Personne* du Père préalablement révélée comme telle, mais par référence à Yahvé-Seigneur [130]. On a ensuite mieux compris, grâce à de délicates études [131], à quel point et comment le Dieu dont parle S. Thomas et qui constitue le sujet de la *Sacra doctrina*, même sous sa forme scientifique, est le Dieu Père, Fils et Saint-Esprit. Il n'y a pas d'essence divine antérieure aux Personnes, sinon d'une antériorité purement logique. Il n'y a pas d'autre être en Dieu que celui qui est, communément, l'être des trois Personnes, selon les relations subsistantes et l'ordre des processions. Comme le note justement le P. Le Guillou, « saint Thomas donne au substantif *Dieu*, dans toute la première partie de la *Somme*, un sens concret. L'essence divine désigne non pas l'essence commune aux trois Personnes comme distincte des notions et des propriétés personnelles, mais *le tout du mystère trinitaire* » [132]. C'est pourquoi, s'agissant de la production des choses ou de la ci éation, S. Thomas les fait dériver comme de leur cause des processions éternelles de la Sainte Trinité [133]. Et de même le retour des créatures spirituelles à Dieu [134]. Bref, c'est la Générosité intime de la Divinité, dont le Père

(129) K. RAHNER, *Theos* (*supra*, n. 58) ; *Bemerkungen zum dogmatischen Traktat* « *De Trinitate* », in *Schriften zur Theologie*, t. IV. Freiburg, 1960, p. 103-133. La théologie de S. Thomas est, croyons-nous, plus trinitaire que ne le dit le P. MARTELET, *ét. citée* (n. 103), p. 8 s.
(130) Le P. LE GUILLOU (*op. cit.*, p. 191-192, n. 11) cite de nombreux textes de S. Thomas en ce sens : « Pater innotuerat in veteri Testamento, quamvis non in ratione Patris, sed ut Deus ».
(131) A. MALET, *Personne et amour dans la théologie trinitaire de S. Thomas d'A.*, Paris, 1956 ; E. BAILLEUX, *Le personalisme de S. Th. en théologie trinitaire*, in *Rev. thomiste*, 61 (1961), p. 25-42 ; *La création, œuvre de la Trinité selon S. Th.*, ibid., 1962, p. 27-50 ; *Le cycle des missions trinitaires d'après S. Th.*, ibid., 1963, p. 165-192 ; J. LOOSEN, *Ekklesiologische, christologische u. trinitätstheologische Elemente im Gnadenbegriff*, in *Theologie in Geschichte u. Gegenwart*. Festgabe M. Schmaus, Munich, 1957, p. 89-102 ; U. HORST, cité *supra* (n. 112), p. 109 s. ; C. STRÄTER, *Le point de départ du traité thomiste de la Trinité*, in *Sciences ecclés.*, 14 (1962), p. 71-87 ; J. M. R. TILLARD, *L'Eucharistie, Pâque de l'Eglise* (*Unam Sanctam*, 44), Paris, 1964, p. 73-83 ; LE GUILLOU, *op. cit.*
(132) *Op. cit.*, p. 294 : plusieurs passages importants sur le sens du *De Deo uno* chez S. Thomas et ses commentateurs.
(133) Cf le Prol. *in Sent.* (LE GUILLOU, *p. cit.*, p.'143) ; *I Sent.*, d. 10, q. 1, a. 1 ; d. 13, q. 1, a. 1 ; *De Potentia* q. 2, a. 6 in c. 2 ; Ia, q. 45, a. 6 ; a. 1 ; *De ver.* d. 13, q. 1, a. 1 ; *De Potentia* q. 2, a. 6 in c. 2 ; Ia, q. 45, a. 6 ; faite des Personnes, mais la Trinité. Boèce avait vu cela : cf S. THOMAS, *In Boet. de Tr.*, prol. Et voir E. BAILLEUX, *Rev. Thom.* 1961, p. 39 s. ; 1962, p. 28 s. ; M. SECKLER, cité *supra* (n. 112), p. 82-87.
(134) *In I Sent.*, d. 14, q. 2, a. 2 ; IIIa, prol. et q. 1, a. 1. Sur le Dieu-Trinité et le *reditus* de l'homme, cf G. LAFONT, *op. cit.* (n. 103), p. 283 s. ; M. SECKLER, *op. cit.* (n. 112), p. 88 n. 31, 89 n. 35.

est le Principe [135], qui est la source secrète de la générosité divine *ad extra*. Dans une étude très fouillée parue après la rédaction du présent article (cf *supra*, n. 112), le Professeur M. Seckler montre que cette thèse, tranquillement affirmée par S. Thomas, constitue le fondement même de sa philosophie et de sa théologie de l'histoire. Le monde créationnel est déjà une participation à la bonté divine, il a son origine première dans la Générosité incréée qui, en Dieu, produit la vie trinitaire. L'histoire se fonde dans la réalité du Dieu *vivant*. Le salut lui-même s'opère par une nouvelle participation à la Générosité incréée de la vie trinitaire, par une venue, cette fois, de Dieu en Personne (mission du Verbe et mission de l'Esprit). A l'un et à l'autre plan, le créé est fondé comme réalité dynamique, historique, dans le fait que Dieu est, en lui-même, vivant, et que, dit Seckler, son éternité n'est pas statique, mais dynamique (« bewegte Ewigkeit »). Les faits, libres du côté de Dieu, donc contingents en soi, qui forment l'Economie (à commencer par la création) sont, pour S. Thomas, reliés au mystère nécessaire de Dieu, à l'être en soi du Dieu vivant, Père, Fils et Saint-Esprit. L'en soi le plus intime de Dieu est engagé dans le *pour nous*, qui en procède. S. Thomas honore le nexus profond mis par les Pères, interprètes de la Révélation, entre l' « Economie » et la « Théologie », déjà au niveau de la création. Evidemment aussi au niveau de la rédemption : toute l'œuvre de grâce procède des « missions divines » du Fils et du Saint-Esprit. Dans cet ordre, qui est celui de la création et de l'Eglise, S. Thomas a, d'une part, retrouvé dans sa plénitude, par-dessus S. Augustin, le rôle recréateur du Christ dans et par son humanité, rôle qui se prolonge dans l'Eglise et les sacrements [136] — et il a, d'autre part, couronné une ecclésiologie à fondement christologique par une pneumatologie qui scelle le mystère de l'Eglise du sceau même qui scelle le mystère trinitaire [137].

La meilleure voie à prendre pour apprécier la position de S. Thomas n'est donc pas de dire qu'il a manqué du sens des faits et de l'histoire — ce n'est pas exact : le thomisme, c'est le réalisme ! —, ce n'est pas de doser, apprécier, la part d'intemporel et la part d'historique. C'est de participer au sens que S. Thomas a eu de l'Absolu du Dieu vivant.

b) S. Thomas cite plusieurs fois, et comme venant d'Isidore, la définition suivante de l'*articulus fidei :* « Perceptio veritatis tendens in ipsam » [138]. La Foi est une communication de la connais-

(135) « Totius divinitatis vel, si melius dicitur, deitatis, principium Pater est » : Ia, q. 39, a. 5, ad 6 (S. AUGUSTIN, *De Trin.*, IV, 20, 29) ; et cf. *C. Gent.*, IV, 26 ; *De Potentia*, q. 9, a. 9 ; BAILLEUX, *Rev. thom.*, 1961, p. 27.
(136) Voir LE GUILLOU, *op. cit.*, p. 67-115 pour les Pères grecs, p. 124 pour S. Augustin, p. 221 s. pour la théologie thomiste de la grâce capitale. Mais S. Thomas n'a pas mis aussi bien en valeur le Christ *comme révélateur du Père*, en grande partie, semble-t-il, parce qu'il rapporte les réalités économiques, non à la qualité éternelle du Fils de Dieu, mais *à la nature humaine* du Christ : cf. G. MARTELET, *art. cité* (n. 103), p. 12-30.
(137) Voir E. VAUTHIER, *Le Saint-Esprit principe d'unité de l'Eglise d'après S. Th. d'A.*, in *Mél. de Sc. rel.*, 5 (1948), p. 175-196 ; 6 (1949), p. 57-80 ; Ch. JOURNET, *L'Eglise du Verbe incarné* (v. Tables) ; F. MALMBERG, *Ein Leib-ein Geist. Vom Mysterium der Kirche*, Freiburg, 1960, p. 199 s., 208 s.
(138) GUILLAUME D'AUXERRE est peut-être l'auteur de cette formule (*Summa aurea*, lib. III, tr. 3, c. 2, q. 1). S. THOMAS la cite, In III Sent., d. 25, a. 1, a. 1, qa 1 obj. 4 sous le nom d'Isidore, et IIa IIæ, q. 1, a. 6, sed c. sans attribution.

sance que le Principe absolu ou Acte premier a de Soi-même et des choses, mais elle en est une communication infime, toute imparfaite et partielle, telle qu'il convient à notre situation d'itinérance. S. Thomas a eu un sentiment très vif de la condition de l'homme et du chrétien dans l'entre-deux temporel et terrestre, entre la Loi ou la Synagogue et le Royaume eschatologique [139]. Il a souligné, dans la Foi, un aspect de tension et de tendance insatisfaite vers une meilleure possession : au-delà des signes, une possession des réalités elles-mêmes. Ces réalités, en effet, la Foi les fait déjà exister pour nous, en nous, mais comme encore espérées : « argumentum non apparentium, substantia sperandarum rerum » [140].

Par-dessous cette tension eschatologique de la Foi, S. Thomas discerne, dans les profondeurs de la nature faite à l'image de Dieu, un mouvement qui le porte à chercher Dieu et à ne pouvoir trouver qu'en lui sa réalisation parfaite, même de nature. Cette idée se rattache, chez S. Thomas, à une perception profonde de la cohérence interne du réel, à la vue qu'il a de la correspondance des causes et du retour de l'être, par la finalité, au principe d'où il est issue : vue bien mise en lumière dans l'étude récente du Professeur M. Seckler (op. cit., p. 49-59). On en trouve une application dans le fameux « désir naturel de voir Dieu », qui part du dynamisme même de l'esprit et dont l'extrinsécisme qui est la maladie du catholicisme moderne en matière de nature et grâce, a fait longtemps méconnaître le plein caractère de vœu de la nature. Il a, à sa manière, un caractère eschatologique puisque. sans pouvoir se le procurer lui-même, il vise notre glorieuse divinisation. Quand on étudie l'anthropologie théologique de S. Thomas, centrée sur la réalité de l'image de Dieu, on voit que notre docteur conçoit la réalisation de l'image de façon très dynamique : il la distribue sur la ligne d'un mouvement qui, au-delà des structures naturelles, va, sous le bénéfice d'une reprise du dynamisme premier par des dons surnaturels, jusqu'à la consommation de l'image dans la gloire [141]. On n'a pas assez étudié cette consommation eschatologique de l'homme, d'après S. Thomas : vision, charité et communion béatifique, liberté eschatologique, situation de nos corps glorifiés... On n'a pas non plus assez remarqué que cet enchaînement et même, plus précisément la séquence, familière à S. Thomas. loi - grâce - gloire, qui traduit une perfection croissante, n'est pas seulement, chez notre Docteur, l'objet d'une analyse statique : il

(139) Voir notre article de la *Festgabe J. Lortz*, cité *supra*, n. 103 et surtout Iᵃ IIæ, q. 103, a. 3.
(140) Hb 11,1 : voir le commentaire de S. Thomas sur ce verset et C. SPICQ, *L'exégèse de Hebr. XI, 1 par S. Thomas*, in RSPT, 31 (1947), p. 229-236 ; comp. *supra*, n. 110. Sur cet aspect eschatologique de la Révélation et de la Foi, bonne pages, sans allusion à S. Thomas, dans R. LATOURELLE, *op. cit.* (n. 15), p. 454-463. S. Thomas cite 1 Co 13,12 sur la vue dans un miroir, Iᵃ IIæ q. 106, a. 4, ad 1.
(141) Outre les études formelles sur la théologie de l'image chez S. Thomas (S. de Beaurecueil, etc), voir G. LAFONT, *op. cit.* (n. 103), p. 265 s., 272 s.

s'y exprime le mouvement même de toute l'histoire comme histoire divine [141].

L'activité théologique met en œuvre, ensemble, la Foi et la raison, nos puissances et notre mouvement naturels de connaissance, et cette participation à la connaissance de Dieu qu'est la Foi. Elle hérite de leur tendance semblable à s'achever eschatologiquement ; elle pourrait, à son niveau, se définir aussi comme « perceptio veritatis tendens in ipsam » : S. Thomas n'écrit-il pas, à son sujet : « Quaedam illius cognitionis (celle selon laquelle « ipsa divina secundum seipsa capiuntur ») participatio et assimilatio ad cognitionem divinam, in quantum per fidem nobis infusam inhaeremus ipsi Primae Veritati propter seipsam » [142]. Cette adhésion, dans une communication réelle mais si imparfaite, à la Vérité telle que Dieu la connaît ou plutôt telle qu'il l'est dans sa gloire, met évidemment dans la connaissance qui en découle une tendance à se trouver un jour adéquate à son objet.

On sait comment S. Thomas a exprimé techniquement ce caractère eschatologique de la théologie dans le cadre de sa définition de celle-ci comme science. Il a en effet répondu à l'objection soulevée contre ce caractère de science au nom de l'évidence de ses principes que doit présenter une science, en appliquant à la théologie la notion de science subalternée à une science supérieure : la théologie peut être science en tant qu'elle est subalternée et organiquement reliée, par la Foi, à la connaissance évidente que Dieu a de soi-même et que les bienheureux ont de lui. Avant le Père C. Dumont [143], le Père Chenu a, mieux que tout autre [144], montré comment la conjonction vivante (nous voulons dire : dans et par la vie religieuse du théologien) du travail théologique à la connaissance toute lumineuse que Dieu a de soi et des choses (du salut), à celle que les bienheureux ont dans le ciel, à celle qu'a suprêmement l'âme parfaite et sainte de Jésus-Christ [145], n'est pas, pour la science théologique, un ajout relevant du domaine de l'édification ou de la spiritualité personnelle, mais quelque chose d'intérieur et d'essentiel à la structure épistémologique du savoir théologique. Le P. C. Dumont a raison de noter par surcroît que S. Thomas a ainsi gardé et assumé le fond de l'idéal monastique de « désir du ciel » et d'une connaisance ordonnée à la contemplation de Dieu in Patria [146]. A cet égard, une certaine opposition entre « théologie monastique » et « théologie scolastique » ne vaudrait que partiellement pour ce qui est de S. Thomas, et c'est peut-être pour cela

(141 a) Voir M. SECKLER, op. cit. (n. 112), p. 197 s.
(142) In Boet. de Trin., q. 2, a. 2 et cf supra, n. 110.
(143) Art. cité (n. 126), 1962, p. 28 s.
(144) Voir ét. citées n. 103 ; La théologie est-elle une science ? Paris, 1957, p. 85 s.
(145) Sur ce dernier point, cf IIIᵃ, q. 9, a. 2 ; In Col., c. 2, lect. 1 (éd. CAI, n° 82) ; G. LAFONT, op. cit., p. 280 s.
(146) C. DUMONT, art. cités (n. 126), p. 32 s. La théologie « scolastique » de S. Thomas (et ce serait encore plus vrai pour celle de S. Albert ou de S. Bonaventure) rejoint, sous cet aspect profond, la « théologie monastique » : fait confirmé et illustré par le livre de Dom. G. LAFONT (supra, n. 103).

que les moines se trouvent finalement assez à l'aise à l'école du Docteur commun. Ajoutons que, très certainement, la théologie de S. Thomas a été priée : à qui fréquente longuement et intérieurement son œuvre, et qui en même temps s'efforce lui-même d'être théologien, il est évident que l'étude et la réflexion de Thomas d'Aquin se sont décantées et affermies dans la participation à la sainte liturgie et dans la prière. Il reste cependant que l'assomption, dans le travail théologique, de moyens aussi philosophiques, est étrangère à la tradition monastique et ne s'était pas rencontrée auparavant dans la Tradition tout court.

Le projet théologique de S. Thomas relevait, aux yeux de Luther, d'une impossible « theologia gloriae ». Ce n'est pas que S. Thomas sorte du domaine de l'obéissance de la Foi : sa théologie se développe dans la Foi autant que celle de Luther, mais S. Thomas et Luther n'ont pas la même notion de la Foi. Pour Luther, la Foi est purement « économique », elle est la puissance d'appréhension du salut. Pour S. Thomas, la Foi est cela, assurément, mais elle est aussi sapientielle, elle est une participation à la connaissance de Dieu et des Bienheureux : c'est une réalité eschatologique, non seulement à l'égard du jugement à venir, comme pour Luther, mais à l'égard de la vision à laquelle nous sommes destinés. S'il y a « theologia gloriae » c'est qu'il y a, dans la Foi, une réalité eschatologique. Déjà, si le Nouveau Testament apporte une certaine connaissance de Dieu *selon son être* intime, par la révélation de la Sainte Trinité, c'est qu'avec lui nous sommes entrés dans « les temps qui sont les derniers » (Hb 1, 2) : Dieu n'a pas seulement envoyé ses dons, il est venu, il s'est engagé lui-même. La Foi est encore et toujours confiance et obéissance, comme celle d'Abraham et des prophètes, mais elle comporte de plus un élément de connaissance de *ce qu*'est Dieu : un petit début, des « arrhes » de ce que sera la connaissance de Dieu quand il aura totalement dévoilé sa Face... [147]. Il y a là de quoi fonder la conviction de S. Thomas et son propos nettement sapientiel. Le P. Le Guillou a montré [148] par l'analyse de nombreux textes de S. Thomas, prologues et commentaires bibliques, que, pour S. Thomas, le principe de ce propos sapientiel est la Révélation de la Sagesse de Dieu faite dans le Verbe incarné, Jésus-Christ. Ce n'est pas par un effort scientifique humain inspiré d'Aristote, mais à l'école du Verbe incarné que S. Thomas a conçu et poursuivi ce projet de sagesse où s'intègrent les valeurs spéculatives et pratiques, la connaissance révélée de l'*en soi* et du *pour nous* : la *Sacra doctrina* est essentiellement un renseignement sur ce à quoi nous sommes appelés, sur notre béatitude, *substantia sperandarum rerum*, elle est une « praecognitio finis » [149].

---

(147) Cf *supra*, n. 15.
(148) *Op. cit.*, p. 135-155.
(149) Voir Iᵃ, q. 1, a. 1 ; A. Patfoort, *art. cité* (n. 103), p. 528 s., 530 n. 31.

Ce n'est pas que la réalisation de S. Thomas soit parfaite,
exempte d'inconvénients et de dangers. Les critiques qu'on adresse
à la *Somme* ne sont pas toutes sans fondement.
S. Thomas a bien des éléments d'une philosophie, ou plutôt
d'une théologie de l'histoire [150]. Quant à la matière traitée, la
Somme est une théologie du salut autant que l'avaient été les synthèses du XII° siècle dont nous avons dit un mot ; on a même pu
parler à juste titre d'un caractère matériellement anthropocentrique de la synthèse de S. Thomas [151]. Il est assez probable que, si l'on
faisait l'inventaire des éléments de l'histoire du salut assumés
par S. Thomas, non dans ses commentaires bibliques mais dans
la *Somme* elle-même, on retrouverait tous ceux de la tradition
patristique. S. Thomas connaît l'historicité de la Révélation et il
a une vue des temps de l'histoire du salut [152]. Pour lui, les temps
se distribuent par référence à Jésus-Christ [153]. Sur les raisons pour
lesquelles le Fils et Verbe de Dieu est venu à *ce* moment du temps,
S. Thomas donne des raisons comparables à celles qu'apportent
les Pères [154]. Il ne s'est pas contenté d'une étude purement « ontologique » de l'Incarnation rédemptrice : il connaît le thème des
deux Adam [155] et développe tout au long ce qu'on peut appeler
l'aspect fonctionnel du Christ : non seulement dans le cadre de
l'idée d'instrument conjoint et libre, non seulement dans sa considération des *coassumpta* et de leur rapport aux *assumpta*, mais par
l'étude détaillée des « acta et passa Christi in carne » ; une des
originalités de sa christologie est la place faite aux mystères de

(150) Outre notre étude *Le sens...* (cf n. 103) et l'art. de U. Horst cité
supra (n. 112), on peut voir H. Rondet, *S. Thomas a-t-il une philosophie de
l'Histoire ?* in *Rech. Sc. rel.*, 51 (1963), p. 177-195, et M. Seckler, cité n. 112.
Le P. Rondet nous semble interroger S. Thomas dans un domaine où celui-ci
n'a pas voulu s'engager, le domaine d'une théologie de l'histoire au sens où
nous la concevrions. Il excuse S. Thomas d'être ici demeuré court. Mais ce
n'est pas *cela* que S. Thomas a voulu donner... Le P. Martelet le reconnaît,
tout en interrogeant lui aussi, S. Thomas, dans ce domaine (art. cité, p. 8-9).
(151) Voir J. B. Metz, *Christliche Anthropozentrik* (cf n. 29) ; J. Y. Jolif,
Le sujet pratique selon S. Thomas d'A., in *S. Thomas d'Aquin aujourd'hui*
(*Recherches de Philos.*, VI) Paris, 1963, p. 13-44 ; A. Patfoort, cité *supra*,
n. 103. Sur la *Somme* comme théologie du salut, cf Iᵃ, q. 1, a. 1 ; IIIᵃ prol.
et q. 1, a. 2 ; *Comp. theol.*, proem. et début ; Martelet, art. cité. Comp.
supra, n. 29.
(152) Historicité de la Révélation : cf. Latourelle, *op. cit.* (n. 15), p. 169-
171. Temps de l'histoire du salut : notre art. cité n. 103 ; Le Guillou, *op. cit.*,
p. 182 s. ; IIᵃ IIᵃᵉ, q. 174, a. 6. Sur l'eschatologie, P. Künzle, *Thomas v. A.
und die moderne Eschatologie*, in *Freiburger Zeitsch f. Phil. u. Theol.*, 8 (1961),
p. 109-120 (trad. fr. *La fin des temps est commencée*, in *Vie spirit.*, oct. 1962,
p. 403-416). Sur la distribution en loi naturelle, loi mosaïque, loi nouvelle,
cf notre article de la *Festgabe J. Lortz* et H. Rondet, art. cité (n. 150), p. 186-
187. Sur l'Incarnation à la plénitude des temps, IIIᵃ, q. 1, a. 5 ; *Com. in 1 Cor.*
c. 15, lect. 7 ; in *Gal.*, c. 4, lect. 2.
(153) Cf le commentaire d'Ephes., c. 3 (Le Guillou, *op. cit.*, p. 161 s.) ;
Iᵃ IIᵃᵉ, q. 101, a. 2. L'A. T. préparation du Christ : Iᵃ IIᵃᵉ, q. 91, a. 5, ad 2 ;
q. 107, a. 2 c. La résurrection du Christ commence les temps eschatologiques :
IIIᵃ, q. 53, a. 2 ; *In Hebr.*, c. 9, lec. 3.
(154) IIIᵃ, q. 1, a. 5, sed c. et ad 2 ; *In Tit.* et *in Gal.* cités par Le Guillou,
op. cit., p. 213, n. 20. Sur les délais de l'Incarnation, IIᵃ IIᵃᵉ, q. 99, a. 6, ad 3 ;
q. 106, a. 3 ; IIIᵃ, q. 1, a. 5 et 6.
(155) IIIᵃ, q. 4, a. 6. Cf G. Lafont, *op. cit.*, p. 348-386 sur les *coassumpta*,
p. 410 s. sur les *acta et passa Christi*.

la vie du Christ, à ceux de sa passion, de sa résurrection et de sa glorification [156]. S. Thomas a aussi une vue, asez élémentaire à vrai dire, des états successifs par lesquels est passée l'Eglise [157] ; s'il ne s'est pas attaché à une interprétation théologique de son histoire, c'est que c'eût été à ses yeux une entreprise trop purement humaine, non garantie par la Parole de Dieu. C'est aussi, on va le dire dans un instant, que son propos était autre. Une étude des réalités eschatologiques était évidemment prévue dans la *Somme* et se trouve dans le Supplément grâce, en très grande partie, à des emprunts faits au commentaire des Sentences [158]. On pourrait aisément compléter la rapide évocation que nous venons de faire des éléments d'histoire du salut incorporés par S. Thomas à sa synthèse pédagogique et systématique.

Mais ces éléments se trouvent-ils assumés et traités *modo historico* ? Ne sont-ils pas, sinon toujours, du moins souvent, étudiés plutôt dans leur structure formelle, et l'intelligibilité que S. Thomas cherche à dégager n'est-elle pas plus celle des essences que celle des faits historiques comme tels, c'est-à-dire compris dans leur condition et leur coordonnées temporelles ? Soit, par exemple, l'étude du fait prophétique. Le traité que S. Thomas lui consacre est sans doute le plus fouillé qui ait été écrit avant les études modernes sur l'inspiration, mais c'est une étude du charisme prophétique en sa nature, ses formes et ses relations avec la causalité divine : ce n'est pas une étude suivant l'économie. Le traité est situé dans une catégorisation des charismes faite à partir d'un texte de S. Paul, 1 Cor. 12, 4-6. Après avoir étudié les réalités spirituelles du rapport religieux qui sont communes à tous les chrétiens, S. Thomas se propose d'examiner celles qui ne sont pas universellement possédées : les *divisiones gratiarum* (de connaissance : c'est la prophétie ; de parole ; d'opération), *ministrationum* (les « vies » : contemplative et active), *operationum* (les offices et états) : cf II^a II^æ, q. 171, prol.

Le projet d'étudier des structures formelles, de reconstituer les enchaînements de principe à conséquence, de tenter, enfin, de dégager *la raison* pour laquelle les choses sont comme elles sont,

(156) Voir IIIa, q. 26-59 et les vol. correspondants (*La Vie de Jésus*, com. P. SYNAVE), dans la trad. frse, Ed. Rev. des Jeunes ; J. LÉCUYER, *La causalité efficiente des mystères du Christ selon S. Thomas*, in Doctor Communis, 1953, pp. 91-120.

(157) Cf notre étude de la *Festgabe J. Lortz* (n. 103). S. Thomas rejette comme relevant surtout de l'imagination la division johachimite de l'histoire en trois âges rapportés respectivement au Père, au Fils, au Saint-Esprit : à partir des effets de la Puissance divine, on n'atteint qu'une connaissance de Dieu en dehors de la Trinité des Personnes : Ia IIæ, q 106, a. 4, ad 3. M. SECKLER (n. 112) explique le fait que S. Thomas n'ait pas développé une vue sur les âges de l'Eglise, en disant que ces *status* divers et successifs de l'Eglise ne répondent à aucune différence ontologique et profonde de *status :* à cet égard, il n'y a que les trois de loi, grâce et gloire.

(158) En très grande partie mais pas entièrement, il s'en faut de beaucoup. Une étude du *Supplément* menée avec une méthode historique rigoureuse, serait fort intéressante. Elle révélerait sans doute des aspects peu connus de certains courants intellectuels parmi les disciples mêmes de S. Thomas. On n'a jamais étudié *historiquement* le destin des thèmes *théologiques* thomistes parmi les disciples ou auditeurs immédiats de S. Thomas.

XIII

180

tout cela amène incontestablement S. Thomas à poser souvent des
questions du type : « Quid sit ?... ». Certes, S. Thomas sait que
la sagesse chrétienne ne consiste pas à connaître la nature des
choses créées ou le cours des astres, mais Jésus-Christ et le mystère
de son Incarnation salutaire [159]. Il reste que son propos théologique
amène parfois S. Thomas à considérer ou rechercher davantage
des précisions sur la nature ou l'ontologie des choses que la relation de ces réalités au terme collectif de l'histoire et leur place
dans la trame dynamique de cette histoire. La critique de Luther
citée *supra* (n. 39) a tout de même ici une valeur. D'autant plus
qu'après S. Thomas, certains commentateurs et l'usage scolaire
renchériront dans la ligne de problèmes d'ontologie relevant de
l' « ontique » au sens de Heidegger.

Dans la même ligne d'une recherche du *quid* et de la *ratio*
des réalités chrétiennes, dans le désir de définir autant que possible
leur statut ontologique, on court aussi le danger de ramener ces
réalités, qui viennent d'un libre propos de grâce, à des structures
ou à des lois générales de la nature. Exemple : S. Thomas « explique » la perfection des Apôtres par le principe, physique autant
que métaphysique, selon lequel, plus on est proche d'une source
d'énergie, plus on reçoit de son influx [160]. De telles explications
procèdent, chez S. Thomas, de l'idée que le monde créationnel est
déjà une participation du Dieu vivant et qu'il nous livre ainsi
comme une grammaire (le mot est de K. Rahner) que nous pouvons
utiliser pour parler des réalités de l'ordre surnaturel du salut.
Mais est-ce que cela explique vraiment quelque chose ? Et, s'il y
a coïncidence entre cette « loi » et le cas des Apôtres, y a-t-il
homogénéité ? L'assimilation des faits de l'ordre surnaturel, qui
est le domaine de la liberté de la Grâce, aux structures naturelles
est-elle si totale, qu'on puisse argumenter de celles-ci dans le
domaine de celui-là ? Dans la Bible, ce sont les stériles qui enfan-
tent et les cadets qui passent avant leurs aînés..., sans cesse arrive
ce qu'on n'attendait pas. Nous sommes dans le domaine de la libre
grâce de Dieu, où les convenances rationnelles ne valent éventuellement que *post factum*. Il est vrai que S. Thomas ne prétend pas
déterminer ainsi le fait, mais, le connaissant par la Révélation
ou la Tradition, essayer d'en rendre compte, d'en saisir l'intelligibilité. Est-ce la bonne voie ? C'est en tout cas une voie dangereuse pour qui n'aurait pas l'admirable sens de la transcendance
et du mystère, l'humilité et la délicatesse de S. Thomas. On risquerait alors, oubliant les règles de l'analogie (« *simpliciter diversum,*

---

(159) Voir *Com. in Ephes.* (éd. Cai, Marietti, n° 25) ; *in* 1 *Cor.* (id. éd.,
n° 75) : Le Guillou, *op. cit.*, p. 152. Comp. *In III Sent.*, d. 35, q. 2, a. 3, sol. 2 :
« Non est de necessitate salutis cognitio rerum quantum ad naturas et
quidditates suas, sed solum cognitio earum quae quis debet facere vel vitare »
(éd. Moos, n° 167) ; *Quodl. IV*, 3.
(160) IIa IIæ, q. 1, a. 7, ad 1 et 4. Mais S. Thomas donne d'autres raisons,
et prises de l'Economie : cf A. Lemonnyer, *Les Apôtres comme docteurs de la
Foi d'après S. Thomas*, in *Mélanges thomistes*. Kain, 1923, p. 153-173.

secundum quid unum » [161]), de faire, par exemple, des sacrements,
un simple *cas* d'une causalité instrumentale générique, une méca-
nique religieuse, une simple « chose », et ainsi de suite.

Le projet théologique de S. Thomas a été porté par la qualité
de sa contemplation. Pour lui, Dieu, le Dieu vivant, actif et libre,
était vraiment le sujet de tout ce dont il parlait de façon si technique, si analytique, si ontologique. Il ne confondait pas les conclusions établies par le raisonnement, qui sont *l'objet* de la science
théologique, et le *sujet* qu'on cherche à connaître en lui attribuant
ces effets comme à leur principe et à leur fin : le Dieu *qui* crée,
le Dieu *qui* prédestine, le Dieu *qui* s'incarne... : le Dieu de mon
salut. Les mots qu'il a, au début de sa carrière, empruntés à
S. Hilaire pour définir son intention, donnent vraiment la formule
de son projet théologique : « Ego hoc vel praecipuum vitæ meae
officium debere me Deo conscius sum, ut eum omnis sermo meus
et sensus loquatur » [162]. C'était vrai pour S. Thomas, mais une
position de crête aussi difficile à tenir recélait des dangers. « Le
danger consistait en ce que la tendance inévitable à l'objectivation,
qui est le fait de toute science, pouvait un jour ou l'autre dissocier
la théologie de la réalité historique du salut, pour l'engager dans
la pure spéculation sur les conclusions démontrées (...). Le théologien n'a pas toujours échappé à cette déviation d'un certain rationalisme, qui regarde le Seigneur du salut comme une entité supérieure dont on démontre les attributs, plutôt que comme la réalité
vivante qui se révèle et atteint les cœurs dans le plus intime » [163].

« La Scolastique montée en graine » dont parlait le P. Clé-
rissac n'a pas toujours évité ce danger. Pour une grande part, la
levée réformatrice de Luther a voulu réagir contre cette décadence
en rétablissant pleinement Dieu en sa qualité inaliénable de Sujet,
et de Sujet souverainement actif.

⁎⁎

CONCLUSION

L'urgence est grande, aujourd'hui, de reconsidérer les rapports
étroits qui doivent exister entre le moment économique et le
moment ontologique dans la *Sacra doctrina*. Elle ne vient pas seulement de la conjoncture actuelle, dont nous avons évoqué quelques
éléments au début de cet article, et en particulier des exigences
du renouveau biblique : elle vient de la fin missionnaire de la
Sacra doctrina prise au niveau de la révélation prophétique et apostolique comme au niveau de la prédication chrétienne. Il s'agit

---

(161) S. Thomas connaissait le ch. II du IV⁰ concile de Latran, où on
lit : « inter creatorem et creaturam non potest similitudo notari, quin inter eos
maior sit dissimilitudo notanda » (DENZ., 432 ; 34 éd., 806 ; FRIEDBERG, II,
col. 7) ; mais S. Thomas n'a pas commenté *ce* passage dans son opuscule sur
la 2⁰ Décrétale.
(162) *C. Gent.*, 1,2 = S. Hilaire, *De Trin.*, lib. I, n. 37 (P.L., 10,48).
(163) C. DUMONT, art. cité (n. 126), p. 1038.

XIII

182

d'un service du Peuple de Dieu à rassembler et alimenter. La
science théologique elle-même ne peut demeurer étrangère à ce
service, même si la connaissance et la contemplation gardent en
elles-mêmes une valeur absolue, au-delà de toute utilité, même
pastorale.

Or nous constatons qu'une coupure entre l'*en soi* et le *pour
les hommes* est, à cet égard, catastrophique. Quand on cherche
quels sont les points de blocage sur le chemin de la Foi et, aussi
bien, pourquoi une certaine prédication suscite tant de critiques et
d'insatisfaction, on voit que l'obstacle majeur est le manque de
rapport perçu entre les affirmations portant sur l'en soi ou l'ontologie de Dieu, du Christ, de l'Eglise, des Sacrements, etc..., et
l'homme, son projet de vie, son œuvre dans le monde, son espérance,
l'histoire du cosmos enfin. La présentation d'une religion sans
homme et sans cosmos a suscité la réponse d'un homme et d'un
monde sans Dieu. Il faut absolument sortir de cette inacceptable
séparation.

C'est pour cela que certains ont, dans les années qui ont
suivi 1935, proposé de constituer une « théologie kérygmatique » [164].
Le propos, nourri de bien des considérations intéressantes et justes,
serait inacceptable s'il revenait, désespérant d'elle, à exonérer la
théologie tout court du devoir d'assumer tout le « pour nous »
en le liant à l'en soi. Nous citions plus haut le mot d'Abraham
Heschel, « la Bible n'est pas une théologie pour l'homme, elle est
une anthropologie pour Dieu ». Ce mot va loin, mais il n'est qu'à
demi exact. En vérité, la Bible est les deux. On doit même reconnaître, si « économique » soit la révélation qu'elle nous transmet,
qu'elle n'est une anthropologie pour Dieu qu'en étant aussi, à quelque degré, une théologie pour l'homme.

La réflexion sur un siècle et demi d'histoire religieuse, sur
les questions posées par le modernisme, sur la situation présente
au point de vue de la proposition du message chrétien, enfin sur
les problèmes évoqués au début de cette étude, nous a convaincu
de ceci : une des choses les plus urgentes est de rénover notre
notion de la Révélation dans un sens plus biblique et plus traditionnel que ne le sont les présentations excessivement conceptua-
listes et schématiques des manuels en usage jusqu'à hier ou avant-
hier. Plusieurs études récemment publiées nous apportent de
bonnes promesses. A la dernière en date, celle du P. R. Latourelle [165], pleine de choses très valables, il manque cependant un
chapitre ou un paragraphe dont l'importance nous paraît tout à
fait majeure. Il y a lieu de se demander : de quoi parle la Révélation, sur quoi porte-t-elle ? Il ne s'agirait pas ici de proposer une
énumération de toute la matière révélée, mais de chercher un critère général en vertu de quoi quelque chose tombe sous la Révéla-

(164) Très grosse bibliographie. Indications dans notre *La Foi et la Théol.*
Paris, 1962, p. 185 s. ; LATOURELLE, *op. cit.* (n. 15), p. 235-239.
(165) R. LATOURELLE, *op. cit.*, n. 15.

tion et, ultérieurement, sous la Foi. Il s'agirait de trouver ce qu'on appelle, dans le langage de l'Ecole, l'objet formel *quod* de la Révélation (de la Foi).

S. Thomas ne s'est pas posé la question exactement dans ces termes, mais il lui apporte une réponse bien conforme à l'inspiration formellement théologale et matériellement centrée sur le salut de l'homme, que nous avons reconnu à sa théologie. Il s'exprime à ce sujet principalement dans des questions touchant l'explication de la Foi en « articles ». Certaines vérités, dit-il [166], sont révélées, et conséquemment objets de la Foi, *primo et per se*, en raison de leur contenu, d'autres le sont *secundario, in ordine ad alia*, par concomitance, par rattachement aux précédents. Or — c'est cela qui nous intéresse — ce qui fait appartenir une proposition à la première catégorie, c'est, dit S. Thomas, le rapport qu'elle a avec notre fin surnaturelle : est *per se* objet de foi théologale, et donc de Révélation, « id per quod homo beatus efficitur », le renseignement sur ce que Dieu veut être suprêmement pour nous, c'est-à-dire la vérité du rapport religieux parfait. Cette formulation de S. Thomas n'est pas contraire à ce que nous avons dit plus haut avec référence à *De Veritate*, q. 14, a. 8. Il n'y a pas, ici, une affirmation toute théocentrique et là une affirmation anthropocentrée. En effet, selon un verset cher à S. Thomas, « la vie éternelle, c'est qu'ils te connaissent toi, le seul vrai Dieu, et celui que tu as envoyé, Jésus-Christ » [167]. Assumant cette idée biblique, S. Thomas précise le double contenu du renseignement sur notre béatitude spirituelle, objet de la *Sacra doctrina* (Iᵒ, q. 1, a. 1) : c'est, dit-il, « quorum visione perfruemur in vita aeterna et per quae ducimur ad vitam aeternam ». Tels sont les deux grands *credenda* qui englobent tous les autres et qui représentent le prin-

---

(166) *In II Sent.*, d. 12, q. 1, a. 2 ; *III Sent.*, d. 24, q. 1, a. 1, qᵃ 1 et ad 2 ; qᵃ 2 ad 3 ; *De verit.*, q. 14, a. 8, rép. aux obj. ; Iᵃ IIᵃ q. 106, a. 4, ad 2 ; IIᵃ IIᵃᵉ q. 1, a. 6, ad 1 ; a. 8 sol. ; q. 2, a. 5 et 7 ; *in Tit.*, c. 3, lect. 2 ; *Comp. theol.*, 1,2 et 185. Comp. *III Sent.*, d. 24, a. 3, qᵃ 1, ad 3 ; Iᵃ q., a. 1 : la Révélation = le renseignement sur la fin dernière de l'homme. On lira avec profit H. BOUESSÉ, *Théologie et doxologie*, in *Année théol. augustin.*, 11 (1950), p. 193-212, 289-303.
(167) L'usage de ce verset est lié, tout comme celui d'Hebr. 11,6, à la question de la distinction et de l'organisation des *articuli fidei*, à celle de l'explicite ou de l'implicite de la Foi (sur quoi déjà *supra*, n. 121-124 et le texte correspondant). Références au texte de Jn 17,3 (comp. 14,6 : voir fin de la présente note): *I Sent.*, épilogue; *Comp. theol.*, I, c.2 et 185; Iᵃ IIᵃᵉ, q. 3, a. 2, ad 1 ; *In Joan*, c. 17, lect. 1. Le P. L.-B. GILLON remarque (art. cité *infra* n. 176 : p. 281) que, dans Iᵒ, où S. Thomas cite 9 fois le texte de Jn 17,3, tl supprime invariablement la seconde partie du verset, *et quem misisti* (ce qui pourrait peut-être s'expliquer dans la perspective suggérée par le P. A. PATFOORT cité *supra*, n. 103) ; par contre, en Iᵃ IIᵃᵉ, où il s'agit des *articuli*, il écrit : « duo nobis ibi videnda proponuntur ». Références au texte de Hb 11,6 : *III Sent.*, d. 25, q. 2, a. 2, qᵃ 4, obj. 1 et ad. 1 ; Iᵃ IIᵃᵉ q. 2, a. 8, ad 1. Ainsi l'objet de la foi et de la théologie se distribue par la Trinité et l'Incarnation, la « théologie » et « l'économie » des Pères Cappadociens : IIa IIᵃᵉ, q. 1, a. 6, ad 1 ; q. 2, a. 7 et 8 ; *In Hebr.*, c. 11, lec. 1 ; *Compend. theol.*, I dont c'est le plan même. Sur le Christ considéré comme Dieu (*veritas et vita*) et comme homme (*via*), idée de ligne très augustinienne, cf *Comp. theol.*, I, c. 2 ; IIᵃ IIᵃᵉ, q. 1, a. 8 ; q. 2, a. 7 ; IIIᵃ prol. ; q. 9, a. 2 ; q. 14, a. 1, ad 4 ; *In Joan*, c. 14, lect. 2 ; SECKLER, *op. cit.* (n. 112), p. 227.

cipe, le terme et le moyen entièrement théologaux du rapport d'alliance.

Il reste que le contenu de la Révélation et de la Foi se trouve défini d'une façon qui comporte une référence à l'homme. Nous avons déjà noté le caractère matériellement anthropocentrique de la synthèse formellement théocentrique de S. Thomas, et l'orientation très sotériologique de sa pensée (cf *supra*, n. 151). S'il est permis de quitter le vocabulaire de S. Thomas et de proposer le nôtre, nous dirons que le contenu de la Révélation, son objet formel *quod*, est la vérité du rapport religieux. De *ce que* sont Dieu, l'homme et le monde, il nous est dit juste ce qu'il faut pour assurer la vérité de ce rapport qui doit les unir. Le développement de l'*en soi* est référé au *pour nous* et mesuré par les exigences de sa pleine vérité.

Que conclure de là, que conclure de l'ensemble des questions que nous avons touchées, pour le programme d'une théologie ? Nous croyons pouvoir proposer une conclusion pratique en trois points où nous rejoignons les propos du P. K. Rahner [168].

1° On ne peut en rester, en dogmatique, à un simple *récit* commenté de l'histoire du salut en sa succession temporelle, bien qu'une théologie complète pourrait être proposée dans ce cadre et assumer ainsi l'intelligibilité propre à cette succession temporelle comme telle (idée du P. Féret). On ne le peut parce que : *a)* La révélation et la communication qui nous ont été faites *in Filio* relèvent de la situation eschatologique de l'Eglise : parce que les biens derniers de notre héritage nous ont été donnés, au moins en arrhes, quelque chose de l'*en soi* de Dieu nous a été dévoilé, bien qu'il ne l'ait été que dans sa liaison à ce qui est *pour nous*. — *b)* Tant le mouvement normal de la contemplation chrétienne, que la nécessité de répondre aux hérésies et d'en exclure même la racine, ont amené un certain développement, irréversible, d'une considération de l'*en soi* des mystères et des réalités chrétiennes : c'est dans l'authenticité de cet *en soi* qu'est fondé le « fonctionnel », c'est par elle qu'est assurée la vérité du *pour nous*. Ainsi le donné révélé, que la théologie s'efforce de construire et d'élaborer intellectuellement, comporte de l'essentiel en même temps que de l'existentiel (Rahner). — *c)* L'*ordo disciplinae*, qui rejoint foncièrement l'*ordo rerum* demande qu'on voie ce qui fonde et explique avant ce qui est exercice et application. C'est pourquoi même si le Christ est le centre et le point focal par rapport auquel tout le reste nous est communiqué, on ne fera pas de lui « le premier intelligible », ainsi que le P. E. Mersch l'avait proposé [169].

(168) Art. *Dogmatik* du *Lex. f. Theol. u. Kirche*, 2ᵉ éd., t. III, col. 449-451 ; art. *Formale u. Fundamentale Theologie*, ibid., IV, 205. Voir aussi, en tête des *Schriften zur Theologie*, t. I, Freiburg, 1954, p. 9-47, le plan de Dogmatique dessiné par l'auteur.
(169) Articles de *Nouv. Rev. théol.*, 61 (1934), p. 449-475 (*Le Christ mystique, centre de la théologie comme science* et *Rech. Sc. rel.*, 26 (1936), p. 129-157 (*L'objet de la théologie et le « Christus totus »*), repris synthétiquement dans *La théologie du Corps mystique*. DDB, 1944, t. I, p. 56-115.

Même si nous venons à la connaissance du mystère intime de Dieu
par Jésus-Christ, c'est par le mystère de Dieu que nous pouvons,
soit (bien faiblement !) comprendre Jésus-Christ, soit recevoir les
données élémentaires des propositions vraies à poser à son sujet :
on ne peut, dit S. Thomas, croire pleinement le mystère de l'Incarnation sans la foi en la Sainte Trinité [170].

2° Il est urgent de développer la relation de *l'en soi* avec le
pour nous. Ceci non par utilité pastorale seulement mais pour
adhérer plus totalement à la Révélation. Les deux points de vue
peuvent se féconder l'un l'autre. On peut parfois se demander
lequel a été incitateur pour l'autre : l'appel apostolique, le renouveau de l'intelligence de la Bible se sont développés ensemble. Les
deux veulent qu'on retrouve le lieu où se conjoignent une « anthropologie pour Dieu » et une « théologie pour l'homme ». Il faut
montrer l'impact anthropologique et cosmologique de la théologie [171]. C'est ce que demandait déjà le premier concile du Vatican dans un texte qui formule une véritable charte de la théologie :
« aliquam... mysteriorum intelligentiam... e mysteriorum ipsorum
nexu inter se et *cum fine hominis ultimo* » [172]. C'est ce vers quoi
Vatican II s'est de plus en plus senti attiré.

On pourrait évidemment réaliser ce programme en suivant
l'ordre de l'Economie et en valorisant le « fonctionnel » de la
Révélation. On le peut en suivant l'ordre classique. C'est un fait
que plusieurs Dogmatiques contemporaines se rapprochent du plan
du Symbole : « Le Mystère chrétien » en français (Desclée et Cie),
« Mysterium salutis » en allemand (Benziger)... D'autres exposés
synthétiques [173] sont basés précisément sur la rencontre et l'union
entre Dieu et l'homme, et montrent comment, par le fait même,
l'aspect ontologique et l'aspect existentiel - personnel s'appellent et
s'unissent : ils sont conjoints dans la Révélation et dans la Dogmatique dont l'objet, comme le remarque K. Rahner (op. cit., col.
450) est à la fois essentiel et existentiel.

3° Rahner conclut que la Dogmatique doit à la fois s'attacher
à la structure en soi de la réalité, par exemple commencer par Dieu,
et savoir que tout cela ne peut être compris que si l'on a sans cesse
regard à l'homme appelé par grâce à être le partenaire de Dieu. On

(170) IIa IIæ, q. 2, a. 8 ; comp. G. MARTELET, *art. cité*, p. 40. Le P. Mersch
nous semblait bloquer *l'ordo inventionis* (*acquisitionis*, et, du côté de Dieu,
Revelationis) où, en effet, nous ne connaissons le mystère intime de Dieu que
par J. C., et *l'ordo judicii* (et *disciplinae*), selon lequel le mystère du Christ
ne nous est, en quelque chose, compréhensible, qu'à partir du mystère de
Dieu. Il faut avouer que S. Thomas a négligé le premier aspect, au moins
dans la *Somme* : il n'y montre pas le Christ comme révélateur de Dieu, thème
cependant biblique et traditionnel : sur ce point, MARTELET, p. 28-42.
(171) Que les œuvres les plus vivantes soient orientées en ce sens, on
peut le soupçonner en relevant un certain nombre de titres de publications
récentes. Signalons seulement *Gott in Welt* (Festgabe K. Rahner), *L'homme
devant Dieu* (Mélanges H. de Lubac).
(172) Sess. III, cap. 4 : DENZ. 1796 (34e éd., n° 3016).
(173) Par exemple O. SEMMELROTH, *Rencontre de Dieu. Théologie pour
laïcs.* Paris et Tours, 1964.

conservera donc l'ordre quasiment classique depuis S. Jean
Damascène : Dieu, création, chute, Incarnation rédemptrice, grâce,
sacrements, eschatologie [174]. Malgré le christocentrisme qui s'impose
à toute la Dogmatique, on maintiendra la doctrine générale sur
Dieu et sur la création avant le traité du Christ (comp *supra* n. 170).
Inversement, dit Rahner, bien qu'on doive parler de la nature de
l'homme et de sa situation existentielle surnaturelle dans la question de la création de l'homme et de son état originel, on ne pourra
traiter pleinement et définitivement de l'homme qu'après avoir
traité du Christ : ce que S. Thomas n'a malheureusement pas
fait. La même chose vaudrait évidemment pour la morale, si étroitement liée à l'anthropologie. On n'a pas fini de commenter les
rapports ou l'absence de rapports mis par S. Thomas entre la partie
morale de la *Somme* et la christologie [175]. Nous pensons, comme le
P. L.-B. Gillon [176], non seulement que l'on peut relever, dans la II^a
pars, bien des indications de rattachement au Christ, mais que, pour
le fond, l'option prise par S. Thomas se justifie par une vue extrêmement vive de la destination surnaturelle de l'homme, dans la
ligne de ce qui a été dit plus haut sur le caractère théologal de la
Foi (espérance et charité) et sur *Dieu* comme sujet de la *Sacra
doctrina*. S. Thomas a rattaché l'éthique au Dieu vivant, un et
trine, par la notion d'image. Il s'agit pour l'homme d'être conforme
à *Dieu*, d'être déifié. Ce n'est pas formellement par le Christ en son
humanité que nous le sommes, c'est par une union et une réalisation de ressemblance avec Dieu. Le Christ est *voie*. Il est bien, instru-
mentalement, cause efficiente de la grâce salutaire, et il est pour
nous modèle : cela exige qu'on intègre des éléments de christologie
à l'éthique, cela ne permet pas qu'on intègre l'éthique à la christologie. Il faut bien, note de nouveau K. Rahner, ajouter aux traités
classiques de nouvelles questions ou même de nouveaux traités :
en quoi on ne fera, le plus souvent, que retrouver la plénitude
de données traditionnelles appauvries par la suite dans la conscience
théologique, et les réélaborer avec les ressources dont nous disposons aujourd'hui, en rapport avec les questions de notre monde.
C'est à savoir :

a) Un traité sur l'Ancien Testament et son rôle comme temps
particulier dans l'histoire du salut. S. Thomas a fait quelque chose
en ce sens dans son traité de la Loi ancienne, mais la vision historique et biblique dont nous jouissons aujourd'hui permet une

(174) Remarquer que, dans cet *ordo*, on traite de la grâce après avoir
parlé du Christ. Notons que certains thomistes ramènent la christologie avant
le traité de la grâce, ainsi F. Diekamp - K. Jussen (10° éd., Munster, 1952, t. II,
p. 176 s., 354 s., 419 s.) ; Garrigou-Lagrange, in DTC, t. XV, col. 823 s. Noter,
avec G. Lafont, *op. cit.*, p. 253 s., 449-458, que la grâce dont parle la *Somme* est
réellement la grâce chrétienne.
(175) Outre A. Hayen, *op. cit.* (n. 103) et *La structure de la Somme théol. et
Jésus*, in *Sciences ecclés.*, 12 (1960), p. 59-82, A. Patfoort, *art. cité* (n. 103),
p. 533 s., 539 s., voir A. Van Kol, *Christus'Plaats in S. Thomas'Moraalsysteem*
(Bijdragen-Bibl.), 1947 ; *Bull. Théol. Anc. Méd.*, t. V, n° 1210, et t. VI, n° 811.
(176) *L'imitation du Christ et la morale de S. Thomas*, in *Angelicum*, 36
(1959), p. 263-286.

reprise merveilleusement riche, dans laquelle on pourrait assumer une grande partie de la substance d'une « théologie historique et concrète » de type formellement historique.

b) Une reprise du traité de la création et de l'antique tradition des *Hexamérons* [177] qui réponde aux acquisitions et aux problèmes actuels, et dans laquelle soit envisagée la présence du Christ aux hommes, pour leur salut, avant le début de la Révélation constitutive d'un Peuple de Dieu selon son dessein de grâce.

Le P. K. Rahner propose de placer, entre la christologie et l'anthropologie surnaturelle, un traité de l'Eglise, car, dit-il justement, celle-ci ne peut être étudiée en théologie fondamentale seulement, à partir du Christ comme envoyé et fondé à être le révélateur de Dieu : elle doit l'être comme mystère à partir d'une christologie totale. Cette christologie elle-même doit réassumer, non seulement les données cosmiques des Epîtres de la Captivité, mais une théologie des mystères de la vie et de la Pâque du Christ, comme S. Thomas l'avait déjà fait et selon ce que permettent aujourd'hui tant d'études de théologie biblique. Les nécessités pédagogiques ont leurs exigences ou leurs convenances. Peut-être ne faut-il pas gonfler à l'excès le traité de l'Eglise. On pourrait y faire rentrer presque tout, comme certains l'ont proposé au Concile... Il devrait assumer aujourd'hui un traité de la Mission, un traité de l'Œcuménisme ; celui des sacrements pourrait y prendre place ; en toute hypothèse, certaines parties touchent le baptême, la confirmation, l'Eucharistie, l'Ordre et le sacrement de la pénitence... L'ecclésiologie des Pères se trouvait largement dans un cadre de ce genre. Mgr Ch. Journet introduit même dans l'ecclésiologie une théologie mariale, et ce n'est ni sans bonnes raisons ni sans bénéfice. Mais nous souhaiterions, pour notre part, y introduire une anthropologie : l'humanité n'est-elle pas la « cause matérielle » de l'Eglise ? Le traité devrait aussi pouvoir bénéficier d'une théologie du Saint-Esprit préalablement faite mais rapidement reprise dans la perspective ecclésiologique. L'Eglise étant, comme dit S. Augustin, « le monde réconcilié » [178], rien d'étonnant à ce que l'ecclésiologie soit un traité carrefour, dans lequel doivent trouver place toutes les réalités qui constituent l'Alliance entre les hommes et Dieu.

Août 1964.

---

(177) Sur laquelle cf notre étude citée *supra*, n. 12.
(178) *Sermo* 96, 8 : P.L., 38, 588.

INDEX